KB220405

신학생과 선교 헌신자를 위한

한국교회와 자립선교

초기 한국장로교회(1874~1893) 형성기의
존 로스의 선교방법(3자원리) 연구

• 배안호 지음

신학생과 선교 헌신자를 위한

한국교회와
자립선교

한국학술정보㈜

THE THREE-SELF PRINCIPLE AND THE MISSION METHOD OF JOHN ROSS:
A STUDY ON THE FORMATION OF THE EARLY KOREAN PRESBYTERIAN CHURCH (1874—1893)

A THESIS PRESENTED FOR
THE DEGREE OF
DOCTOR OF PHILOSOPHY
KING'S COLLEGE, UNIVERSITY OF ABERDEEN

BY

PETER AHN-HO BAE

B.A. (Dong-kuk University)
M.Div.eqv. (Chongshin Theological Seminary)
Th.M. (Chongshin University)
M.Th (Aberdeen University)

OCTOBER 2001

I hereby declare that this thesis has been composed by the candidate, Peter Ahn-ho Bae, that it has not been accepted in any previous application for a degree, that the work has been done by the candidate, and that all quotations have been distinguished by quotation marks and the sources of information acknowledged.

_____

Peter Ahn-ho Bae

존 로스 연구에 대한 새로운
지평을 열다

박용규 교수(총신대학교 신학대학원 역사신학)

참으로 귀한 작품입니다. 많은 분들에게 큰 도움이 될 것입니다. 한국
교회사에 찬란하게 빛나는 존 로스 선교사는 우리가 이미 아는 대로 언
더우드와 아펜젤러가 입국하기 전 만주 우장에서 한국선교의 기초를 놓
았던 인물입니다. 지금까지 한국교회사 연구에서 그가 차지하는 중요성
에 비추어 그에 대한 연구는 그리 많지 않은 게 사실입니다. 차제에 존
로스에 대한 무게 있고 심도 있는 연구서가 배안호 박사에 출간되게 되
어서 한국교회사를 연구하는 한 사람으로 너무도 반갑고 기쁩니다. 배
박사님은 우리에게 널리 알려져 행여 진부할 수 있는 주제를 영국 스코
틀랜드 애버딘대학에서 그의 철학박사(PH.D) 학위논문으로 제출된 이
책에서 많은 자료와 심도 있는 연구를 통해 한국교회의 초기교회사에
대한 연구를 한 차원 높은 수준으로 끌어올렸습니다. 본서의 출간은 다
음 몇 가지 점에서 **한국교회 선교사적으로만 아니라 한국교회사적으로
매우 중요한 의미를** 갖는다고 저는 확신합니다.

첫째, 존 로스에 대한 방대한 일차자료를 제시했다는 사실입니다. 지
금까지 존 로스에 대한 연구는 자료의 제약으로 김양선과 그레이슨의
연구를 크게 넘지 못했던 것이 사실입니다. 그러나 본 연구는 충실한 1
차 자료들을 통해 그 한계를 극복했습니다.

둘째, 본서는 선교사적 안목과 교회사적 안목을 동시에 제시한다는 사실입니다. 특별히 본서 2장과 3장의 경우는 탁월한 역사적 감각이 없었다면 그렇게 훌륭히 소화해 낼 수 없었을 것입니다. 앞으로 존 로스를 연구하는 사람들에게 큰 도움이 될 것을 확신합니다.

셋째, 단순히 머리로만 기술한 논문이 아니라 세계선교와 한국선교에 대한 깊은 문제의식을 가지고 기술했다는 사실이 돋보입니다. 존 로스 같은 위대한 선교사를 배출했으면서도 기울어져만 가는 현재의 스코틀랜드 교회를 가슴에 안고 비분으로 써내려 간 것을 느낄 수 있습니다. 아울러서 한국교회가 출발할 때부터 이토록 훌륭한 자립선교(삼자 원리)를 유산으로 갖고 있음에도 오늘날의 한국교회 선교는 이를 깊이 배우지 못하고 있는 것에 대한 안타까움을 본서의 행간에서 소리높이고 있다는 것입니다.

아무쪼록 이 책이 한국교회가 복음의 빚진 자의 사명을 가지고 계속해서 선교사역을 감당할 수 있도록 그 이론적, 학문적, 그리고 사상적 밑거름이 되기를 간절히 소망합니다.

한국교회 초기 교회사에서부터 자립선교를 분명히 배우기를…

강승삼 사무총장(KWMA)

먼저 '*한국교회와 자립선교*'의 새 책을 2008년 새봄에 한국교회 앞에 출판하게 된 것을 진심으로 축하합니다. 한국교회는 선교 120년 만에 자타가 공인하는 대로 세계가 깜작 놀라는 경이적인 성장과 발전을 거듭하여 왔으며 선교적인 열정은 숫자 면에서 이미 세계 제2의 선교사 파송대국이 된 것이 사실입니다. 이는 하나님의 전적인 은혜와 크나큰 축복임이 틀림없는 것입니다.

그러나 지난해 아프카니스탄 사태 이후 한국교회 선교는 근본적으로 다시금 기본에의 충실을 기하며, 참으로 건강한 선교를 하여야 함을 절실하게 되돌아보게 되었습니다. 선교의 가장 기본은 역시, 건강한 자립선교가 바탕이 되어야 함을 두말할 필요가 없는 것입니다. 저는 이러한 자립선교와 원칙과 아울러서 선교에서의 '자신학화'의 중요성을 아울러 강조하여 오고 있습니다.

이 책을 쓴 배안호 박사님을 알게 된 것은 제가 나이지리아 선교사 생활을 접고 총회의 부름을 받아서 총회 선교국을 책임 맡을 때(1992년)부터입니다. 그 당시 배 박사는 총신대학부설 '선교연구소'를 책임 맡아서(기획실장으로) 매 3개월마다 계간지, '*세계선교*'라는 잡지를 꾸준히 발간하면서 한국교회의 선교연구에 열중하고 있었던 것을 지금도 생생히 기억합니다. 저자는 '한국선교가 지금보다 더 업그레이드되어야 한다'는 생각과 일념으로 기도하며 고민하는 중에 저 영국 북쪽에 위치한 애버딘 대학교로 유학을 가서 석·박사 논문을 모두 한국교회의 선교발전을 염두에 두고 학위과정을 성공적으로 마치고는 곧바로 GMS의 선교사로 아프리카의 선교지로 나갔습니다. (배 박사의 석사논문은 제3세계에서 더 잘 알려진, 목동의 GMTC의 선교사훈련의 커리큘럼 내용을 잘 분석·평가하였음)

이번에 출간하는 배 박사님의 학위논문인 본서는 애버딘 대학교에 제출한 철학박사학위(PhD) 논문입니다. 저는 이미 2002년 초봄에 그의 영문 원본논문을 증정받아서 주의 깊게 읽으면서 많은 감명을 받은 바가 있었습니다.

그 후 벌써 5-6년이나 훌쩍 지나서 이제야 이 주목할 만한 논문이 한국어로 번역 출판된 것은 한국교회로서 좀 억울하다는(?) 생각이 들기도 합니다.

이 책의 중요 내용을 제가 여기서 다 언급할 수는 없지만 그래도 제가 느끼는 다음의 몇 **가지 핵심가치를 언급하고자** 합니다.

첫째는 하나님은 우리 한국 초기 교회역사에서부터 이미 선명한 '자립선교'의 원칙과 그 중요성을 역사적으로 가르쳐 주셨다는 것입니다. 우리는 이미 내재적으로 우리가 갖고 있는 이 중요한 선교의 원리를 너무 쉽게 간과하거나 아예 배우려는 자세조차 갖고 있지는 않은지를 반성해야 할 것입니다.

둘째는 존 로스는 여러 면에서는 오히려 우리가 잘 아는 네비우스보다 더 균형 잡힌 선교를 감당하였음을 그의 만주 사역과 한국어(한글) 성경번역사역을 통해서 한국선교를 멋있게 감당하였음을 이 책의 정확한 역사적 증거로서 확연하게 배울 수 있다는 것입니다. 본서에서 그 이유를 따로 설명하지 않지만, 로스 선교사는 이미 중국문화와 언어뿐 아니라 한국문화와 역사와 언어(한글)에 정통하였다는 데서 오늘날 한국교회의 선교를 깊이 되돌아보게 한다고 생각합니다.

셋째는 선교는 결국은 선교지에서 사람을 키우며 훈련시켜서 저들을 견고한 하나님의 교회의 일꾼으로 세워서 저들 스스로 교회개척을 하게 하는 것이 진정한 바른 선교라는 것을 이 책을 통해서 새삼 확인하게 됩니다. 참된 선교는 건물을 세우는 것이 아닌 선교현장에서 사람을 세우는 것입니다.

끝으로, 저는 오랜 기간, 아프리카의 선교현장에서의 경험과 한국교회의 선교계를 섬기면서 깨닫는 것은 선교사가 꾸준하게 연구하며 기록을 소중하게 여겨야 한다는 것입니다. 이는 우리 모두가 학자가 되어야 한다는 말이 아닙니다. 총체적인 한국교회의 선교의 발전과 성숙은 선교 일선에서부터 끊임없이 기록하고 연구하여야 한다는 것입니다. 이는 단순한 선교 서신을 한 장 쓰는 일에서부터 이러한 역사적인 의식을 가져야 한다고 생각하는 것입니다.

아무쪼록 이 책의 때늦은 출간을 진심으로 축하드리며…

이 책이 한국교회사를 공부하는 신학생과 교수님들에게만 읽히는 책이 아니길 소망합니다. 한국교회 선교에로 부름 받은 모든 선교사와 앞으로 선교에로 헌신할 모든 선교지망생들이 이 책을 반드시 읽을 수 있기를 강력히 추천(강추)하는 바입니다.

한국교회와 자립선교

- 그 역사의 교훈과 오늘의 세계선교···

배안호 목사

'*한국교회와 자립선교*'! 이 책이 이제야 출판되게 된 긴 이야기가 있다. 1989년 사당동 총신대 신학대학원의 봄학기 '한국교회사' (담당: 이만열 교수님) 수업시간이었다. 필자가 질문을 하였다. '교수님! 존 로스는 영국에서 중국 만주의 선교사로 파송 받았는데 왜 한국선교사역－한글신약성경번역을 하게 되었는지요? 그 동기가 무엇입니까?'

필자는 한국교회 초기 교회사를 배우면서 이런 저런 의문이 많았다. 뜻밖에도 이 교수님은 정말 좋은 질문을 했다고 칭찬하시면서 자신도 그 동기를 더 연구할 필요를 느꼈는데 현재로는 잘 모르겠다고 하였다. 그러면서 역사와 학문의 발전은 이 같은 의문을 제기하는 적극적인 자세에서 출발된다고 하면서 '왜, 자네가 그 이유를 한번 연구해 보면 어떤가?'고 도전하였다.

그 후 이 사실을 까맣게 잊고 지냈다. 그러나 역사의 주인이신 하나님께서는 그 시간을 잊지 않으셨던지 7년 후 위의 '한국교회사' 수업시간에 제기했던 필자의 질문이 모티브가 되어 더 발전된 주제 곧, '한국교회와 자립선교'로 영국 스코틀랜드의 애버딘대학교에서 박사학위 논문을 쓸 수 있게 되었다.

한국교회는 세계 선교역사에서 보기 드물게 본격적인 서구 선교사들이 입국도 하기 전에 번역된 한글 성경이 있었고 그 성경으로 이미 한국인 토착전도자들에 의해서 복음이 잘 증거되고 있었다. 본격적인 선교사들의 활동이 있기 전에 이미 삼자 원리의 자립선교가 소리 없이 진행되고 있었던 것이다.

본서는 이러한 주제로 일관되게 당시 한국교회사의 독특한 현상을 역사실증주의에 입각하면서 아울러서 선교적인 안목으로 들여다본 논문이다. 그래서 읽기에 좀 딱딱한 면이 있더라도, 학위(PhD) 논문의 최종 심사에 제출하였던 틀을 그대로 유지하여 한글로 번역하여 이번에 책으로 내게 되었다.

한국교회는 21세기 마지막 세계선교에 있어서 이미 자타가 공인하는 세계선교의 중심세력으로 자리매김을 분명히 하고 있다. 본 논문의 숨은 의도를 먼저 밝히고자 한다. 그것은 '일찍이 하나님은 한국교회에 21세기의 세계선교의 큰 과업을 부과하시기 전에, 이미 초기 한국교회사의 형성단계에서 부터 의도적으로(?) 한국교회가 감당할 선교의 방법론까지 역사 속에서 선명하게 실증적으로 보여주셨다는 것' 이다.

이 책에서 밝히는 바는 전혀 새로운 얘기가 아니다. 지금까지 한국교회가 선교 1세기 만에 세계교회가 깜짝 놀라는 부흥과 선교대국으로 떠오르게 된 것은 '네비우스 선교방법론'을 일찍 도입하였기 때문이라고 학계에서는 인정하여 왔다. 삼자 원리―자립선교의 정신이야말로 한국교회의 부흥과 세계선교에의 바탕이 되어 왔다는 것은 아무도 부인하지 않는다. 그러나 그 실상을 들여다보면, 네비우스보다는 오히려 로스 선교사의 자립선교의 정신이 조국 교회의 형성단계에서부터 얼마나 광범위하게 영향을 미쳤는지를 이 책은 분명히 밝히고 있다. 정확하게 표현한다면, Not Nevius, But Ross라고 함이 옳다는 것이다. 이는 한국교회사를 어느 정도 연구하여 온 한국교회사가들과 선교계에서는 이를 이미 눈치 채고 있었던 것이 사실이었다.

본서는 지금까지 한국교회의 초기 선교역사에서 상대적으로 소홀하게 다루었던 부분인 '자립선교'에 그 초점을 두었다. 따라서 한국교회와 초기 형성사를 연구하고자 하는 자들과 본서의 제목대로 한국교회 선교역사를 공부하고자 하는 자에게 다소의 도움이 될 수 있기를 간절히 소망한다.

이 책이 나올 수 있게 .수업시간에 동기부여를 주셨던 이만열 교수님, 본 논문을 처음부터 끝까지 다 읽으며 추천서를 써 주신 박용규 교수님, 전호진 교수님, 장훈태 교수님 그리고 강승삼 총장님께 감사드립니다. 할렐루야!

약어표(ABBREVIATIONS)

ABCFM	The American Board of Commissioners for Foreign Missions
AJT	*Asia Journal of Theology*
ARBFBS	*The Annual Report of the British and Foreign Bible Society*
ARBFM	*The Annual Report of the Board of Foreign Missions of the Presbyterian Church in the United States of America*
BFBS	The British and Foreign Bible Society
CDK	"The Christian Dawn in Korea"
CHA	*The Church at Home and Abroad*
CIM	China Inland Mission
CLSK	Christian Literature Society of Korea
CMS	Chinese Missionary Society
CRMJ	*Chinese Record and Missionary Journal*
CVNT(1)	"The Corean Version of the New Testament: How I came to make it, Part I"
CVNT(2)	"The Corean Version of the New Testament: How I Came to Make It, Part II"
ECI-BFBS	The Editorial Correspondence of The British and Foreign Bible Society – Inward

ECO-BFBS	The Editorial Correspondence of The British and Foreign Bible Society – Outward
FCSM	*Free Church of Scotland Monthly*
GMTC	The Global Missionary Training Centre
HCPC	*The History of Chosun Presbyterian Church*
HKBS(I)	*History of Korean Bible Society*, vol.I
HKC(I)	*A History of Korean Church vol I (16c ~1918)*
HPMK	*The History of Protestant Missions in Korea 1832 ~1910*
IBMR	*International Bulletin of Missionary Research*
JRKFM	*John Ross: Korea's First Missionary*
JRKPC	*John Ross (1842 ~1915) and the Korean Protestant Church: The First Korean Bible and Its relation to the Protestant Origins in Korea*
KBS	Korean Bible Society
KCNM	*The Korean Church and the Nevius Methods*
KMF	*The Korea Mission Field*
KRIM	Korea Research Institute for Missions
LJR	"The Legacy of John Ross"
LMS	London Missionary Society
LWJR	"The Manchurian Connection: the Life and Work of the Rev. Dr. John Ross"
MFMB-UFC	*Minutes of Foreign Mission Board of the United Free Church of Scotland*
MFMC-UPC	*Minutes of Foreign Mission Committee of the*

	United Presbyterian Church of Scotland
MRUFC	*The Missionary Record of the United Free Church of Scotland*
MRUPC	*The Missionary Record of the United Presbyterian Church*
MRW	*The Missionary Review of the World*
NBSS	National Bible Society of Scotland
NEB	*The New Encyclopaedia Britannica,*
NLSMC	*National Library of Scotland Manuscript Collection,* (United Presbyterian Church Correspondence)
PDMC	*The Planting and Development of Missionary Churches*
PSUPC	*The Proceedings of the Synod of the United Presbyterian Church*
RHFM-UFC	*The Record of the Home and Foreign Mission Work of the United Free Church of Scotland*
UPM	*United Presbyterian Magazine*
UPMR	*United Presbyterian Missionary Record*

목 차

추천사 § 6

프롤로그 § 12

약어표 § 15

서 론 / 27

Ⅰ. 쟁점의 진술 § 27

    1. 한국교회 역사의 이해 ——————————— 30

    2. 연구의 기여 ——————————————— 35

Ⅱ. 문헌 및 자료 검토 § 36

Ⅲ. 구조 및 한계 § 41

    1. 본 연구의 구조 —————————————— 41

    2. 한 계 ——————————————————— 42

Ⅳ. 방법론 및 자료원 § 43

제1장 토착교회 이론: (19세기의 3자 원리) / 45

Ⅰ. 헨리 벤(1796 – 1873) § 46

    1. 벤: 선교정책의 효시자 ——————————— 48

    2. 선교의 원리들의 발견: 3자 원리 ——————— 50

    3. 벤의 3자 원리에 대한 현대적 비판들 ———— 54

Ⅱ. 루푸스 앤더슨(1796 - 1880) § 57

    1. 문명화가 아닌 복음화 —————————— 59

    2. 교육과 3자 원리 ————————————— 60

    3. 루푸스 앤더슨과 헨리 벤의 관계 ———————— 66

Ⅲ. 칼 프리드리히 귀츨라프(1803 - 1851) § 69

    1. 양육과 교양 ——————————————— 71

    2. 동남아에서의 선교사역 —————————— 72

    3. 중국연맹(The Chinese Union)의 유산 ———— 76

Ⅳ. 윌리엄 씨 번즈(1815 - 1868) § 78

    1. 중국에로의 소명 ————————————— 79

    2. 선교부의 결과들 ————————————— 81

Ⅴ. 죤 엘 네비우스(1829 - 1893) § 85

    1. 네비우스 선교방법 ———————————— 91

Ⅵ. 결론 § 92

제 2장 존 로스: 스코틀랜드 시기(1842 - 1872)와

            만주 시기(1872 - 1910) / 95

Ⅰ. 초기 생애와 선교에의 소명 § 96

Ⅱ. 만주 상황 개관 § 104

1. 그 땅 ───────────────── 104

2. 사람들 ──────────────── 105

3. 종교 ───────────────── 106

4. 만주와 한국교회 역사 ──────── 107

5. 아편전쟁(1839, 1856)과

　　Boxer 운동(1900 - 1901) ──────── 108

Ⅲ. 만주장로교회 창립자 § 115

1. 만주 연합장로교 선교부 ─────── 119

2. 로스의 만주 도착(1872) ─────── 121

3. 로스: 만주개신교회 창립자 ────── 122

4. 로스의 선교전략 ──────────── 126

Ⅳ. 로스의 학문적 자료 § 143

1. 중국성경주석서 (1897~) ─────── 149

Ⅴ. 결론 § 150

제 3 장 만주 거주 한국인에 대한 로스의 사역 / 153

Ⅰ. 18~19세기 사회정치학적 배경 § 154

1. '은둔의 국가' —————————————— 155

2. 수교조약들 ————————————————— 157

3. 로마천주교의 한국 전래 ——————————— 158

4. 한국인의 만주에로의 이민 ————————— 161

Ⅱ. 한국인들을 향한 로스의 동기 § 163

1. 토마스의 순교 ————————————————— 164

Ⅲ. 한국인들과의 첫 조우 § 167

1. 1874년 로스의 첫 번째 조선문 방문 ——————— 167

2. 1876년 로스의 두 번째 조선문 방문 ————— 171

Ⅳ. 번역팀 § 178

1. 한국장로교회의 첫 열매들 ————————— 178

2. 매킨타이어의 선교사의 번역 참여 ————— 180

3. 두 번째 세례: 백홍준 ————————————— 183

4. 세 번째 세례: 이응찬 ————————————— 184

5. '새 국민, 새 국가, 새 언어' ————————— 185

6. 김청송 ————————————————————— 187

Ⅴ. 한글 - 한국인의 고유의 문자

(왜? 한글을 성경번역 언어로?) § 188

1. 한글의 창제: 백성을 위한 문자 ——————— 189

2. 조선의 계급제도와 언어문화 ———————— 192

　　3. 결론───────────────────── 197

Ⅵ. 한글로의 성경번역 § 199

　　1. 준비 기간(1874년 여름-1877년 여름) ─────── 208

　　2. 초기 번역시대(1877년 여름-1879년 4월) ───── 202

　　3. 매킨타이어 선교사의 번역 참여

　　　(1879년 4월-1882년 3월) ───────────── 204

　　4. "예수 성교 전서"의 완성

　　　(1882년 4월-1886년 가을) ───────────── 208

　　5. 한국에서의 첫 성경 출판───────────── 211

Ⅶ. 결론 § 218

제4장 로스 협력자들의 전도와 로스의 선교방법 / 221

Ⅰ. 번역된 성경의 출판 및 배포 § 222

　　1. BFBS와 NBSS에 의한 로스 번역본의 배포 ─── 222

　　2. 이수정 번역본과 그 배포 ───────────── 229

　　3. 로스의 협력자들: 권서인과 전도인 ──────── 237

Ⅱ. 현지인 전도인들 § 242

    1. '한국인 밸리'의 기독교 공동체들 ─────── 242

    2. 소래와 의주의 기독교 공동체들 ─────── 249

    3. 서울의 기독교 공동체(새문안교회) ─────── 257

Ⅲ. 초대 한국교회에서의 외국인 선교사들의 역할 § 268

    1. 초기 미국 선교사들 ─────────── 269

    2. 로스 번역본의 개정과 그 사용의 종언 ───── 277

    3. 1893년의 '선교부 협의회'의 구성 ───── 285

Ⅳ. 로스의 선교방법 § 287

    1. 광범위한 순회 ──────────── 290

    2. 자전 ───────────────── 294

    3. 자치 ───────────────── 298

    4. 자급 ───────────────── 300

Ⅴ. 결론 § 304

제 5장 3자 원리와 초기 한국장로교회 / 307

Ⅰ. 3자 원리 및 로스와 네비우스의 관계 § 308

    1. 존 로스와 존 네비우스: '놀라운 일치점들' ──── 308

    2. 중국에서의 3자 원리의 '공동 개발' ───── 310

Ⅱ. 네비우스 선교방법과 한국교회 § 313
   1. 한국에서의 적용 전의 네비우스 선교방법 ———— 314
   2. 1893년의 선교사들 및 그들의 상황 ———— 317
   3. 1893년의 '일반 선교정책' ———— 320
   4. 네비우스 선교방법의 토착화 ———— 322
Ⅲ. 3자 원리의 추가 토착화 § 328
   1. 자급교회 ———— 329
   2. 자전교회 ———— 332
   3. 자치교회 ———— 338
Ⅳ. 결론 § 341

결론적 함의들 / 343

Ⅰ. 결론 § 343
Ⅱ. 한국교회와 자립선교-한국교회의 선교발전을 위한 제안 § 348
Ⅲ. 추가 연구를 위한 제언 § 355

BIBLIOGRAPHY / 357

에필로그 § 383

도표와 그래프 목차

그래프 1. 한국교회 연도별 선교사 파송 숫자 —————— 28

도표 1. 조선의 계급제도 —————————————— 195

도표 2. 로스팀의 성경번역 단계 ————————— 200

도표 3. BFBS에 의한
로스 번역본의 배포(1883~1886) ————— 226

도표 4. 전체 한국장로교회의 통계들 —————— 326

I. 쟁점의 진술

하나님의 은혜로 한국교회[1]는 비교적 짧은 기간에도 불구하고 '들불처럼'[2] 성장하였다.[3] 선교사 파송단체도 그 숫자 및 역량에 있어 초기로부터[4] 특별히 1980년대 이후로 괄목할 정도로 증가하였다.[5] 아래 그

---

1) 교회라는 용어는 문맥에 따라, 특정지역교회(연희장로교회), 교단(장로교), 교회들의 집단(한국교회), 우주적 교회 등을 의미한다.

2) Roy E. Shearer, *Wildfire: Church Growth in Korea* p.17, 남한의 기독교인은 2000년에 14,835,000명으로 전인구의 31.67%를 차지했다. Patrick Johnstone and Jason Mandryk, *Operation World: 21st Century Edition* (2001), pp.386 - 387.

3) 1884년 9월에 미국의 북장로교회는 의사 Horace N. Allen을 한국에 최초의 장로교 선교사로 파송하였음으로 한국교회는 1984년에 100주년을 기념했다.

4) 1907년 9월 17일에 한국교회에 최초의 독노회(the Independent Presbytery)가 형성되었고 곧바로 12명으로 구성된 해외 선교부 실행위원회를 창설하여 하나님께 대한 '감사제물'로 제주도에 최초의 선교사를 파송했다. 제주도는 한국 영토의 일부임에도 불구하고 상이한 문화와 원거리로 인해 국외로 간주되었다. 이기풍 목사(1865 - 1942)가 같은 해에 선교사로 파송되었고, 1912년에는 장로교회의 최초의 총회가 개최되었다. 여기서 3명의 선교사와 그 가족들 — 김영훈, 사병순, 박태로 — 을 1913년에 중국으로 파송하기로 결정되었다. (*1913년 장로교총회 회의록* 58쪽) 1907 - 1945년 동안 한국교회는 총 255명의 선교사를 파송했다. (김활영, (*아시아에서 아시아로 장로교회선교역사연구(1876 - 1992)*(마닐라: 한국장로교회의 필리핀 선교, 1994, 17쪽)

5) 박종구는 자신의 논문에서 한국교회의 선교사 파송숫자가 급격히 증가한 요인으로 7가지를 지적하여 분석했는바, 특히 1960 - 1970년대의 한국교회의 놀라운

래프와 도표에서 보듯이 한국교회 선교사 숫자는 2001년 초에 8,103명으로서, 한국은 미국 다음으로 세계 제2위의 선교사 파송국가가 되었다.6) 특별히 한국의 장로교회7)는 세계선교 기여로 인하여 전 세계적인 주목을 받고 있다.

그래프 1. 연도별 한국교회 선교사 파송숫자8)

연 도	숫 자	증가율(%)
1979	93	—
1982	123	247.3
1986	511	58.2
1989	1,178	130.5
1990	1,645	39.6
1992	2,576	56.6
1994	3,272	27.0
1996	4,402	34.5

성장과 한국을 세계적으로 알린 1988년 서울 올림픽 및 경제성장을 인용했다. (박종구, *An Analytical Study of Contemporary Movement of the World Mission of the Korean Church and a Projection to AD 2000; with an illustration of the mission right —way campaign of the inter—mission international.* (D. Miss, Western Conservative Baptist Seminary, 1994 33−36쪽)

6) 2000년에 한국은 162개국에 8,103명의 선교사를 파송했으나, 2008년 1월 현재는 168개국에 17,697명의 선교사를 파송하였다. 선교사에는 두 가지 상이한 유형이 있는바, 하나는 외국에 파송된 선교사이고 다른 하나는 반드시 외국은 아니지만 자신의 고향의 문화와는 다른 지역에 파송된 선교사이다. KRIM(한국선교연구원)에 따르면, 한국은 세계 제2위의 해외 선교사 파송국가이지만 두 번째 유형의 선교사를 포함하면 인도 다음의 세 번째 선교사 파송국이다. (KRIM 2000−2001 한국선교핸드북 CD−ROM; KMQ(2008년 봄호) p.4)

7) 한국장로교회는 1907년에 4명의 서양의 장로교 선교부에 의해 공식적으로 한 단체(body)로 조직되었다. (이에 대해서는 본 연구 4−5장 참조) 1884년부터 이들 네 개의 장로교 선교부는 한국에 자신들의 선교사들을 파송하여 자신들의 지 교회를 한국에 설립했다. 아이러니한 것은 그 후 백 년이 지나서는 한국의 장로교인 숫자가 미국보다 배나 된다는 것이다. *The Almanac of the Christian World 1991−1992*에 의하면 한국의 장로교인은 6,518,500명이고 미국의 장로교인은 3,304,065명이다.(Tyndale House Publishers, 1992, 95쪽, 152쪽)

연 도	숫 자	증가율(%)
1998	5,948	35.1
2000	8,103	36.2

그러나 한국장로교회의 선교 노력이 세계선교의 당위성은 과도할 정도로 강조를 하면서도 선교사 개인들을 무장시키는 데는 소홀히 하지 않나 하는 염려가 있는바, 이러한 상황에 대한 해결책은 아래에서 살펴보겠지만, 한국장로교회 초기 역사에 대한 광범위한 선교학적 연구를 통해서 가능할 수 있을 것이다.

한국교회는 1980년대부터 많은 선교사들을 파송하기 시작한 이래, 적절한 선교에 대한 숙고없이 계속해서 전 세계로 수천 명의 선교사들을 파송하기 때문에 이제는 여러 가지 문제들을 직면하고 있다. 적절한 선교정책이나 방법론도 없이 많은 한국인 선교사들은 단지 선교를 위한 열정만 가지고 선교지로 나가게 될 것으로 보인다.[9] 물론 복음에 대한 열정이 선교사가 되는 데 필수적인 조건이지만, 선교역사는 이 열정은 반드시 분명한 선교정책뿐만 아니라 지식과 경험에 의해 보완되지 않으면 안 된다는 것을 보여준다.[10] 이러한 상황에서, 초기 한국교회의 급속

---

8) KRIM, 2000-2001, 한국선교핸드북 CD-ROM

9) 단지 전도의 열정만 가진 선교사들과 제대로 된 허입 및 훈련 과정을 거치지 않은 자들은 종종 선교지에서 즉각적인 열매가 없는 것에 실망한다. 이것은 선교지에서의 한국 선교사들의 탈락율이 상대적으로 높은 것으로 조사되었다. 더욱이 문상철 박사의 1995년의 연구에 따르면 한국 선교사의 탈락률은 증가 추세에 있다. (한국 선교사 탈락율, William Taylor 편집 *Too Valuable to Lose: Exploring the Case and Cures of Missionary Attrition, 1997*)

10) 한국 선교 초기의 선교전략가인 조동진 박사는 한국교회 선교가 당면한 10가지 문제들을 지적하면서, 한국교회는 일단의 학자들(Think-Tank)을 모아서 그 문제들을 조사하기보다는 단지 서양교회와 그들의 선교방식을 베끼

성장을 도왔던 요인들을 살펴봄으로써 과거로부터 배우고 현재의 한국교회 선교의 문제점들에 대한 해결책을 발견하는 것이 가능할 것이다.

1. 한국교회 역사의 이해

그렇다면 이때까지 한국에서는 장로교회 선교역사 연구는 어떤 관점에서 되어 왔는가? 대부분의 연구들은 토착 한국교회의 관점에서 기술되지 않았는바, 한국장로교회 역사의 기술에 있어서 어떤 오해가 있었다고 주장되어 왔다. 심지어 한때, 어떤 학자들은 한국장로교회는 순전히 외국인 선교사들의 노력으로 시작되었다고 믿는 것처럼 보이는 때가 있었다.[11] 이 결과로, 이들은 초기 한국인 그리스도인들[12]의 괄목할만한 기여를 거의 인정하지 않았고 한국장로교회의 연구에 있어 균형을 잃은 것처럼 보였다.

기만 하려고 한다고 논평했다. (조동진, 서양교회의 몰락과 2 / 3 세계 선교의 여명(dawn), 김의환 편집 *복음주의 선교학의 추세*(생명의 말씀사 1990, 36쪽)) 선교전략가인 강승삼 박사는 한국교회 선교의 현황을 출산 중인 여인에 비유하면서 한국교회는 '정책을 가진 선교'를 출산하는 과정에서 해산의 고통을 경험하고 있다고 말했다. (*21세기 선교 길라잡이*, 21세기 한국교회선교의 지침(Guide)(생명의 말씀사 1998, 16쪽))

11) 예를 들면, George Paik, HPMK, Rodes Harry 편집 1934, *History of the Korean Mission Presbyterian Church USA*, 1884-1934, Clark Charles Allen, 1930, *The Korean Church and the Nevius Methods,* 김창엽, 1963, *한국장로교회 78 년*

12) 이들 중 대표적인 사람들은 백홍준, 이성하, 이응찬, 김진기, 김청송, 서상윤, 이수정이다. 이들의 대부분은 로스의 감독하에 신약을 한국어로 번역하는데 동참했다. 이들은 후에 전도자/ 권서인들이 되어 자신들이 번역한 성경을 배포하면서 종내는 초기 한국장로교회의 효과적인 창립자들이 되었다. 따라서 이후로 이들을 로스의 협력자들(Ross's men)이라고 부를 것이다.

요하네스 베르큘은 자신의 기념비적인 저서 *현대선교학 개론(Contemporary Missiology: An Introduction)*에서 2 / 3 세계 국가들[13]에서의 교회 선교의 거의 모든 경우에 "결정적이고 필수불가결한 역할을 한 현지인들"이 있었다고 기술함으로써 선교에 있어서 현지인 그리스도인들의 역할의 중요성을 인정하고 있다.[14] 이제는 교회 선교역사의 연구에 있어서 중대한 '패러다임 전환'[15]이 있었다는 것이 일반적으로 인정되고 있다.[16] 스티픈 닐도 제3세계의 교회사는 선교사의 관점에서만 배타적으로 기술되는 대신에 현지인의 관점에서 기술되지 않으면 안 된다고 주장한다.[17]

---

13) 2 / 3 세계라는 용어는 서구 세계(Western World)에 대칭되는 비서구 세계를 말한다. 일부 선교학자들은 2 / 3 세계 또는 제3세계를 같은 것으로 사용한다. 2 / 3는 세계의 인구와 땅덩이(landmass)의 대부분을 함축하고 있다. 중남미, 아프리카, 아시아와 오세아니아는 대략 지구에서 사람이 거주하는 면적의 2 / 3와 그 이상의 세계 인구를 갖고 있다.

14) Verkuyl, *Contemporary Missiology: An Introduction* (1978), 228쪽.

15) 이 용어는 특정한 과학적 탐사의 전통을 촉진하는 공유된 약속들이나 모델들의 집합체에 대한 심대한 변화를 나타내기 위해 Thomas S. Kuhn이 창안한 것이다. *The Structure of Scientific Revolutions* (1962).

16) G. M. Verstaelen-Gilhuis, "The History of the Missionary Movement from the Perspective of the Third World", *Missiology: An Ecumenical Introduction* (1995).

17) Stephen Neill, "The History of Missions: An Academic Discipline", *The Mission of the Church of the Propagation of the Faith*, C. J. Cuming 편집(1970), 149-170쪽. 닐은 빅토리아 시대에 출판된 선교사들의 문헌에 있는 3개의 중대한 결함을 예로 들고 있는데, "첫째는 그것이 주로 선교단체의 용어로 자신들의 특별한 관심사항들과 관련하여 저술되어 있으며, 둘째는 대부분이 위인전이나 건덕을 목적으로 쓰였으며, 셋째는 일부는 사건들을 당대의 역사의 틀 안에서 기록하는 데 실패했다는 것이다. 닐은 "우리의 기독교 역사는 너무나 많이 선교사들(operators)의 관점에서 기록되었고, 희생자들의 관점에서는 거의 기록되지 않았다. 우리는 선교사들이 된다는 것의 느낌을 잘 알고 있지만 선교사들의 관심의 대상자가 된다는 것의 느낌은 잘 모르고 있다."라고 결론짓고 있다.

1960년대 이래로 2 / 3 세계 역사학자들이 자신들의 교회사에 관하여 자신들의 목소리를 내게 되었고 자국의 상황 속에서 출발점을 선정하였다는 것은 놀랄 일이 되지 못한다.[18] 이들은 "서구 선교의 역사들은 선교지 교회 역사들을 대체할 수 없다."[19]라는 자신들의 교회사 연구에 있어서 하나의 근본적인 결론을 깨닫게 되었다.

한국장로교회의 형성 단계의 연구에 관하여도 동일한 말을 할 수 있다. 서구의 그리스도인들에게 놀라운 격려를 주어 왔던 엄청난 한국교회의 성장 배경에 있는 요인들은 무엇인가? 최근까지 네비우스 선교방법이 초기 한국교회의 성장에 있어서 가장 중요한 요소들 중의 하나로 전제되어 왔다.[20] 예를 들면 교회 성장과 타문화권 전도에 관한 저술로 유명한 도날

---

18) 일부 아프리카 역사가들이 토착인 중심의 관점에서 논문들을 저술하였다. J. F. Ade Ajayi와 E. A. Ayandele는 선교역사와 교회사에 있어서 아프리카 사람들이 소외된 것을 한탄하면서, 1969년에 토착인 중심의 관점에서 자신들의 교회사를 취급했다. T. O. Ranger도 동아프리카 선교에 있어서 아프리카인들의 주도권에 초점을 두었다. 이들은 모두 "아프리카의 종교 역사는 최초의 선교사들의 도착으로 시작된 것이 아니다."라는 것을 인정했다. 스티픈 닐은 *The History of Mission*: *An Academic Discipline*에서 이 관점을 지지했다.

19) 베르큘 전게서 228-229쪽. 이것은 본 연구에서 강조하는 로스의 사역과 모순되는 것처럼 보일 수도 있지만, 로스는 한국인 전도인들을 훈련하고 무장시켰지만 한국에 가서 복음을 전파한 자들은 한국인들이었기 때문에 로스의 사역을 강조하면, 자동적으로 한국인 전도인들의 사역도 강조되는 것이다.

20) T. Stanley Soltau *Mission at the Crossroads(1954)*, Choi Jeong Man, *Historical Development of the Indigenization of the Korean Protestant Church*: *With special Reference to Bible Translation* (D. Miss. dis., Fuller Theological Seminary, 1985); Charles Allen Clark, *The Korean Church and the Nevius Methods(1928)*, *The Nevius Plan for Mission Work, Illustrated in Korea(1937)*, *The Report of the Fiftieth Anniversary Celebration of the Korean Mission of the Presbyterian Church in U.S.A., June 30 -July 3, (1934)*.

드 맥가브란은 초기 한국교회의 급성장은 네비우스 선교방법을 시행한 결과이었다고 주장한다.[21] 그러나 만주에서의 40년 동안의 존 로스의 선교사역도 한국교회의 정착과 성장에, 비록 간접적인 기여이었기는 하지만, 중대한 역할을 하였다고 주장될 수 있다. 최초의 선교사들이 한국에 도착하기 훨씬 이전에, 스코틀랜드 선교사인 존 로스(1842-1915)는 한국인들의 팀의 도움을 받아 한국인의 고유 문자인 한글로 신약을 번역하는 사역을 수행하였다. 게다가 그는 이들을 전도자들로서 무장하고 훈련시켰다. 이 전도자들은 1884년 최초의 미국인 선교사들이 한국에 도착하기 전에 자신들이 도왔던 한글성경을 배포하기 위해서뿐만 아니라 기독교 공동체를 설립하기 위하여 자신들의 고향으로 돌아갔다.

한국교회 형성기의 역사에 대한 신중하고도 비판적인 재점검을 통하여, 우리는 어떻게 이 개척자들이 한국에서의 개신교 선교에 기여하게 되었는가를 보다 잘 이해하게 될 것이다. 그러므로 비록 존 로스 자신이 한국을 방문한 것은 1887년에 단 한 차례이지만, 그의 한국인 전도자팀은 초기 한국 기독교 공동체의 형성에 직접적인 영향을 끼쳤다는 결론에 이르게 된다. 앞으로 보겠지만, 한국에서의 로스의 협력자들에 의한 전도에 있어서 가장 의미심장한 요소는 이들이 선교현장에서 로스의 선교방법을 그대로 따랐다는 것이다.

반면, 앞에서 살폈듯이 어떤 학자들은 네비우스 선교방법이 한국교회 성장에 있어서 가장 중요한 요소로 간주한다. 네비우스가 1890년에 서울에 있는 미국 선교사들에게 지침을 주기 위해 방문한 후, 그의 선교방법론은 1893년에 한국 내의 장로교 선교부 협의회에 의해 공식적으로 채택되었

---

21) Donald McGavran, *Understanding Church Growth*(1978), 336-53쪽.

다.22) 네비우스의 선교방법은 명시적으로 삼자(三自) 원리23): 자급(自給),
자전(自傳), 자치(自治) 위에 기초하고 있는 것으로 알려져 있다.

그러나 앞으로 보겠지만, 로스의 선교방법도 그 자체는 삼자 원리에
기초하고 있기 때문에,24) 삼자 원리의 모든 요소들은 최초의 외국인 선

---

22) 네비우스가 방문한 지 2년 반 만인 1893년 1월에 서울에서 장로교치리형
   태를 가진 선교부들의 연차 총회가 개최되었다. 34명의 장로교 선교사들
   중 27명이 참석하여 각 선교부의 열매들과 경험들을 나눈 후에 마지막 날
   에 한국에서의 개신교 선교의 원칙들로서 일반 선교정책들을 채택했다. See
   C. C. Vinton, "Presbyterian Mission Work in Korea"(MRW, No.16,
   September 1893): p.666.

23) 삼자 원리는 토착교회 이론으로도 알려져 있다. 제1장에서 볼 것이지만 그것
   은 19세기 중반에 가장 대중적인(popular) 선교정책이었다. '상황화'라는 용
   어가 대중화되기 전에는 '토착화'와 '삼자' 원리가 선교지에서 가장 널리 사
   용된 표현들이었다. 이 용어들을 검토해 보면 매우 유사하다. 이리하여 일부
   학자들(Saphir, Athyal, Daniel von Allmen, Rene Padilla)은 이 용어들을
   상호 교환가능한 것으로 사용했다. 따라서 전반적인 차이점들에도 불구하고
   실제적인 의미에서 본 연구에서는, 달리 언급하지 않으면, 상호 교환가능한
   것으로 사용할 것이다.(D. J. Elwood 편집 Asian Christian Theology:
   Emerging Themes, 1980, pp.67-80을 보라.)
       1949년 이후의 중국의 삼자애국운동과 본 연구에서 논의되는 삼자 원리
   는 상이한 것으로 취급되고 있다. 비록 전자가 후자와 닮은 것처럼 보일 수
   는 있으나, 서로 완전히 다른 상황에 처해 있는바, 전자는 공산정권이 중국
   교회에 대해 국가적 통제권을 행사하려는 시도일 뿐이다. 따라서 본 연구에
   서는 후자(19세기의 삼자 원리)가 논의될 것이다. (See, Far Eastern Office
   of Division of Foreign Missions, Documents of Three-Self Movement
   (New York: National Council of Churches of Christ of U.S.A., 1963),
   Wilbert R. Schenk, "The Origins and Revolution of The Three-Selfs
   in Relation to China", IMBR vol.14, No.1, January 1990, pp.28-35.)

24) 이것은 "왜 미국인 선교사들은 로스의 선교방법 대신에 네비우스의 방법을
   선택했는가?"라는 질문을 제기한다. 여기에는 여러 이유들이 있었다. 네비
   우스는, 로스가 만주에서 사역하고 있을 동안에(1872-1890), 이미 선교지
   에서 자신의 방법을 시험해 보고 그 결과들을 China Recorder에게 일련의
   논문들로 보고했다. 게다가 한국 거주 선교사들의 대다수는 미국인들이었기
   때문에 같은 국가사람인 네비우스에 더 익숙했다.

교사들이 공식적으로 한국에 도착하여 네비우스가 자신의 선교방법을 가르치기 수년 전에 이미 한국교회 내에 존재하고 있었다고 할 수 있다.

2. 연구의 기여

상기와 같은 예비적 조사의 결과는 초기 한국교회의 역사는 최근에야 선교학적이며 현지인의 관점에서 제대로 보이고 있다는 것을 보여주고 있다. 특별히 로스의 영향력에 관련된 초기 한국교회사의 연구는 대체로 간과되어 왔다. 따라서 본 연구는 두 가지의 목적을 갖고 있다.

첫째는 형성기의 한국교회사에 관하여 새로운 통찰력을 제공하는 것인바, 앞으로 살펴보겠지만, 한국인 개척자들의 선교활동들과 로스의 선교방법은 성장기의 한국기독교 공동체에 큰 영향을 끼쳤다.

둘째는 초기 한국교회사에 대한 연구와 오늘의 선교현장에서의 적절한 선교정책의 중요성을 강조함으로써, 한국교회의 현재의 선교활동뿐만 아니라 존 로스처럼 자신들의 선교현장에서 직접적 선교사역을 수행할 수 없는 선교사들에게도 놀라운 역사적 통찰력을 배울 수 있을 것이다.

Ⅱ. 문헌 및 자료 검토

초기 한국교회 연구에 대한 현황을 보다 잘 이해하기 위하여 본 연구에 관련된 중요한 문헌들을 간단하게 살펴볼 것이다. 사실상 20세기 중반까지는 한국교회의 전형적인 역사는 서구의 관점에서 기술된 것을 알게 될 것이다. 한국교회사의 과정에 큰 영향을 끼친 여러 책들이 있지만, 두 권의 대표적인 것들로는25) 백낙준 박사(George Paik)의 *The History of Protestant Missions IN Korea(한국에서의 개신교 선교역사; 1832 -191226))와* Charles Clark의 *The Korean Church and Nevius Mission Method(한국교회와 네비우스 선교방법)*27)이 있다.

*한국에서의 개신교 선교역사; 1832 -1912*에서 저자는 초기 한국교회사를 서구의 관점에서 해석하고 있는데,28) 이는 아마도 예일 대학교에서 K. S. Latourette 밑에서 학문적 훈련을 받았기 때문일 것이다. 게다가 이 책은 1832년부터 1910년까지의 긴 기간을 범위로 하고 있기 때문에 초기 한국교회에서의 존 로스와 그의 선교방법의 영향을 적절하게 다루지 못하고 있으며, 선교학적 관점도 결여하고 있다. 백의 저술은 한국교

---

25) 공교롭게도 이 두 책들은 모두 미국 대학교의 철학박사학위논문들로서 1928년에 완성되었다.
26) *HPMK* (Ph.D. dissertation for Yale University). 본 연구는 1929년 평양 연합신학교 출판부에서 출판된 같은 제목의 책으로부터 인용할 것이다.
27) Ph.D. dissertation for University of Chicago, (New York: Fleming H. Revell Co., 1928.)
28) See, Lee Man -yol, *HKC(1)(한국교회사 1 권* 서울, 기독교문서출판사; 1989, 서문 2 -3쪽). 비록 Paik.가 자신의 논문에서 로스의 사역을 논의하고는 있지만 3쪽에 불과한 짧은 분량이다.

회사를 해석하는 방법에 거의 결정적인 영향을 미쳤기에 많은 한국교회 사가들은 1970년대 초까지 자신들의 연구를 이 저술에 기초를 두었다.

*한국교회와 네비우스 선교방법*에서 저자는 한국개신교회에 대한 선교적-종교적 접근법을 취하고 있다. 저자는 네비우스 선교방법 패러다임과 이것이 한국장로교의 형성에 미친 영향을 연구함으로써 장로교적 보수주의에 집중한다. 그의 중심 주제는 초기 장로교회의 형성이 순전히 네비우스 선교방법과 그 적용 결과에 유래한다는 것이었다.[29] 한국교회 초기 단계의 미국인 선교사의 한 사람으로 저자 자신은 "다른 선교현장들과 비교하였을 때, 한국에 있어서의 절대적으로 독특한 것 하나는 네비우스 방법들의 사용이라는 것과 이 방법들의 사용과 그 얻어진 결과들과의 관계는 결코 부정될 수 없다."라고 확신하였다.[30] 이 책은 한국에서 많은 호응을 얻었으며 초기 한국교회사 연구를 위하여 자주 사용되었다. 그 후에 출간된 자신의 저서 *한국에서 예시된 네비우스 선교사역 계획(The Nevius Plan for Mission Work Illustrated in Korea, 1973)*[31]에서 클라크는 초기 한국장로교회의 형성에 대한 네비우스 선교

---

29) Charles Clark은 자신의 논문에서 네비우스의 방법들을 이해했으며 이 방법의 기초는 단지 삼자, 즉 자급, 자치, 자전을 단순히 강조하는 것이 아니라 성경 중심의 선교방법들을 통하여 선교지에 성경의 권위를 엄격하게 적용하는 것이라고 주장했다. See, Park Yong-kyu, *Korean Presbyterianism and biblical authority: The Role of Scripture in the Shaping of Korean Presbyterianism, 1918-1953,* (Ph.D. dissertation, Trinity Evangelical Divinity School, 1991)
30) Roscoe C. Coen, "The Korean Church and Nevius Methods", *KMF* 27, 1931, p.52.
31) 자신의 두 번째 책인 이 책(9년 후 출판)에서 저자는 한국장로교회의 초기의 기하급수적인 성장은 네비우스 선교방법의 덕택이라고 주장하고 있다. 이 책으로 인해, 그 후의 한국교회 역사가들은 네비우스 선교방법이 한국교회 극적인 성장의 가장 중요한 요인이었다고 기정사실화하여 왔다.

방법의 영향에 관한 상세한 지식을 나타내고 있다. 이 두 책들의 목차들에서 보듯이, 클라크는 1884년 최초의 미국인 선교사의 입국 이후의 한국교회사의 기간에 초점을 맞추고 있고, 어느 책에서도 한국장로교회 초기 단계들에 있어서의 존 로스의 의미 있는 사역이나 한국인 전도자들의 기여를 인정하지 않고 있다.

이만열 교수의 *한국교회사 1, 2권* 32)은 새로운 작업으로 알려졌다. 이 교수는 한국교회사를 조사하는 데 있어 역사적인 증거들을 예의 주시하면서 균형 있는 태도를 유지하려는 시도를 한다. 이 책에서 그는 한국인 전도자들과 권서인(勸書人)들을 무장하여 파송하는 데 있어 로스의 역할을 정당하게 인정하고 있다. 그러나 그의 접근법은 로스의 선교방법과 삼자 원리 간의 선교적 통찰의 관계를 놓치고 있기 때문에 많은 아쉬움을 갖게 된다.33)

백낙준 박사의 저술이 한때 그러했듯이, 이만열의 새로운 접근은 한국교회사를 한국인의 관점에서 해석하는 그 후의 연구에 새로운 지평을 열었다. 그러한 책의 하나가 이덕주의 박사학위논문인 *한국토착교회 형성사 연구(A Study on the Formation of the Indigenous Church in Korea, 1903–1907)*이다.34) 이 박사는 논문 전체를 통하여 초기 한국

---

32) *한국교회사* 1권(16세기-1918)과 2권(1919-1945)은 이만열 교수가 주도한 한국인 역사가들의 팀에 의해 저술되었다. 한국기독교역사연구소로 알려진 팀은 이만열 교수에 의해 1982년 9월에 창립되었다. 이 책은 한국교회사의 방향에 지대한 영향을 끼쳤다.
33) 전게서 142-156쪽.
34) 이 책은 한국기독교역사연구소에서 2000년에 출판되었으며, 이덕주 목사는 한국기독교역사연구소의 일원으로 토착적 관점으로 본 한국교회사 연구를 전공한다.

교회에서의 초기 한국 기독교인들의 복음전도 노력을 강조한다. 특별히 그는 한국에서의 신학의 토착화를 탐구한다. 그러나 그의 연구는 1903 −1907년에 관련되어 있기 때문에 로스의 업적에 대해서는 거의 다루지 않고 있다.

지금까지 우리는 초기 한국교회사에 대한 중요한 저술들을 언급하였으나, 이들 속에서는 한국교회에 대한 존 로스의 기여는 거의 인정되지 않고 있다. 존 로스를 다루는 2권의 중요한 책들이 있다. *존 로스 한국의 최초선교사(이하 JRKFM 이라 칭함*35); John Ross: Korea's First Missionary)와 *존 로스(1842 −1915)와 한국개신교회: 최초의 한국어 성경 및 한국에서의 개신교 기원에 대한 그 관련(이하 JRKPC 라 칭함*; John Ross and the Korean Protestant Church: The First Korean Bible and Its Relation to the Protest Origins in Korea).36)

첫 번째 책 JRKFM은 미국인 감리교 선교사인 그레이슨(J. H. Grayson)에 의해 1982년에 한국어로 쓰였다. 이 책의 첫 부분은 로스의 생애와 선교사역에 대한 간단한 연대기적 탐구로 구성되어 있으며, 두 번째 부분은 로스의 수필과 보고서와 논문들을 모아 놓은 것이다.37) 로스의 생애와 선교사역에 대한 전기적 작품으로서, 그레이슨의 작업은 로스에 대한 추가적인 탐구를 자극하려는 의도로 썼다. 사실상 이 책은 추가 연

---

35) Grayson, 이 책은 대구 계명대학교 출판부에서 1982년에 출판되었는바, 저자는 1971년부터 미국 선교사로 한국에서 사역했으며 현재는 University of Sheffield의 the director of 'Center for Korean Studies'이다. 이 주목할만한 책은 저자가 Edinburgh University에서 1976−1979에 박사학위를 하는 중에 Scotrand에서 자료를 수집하였다.
36) Choi Sung−il, *JRKPC* (Ph. D. Diss., University of Edingburgh, 1992)
37) 이것들은 본 연구의 초기 단계들에서 아주 값진 것들이었다.

구를 위한 광범위한 일차 자료들의 편집이라고 해야 할 것이다. 그럼에
도 불구하고 그레이슨의 주된 관심은 로스와 그의 사역을 세상에 보다
널리 알리는 데 있었기에[38] 삼자 원리는 언급하지도 않는다.

존 로스에 대한 최초의 학문적 탐구는 최성일의 JRKPC에 의해 이루
어졌다. 이 책은 유용한 자료들을 제공하며, 그 목차에서 보듯이 '성경번
역에 있어서의 로스의 원칙들과 방법들 절차, 성경 출판과 그 배포'에
초점을 둔다.[39] 이 책에서 최성일은 로스의 선교에 있어 성경번역과 배
포의 측면을 철저하게 탐구하고 있는바,[40] 따라서 그의 초점은 로스의
선교방법과 그것이 초기 한국교회에 미친 영향이 아니다. 비록 저자가
로스의 선교방법에서 발견된 삼자 원리에 대해 논의는 하고 있으나, 그
의 저술은 초기 한국인 공동체들과 그들이 삼자 원리의 요소들을 어떻
게 구현하였는가에 대해서는 다루지 않는다. 그 대신, 저자는 로스의 선
교방법이 삼자 원리에 기초하고 있다는 것을 보여주기 위해 로스의 *만
주에서의 선교방법*에 주로 의존하고 있는 것으로 보인다.[41]

로스에 대한 현재까지의 불완전한 연구의 상황으로 인해 로스에 대한
새로운 연구의 필요가 요청되고 있는바, 우리는 로스와 그의 선교방법이
한국인 전도자들을 통해 초기 한국교회에 미친 영향에 대해 심층적으로

---

38) Grayson, *JRKFM*, p.15.
39) Choi, *JRKPC*, p.360.
40) 그럼에도 불구하고 최성일은 일본에서 거의 동시대에 완성되었던 이수정의
성경번역이나 두 개의 번역들 사이의 차이점들을 언급하지 않는다. 본 연구
제4장에서 볼 것이지만, 이수정이 마가복음을 한글로 번역한 것은 로스의
번역본이 나온 지 3년 지나서였다. 이수정은 한국인이었음에도 불구하고 로
스 번역본이 많은 면에서 이수정의 번역보다 월등했다.
41) Ibid., pp.338-53. Ross, *MMM*, (Edinburgh: 1903), 최성일은 심지어 이
에 기초한 전제를 로스의 선교방법은 네비우스의 선교방법과 핵심에 있어서
는 같은 것이라는 것을 나타내기 위하여 사용한다.

살펴볼 것이다. 제5장에서 살펴볼 것인 바, 로스의 선교방법은 사실 국경을 관통했던 것으로서 삼자 원리의 요소들은 한국교회의 초기부터 존재하였던 것이다.

Ⅲ. 구조 및 한계

1. 본 논문의 구조

제1장에서는 삼자 원리의 기원과 선교역사에 있어서의 그 발전들을 연구할 것이다. 제2장에서는 로스의 생애와 사역, 특히 선교사로서 그가 만주에 도착하기 직전과 직후의 기간에 초점을 둘 것이다. 제3장에서는 어떻게 로스가 한국인 협력자들의 도움으로 성경번역사역을 시행하였는가를 볼 것인바, 로스 시대의 한국의 종교적, 사회−정치적 배경들도 함께 논의할 것이다. 제4장에서는 로스 번역본의 출판과 배포를 상세하게 탐구한 후에, 로스의 협력자들의 선교사역, 이들에 의하여 설립된 한국인 초기 기독교 공동체들을 연구할 것이다. 그다음 우리는 한국교회의 설립은 로스의 선교방법을 사용하여 된 것임을 논증할 것이다. 제5장에서는 네비우스와 로스의 선교방법의 유사점과 차이점을 탐구한 후, 삼자 원리가 한국장로교회에 미친 장기적인 영향을 연구할 것이다. 결론에서는, 초기 장로교회에서의 삼자 원리의 역사적 의미가 강조될 것이다. 이리하여 우리가 발견한 것들이 한국교회 선교계의 현재 당면하고 있는

문제들에 적절한 해결 방법들을 제안할 것이다.

2. 한 계

한국개신교회 역사는 이제 겨우 100년이 넘었다. 시간과 공간의 제약으로 인해 한국교회의 선교역사의 일반적인 역사에 관한 어떤 '공식'을 만들려는 시도는 하지 않을 것이다. 이에 따라 본 연구는 두 가지 한계를 갖는다. 첫째, 1차적인 초점은 장로교회에 둘 것이다. 이에는 두 가지의 이유가 있는데 (1) 한국의 초기 선교사들의 대부분이 그러했듯이 로스와 네비우스도 모두 장로교 선교사이었고, (2) 초기 한국교회의 개신교도들은 거의 모두 장로교인들이었기 때문이다. 심지어 오늘날도 한국의 개신교인들의 절반 이상이 장로교인들이다.[42]

둘째, 이 논문은 연대적으로는 로스가 최초로 고려문을 방문한[43] 1874년부터 연합장로교 선교부 협의회가 설립된 1893년 동안의 한국장로교회사를 다룰 것이다. 1893년에 이 협의회는 공식적으로 네비우스 선교방법을 한국에서의 자신들의 선교정책으로 채택하였다.[44] 1893년에 이 협의회는 또한 로스의 번역본을 폐기하기로 하고 성경을 한글로 번역하기로 공식적으로 결정하였다.

---

42) See, Patrick Johnstone, op.cit., p.37.
43) 로스가 고려문을 방문한 두 번 중 첫 번째 방문의 선교학적 중요성은 본 연구의 후반에서 논의될 것이다.
44) C. C. Vinton, "Presbyterian Mission Work in Korea", (*MRW*, vol.9, No.6, September 1893), p.671. 1876년에 존 로스는 만주에서 첫 번째 한국인 장로교인에 대한 세례를 베풀었다.

Ⅳ. 방법론 및 자료원

본 논문의 주된 조사방법론은 (1) 19세기에 있어서의 토착선교 이론, (2) 한국교회사, (3) 존 로스의 생애와 사역에 관한 1차적인 자료들과 문헌들을 점검하는 것으로 구성될 것이다. 따라서 그것은 1874년부터 1893년까지의 초기 한국개신교회사의 세부사항들을 다루는 역사적 탐구가 될 것이다.[45) 역사적 탐구는 이 연구에서 의미심장한 것인바, 이는 한국개신교회의 역사 및 급속한 성장의 이유들에 관한 값진 통찰력들을 독자들에게 주려는 것이기 때문이다.

한국장로교회의 형성기에 있어서의 한국인 기독교인 공동체에 대한 역사적인 연구는 넓게는 개척적인 탐구 프로젝트이다. 현재 심층적인 연구들의 부족으로 인해 영어로 된 2차 자료들도 상당히 부족하고 한국어 자료들도 공급이 상당히 제한되어 있다. 본 연구는 논문 기타 학문적 업적, 선교 보고서 및 저널 등을 포함하는 탐구 주제에 대한 영어 및 한국어 자료들에 관심을 갖게 될 것이다.

1차적 자료에 포함되는 것으로 당시 선교사 기록들, *연합 스코틀랜드 자유교회/연합 스코틀랜드 장로교회 해외선교위원회 의사록(Minutes of Foreign Mission Committee of the United Free Church of Scotland and / or the United Presbyterian Church of Scotland), The Korea*

---

45) 역사적 탐구는 '과거에 대한 질문들에 관련된 사실들을 위한 체계적인 연구'로서 이 사실들의 의미를 해석하려는 시도이다. (Water R. Borg & Meredith D. Gall, Educational Research: An Introduction, 1989), p.806.

*Mission Field(1896 −1942), The Evangelical Missions of Korea (1905 −1941), The Korea Review(1901 −1906)*과 같은 저널들, 그리고 존 로스 자신의 저술들, 보고서와 에세이들이다. 본 연구는 이 역사적 자료들을 평가하고 해석할 것이며 이것이 본 연구의 주요 부분을 형성할 것이다.

이 방대한 자료들은 에딘버러 대학교의 The New College Library, 에딘버러 소재 The National Library of Scotland Manuscript Co-llection, 런던 소재 The School of Oriental and African Studies Library(SOAS), The Evangelical Library in London, The Queen Mother Library in Aberdeen University의 **archive section**에서 발견된다. 한국교회사에 관한 대부분의 자료들은 한국교회사연구소와 총신대학교 및 총신대 신학대학원의 도서관에서 입수할 수 있다.

제1장

토착교회 이론: (19세기의 3자 원리)

I. 헨리 벤(1796-1873)
II. 루푸스 앤더슨(1796-1880)
III. 칼 프리드리히 귀츨라프(1803-1851)
IV. 윌리엄 번즈(1815-1868)
V. 존 네비우스(1829-1893)

서론에서 설명한 바와 같이 19세기 중반에 와서 2 / 3 세계의 선교가 본격적으로 시작하였을 때,[1] '삼자 원리', 즉 '토착교회 이론'은 세계선교에 있어서 의미심장한 것이었다.[2] 이 원리는 미국해외선교부이사회 (ABCFM: American Board of Commissioners for Foreign Missions)

---

[1] 윌리엄 케리(1761-1834)는 '근대 선교의 아버지'로서 1793년에 인도로 갔고, 로버트 모리슨(1782-1834)은 최초의 개신교 선교사로 1807년에 중국 광동에, 알렉산더 더프는 스코틀랜드 교회의 선교사로 인도에 1830년에 도착했다. See, Stephen Neill, *A History of Christian Mission*(1964, 1990), pp.222-242.

[2] '삼자 원리'는 존 로스가 1872년 만주에 도착할 당시와 존 네비우스가 1854년에 중국에서 사역을 시작했을 때 가장 인기 있는 이론이었다. 넓은 의미에서 '삼자 원리'에 대한 본 연구는 그 당시의 토착선교 이론을 다룰 것이다. 따라서 저자는 '삼자 원리'와 '토착교회 이론'이라는 두 용어들을 상호 교환 가능한 것으로 사용할 것이다. (William R Schenk, "Henry Venn 1796-1873, Champion of Indigenous Church Principles", Gerald H. Anderson, eds. *Mission Legacies*, 1995), pp.541-42.

의 총무인 루푸스 앤더슨과 영국의 교회 선교사회(CMS: Church Missionary Society)의 회장인 헨리 벤에 의해 공동으로 개발되었다. 그것은 해외선교의 최종 단계는 토착교회가 자급, 자치, 자전하는 것이 되는 것이라고 기술하고 있다. 나아가 그것은 선교지에서 현지 사역자들을 훈련하는 것의 중요성을 강조하고 있다.

로스와 네비우스는 전혀 새로운 선교방법을 개발하기 보다는 이 '삼자원리'를 개선하여 현장에 적용한 것으로 널리 인정받고 있다. 존 로스와 존 네비우스가 한국교회에 끼친 영향은 아무리 강조해도 지나치지 않는다. 둘은 각자 독립적으로 기존의 원리 위에 기초를 쌓고 중국의 선교지에서 실제적이고 적용 가능한 프로그램을 산출하였다. 상세한 것들은 다음 장들에서 다룰 것이다. 로스와 네비우스에 의해 개발된 삼자 원리를 점검하기 전에, 19세기 토착교회 선교방법의 개발의 막후 인물인 헨리 벤과 루푸스 앤더슨에 대해 살펴보는 것이 필요하다. 그 후에 칼 귀츨라프와 윌리엄 번즈의 생애와 저서들을 살펴볼 것인데, 이 둘은 극동아시아와 중국(만주)의 개척 선교사들이었다. 마지막으로 '네비우스 선교방법'으로 한국교회에서 가장 잘 알려진 미국 선교사인 존 네비우스의 생애와 사역을 간단히 연구할 것이다.

I. 헨리 벤(1796 - 1873)

1842 - 1872년 동안 CMS의 수석총무(회장)(chief Secretary)였던 헨

리 벤은 19세기 선교사운동에 있어서 가장 영향력 있는 사람들 중의 한 사람이었다. 오늘날 그는 삼자 원리―자급, 자치, 자전―의 아버지로 가장 잘 알려져 있다. 그러나 이것 이상의 것이 이 사람과 그의 장기 사역에 있다. 자신의 회장으로서의 사역 외에 벤은 정부의 정책에 영향을 주었고 19세기 복음주의자들의 대열에서 앞장을 섰다. 존의 가족 배경을 이해하면 그의 '삼자 원리'의 기원을 이해하는 데 도움이 될 것이다. 그의 아버지 존 벤(1759-1813)은 클라팜(Clapham) 교구 목사이었는데, 이 교구의 회중에는 William Wilberforce, Henry Thornton, James Stephen, 기타 후에 '클라팜파(派)'3)라고 불렸던 사람들이 포함되어 있었다. 이 '클라팜파(派)'는 2세대 복음주의자들 중의 주도권을 가진 중심이었다.4) 벤 가문의 또 다른 유명인사는 헨리의 조부인 헨리 벤(1725-1797)5)이다. 이해할 수 있는 일로서, 심지어 역사가들도 벤

---

3) 'Clapham Sect'는 런던 교외의 클라팜이라는 마을에서 형성되었는데 공식적으로 조직된 그룹은 아니었다. 모든 회원들이 성공회 교인들은 아니었으며 클라팜의 주민들이었던 것도 아니었다. 이 그룹은 약 12명으로 구성되었는데 그중 William Wilberforce가 가장 잘 알려져 있었으며 거의 모두가 의회의 원들이었다. 이 그룹은 종교적 신념으로 강화된 사회적 정치적 비전으로 결속되어 있었다. 이 영향력 있는 그룹에 대한 생생한 이야기를 위해서는 Cf. E. M. Howse, *Saints in Politics*(1973)을 참조하라.

4) 웨슬리 형제들과 죠지 윗필드가 제1세대 복음주의 부흥운동을 주도했다. 여기서 '복음주의자'(대문자 Evangelicals)들이란 이신칭의, 개인적 회심과 따뜻하고 열정적인 경건을 설교하는 것을 옹호하는 영국 국교회의 회원들을 가리킨다. 그러나 초기 복음주의자들(Evangelicals)은 종종 내부적으로 집중된 종교적인 경험과 예배와 선교를 통한 실제적 행동을 모두 표상하기 위해서는 '실험적 종교'(experimental religion)라는 용어를 사용했다.(소문자 'evangelicals'은 non-Anglican evangelicals를 지칭한다).

5) 이러므로 Bebbington은 British evangelicals에 대한 방대한 연구에서, 19세기 복음주의자들 간에 점증하는 사회적 보수주의에 대한 예를 찾으면서 헨리 벤(1725-1797)의 생애에서의 한 사건을 손자 헨리(1796-1873)에 귀속시키고 있다. See, B. W. Bebbington, *Evangelicalism in Modern Britain: A History from the 1730s to 1980s*, 1989, p.131.

가문의 헨리들과 죤들을 가끔은 혼동한다. 횟필드와 웨슬리 형제들 간의 시대에 대규모 교리 논쟁이 있었을 때, 헨리 벤과 같은 성공회 교인들은 중간적인 입장을 취하였다. 이들은 횟필드의 칼빈주의와 웨슬리의 완전주의를 거부하면서도 회심과 진정한 경건, 따뜻한 교제와 복음전도의 필요성을 주장하였다.6) 벤 가문은 가끔 비판자들에 의해 의심을 받았음에도 불구하고 복음과 영국 교회에 대한 충성을 유지하였다. 조부 헨리 벤은 벤의 가문과 '클라팜파'의 영적인 아버지이었다. 이러한 신학적 입장이 제2세대의 사회적 선교사적 행동주의(the social and missionary activism)를 형성하였다.7)

1. 벤: 선교정책의 효시자

벤의 복음주의 지도자로서의 입지가 얼마나 컸는가는 그가 수상에 의해 두 번이나 왕실 위원회에서 봉사하도록 임명을 받았다는 것으로 측정할 수 있다. 게다가 1864년에는 직제 위원회(Clerical Subscriptions)의 위원이 되었고, 1867년에는 예식 위원회(Ritual Commission)의 위원으로 임명되었다. 양 위원회는 복음주의적 감정이 깊은 연관을 가진 교회의 문제들을 다루었다. 벤은 교회의 복지를 전반적으로 향상시키는 방법으로 이들 위원회에서의 자신의 활동을 통해 이러한 관심들을 표현하고자 시도하였다.

---

6) Bebbington은 '복음주의자'를 다음 네 가지 강조점을 가진 것으로 정의한다. 회심주의자, 십자가중심의 성경절대신봉자 및 행동주의자.
7) William Schenk., op.cit., pp.541-542.

벤은 영국 의회가 모든 영국의 영토에서 **노예제도를 폐지**하는 법안을 통과시킨 후 8년이 조금 못 되는 1842년에 CMS의 회장이 되었다. 그럼에도 불구하고 노예무역은 번창하고 있었다. 토마스 벅스톤 경은 '성경과 쟁기'가 이 불법적인 상업에 대한 합법적인 대안을 제공함으로써 노예제도를 폐기할 것이라는 개념을 인기 있는 것으로 만들었다.[8) 벅스톤 경이 1845년에 사망한 후, 벤이 가장 열렬하게 이 명분을 담당하였다. 벤은 의회에 로비를 하여 서부 아프리카 해안에 영국순찰대를 유지하도록 하였다. 1849년에 순찰대 문제가 재등장하였을 때, 당시 외무장관 팔머스톤 경을 보기 위해 수십 명의 대표단을 인솔하였고 이때, 16쪽의 이론 구성이 잘되고 문서화된 양해각서를 준비하였다. 팔머스톤 경은 깊은 인상을 받았고 순찰대 활동은 계속되었다. 1865년이 되어서야 서부 아프리카의 노예무역은 효과적으로 끝이 났는바, 벤의 경성과 지도력이 없었다면 그 결과는 달라졌을 것이다.[9)

교육은 공중정책의 관심에 있어서 두 번째의 초점이었다. 벤과, 1806−1878년간 인도의 선교사였던 알렌산더 더프(A. Dufff) 및 다른 선교사회 지도자들은 그 유명한 교육 급보(Education Despatch)의 초안 작성에 영향을 미치는 데 있어 막후에서 활발하게 활동했다. 이 명령은 동인도회사로 하여금 인도의 교육제도를 실질적으로 확대하고 무상원조에 대한 길을 열도록 위임하였다. 무상원조 제공은 인도와 다른 영연방국가

---

8) Sir Thomas Fowell Buxton(1786−1845)는 영국의 박애주의 정치가로서 1882년에 윌리엄 윌버포스를 계승하여 대영제국 식민지의 노예제도를 폐지하는 정책을 하원에서 주도했기 때문에 1833년 8월 28일의 노예폐지법에 대해 부분적으로 공헌했다. 1823년에 그는 윌버포스 등이 영국 국내외 노예반대협회(The British and Foreign Anti−Slavery Society)를 창립하는 데 참여했다. *NEB*, vol.2 (1992) p.690.
9) William Schenk op.cit., p.543.

에 광범위한 선교-후원 학교제도를 도입하는 기초석이 되었다.

벤은 현지인 교육이 모국어로 되어야 한다는 견해를 지지했는데 이는 알렉산더 더프의 견해와는 반대되는 것이었다. 벤은 교육이 소수의 엘리트의 특권으로 남아 있어서는 안 되며, 이를 성취하는 유일한 길은 토착어가 교육의 도구이어야 한다고 믿었다. 동시에 그는 정부가 인도의 모든 공립학교에서 성경의 사용에 대한 권한을 부여하여야 한다고도 주장하였다. 더욱이 벤은 그러한 학교들을 진흥하기 위하여 인도를 위한 기독교모국어교육협회를 조직하였다. 비록 정부는 이것을 결코 채택하지 않았음에도 불구하고 벤은 '기독교' 정부는 자신의 시민들의 종교적 복지를 배려하여야 할 의무가 있다고 언제나 믿었다.[10] 후에 살펴보겠지만, 이것은 로스가 취한 견해와 동일한 것으로서 로스는 한국인의 토착문자인 한글로 성경을 번역하는 일을 하였다. CMS의 31년 동안의 명예 회장으로서 벤은 많은 경우에 정부 대표단들을 만났다. 그는 언제나 잘 준비되어 있었고 모든 쟁점들을 잘 설명하였기 때문에 비록 그의 견해가 항상 압도한 것은 아니었음에도 불구하고 존경을 받았다. 벤은 때로 우월한 정보원들을 가지고 있었고 자신의 주장을 신중하게 펼쳤다. 그리고 그는 이러한 쟁점들에 있어 자기를 지지해 줄 영향력 있는 친구들이 있었다.

2. 선교의 원리들의 발견: 3자 원리

벤이 CMS의 선교 행정가가 되었을 때, 선교의 이론과 실제 간에 큰 갭이 있는 것을 알아차렸다. 근대 선교운동은 특별한 이론적 또는 신학

---

10) Ibid.(상동)

적 틀이 없이 시작하였고 실용적인 고려들에 기초한 운동이었다. 벤은 종종 선교의 원칙들의 필요를 언급했다. 그의 생애의 마지막 무렵에 그는 선교의 학문(선교학)에 관해 말했다. 그는 효과적인 선교사역의 기초가 되리라고 믿었던 '선교사행동원리들'을 발견하기 위하여 실험과 탐구의 태도를 장려하였다.

19세기의 선교운동은 그 주된 동력을 18세기의 부흥으로부터 받았으나, 18세기 역시 탐구와 발견의 시대이었다. 쿡 선장의 여행기(Journals)의 영향력이 컸다.[11] 19세기 전반부 동안 가장 중요한 선교문헌의 일부는 기독교인 '조사들'(researches)과 선교사 여행기의 형식으로 되어 있었다. 그러나 19세기 전반 동안 선교의 신학들은 알려지지 않았다.[12] 벤은 선교사가 설립하고 선교사가 지도하는 교회에 있어서의 약점들을 발견하고 '선교의 원리들'을 발견하려고 결심하였다.

벤은 "교회에 진정성(integrity)을 주는 것은 무엇인가?"를 물었다. 교

---

11) 영국의 선장 및 항해사 겸 탐험가인 James Cook(1728-1779)은 캐나다의 수로와 해안을 탐험했으며(1759, 1763-1767), 남극으로부터 베링 해협 및 북미 해안으로부터 대양주에 걸친 태평양 원정을 세 차례 실시했다(1768-1771, 1772-1775, 1776-1779). *NEB* vol.3, pp.595-597. See J. C. Beaglehole, *The Life of Captain James*(1974) and Allan Villiers, *Captain Cook, the Seaman's Seaman*: *A Study of Greater Discoverer* (1967, 1978).

12) William Schenk, op.cit., p.544. 이 흠결을 보완하기 위하여, 알렉산더 더프와 Thomas Chalmers(1780-1847) 등은 1839년에 essay contest를 개최하여 그 결과로 여러 권의 책을 출판했는데 여기 포함된 것에는 John Harris의 The Great Commission, or The Christian Church Constituted and Charged to Convey the Gospel to the World(1842)가 있다. Anthony Grant는 1843년에 Bampton Lectures를 했는데 여기서 감독정치 (episcopacy)에 대한 High Church view에 근거한 선교 이론을 주창했던 바, 이는 Venn과 같은 복음주의자들은 전혀 수용할 수 없는 접근법이었다.

회는 자기 가치(self-worth)를 느껴야만 하였다. 15년여에 걸쳐 그는 이 자기 가치의 세 가지 측면들을 발견하였다. 그는 교회는 자신의 회중에서 뽑힌 사람들이 그 지도자가 되지 않으면 안 된다. 일단의 사람들이 지도력을 제공해 줄 외부인을 바라보고 있는 한, 이들은 전적인 책임의식을 갖지 못할 것이다. 마찬가지로 그는 (현지인들이) 교회의 재정적 부담을 떠맡지 않는다면 그들은 진정성을 결여하게 될 것이라고 믿었다. 교회의 진정성의 마지막 테스트는 전도를 통해서 자신을 확장할 준비가 되어 있느냐는 것이다. 교회가 외부인의 사역으로 설립되었을 때는 교회는 그 기능을 계속하기 위하여 선교사에게 의존하기 쉽다. 이것은 아마도 가장 획득하기 어려운 자기 책임의 측면일 것이다. 교회의 진정성을 위한 이 세 가지 요소들은 최종적으로 삼자 원리(자급, 자치, 자전)로 기술되었다.[13]

복음주의자로서의 벤은 선교가 기초를 두어야 하는 고정된 신학적 유산(deposit)이 있다고 전제하였다. 선교원리를 조사하는 데 있어서 그는 성경이나 신학적 통찰보다는 동시대의 경험에 보다 의존하였다. 신학적 기초는 협상 가능한 것이 아니었지만 새로 나타나는 원리들은 유동적이었다. 선교지 교회의 진정성은 그의 사고체계에 있어 계속 중심이 되었으나, 벤은 자신의 공식을 사용한 방식에 있어서 그의 일부 계승자들보다는 덜 교조적이었다. 게다가 그는 자신의 공식이 최종적인 것이라고는 결코 전제하지 않았다. 그는 선교 실제에 대한 공식의 재기술로 이어질

---

13) 상동 p.545. 선교 이론가로서의 Venn의 기여에 대한 상세한 내용을 위해서는 see, Max Warren ed., *To Apply the Gospel: A Selection from the Writings of Henry Venn*(1971); T. E. Yates, *Venn and Victorian Bishops Abroad—The Missionary Policies of Henry Venn and their repercussion upon the Anglican Episcopate of the colonial period 1841-1872*(1978); Wilbert R. Schenk, *Henry Venn—Missionary Statesman*(1983).

수 있는 새로운 통찰력을 위한 지평을 계속하여 찾았다.[14]

회장직 마지막 10년의 기간 동안 벤은 특히 자신이 연구한 '자발적 활장'(spontaneous expansion)의 사례들로 고심하였다. 50년 후의 롤랑드 알렌의 비판을 기대라도 한 듯,[15] 벤은 선교에 있어서의 선교사의 역할 및 성령의 사역에 관한 새로운 질문들과 씨름하였다. 그의 약해지는 건강으로 이 분야에 관한 자신의 생각을 탐구하고 개발하는 것이 불가능하게 됨에 따라, 그는 선교 잡지와 보고서들을 통해서 당대의 선교 현황을 파악하는 한편, 일부의 시간은 선교역사를 연구하는 데 바쳤는데, 약 14년 동안 위대한 로마 가톨릭 선교사인 프란시스 자비에르[16]의 생애와 사역을 연구하였다. 이 연구는 책 한 권의 분량이었는데 동료 복음주의자들의 오해를 받았고 가톨릭 신자들로부터는 거부되었다. 그럼에도 그 연구는 벤에게 '근대 선교'를 평가하는 데 있어서 값진 역사적 참조점을 제공하였다.[17]

앞서 살펴보았듯이, 헨리 벤은 장기간의 DMS 회장직과 분명한 비전 및 비범한 리더십과 행정의 은사의 덕택에 19세기의 특출한 성공회 교인이었다. 그는 근대에 있어 성공회의 성격을 개혁하고 지리적 확산을

---

14) William Schenk, op.cit., p.545.
15) Rolland Allen, *The Spontaneous Growth of the Church and the Causes which Hinder it*(1960). See Allen's last chapter, 'The Way of Spontaneous Expansion', pp.143−157.
16) Saint Francis Xavier(1506−1552)는 근대의 가장 위대한 로마천주교 선교사로서 인도와 말레이 군도에 기독교를 전파하는 데 지대한 공헌을 했으며, 1534년에 파리에서 예수회(Jesuits)의 7명의 창립회원의 한 사람으로서 Ignatius of Loyola의 리더십하에서 서약을 낭독했다. *NEB* vol.12, pp.793−794.
17) William Schenk, op.cit., p.547.

하는 데 있어 유례가 없는 역할을 수행하였다. 벤은 1838-1839년에 거의 치명적인 심장병을 얻은 후, 의사의 조언을 받아들여 삶의 속도를 조절하여 조용한 삶을 살기로 하고 45세의 나이에 CMS의 명예회장직을 수락하였다. CMS의 서류창고에 있는 6,000통의 공식서한과 그의 저술의 전기에 기재된 230개의 항목은 벤의 절제된 사역 능력에 대한 증거이다. 미국의 위대한 동시대 인물인 루푸스 앤더슨과는 달리, 벤은 한번도 해외의 선교지를 방문한 적이 없다. 그는 일찍이 선교사들의 이야기에 관점이 결여되어 있다는 것을 고려해야 한다는 것을 알았고 '선교의 낭만'(romance of missions)을 믿지 아니하였다. 그는 아프리카인들과 아시아인들과도 폭넓은 교제권을 유지하였고 이들이 런던에 오면 자신의 집에서 환대하였는데, 이러한 접촉들이 벤의 정책들을 개발하는 데 있어 분명한 영향력을 행사하였다.18)

3. 벤의 3자 원리에 대한 현대적 비판들

루푸스 앤더스에 대해 살펴보기 전에, 삼자 원리가 형성된 오랜 후의 영국 신학자들에 의한 반응을 먼저 살펴보자. '삼자 원리'에 대해 반대

---

18) William Schenk, op.cit., pp.546-47. Henry Venn이 사망한 1873년 1월 13일에 그의 시신은 그의 요청에 따라 검소한 목관에 넣어져 Mortlake Parish Cemetery, West London에 묻혔다. 검소하면서도 장엄한 장례 예배는 그의 강함을 보여주었다. 장례식 때 불렸던 찬송가의 선교사적 주제는 평생을 세계선교에 헌신한 것을 가리켰다. 1873년 1월 16일자의 Times의 부고 기사는 그가 CMS의 사역에 '전 생애를 헌신'하였다고 기술하고 있다. 개인적 품성들에 대해서는 성 바울 성당의 납골당에 그의 생애를 기념하기 위해 설치한 흉상에 적혀 있는 "견고하며, 흔들리지 말며, 항상 주의 일에 더욱 힘쓰는 자"(고전 15:58)라는 성구를 보라.

가 없지 않았음을 알 수 있다. 1960년대에 스티픈 닐은 먼저 *미완성 과업(The unfinished Task)*에서,[19] 그리고 후에 다시 *기독교선교역사(A History of Christian Missions)*에서[20] 이 원리를 비판하였다. 그는 미완성 과업에서 다음과 같이 기술하고 있다.

시에라리온은 독립적인 교회를 설립하려는 이러한 미성숙하고 신중하지 못한 시도들의 하나로 인하여 고통을 받았다. 1860년부터 CMS는 토착인 교회협의회를 설치하여 회중들에 대한 책임을 아프리카 목회자들의 손에 맡겼고 선교사직원은 거의 전무한 상태로 감축해 버렸다. 삼자 원리는 물론 식민지의 기독교인들이 점진적으로 내지로 확산되어 자기 형제들에게 복음을 전하는 것이었으나, 실제 벌어진 일은, 이미 예견할 수 있었던 대로, 정반대의 것이었다.[21]

같은 비판이 기독교 선교역사에서 '안락사' 이론을 특별히 언급하면서 반복되고 있다.

그 후의 경험은 헨리 벤의 공식에 대한 많은 의문을 제기하였다. 벤의 해결책에서 암시된 것과 같은 교회와 선교의 그와 같은 구별은 신약성경에 있는 신학적 토대를 결여하고 있는 것처럼 보인다. 벤의 원리들을 수행하고자 한 첫 번째 시도들은 거의 전적으로 파국적인 것이 증명되었다. 1860년에 시에라리온에 '토착인 목회자협의회'(the Native Pastorate)를 설립하면서 그 협의회에 참가하는 선교사들을 모두 철수시킨 것은 시에라리온 교회에 100년이 지나도 치유할 수 없는 마비 상태를 초래하였다.[22]

---

19) Stephen Neill, pp.165−167.
20) Stephen Neill, pp.258−260.
21) p.166.
22) p.260.

포스터도 "스티븐 닐 주교가 시에라리온에 독립적인 교회를 설립하는 CMS의 실험을 '미성숙하고 사려 깊지 못한 것'으로 기술한 것은 아마도 옳은 것이다. 교회를 새로운 지역으로 인도하기는커녕 그 실험은 지난 세기에 걸쳐 점진적인 철수를 목도하였다."라고 말함으로써 닐에게 동조하고 있다.[23]

그러나 이미 암시되었듯이 벤은 성공적인 교회 개발에 있어 충족되어야 할 두 가지 조건, 즉 자립하는(self-reliant) 교회와 적절히 반응하는 선교 구조를 명시하였다. 헨리는 교회와 선교의 관계를 건축물(edifice)과 비계(飛階, scaffolding)의 관계에 비유했다. 이로부터, 벤은 자주 인용되는 구절인 '선교의 안락사'를 이끌어 냈다. 이로 보건대, 이 공식은 어리석거나 단순주의자의 슬로건이 아니다.[24] 그는 전방에서 신생교회의 선교를 지속하는 것을 도우기 위하여, 선교사로서 사역할 선교지 교회의 구성원들을 훈련하고 임명하는 일을 계속적으로 주선하였다. 그리하여 선교의 안락사는 자급, 자치, 자전(자기 확대)하는 현지인 교회에 그 자리를 내어 주는 것을 의미하였다. 그것은 결코 선교사의 안락사를 의미하지도 않았고 선교의 안락사를 의미하지도 않았다. 벤이 유념했던 것은, 온정주의(paternalism)에 내재하는 모든 위험들과 더불어 권력 구조(a power structure)로서의 선교이었다. 그의 비전은 선교사가 감독권과 통제권을 내려놓고 이것들을 현지 교회에 넘겨줌으로써 자신을 불필요한 존재로 만드는 날에 관한 것이다.

---

23) R. S. Foster, *The Sierra Leone Church*(1961), pp.23-45.
24) 왜냐하면 이것은 벤의 이론에 대한 Foster와 Neill의 배척하는 판단(dismissive judgement)이었기 때문이다.

Ⅱ. 루푸스 앤더슨(1796 - 1880)

루푸스 앤더슨은 위대한 선교전략가와 행정가로서 잘 알려져 있다. 헨리 벤과 거의 동시대에 앤더슨은 미국인들에게 '삼자 원리'를 소개하였다. 두 사람 간에 공유된 관계 및 두 사람 간에 존재한 놀랄 만한 일치점들은 후에 논의될 것이다.

장로교 해외선교부 이사회의 총무(secretary)인 로버트 스피어(Speer)는 앤더슨을 "미국이 낳은 가장 독창적이고 가장 건설적이며 가장 용감한 선교정책의 학생이며, 선교사역에 대한 가장 공격적이고 창의적인 행정가 두 명 중 하나"라고 기술한다.[25] 44년(1824 - 1866) 동안 앤더슨은 ABCFM의 집행총무(executive secretary)였다.[26] 미국과 캐나다의 모든 선교단체들은 그의 정책의 근본적인 점들을 대부분 채택하였다. 초기 한국교회 역사가들에게 잘 알려진 인물인 스피어는 초교파 지도력에

---

25) Robert E. Speer, *Studies of Missionary Leadership*(1914), p.237. Speer 의 판단으로는, 실제로 다른 어떤 행정가도 앤더슨의 맞수가 되지 못하였던 바, 앤더슨은 독창적인 생각과 단호한 행동을 결합시켜 미국의 해외선교의 전체 과정에 있어서 다른 어떤 회장(executive secretary)도 필적할 수 없었다. 미국의 선교부 최고책임자들(missionary executives)은 1차적으로 행정가들(administrators)이었다. 런던에 소재한 교회선교회(CMS)는 영-미 선교부들 가운데서 자신의 최고책임자(general secretary)가 우선 original thinker이면서 또한 행정가가 되기를 기대했다는 점에서 독특하였던바, 이 전통은 앤더슨과 동시대 인물이면서 친구이었던 헨리 벤에 의해 시작된 것이다. (R. Pierce Beaver, *To Advance the Gospel, Selections from the Writings of Rufus Anderson*, 1967, p.9.)

26) ABCFM의 assistant secretary로서 10년간 '수습 기간'을 보낸 후에, 앤더슨 박사는 다음 1 / 3세기(33년)동안 현직에 있었고, 은퇴 후의 다음 14년 동안은 미국 선교사업의 공인된 이론가이었다.

있어 앤더슨을 가깝게 닮고 있다. 그는 앤더슨의 사후 학생으로서 그 선생의 아이디어들과 원리들을 풍부하게 이끌어 내었다. 이것들을 그는 많은 책들에서 재기술하였고 자신의 행정사역에 적용하고 응용하였다. 앤더슨의 원리인 삼자 선교방법은 스피어의 도움을 받아 1930년대를 관통하는 미국 선교의 토대를 제공하였다.

따라서 우리는 미국의 선교사들이 이사회의 총무였던 스피어와 수많은 편지들을 교환하는 가운데 자연스럽게 '삼자 원리'를 받았으리라는 것을 확신을 가지고 추정할 수 있다.

루푸스 앤더슨은 1796년 8월 17일에 메인 주 북 야르무쓰에서 출생했다. 영국의 헨리 벤과 같이 루푸스의 아버지도 같은 이름을 가졌는데 특출한 목사였다. 그의 아버지가 뉴잉글랜드 홉킨스 신학교에서 사역하였기 때문에 귀국한 선교사들에 대해서 자연스러운 관심이 있었다. 게다가 그의 아버지가 1812년 살렘의 태버너클 제1차 해외선교사 임직식에 그를 데리고 갔기 때문에, 그는 이때로부터 계속하여 강한 선교사의 소명을 가지고 있었다.

앤더슨은 1824년에 ABCFM의 집행총무로 임명되었고 1866년에 공식적 지위에서 은퇴하였지만 선교사역으로부터 은퇴한 것은 아니었다. 그는 1875년까지 자문위원회 (the Prudential Committee)의 일원이었는바, 그때 명예직의 영예가 주어졌다. 게다가 그는 본부에 사무실이 주어져서 거기서 그는 선교의 역사들을 저술하면서 광범위한 교신을 수행하였다. 그는 수년간 신학대학원과 대학에서 가르쳤으며 1880년 5월 30일에 사망했는데, 선교를 위한 사도적 모델의 회복자라는 칭송을 받았고

북미의 모든 해외선교단체들은 그의 가르침을 따르고 그의 원리들에 따라 행동하겠다고 공언하였다.[27]

1. 문명화가 아닌 복음화

앤더슨은 자신의 경력을 선교사역자로 시작하면서, 미국 인디언들에 대한 초기의 선교로부터 물려받았고 해외 사역에서 우세했던 자신의 생각으로는 잘못된 선교 목표(aims), 방법과 강조들이었던 것에 대해 첨예하게 대항하였다.[28] 그 당시의 미국 개신교 선교방법들에 있어서의 키워드는 '복음화'와 '문명화'이었다. 둘 중 어느 것이 우선이냐에 대한 논쟁이 있었지만 두 목표는 상호 보완적(complementary)일 뿐만 아니라 보충적(supplementary)인 것으로 일반적으로 받아들여졌다. 이리하여 결과적으로 '문명화'는 특별히 학교의 형태로 강조되었다. 그러나 앤더슨은 문명의 변화를 선교의 목표로 하는 생각에 대해서는 강하게 반대했다. 루푸스는 "복음이 우리의 뉴잉글랜드에 부여한 문명은 종교적 관점에서는 이 세계가 이때껏 보아온 최고와 최선의 것이며", 시간만 충분히 주어진다면 기독교 신앙이 어떠한 사회라도 변화시킬 것이라는 데는 의심을 하지 않았다. 그러나 이것은 선교의 부산물이지 그 목표는 아니다.[29]

---

27) Beaver, 전게서 pp.10−11. 앤더슨은 언제나 선교사들의 감독자일 뿐만 아니라 목회자이었다. 그가 은퇴했을 때, 1,200명 이상의 선교사들이 미국 선교부 산하에서 사역하고 있었는데, 그의 추천으로 임명되지 않은 자는 단지 6명뿐이었다. (*Dr. Anderson's Farewell Letter to the Missionaries, July 5, 1866*(Boston: printed by the ABCFM for strictly private use))

28) 19세기 초에 미국 선교부는, 인도와 하와이제도에 대한 선교가 실패한 후에, 기존의 선교정책들을 개정하는 것을 심각하게 고려하고 있었다.

29) *The Theory of Missions to the Heathen A Sermon at the Ordination*

앤더슨은 나아가 유럽과 미국의 종교적 사회적 상태를 완전하게 하는 것은, 선교사들과 이들의 후원자들이 기독교 자체를 "그 신앙고백자들 가운데 교육, 산업, 시민적 자유, 가정질서, 사회질서, 존경할 만한 삶의 수단들 및 잘 정리된 공동체의 축복들을 거의 전 지구적으로 확산하는 것"과 동일시하기 때문에 순수한 영적 선교의 테스트에 대한 엄청난 장애가 되는 경향이 있다고 주장하였다.30) 이리하여 앤더슨은 다른 방향으로 나아가 영혼들을 구원하고 그들을 교회로 모으며 동일한 선교의 과정으로 동원하기 위하여 복음을 선포하는 단순한 영적 선교로 나아가기로 결심하였다. 이리하여 그는 사회적 진보(문명화)는 선교의 불가피한 부산물이며 단지 하나의 부산물이라고 주장하였다.

2. 교육과 3자 원리

앤더슨은 많은 영국과 일부의 미국 선교사들과 선교지도자들에 의해 교육에 반대하는 것으로 오해를 받았다. 그들은 그를 알렉산더 더프와 스코틀랜드 선교방법에 대한 큰 원수로 간주하였다. 그러나 그는 그렇지 않았다. 그이 사역의 초기 때부터 그는 학교와 교육의 필요성을 고집하였다.31) 앤더슨은 회심자들이 자기 책임을 지는 성경을 읽고 실천하는

---

of Mr. Edward Webb, as a Missionary to the Heathen, Ware, Mass., Oct. 23, 1845. Boston: 1845. Reprinted as *The Office and Work of the Missionary to the Heathen,* ABCFM Missionary Tract No.1, p.73. Beaver 전게서 pp.13 - 14.

30) 상동. 이리하여 그들은 선교지의 새로운 회심자들의 경건은 잉글랜드와 뉴잉글랜드에서 익숙한 형태들로 나타나리라고 잘못 기대했으며, 신앙의 전파는 "우리 자신들이 누리고 있는 것과 같은 고도의 개선된 사회 상태를 이방의 민족들과 나라들 가운데 만드는 것"으로 간주되었다.

기독교인이 되기 위해서는 계몽이 필요하다고 주장했다. 현지의 교사들과 전도자들과 목사들은 자신들의 직임을 이행하기 위해서는 교육을 받지 않을 수 없다. 우리가 사람들에게 성경을 주고 그들이 그것을 읽도록 가르칠 때, 우리는 지상명령을 순종하는 것이다.32) 선교부가 한 나라의 모든 젊은이들을 교육할 수는 없다. 그러나 그들은 특히 교회의 평신도들과 현지인 사역자들을 훈련하고 교육하는 일에 관여하여야 하며, 교사들을 위한 시범학교와 양성소가 될 수도 있다. 이런 점에서 교육제도는 종국적으로 광범위한 것이 될 수 있으나 기준은 이것이다. *교육제도는 그 모든 부분에 있어서, 선교 기금으로 후원되는 한 현지인 교사들과 설교자들을 훈련하는 일과 직접적 연관을 가져야 한다.*33) 그러므로 30년 후에 은퇴하는 앤더슨은 자신을 가지고 "교육이 없이는 선교지 교회가 진정한 의미에서 자치를 할 수 없을뿐더러 자급은 물론 자전을 하는 것은 더더욱 불가능하다."라고 확언할 수 있었다.34)

이리하여 앤더슨은 토착교회 원리의 개척자적 창립자로 불리고 있다. 그는 그 당시의 일부 선교사들에 의해 옹호되었던 소위 '문명화'로부터 결과될 수 있는 온정주의와 문화적 제국주의를 예견하였다는 점에서 시

---

31) 선교사 학교에 대한 1838년의 문서는 선교사들에 의한 교육에 대한 미국의 주된 변증문이었다. (See, *Missionary Schools*, Boston: 1838; repr. From *the Biblical Repository*. Issued also as Missionary Schools, ABCFM Missionary Tract No.10.) 앤더슨은 이 문서와 다른 저술들의 많은 문장들에서 이 잘못된 개념을 논박하고 있다. *Foreign Missions: Their Relations and Claims*, Ch. Ⅶ, "Principles and Methods of Modern Missions", pp.147−167.
32) *Missionary Schools*, p.156. And *Theory of Mission to the Heathen*, pp.79−80.
33) 상동 163−164, 강조는 추가된 것임.
34) Foreign Missions: Their Relations and Claims, Ch. Ⅶ "Principles and Methods of Modern Missions", p.99, Beaver 전게서 pp.25−26.

대를 상당히 앞서 있었다. 이것이 그가 복음을 순수한 형태로 전파하는 목표를 가지고 토착교회 원리를 지지하였던 이유이다.

자신을 위하여 사는 교회는 앤더슨에게는 혐오스러운 것이 될 것이다. 선교는 지리나 연대의 문제가 아니라 과정과 발전의 문제이다. 순서는 파송/회심/교회가 아니라 오히려 파송/회심/교회/전도 그리고 기한의 정함이 없는 추가적 파송, 즉 모든 세계가 회심할 때까지의 파송이다. 교회는 결코 그 자체로 목적이 되어서는 안 되고 선교의 확대와 확장의 수단이어야 한다. 큰 관심은 '성경적이고 자전하는 기독교이다.'35)

앤더슨에 의하면, 교육과 설교에 대한 다른 보조수단들이 현지 교회의 성장과 발전에 봉사하여야 하는 것처럼, 자치와 자급도 신생교회의 성숙과 활력 및 증인이 되는 능력에 기여하여야 한다. 사도적 모델은 이 세 요소들 간의 관계를 보여준다. 교인들은 예배당 건물을 서구의 모델이 아닌 자신들의 양식을 따라서 거의 전적으로 자신의 비용으로 건축해야 한다. 가능한 한 빨리 각 회중은 자신들의 현지인 사역자를 가져야 하며, 교회를 조직하는 데 있어 그러한 현지인이 가능하지 않는 예외적인 경우에만 선교사가 목회적 감독권을 맡아야 한다. 초기에 주어지는 어떠한 재정적 도움이라도 단기간의 도움이어야 한다. 앤더슨은 아래와 같이 요약했다.

가능한 한 빨리 모든 교회는 자신의 현지인 목회자를 가져야 한다. 회중들은 자신들의 능력에 따라 그를 후원하여야 하고, 목회자는 거기에 맞추어 합리적인 정도로 적응해야 한다. 선교사가 제공할 수도 있는 지원은 보충적

---

35) Beaver 전게서 p.31.

이고 일시적인 것으로 간주되어야 한다. 금전적인 부담이 가능한 한 빨리 교회에 지워져야 할 뿐만 아니라 치리의 책임도 적시에 인계되어야 한다.36)

그러한 책임 있는 지역교회는 그 지역을 위하여 '하나님께서 임명한 조명의 능력'(the divinely appointed illuminating power). 그것은 실제로 선교에 있어서 큰 능력이다. "그것은 때가 되면 온 덩어리를 부풀게 하는 누룩이다."37) 그러나 이러한 신생교회들이 자국인 전도를 하지 않으면 책임을 다했다고 할 수 없다. 그들로 해외선교에 동참하여 선교사를 파송하여야 하는바, 이 활동은 자신들의 완전한 성숙을 위해 요구되는 것이다.38) 앤더슨은 계속하여

　　미복음화된 세계가 그러한 교회들로 점철될 때, 그리하여 모든 사람들이 구원을 받기 위해서는 무엇을 해야 할지를 배우는 것을 자신들의 능력 안에 갖고 있을 때, 선포된 성령의 강림과 온 세계의 회심을 기대할 수 있을 것이다.39)

여기서 우리는 언제 그런 지역교회가 설립되어야 하는지 질문할 수 있다. 앤더슨은 선교사의 첫 번째 임무는 그러한 지역교회를 설립하는 것이라고 제안하였다. 앤더슨에 따르면, 처음에는 자신이 신약성경과 일

---

36) *Outline of Missionary Policy*(Boston: 1856), Missionary Tract No.15. Drafted by Dr. S. B. Treat, p.15.
37) *Memorial Volume of the First Fifty years of the American Board of Commissioners for Foreign Missions*, ed. by Rufus Anderson and almost written by him(1861), Ch. III, "Development of Missions", Selection 4, p.96.
38) op.cit., *Foreign Missions: Their Relations and Claims*, p.107.
39) Ibid., Ch. VII, "*Principles and Methods of Modern Missions*", Selection 5, p.101, Beaver Ibid., p.32.

치한다고 믿는 교회 정치 형태를 제안할지 모르지만 대개 자신을 파송한 교회와 사회의 패턴을 따른다. 그러나 현지인들이 자신들의 판단에 따라 그 형태를 변경할 권리를 갖고 있다는 것이 이해되어야 한다. 따라서 지역교회는

> 가망성 있는 회심자들(hopeful converts)로 구성되어야 하며, 가능한 한 빨리 같은 종족 출신으로서 대개는 소수의 가난하고 무식한 사람들을 감독할 수 있도록 즐거운 마음으로 훈련을 받으며 이들과 친하게 동정심을 갖고 어울릴 수 있는 현지인 목회자를 가져야 한다. 현지인 목회자란 세례와 성만찬을 집례할 수 있는 권리를 가진 한 지역교회의 목회적 돌봄을 하는 자로 인정된 자를 의미한다. 신생교회가 현지인 목회자를 갖자마자 자치의 책임들은 그에 따라 전개된다. 실수와 당혹스런 일들과 가끔은 스캔들이 있을 것이나 이러한 것은 심지어 본국 교회에서도 있는 일로서 가끔은 이런 방식으로 유용한 경험이 얻어지게 된다. 현지인 목사의 급여는 생계를 교인들에 의해 확보해야 한다는 기독교적 개념에 기초하여야 하며, 교회는 가능한 한 이른 시기에 자급하여야 한다. 자전도 최초부터 시작되어야 한다. 이러한 교회들이 그리고 이러한 교회들만이 생명이요 힘이며 선교의 영광이다.[40]

그러므로 앤더슨은 선교사는 토착교회가 정착하자마자 다른 선교지로 나아가기 위해 선교지를 떠나야 한다고 굳게 믿었다. 그는 선교사는 복음의 씨를 뿌리는 자요 토착교회는 물을 주는 자이며 교회를 자라게 하시는 이는 하나님이심을 믿었다. 여기서 앤더슨은 설교에 많은 강조점을 둔다. 사실 그 자신은 전체 성경을 현지어로 힘들게 번역하는 것보다는 현지어로 복음을 담고 있는 전도지와 소책자들을 배포하는 전략을 선호

---

40) *Foreign Missions: Their Relations and Claims*, Ch. VII, "Principles and Methods", pp.98-99.

하였다. 우리는 앤더슨이 살았던 시대가 제국주의가 널리 확산된 규범이었다는 것을 잊어서는 안 된다. 그러나 앤더슨이 가졌던 한 가지 약점은 그가 문명화의 과정을 '복음전도'로부터 너무 분리했다는 사실과 그의 교회에 대한 개념이 너무 단순했다는 것이다. 헨리 벤과는 달리, 앤더슨은 사회적 내지는 사회-경제적 측면에 대한 복음의 영향력을 보지 못했다. 그는 서구의 우월성에 대한 신념이 확고하여 토착교회를 그 지역 문화에 온전히 적응시키는 것을 필수적인 것이라 생각하지 않았다.[41] 후에 보겠지만, 이러한 앤더슨의 약점은 존 네비우스가 자신의 선교방법을 개발하는 데 있어서도 분명했다.

무엇보다, 초기 한국 선교에 대한 앤더슨의 영향은 중대했다. 그는 자신의 제자 스피어뿐만 아니라 학생자원운동 그리고 종국적으로 존 네비우스에게도 영향을 미쳤다.[42] 선교의 원리들과 방법들에 대한 앤더슨의 가르침도 물론 많은 면에서 비판할 수 있다. 그럼에도 불구하고 그는 미국 선교의 발전을 위한 괄목할 만하게 견실한 기초를 제공했으며 거의 모든 미국의 선교단체들은 그의 원리들을 모두 완전히 실천하지는 않았음에도 불구하고 그를 추종하기로 공언하였다. 1914년에 로버트 스피어는 그를 '가장 독창적이며 가장 건설적이며 가장 용감한 학생'으로 기술할 수 있었다.[43]

1950년대까지는 어떠한 미국의 선교단체도 공개적으로 앤더슨의 선교의 목표, 즉 자전, 자치, 자급교회의 양육을 문제로 삼지 않았으나, 그의

---

41) Beaver, "Rufus Anderson 1796−1880, To Evangelize, Not Civilize", Gerald H. Anderson, eds., op.cit., pp.551−552.
42) Ibid., pp.552−553.
43) Robert E. Speer, *Studies of Missionary Leadership*(1914), p.237.

사후 10년이 못 되어 유럽과 미국의 선교사들은 그의 원리에서 벗어났다. 그들은 식민주의자들로부터 '식민적 마인드'를 취하였던바, 이는 교단주의(denominationalism)에 대한 새로운 강조를 가져왔다.[44)]

3. 루푸스 앤더슨과 헨리 벤의 관계

우리는 루푸스 앤더슨과 헨리 벤이 각자 독립적으로 같은 이론을 실제적으로 개발하였던 것을 발견했다. 그리고 삼자 이론은 그 당시에 그 독특한 성격에 있어서 매우 독창적이었다. 앤더슨(1796-1880)은 19세기의 미국 선교 행정지도자로 명성을 얻은 반면, 벤은 대서양의 반대편에서 유사한 명성을 얻었다.

사실, 이 두 동시대의 인물 간에는 놀라운 일치점 몇 개가 있다. 이들의 출생일자는 불과 몇 달 차이밖에 나지 않으며 모두 어머니는 7살에 아버지는 17세에 잃었으며, 모두 장남으로서 1818년에 대학을 졸업했다. 이들은 모두 선교사역에 대한 관심을 가진 채 기독교 사역을 준비함으로써 부모가 물려준 강한 영향을 받았다.[45)] 그리고 가장 중요한 것은, 두 사람은 가장 큰 미국과 영국의 선교단체의 선임지도자의 위치에서 선교 이론과 정책에 대한 광범위한 영향력을 행사했다. 두 사람은 토착교회의 전통적인 '삼자 원리'의 정의를 공식화한 것을 인정받고 있다.[46)]

---

44) Beaver, *To Advance The Gospel Rufus Anderson*, p.38.

45) A. C. Thomson drew attention to these parallels in his eulogy at Rufus Anderson's funeral, *Discourse Commemorative of Rev. Rufus Anderson, D.D., LL.D.* (Boston: 1880), p.39.

46) Wilbert R. Schenk, "Rufus Anderson and Henry Venn: A Special

우리는 이 두 사람의 생애에 있어서의 놀라운 일치점들과 같은 선교원리를 독립적으로 발견한 시기로 볼 때, 이 뒤에는 하나님의 섭리와 주권이 있었으리라는 것을 놀라움으로 인식하게 된다.

월버트 쉔크(Shenk)의 논문에 의하면, 두 사람은 교신한 것은 물론 여러 번 대면하여 선교원리들에 대한 자신의 의견들을 나누었다.[47] 둘은 선교원리들이 태동하고 있는 시기에 살고 있다고 생각하고 행동의 기저 원리들을 파악할 목적으로 과거와 현재의 선교경험을 조심스럽게 검토하는 과제를 자신들의 개인적인 책임으로 떠맡았다. 그들은 이 문제들을 무감정의 이론가로서 접근하지 않았고 선교과업에 빛을 비출 수 있는 새로운 사태들을 꼼꼼히 살펴보았다. 둘은 선교회와 그 일꾼들에 대한 보다 큰 책무의 필요성을 감지했다.

앤더슨과 벤이 어느 교회의 생애에 있어서의 발전의 단계들에 대한 강한 인식을 공유했다는 것은 놀랄 일이 못 된다. 둘은 자신들이 이미 한 세대나 된 선교지 교회와 관련하고 있다는 것을 발견했다. 그들은 미래를 바라보면서 선교회가 얼마나 오랫동안 신생교회의 필요를 돌보아야 하는가에 대해 질문했다.

Relationship?" *IBMS*, vol.5, No.4(Oct. 1981), p.168.

47) 이들 간의 최초의 교신은 앤더슨이 벤에게 보낸 1852년 8월 18일자 서신 인데, 여기서 앤더슨은 콘스탄티노플에 있는 희랍인들에 대한 ABCFM의 선교센터를 CMS에 이관하는 것을 제안했다. 그는 다른 미국 선교단체들이 이관받는 것을 기뻐하지만, ABCFM으로서는 그 지역에서 이웃하고 있는 CMS를 선호한다고 언급했다. 이 두 선교회의 문서저장고에는 이와 같은 서신이 총 26개가 있는데, 그중 앤더슨이 19개를 벤이 7개를 썼다. (See, Wilbert Schenk, Ibid., 169.)

그러한 질문은 선교회가 관련된 교회 성장 과정에 관해 보다 신중한 사고를 요청한다. 1841년 ABCFM 연례보고서에서 앤더슨은 초대교회에서는 사도들은 일반적으로 '그 지역의 현지인들'에게 안수하였음을 발견하고 "이러한 방법으로 복음은 그 지역에 곧 토착화되었으며 복음 기관들(the gospel institutions)은 하나님의 은혜로 자급 자치의 에너지를 획득했다."라고 첨언했다.[48] 근대 선교의 실제에 있어 내재하는 위험들 중의 하나는 선교사가 신생교회로부터 그 자신의 운명에 대한 책임을 거두어버리는 경향이었다.[49]

'삼자 원리'가 처음 사용된 것은 헨리 벤이 1855년 6월 1일 선교사들에게 지침을 준 때이다.[50] 이 유명한 '삼자 원리'가 앤더슨과의 대화로부터 유래했는지의 여부에 대해서는 벤은 아무런 암시를 주지 않았다. 요약하면, 벤과 루푸스는 서로 매우 존중하였다. 그러나 1854년과 1855년의 그들 간의 짧은 만남은 친밀한 우정의 결과를 낳지는 않았다. 1854년이 되기까지 앤더슨과 벤은 이미 수년 동안 어떻게 선교사가 설립한 교회가 책임 있는 독립성을 달성하게 할 것인가라는 동일한 문제로 고민하고 있었다. 둘은 모두 조심스럽게 읽은 선교사 잡지와 저널들을 통하여 자유롭게 정보를 교환하는 분위기 가운데 자신들의 탐구를 수행했으며 동시에 각자의 선교회의 경험들의 의미에 관하여 질문들을 제기했다.

그러므로 벤과 앤더슨은 신생교회들에 대한 그들의 관계 속에서 동일

---

48) Beaver가 편집한 *To Advance the Gospel*, p.103에 재인쇄되었다.
49) Schenk, op.cit., p.170.
50) Schenk 편집, *Bibliography of Henry Venn's Writings with Index*(1975), vol.80, p.427.

한 종류의 문제들과 직면했다. 비록 그들은 한 사람은 성공회 교인이고 다른 한 사람은 회중교인이어서 교파적으로는 상당히 달랐지만 근대 선교운동이 직면한 기초적인 문제들에 대해서는 동의했다. 역사적 증거는 각자가 자신의 결론에 도달하는 데 있어 상대방에게 의존했다고 제안하지 않는다.[51] 이들은 '삼자 원리'의 아버지들로서 잘 알려져 있지만 그들 자신은 이 특별한 공식을 인지하지 않았다. 그들은 선교사역의 목적으로 '토착'교회를 개척하는 것에 관심을 집중했다. 그들은 선교사의 경험과 신생교회의 상태들을 계속해서 면밀히 검토함으로써 교회 성장 과정들의 비밀들을 이해하고자 했다.[52] 우리는 오늘날에도 미전도종족들에 대한 선교에 있어서 삼자 원리는 연관성을 가지며, 토착교회를 독립적인 공동체로 발전시키는 데 초점을 맞출 필요가 있다고 주장한다.

Ⅲ. 칼 프리드리히 귀츨라프(1803 – 1851)

귀츨라프는 1832년 7월 23일에 한국을 방문한 최초의 개신교 선교사로 잘 알려져 있다.[53] 먼저, 귀츨라프는 중국에서 토착교회를 개척한 자

---

51) Schenk, "Rufus Anderson and Henry Venn: A Special Relationship?" p.171.
52) Ibid.
53) K. F. A. Guetslaff, *Journal of Three Voyages along the Coast of China in 1831, 1832 & 1833, with Notices of Siam, Corea, and the Loo –Choo Islands*(London: 1834), p.356. Guetzlaff landed at Hong –ju –man(Basil Hall), Go –dae –do, Chong –cheong –nam –do Province, 김양선(한국기독교사연구, 서울: 기독교문사, 1971), p.42.

로 간주되고 있다.54) '내 생애 동안의 중국의 복음화'가 그의 생애의 비전이었던바, 실로 그의 한국을 포함한 아시아에서의 기독교 선교의 진보에 대한 그의 공헌은 막대하다.55) 특히 그의 선교방법은 앤더슨과 벤이 개발한 토착교회방법과 괄목할 만큼 유사하다. 중국에서 사역하면서 귀츨라프는 외국인에 의한 전도는 주로 두 문화 간에 존재하는 갭으로 인해 아주 비효율적이라는 것을 금방 알아챘다. 그리고 그는 토착교인들을 훈련하고 무장하는 것을 고집하고 그 자신이 실천했다. 그는 선교사들은 현지 신자들을 훈련하고 교육하여야 한다고 믿었으며 외국인 선교사에 의한 전도와 학교와 교단교회를 설립하는 것을 반대했다. 그의 선교방법은 1844년에 '중국인 연맹'(The Chinese Union)의 설립을 가져왔고 허드슨 테일러를 1853년에 최초의 중국 선교사로 파송한 영국의 '중국복음화협회'(the Chinese Evangelisation Society)의 형성에 영향을 미쳤다.56)

귀츨라프는 폴란드의 푸리츠에서 재봉사의 독자로 1803년 7월 8일에 출생했다.57) 귀츨라프보다도 더 논쟁이 되고 있는 선교사는 별로 없다. 그가 남긴 유산에는 선교사들은 제국주의의 앞잡이라는 중국인들의 관념

---

54) Jessie G. Lutz and R. Ray Lutz, "Karl Guetzlaff's Approach to Indigenisation: The Chinese Union", Daniel H. Bays ed., *Christianity in China*(Stanford: 1996), pp.269−291.

55) 허드슨 테일러는 귀츨라프를 '중국내지선교부의 조부'라고 불렀다. (H. Schlyster, *Karl Guetzlaff als Missinar in China*, Lund−Copenhagen, 1946, p.301, quoted from Stephen Neill, *A History of Christian Missions*, op.cit., p.242.)

56) Roger Steer, *J. Hudson Taylor, a man in Christ*, OMF 1990, pp.14− 19, 46−53.

57) 대부분의 한국교회 역사가들은 귀츨라프의 국적을 독일이나 화란으로 잘못 표기하고 있는데, 이는 귀츨라프가 폴란드에서 출생하였으나 독일과 화란에서 교육을 받은데다 독일과 화란의 선교부들이 그의 선교사역들을 후원한 데서 기인하기 때문에 저자는 이들의 혼동을 이해할 수 있다.

을 강화한 것이 포함되어 있다. 심지어 서구인들도 귀츨라프를 서구의 종교 정치 경제적 팽창주의가 불행하게 혼합한 원조로 귀츨라프를 가끔 인용했다. 동시에 귀츨라프는 19세기 초의 다른 어떤 개신교 선교사보다 중국 선교를 인기 있게 하고 서구의 기독교인들을 그리스도의 지상명령에 깨어 있게 하는 일을 했다. 귀츨라프가 동아시아에 자원하여 사역하도록 영감을 준 사람들 중에는 태평천국의 반란군과의 관련으로 유명한 잇사갈 로버츠, 중국내지선교회의 창립자 허드슨 테일러, 중국과 일본에서 사역한 죤 굴릭이 포함되어 있다. 독립선교사로서 귀츨라프는 중국으로 자원했으나 아프리카로 간 데이빗 리빙스톤,[58] 알버트 슈바이처 그리고 오늘날의 수백의 복음주의자들 같은 선교사들 중에서 선구자이었다. 그러나 이러한 유산들은 귀츨라프의 다양한 경력의 전체를 포괄하지는 못한다.[59]

1. 양육과 교양

귀츨라프는 매우 불안정한 가족의 분위기 가운데서 살아야 했었다. 그의 모친은 그가 네 살 때 사망했고, 그의 부친은 8명의 자녀를 가진 과부와 곧 재혼했다. 따라서 어떤 자료에 의하면 그와 계모의 관계는 소원했으며 어린 나이에 외톨이가 되었다. 고전과목들을 가르치는 시립학교를 졸업한 후에 그는 신발가게 견습공이 되었다. 재학 중에 그는 계몽주의 유산을 접하고 자신의 종교의 교리에 대해 의문을 갖기 시작했다. 후에 그는 한 모라비안 가족과 함께 살면서 개신교를 복음적으로 해석하는 경건주의의 영향을 받게 되었다. 이러한 그리스도 중심의 비교단적

---

58) Tim Jeal, *Livingstone*, (London: 1973), p.21.
59) Jessie G. Lutz, *IBMR*, vol.24, No.3, (July 2000), pp.123-128.

환경에서는 핵심적인 교리는 구세주의 종이 되기를 원하는 모든 이들에게 희망을 주는 하나님이 하신 당신의 아들의 희생이었다.

귀츨라프는 어떤 외국에서 선교사가 될 가능성을 고려할 정도로 포부가 있었고 모험적이었다. 그의 이 꿈은 프레드릭 3세가 스테틴을 방문했을 때 실현의 기회를 맞게 되었다. 귀츨라프와 한 친구는 용감하게 황제의 마차에 환영의 시를 던졌고 황제는 기뻐서 그 둘을 교육시키기로 제안하고 요하네스 야니케가 설립한 베를린선교학원(the Berlin Mission Institute)에 입학시켰다.[60] 거기서 공부하는 동안 귀츨라프는 영적인 중생을 경험하고 경건주의의 최소한의 교리들을 진정한 기독교로 받아들인 결과, 그 공동체에 영입되었다. 귀츨라프는 그 다음에 롯테르담에 있는 화란선교사회의 대학원에서 3년간 공부했다. 거기 있는 동안 그는 이교도를 위한 화란인에 대한 호소문을 작성했고 기독교의 태동 이후의 확장에 대한 야심적인 저서를 만들었다.

2. 동남아에서의 선교사역

귀츨라프는 중국에 간 최초의 개신교 선교사인 로버트 모리스을 만나려고 런던으로 갔다. 1826년에 화란선교사회는 그를 수마트라로 파송했다. 종족 간의 분쟁으로 인해, 귀츨라프는 임시로 자바에서 런던선교사회(LMS)의 선교사인 월터 메드허스트(WAlter Medhurst)와 함께 일했다. 귀츨라프는 메드허스트가 각지의 방언으로 설교하면서 전도지를 나누어 주면서 말레이인들과 중국인들 사이를 여행하는 중에 수행했는데

---

60) Jessie G. Lutz, Ibid.

메드허스트의 언어적 재능에 깊은 인상을 받아 고전 중국어와 말레이어와 함께 푸지안 방언도 열심히 공부했다. 두 달 만에 그는 스스로 그 주민들과 의사소통을 시도하려는 준비가 되었다.[61] 그러나 자바는 그의 야심에 비해서 너무 제한적이었고 중국의 수억의 이교도가 그를 부르고 있었다. 그는 비틴 섬과 싱가포를 거쳐 태국으로 갔는데, 1831년 6월에 아내와 신생여아의 죽음으로 상심하고 건강이 나빠져서 화란선교회의 바람을 무시하고 천진으로 가는 중국 배에 승선했다. 이리하여 귀츨라프는 자신의 후원에 대해 자기가 책임을 지고 선교지를 자기가 결정하고 자신의 방법론을 개발하는 독립적인 선교사가 되었다. 귀츨라프는 기항하는 항구마다 중국에서의 전도를 금지하는 칙령에 도전하여 마을에 들러 설교하고 전도지와 약품을 나누어 주었다. 그는 중국식 옷을 입었고 푸지안 방언으로 유창하게 말했기 때문에 한번은 북부 중국에서 중국 사람으로 오인된 적이 있었다. 그는 여러 번 해상의 폭풍이나 기독교서적을 보관하는 상자 속에 금을 가지고 있는 것으로 잘못 생각한 선원들의 살해음모로 사망의 위험에 처하기도 했다. 구원을 경험할 때마다 그는 하나님의 손이 중국에의 사도로서의 자신의 소명을 완수토록 하기 위해 자신을 구원하기 위해 임하셨다는 것을 감지했다. (고전 9:16-19)

귀츨라프는 1830년대 초에 거의 12번의 해안 여행을 하였고 그 때마다 중국에 들어가서 설교하면서 주민들에게 전도지를 배포했다. 두 번째 여행은 동인도회사의 암허스트 경이라는 선박으로 다른 선교사인 린제이(H. H. Lindsay)와 함께했다.[62] 이들의 목적은 중국정부의 금지에도 불

---

61) Ibid.
62) 귀츨라프는 그 당시 서구인들에게는 그의 저술들을 통하여 인기가 많았다. 그는 중국 광동에서 ABCFM의 Elijah Bridgman이 편집을 하는 선교 저널인 Chinese Repository에 자신의 복음전도 여행기를 보냈으며, 이 기사

구하고 광동을 넘어선 무역의 가능성을 탐색하는 것이었다. 이러한 여행들은 중국 선교역사를 위해서와 그 후의 중국과 서양의 관계를 위해서도 중요한 것이었다. 위에서 지적하였듯이, 선교사들은 많은 중국인들의 마음에 불법적인 마약 거래와 연결되어 있다. 아편 무역이 매우 퍼져 있었고 모든 외환 거래가 아편으로 인한 이윤에 의존하고 있어서 이 무역과 약간의 관련이라도 없는 서양인은 거의 없었다. 서신들, 급여, 항해, 생필품 등이 아편채취자들에게 의존되어 있었다. 그렇다 하더라도 귀츨라프는 다른 선교사들보다 더 활발하게 아편 무역에 참여하였고 전형적인 부정적인 모델이 되었다.[63)

귀츨라프에 대한 이러한 대조되는 평가들은 그의 선교방법들, 수단의 불법성에도 불구하고 인간은 단순 명료한 복음의 전파를 통해 구원을 받을 수 있으며 그 나머지는 하나님께 맡긴다는 그의 단순주의자적 신념을 고려할 때 이해될 수 있는 것이다. 그의 한국 선교를 검토함으로써 그의 선교방법에 대한 추가로 알아볼 것이다.

들은 영국과 유럽과 미국의 선교 잡지들에 널리 재인쇄되었다. 또한 선교부의 회보에서도 반복해서 인용되었으며, 1833년에는 *Journals of Three Voyages Along the Coast of China in 1831, 1832 & 1833, with Notices of Siam, Corea, and Loo -Choo Islands*라는 긴 제목을 가진 책의 형태로 출판되었다. 이 책은 워낙 인기가 있어서 재판들이 이어졌으며, 일반 정기간행물에도 인용이 되었을 뿐만 아니라, 독일어, 노르웨이어, 덴마크어로도 번역되었다. 홍보를 기민하게 하는 귀츨라프는 선교 및 전도지 출판단체, 교회 회중들, 개인 기부자들, 정기간행물 및 신문사들과도 엄청난 양의 교신을 했다.

63) 전게서 p.124. 한편 쿠츨라프의 선교적 동기에 대하여 다양한 견해가 있었음이 사실이다. 그를 가리켜 "a saint, a crank, a visionary, a true pioneer, and a deluded fanatic,"란 표현도 있다. (Stephen Neill, rev. by Owen Chadwick, A History of Christian Missions, (New York: Penguin Book, 1986), p.242.

1832년에 동인도회사는 귀츨라프와 린제이를 암허스트경 선박 편으로 중국 북부 항구로 보냈는데, 그 목적은 이 항구들이 언제나 영국과의 무역에 개방될 것인가와 현지인들과 지방정부의 경향이 어느 정도 그것에 우호적일 것인가를 알아보는 것이었다. 최초의 중국어 성경 번역자인 로버트 모리슨(1782－1834, 신약은 1814년 구약은 1823년 번역)은 이 여행 기간 중 귀츨라프가 배포할 수 있도록 많은 양의 중국어 성경을 보냈다.[64] 그 배는 중국의 산동 해안을 방문한 후에 한국으로 향했고 처음에는 황해도 서부해안의 장산곶 가까운 곳에 닻을 내렸다. 이들은 지방관리를 통해 서신으로 조정에 접근하려고 시도했으나 이들의 노력은 실패했다. 이들은 남쪽으로 항해를 재개하여 충청도 서부해안에 도착했고, 배가 바실 만에 닻을 내리고 있는 동안, 선물과 함께 무역개방을 요청하는 서신을 지방관리를 통해서 왕에게 보냈다. 수도로부터 회신을 기다리는 동안 그들은 현지인들과 접촉했는데 귀츨라프는 성경과 전도지를 나누어 주고 감자를 심었다.[65] 한참 후에 편지와 선물은 반환되었는데, 한국은 먼저 중국과 협의하지 않고서는 무역을 허가할 수 없다는 회신을 받았다.[66]

이 접근은 그 당시 열매를 맺지 못한 것으로 보이며 짧은 방문으로 눈에 띄는 결과를 낼 수도 없었지만 귀츨라프는 실망하지 않았고 오히

---

64) 위에서 보는 대로 쿠츨라프는 로버트 모리슨 선교사를 만난 후 중국복음화의 비전을 갖게 된다. 그는 탁월한 언어적 재능으로 Siamese어 신약성경을 번역하였고 모리슨과 함께 중국어 구약성경번역에도 참여하였다. 더구나 그는 난파당한 일본선원으로부터 배운 일본어로 신약성경 중 복음서와 요한서신서를 일본어로(katakana로) 번역하였다. (M. Broomhall, ed., *The Chinese Empire, A Generaland Missionary Survey,* (London: Morgan $Scott, 1838) p.380.
65) 쿠츨라프는 한국에 최초로 감자를 소개하였다.
66) 이진호, 동양을 섬긴 쿠츨라프, (서울: 한국감리교역사회, 1988), pp.39－49.

려 한국인에 대해서 아래와 같이 말했다.

> 영원하신 하나님의 위대한 계획 가운데서 그들을 위한 자비스런 권고의 때가 있을 것이다. 우리가 이것을 기대하는 동안, 우리는 영광스러운 십자가의 교리를 모든 수단과 힘으로 확산시킴으로써 그 접근을 재촉하는 일에 매우 열심이어야 한다. …성경은 하나님께서 심지어 이러한 연약한 시초들에 복을 주실 수 있다는 것을 믿도록 우리를 가르치고 있다. 곧 한국을 위한 더 좋은 날이 밝아올 것이라는 희망을 갖자.[67]

50년 후에 귀츨라프가 희망했던 대로 하나님의 진리의 씨앗은 한국 땅에 100배의 증식을 시작했다.

3. 중국연맹(The Chinese Union)의 유산

앞서 언급했듯이, 1844년에 귀츨라프는 구원의 메시지를 중국 전역에 전하기 위해 일단 중국인 전도자들과 권서인들(후에 중국인 연맹으로 알려진)을 조직하기 시작했다. 그는 일찍이 중국인 회심자들이 현지인들의 기독교를 수용하도록 설득하는 데 있어서의 상당한 성과와 서양인들의 노력의 미미한 결과들 간의 대조에 주목하고 있었다. 서양인들은 조약상의 5개 항구 지역을 넘어서는 합법적으로 여행할 수 없었기에 귀츨라프는 그 당시 홍콩 인근으로 제한을 받았다. 이러한 상황에서 그는 중국인 전도자들과 권서인들을 파송하여 자신이 번역한 성경과 소책자들을 배포하게 했다. 중국인 연맹의 회원 수는 급속히 늘어나서 그는 1848년에 중국의 19개 주 중 12개의 주에서 천 여명의 권서인과 100명의 설교자

---

67) K. Gutzlaff, 전게서, pp.339-40. (백낙준, 전게서에서 재인용)

가 사역하고 있는 것으로 보고되었다. 그는 자신의 엄청난 프로젝트를 위한 모금을 확보하고 선교사들을 모집하기 위하여 유럽으로 돌아왔다. 1849년에 시작한 성공적인 여행으로 수십 개의 후원단체가 설립되었다. 그러나 런던선교회의 제임즈 레그(James Legge)가 귀츨라프에 의하여 파송된 중국인 전도자들이 충분한 훈련을 받지 않았으며 그들 중 일부는 아편 무역에 활발하게 관여되어 있다고 주장하면서 귀츨라프의 선교 방법을 비판하는 보고서를 제출하였던바, 그 보고서는 상당수의 연맹 회원들은 사기꾼들로서 홍콩지역을 떠나지 않으면서도 여행수당을 챙겼으며 그들 대부분은 그 후에 해고되었다고 밝히고 있다. 불행하게도 귀츨라프는 중국인 전도자들로부터 감쪽같이 속임을 당하고 있었다. 그들의 거의 전부는 사기꾼이요 아편 중독자들이었다. 진행되고 있는 일들에 대해 진짜로 알지 못했던 것 같은 귀츨라프는 스캔들이 노출되었을 때, 비탄에 빠졌다. 이 보고서의 결과로 귀츨라프의 후원은 자신의 변명에도 불구하고 심각하게 감소되었고, 병약한 사람이 되어 재건을 각오하면서 중국으로 돌아왔다. 그러나 1851년 8월 9일에 그는 홍콩에서 사망했고 중국인 연맹은 해체되어 갔다. 대부분의 후원단체들은 해체되거나 교단적 단체에 통합되었다.[68]

1850년의 중국인 연맹 사건의 결과로 중국에서의 개신교회의 토착화를 위한 전진은 어떤 면들에서는 후퇴하였지만 연맹이 결국에는 토착화에 기여한 것으로 널리 믿어지고 있다. 연맹의 소수의 핵심회원들이 헌신된 일꾼들이 되었고 바젤이나 LMS와 같은 선교회의 추가 지침이 있은 후에는 그들이 중국 내지의 현지인들을 회심시키고 소규모의 기독교인 회중들을 형성했다. 그러므로 귀츨라프와 중국내지선교회와 같은 선

---

68) Jessie G. Lutz, op. cit., p.126.

교회들이 많은 중국인 기독교인들에게 어필했던 초교파적 복음적 개신교
를 진흥시켰다고 결론 내릴 수 있다. 그 후, 이것은 약간의 독립적 중국
인 교회의 특징이 되었다. 그러므로 개인적 영혼 구원에 강조점을 둔 귀
츨라프의 선교방법이 그 이후에 따라올 아시아에 대한 선교에 큰 영향
을 미쳤다고 하는 것이 공정한 주장이 될 것처럼 보인다.

Ⅳ. 윌리엄 씨 번즈(1815 - 1868)

번즈는 로스와 함께 만주에서 사역한 스코틀랜드의 선교사였다. 번즈
는 만주의 개척선교사들 중의 한 사람으로서 존 로스에게 영향을 미쳤
다. 후에 살펴보겠지만 로스가 만주로 가기로 결정하는 데에는 번즈로부
터 분명한 영감을 받았다.[69] 번즈가 *새벽(Peep of Day)*과 *천로역정(Pi-
lgrim's Progress)*을 만다린어로 번역하는 과업을 담당했는데, 이 두 책
은 초기 한국교회의 발전 단계에 있어서 아주 값진 것으로 판명되었으
며, 로스의 협력자들은 전도할 때 이 책들을 광범위하게 사용했다.[70]

---

69) James Webster, "The Maker of the Manchurian Mission: An Appre-
    ciation of the late Rev. John Ross, D.D.", *MRW*, 1915, p.395; "New
    Chang," *The United Presbyterian Missionary Review*(이하 UPMR), July
    1, 1873, p.572. 로스는 그를 "an itinerant evangelist"로 불렀다. (John
    Ross, *MMM*, p.190.
70) 번즈는 "Pep of Day"를 만다린 중국어로 "정도계몽"으로 번역 출판했다.
    (북경:1864) 이 책은 한국교회 초기 형성기에 널리 알려졌다. 자세한 것은
    3장에서 보게 될 것이다. "Pilgrim's Progress"도 번즈에 의해서 번역되었
    다. "천로역정" (북경, 1864).

월리엄 번즈는 전 스코틀랜드와 유럽을 통하여 전도의 열정으로 유명하였는데 심지어 그 당시의 '웨슬리와 횟필드'로 간주되기까지 했다. 번즈의 중국에서의 선교사로서의 빛나는 모범을 보고, 그 유명한 허드슨 테일러는 "나는 결코 번즈와 같은 영적 아버지를 가진 적이 없었다."라는 말을 했다.[71] 초기 한국교회와 만주 선교에 있어서 이와 같은 뛰어난 인물이 한국교회사에 있어서 어쩐지 잊혀진 것은 불행한 일이다.

1. 중국에로의 소명

월리엄 번즈는 1815년에 스코틀랜드 목사의 아들로 태어나 킬싯(Kilsyth)에서 칼빈주의 분위기 가운데 자라났다. 16세에 회심한 후에 그는 복음의 사역자가 되기를 결정하고 아버딘과 글라스고우에서 공부하였다. 글라스고우 대학교에서 번즈는 학생선교회(the Student Missionary Society)의 활동회원이었다. 대학교에서 공부하는 동안 그는 헨리 마틴, 데이빗 브레너드와 기타 선교지의 거룩한 사람들의 생애에 관한 많은 경건 서적들을 읽었고, 1839년에 대학교를 졸업하자 알렉산더 더프의 발자취를 따라 인도에서 사역하기로 마음먹었지만[72] 그대로 되지 않고 영국장로교회에 의하여 1847년에 공식적으로 중국 선교사로 임직을 받았다. 임직받기 전 9년 동안 번즈는 잉글랜드, 아일랜드, 스코틀랜드, 후에는 캐나다에서 성공적인 부흥사로서 사역했다. 번즈는 스코틀랜드 교

---

71) D. Mac Gillivray, "The Centenary of W. C. Burns," *Chinese Record and Missionary Journal*(이하 CRMJ), March, 1916, p.155.
72) J. M. L. "The First Missionary to Manchuria William C. Burns: A Sketch," *The Missionary Record of the United Free Church of Scotland*(이하 MRUFC), Dec., p.353.

회사에서 잘 알려진 '1839년 부흥'에 관여되었다는 것을 우리는 주목한다. 아래 기술을 통해 우리는 그가 중국에서 사역하기 전의 활동들에 대하여 잠시 엿볼 수 있다.

여러 위원회들이 그(번즈)를 어느 나라로 파송해야 할지 고려하고 있을 때, 그는 유명한 던디의 로버트 머레이 맥체인(McCheyne) 목사로부터 맥체인 목사의 성지순례로 인해 부재하는 동안 강단을 맡아달라는 부탁을 갑자기 받았다. 던디와 킬싯에서 모두 큰 부흥이 일어났으며…번즈의 신학은 당시의 스코틀랜드 장로교의 신학이었는데, 그 속에서는 고요하고 작은 복음의 소리와 함께 시내산의 무시무시한 천둥소리도 동일하게 두드러졌다. 천국과 지옥, 율법과 은혜는 (설교의) 씨줄과 날줄이었으며 영원은 실제였다. …맥체인이 복귀하자 그는 던디를 떠나 아버딘, 뉴캐슬, 에딘버러와 더블린 등 많은 곳에서 설교했고, 가는 곳마다 죄인들이 통회하고 하나님의 나라에 탄생하는 동일한 표적들이 있었다. 그는 캐나다까지 갔었는데 거기서도 부흥이 일어났다. …교회 안에서 설교하는 외에 그는 길거리에서도 설교하는 최초의 유명인사였으며, 이는 후에 중국에서의 사역을 준비하는 것이 되었다.73)

혹자는 '왜 그가 본국에서의 그러한 성공적인 사역들을 했는데 중국으로 갔는가?'라고 질문할지 모르겠다. 그 당시의 상황들을 이해하면 답은 분명하다. 1843년은 스코틀랜드 교회의 대분열(the Great Disruption)의 해였다. 번즈는 기성교회로부터 분리하여 스코틀랜드 자유교회(the Free Church of Scotland)를 형성한 목사들 중의 한 명이었다. 번즈는 대분열의 결과로 사람들은 교리적인 문제에 사로잡혀 더 이상 영혼을 구원하는 일에는 관심이 없다는 것을 깨닫게 되었다. 이러한 교회의 배경으로 인해 번즈는 자신이 외국 선교사가 되겠다고 한 헌신을 상기하게 되었다. 번즈

---

73) D. Mac Gillivray, op, cit., pp.150-52.

는 스코틀랜드자유교회의 해외선교위원회에 자신의 파송을 제안하였지만, 위원회의 재정상태가 번즈의 제안을 수용하는 것을 허락할 수 없었다.

이때, 잉글랜드장로교회가 자신의 중국에서의 첫 번째 선교사역을 개시할 선교사를 찾고 있었다. 번즈는 뉴캐슬 노회에서 허입되어 목사안수를 받고 잉글랜드장로교회의 선교사로 임명되었다. 이리하여 그는 1847년 12월에 홍콩에 도착하여 중국남부에서 사역을 시작했다.[74] 계속하여 개척자로서의 역할을 선택함으로써 점점 북쪽으로 사역을 넓혀 가면서 개척한 곳은 다른 선교사들에게 넘겨주고 자신은 새로운 곳을 선택하여 다시 시작했다. 그러나 손에 만질 수 있는 결과는 없는 것처럼 보였다. 7년 동안은 단 한 명의 회심자도 없었다. 그럼에도 그는 하나님의 선한 손이 자신을 본국에서 외국선교지로 옮기신 것에 대해 조금도 의심하지 않았다.[75]

2. 선교부의 결과들

이미 살펴보았듯이 번즈는 본국에서는 이미 준비된 사람들 가운데 사역하면서 엄청난 열매를 거두었으나 중국에서는 황무지에 씨를 뿌렸다. 그럼에도 그는 그리스도는 세례를 주기 위해서가 아니라 말씀을 전파하기 위해서 자신을 보내신 것이라고 말함으로써 자신의 중국에서의 선교

---

74) Austin Fulton, op. cit., pp.28−31.
75) Islay Burns, Memoir of the Rev. Wm. C. Burns, *MA: Missionary to China from the English Presbyterian Church,* (London, James Nisbet $ Co., 1873). 이 책 20장에 Newchwang에서의 그의 생활과 그곳에서 설교한 리스트가 적혀 있다.

를 정당화하였다. 1854년에 그는 처음이자 유일한 본국 안식년을 가졌다. 그의 본국 교회들에 대한 방문은 어떤 주목할 만한 결과를 내지는 못한 것으로 보인다.[76]

상해로 돌아와서 그는 어떤 상선의 경건한 선장을 만났는데 그 선장이 스와토우로 가기를 간청하여 허드슨 테일러와 함께 그 항구로 나아갔다. 자연스럽게 번즈는 스와토우에서 테일러와 교분을 지속하였다. 이 일은 테일러가 중국내지선교회를 설립하기 전이었는데 이 시기에 대해 테일러는 아래와 같이 기술한다.

> 그 행복한 달들은 내게 말할 수 없는 기쁨과 특권이었다. 말씀에 대한 그의 사랑은 기쁨으로 충만하였고 그의 거룩하고 경건한 생활과 하나님과의 끊임없는 교제는 그와 교제하는 것을 내 마음의 깊은 갈망들을 만족시켰다. …그의 견해들—특히 교회의 위대한 사역으로서의 전도와 성경이 회복을 요구하고 있는 잃어버린 반열로서의 평신도 전도자들의 역할에 대한 —중국내지선교회를 그 후에 조직하는 데 있어 열매가 있는 것으로 증명된 종자 생각들(seed –thoughts)이었다.[77]

본토를 여행하는 중에 중국관원에 의해 체포되어 홍콩에 있는 영국영사관에 호송되었지만 곧 스와토우로 돌아왔다. 거기서 별로 격려를 받지 못하자 푸초우로 가서 1년간 머물렀다. 그러나 아모이(Amoy)의 동료들로부터 형사소송 사건을 도와달라는 부탁을 받고 아모이로 갔다. 북경에서 사역한 4년 동안 번즈는 몇 권의 책자들을 만다린어로 번역했지만[78] 번즈는 북경에서의 사역에 만족하지 않았고 언제나 개척자가 되기

---

76) Ibid.
77) D. Mac Gillivray, op. cit., p.155.
78) 번즈는 앞의 각주 70번과 같이 '정도계몽', '천로역정'의 번역과 수많은 찬

를 원하였고 북경에는 선교사들이 충분하다고 느꼈다. 아모이에서처럼 그는 씨 뿌리는 자를 선호했고 세례와 교회개척은 다른 선교사들에게 남겨주었다.

순회 선교 기간 동안, 번즈와 그의 스코틀랜드 동료인 알렉산더 윌리엄슨(1829-1890)은 북중국 전역을 여행했고 1867년 10월에는 만주에 있는 영구(Yingk'ou, 營口)항에 도착했다.[79] 그러나 만주에 있는 동안 매서운 겨울 추위와 중국 의상을 착용한 것 때문에 건강이 악화되었고 너무 나빠진 나머지 만주에 도착한 지 겨우 6개월 만인 1868년 4월 4일에 사망했다.[80]

그는 선교사로서 어떤 열매를 중국에 남겼는가? 맥기리브레이(Macgillivray)는 다음과 같이 요약한다. "그는 어떠한 건물도 세우지 않았고

송가를 번역하여 기독교 문학의 발전에 크게 기여하였다.

79) Austin Fulton, *Through Earthquake Wind $ Fire: Church $ Mission in Manchuria 1867-1950*, (Edinburgh: The Saint Andrew Press, 1967), p.29.

80) William C. Burns (1815-1868). 그의 묘비에는 생전의 그의 유언대로 아래와 같이 기록되어 있다:

To the Memory
Of the
Rev. William C. Burns, A. M.,
Missionary to the Chinese,
From the Presbyterian Church in England,
Born at Dun, Scotland, April 1st 1815,
Arrived in China, November 1847.
Died at Port of New chwang
April 4th, 1868.
II Corinthians, Chap. V.

(Islay Burns. Op. cit., pp.540, 591, Austin Fulton, op, cit., pp.27-30 에서 재인용).

어떤 새로운 정책도 시작하지 않았고 어떤 큰 조직도 건설하지 않았으나 그는 중국에 거룩한 삶이라는 값없는 선물을 주었다. 그는 유례를 찾기 힘들 정도로 하나님과 동행했다."[81] 그러므로 우리는 그의 만주에서의 짧은 선교사로의 체재에도 불구하고 그의 거룩한 삶은 중국과 종국적으로는 한국에까지 큰 영향력이었으며 그 영향력은 계속 살아 있다고 결론지을 수 있다. 맥기리브레이는 계속 기술한다.

> 그가 가는 곳마다 자신의 위대한 거룩함으로 사람들에게 인상을 남겼다. 그의 삶은 지속적인 기도의 삶이었다. 그는 무엇을 하든지 해야만 했든지, 그것이 중요한 것이든 사람들이 보기에 하찮은 것이든 그것을 기도의 제목으로 삼았다. …그는 종종 온밤을 기도의 고통 가운데 보냈다. 그의 거의 유일한 연구대상은 하나님의 말씀이었고 시편은 그가 즐겨 부르는 찬송이었다. …그의 유일한 생각은 설교를 하는 것이었기에 선교사업이나 학교 등과 같은 것들에는 관심이 없는 것처럼 보였다. 본국에서 그가 부흥사역을 수행하고 있을 때 동료사역자들과 협력하기를 좋아하여 회심자들을 가르치고 돌보는 것을 이들에게 맡겼는데 이것은 그의 중국에서의 정책이기도 하였다.[82]

번즈는 귀츨라프와 같이 '순회전도자'라고 결론을 내린다. 그는 20년이 경과하는 동안 계속해서 전 중국에 광범위하게 전도했다. 우리는 로스가 자신의 동향인인 번즈의 열정적인 마음에 크게 영향을 받았다고 주장한다. 로스 자신이 자신의 '순회전도자'에 대한 강조는 번즈로부터 유래하는 것이라고 말했다.[83] 그러므로 번즈의 선교방법은 로스에게 영향을 미쳤다고 하는 것은 공정한 주장이다.[84] 우리는 번즈와 귀츨라프의

---

81) 참조, D. Mac Gillivray, op. cit.,p.154, 156.
82) Ibid.
83) "New Chang", *UPMR*, July 1, 1873, p.572.

토착적 선교방법은 테일러가 후에 중국내지선교회를 창립하였을 때 그에게 영감의 근원이 되었다고도 추론할 수 있다.

V. 존 엘 네비우스(1829 – 1893)

존 네비우스는 '네비우스 선교방법'으로 잘 알려져 있다.[85] 오랫동안 서양과 한국의 교회사가들에 의하여 거의 이구동성으로 네비우스 방법이 초기 한국교회의 성장에 있어서 가장 중요한 요인이었다고 인정되고 있다.[86] 우리는 그의 생애와 사역을 살펴본 후 그의 선교방법을 소개할

---

84) 한국교회 교회사가인 옥성득은 그의 논문에서 쿠츨라프와 번즈 그리고 존 로스는 모두 같은 선교방법을 사용했다고 주장한다. (옥성득, " 한국장로교회의 초기 선교정책(1884 –1903)", *한국기독교와 역사, IX권*, 한국기독교문사, 1998, p.131.

85) See, F. F. Ellinwood, "Rev, John L. Nevius. D.D.", *The Church at Home and Abroad, Feb., 1894*; Gillet Reid, "The Rev. John L. Nevius, D.D." *Missionary Review of the World*(이하 MRW), May, 1894; Arthur T. Pierson, "John Livingston Nevius, the Morden Apostle of China," *MRW*, Dec., 1895; Samuel H. Chao, "JohnL. Nevius and the Conceptualisation of the Gospelin the 19th Century China: A Case Study," *Asia Journal of Theology,* 1988; Everett N. Hunt, Jr., "John Livingston Nevius: Pioneer of Three –Self Principlesin Asia," Gerald H. Anderson, eds. *Mission Legacies,* (Maryknoll: Orbis Books, 1995).

86) 네비우스 선교방법에 관한 다음의 책들을 참고하라: Roland Allen, *The Missionary Principles*, (Grand Rapids: Eerdmans, 1964): William N. Blair, *Gold in Korea,* (Toeka: H. M. Ives and Sons Inc., 1946); Charles Allen Clark, *The Nevius Plan for Mission Work, Illustrated in Korea*, (Seoul: The Christian Literature Scciety, 1937); Everett N.

것인바, 이는 제5장에서 추가로 검토될 것이다.

40년 동안 네비우스는 미국 북장로교의 선교사로서 중국에서 사역했다. 중국의 언어와 문화에 대한 큰 존경심을 가진 순회 선교사로서 그는 일련의 성경공부교재로써 영혼들을 구원하고 무장하는 데 헌신했다. 그는 1829년 3월 4일에 뉴욕 주의 세네카 카운티에서 출생했는데 그 가족은 오비드 장로교회를 출석했다.[87] 농장에서의 어린 시절 동안 네비우스는 신체를 단련하고 농사에 대한 경험을 했는데 이는 그의 선교사 경험에 있어서 아주 값진 것이 되었다. 그는 1848년에 뉴욕의 유니온 대학을

Hunt, *Protestant Pioneers in Korea*, (Maryknoll: Orbis Books, 1980); David Liao, "The Three—Self." (D. Miss. Thesis, Fuller School of World Mission, 1979); Paik, L. G., *The History of Protestant Mission in Korean, 1832—1910*, (Pyeung—yang: Union Christian College Press, 1929), Reprinted in 1934, 1971; H. A. Rhodes and Arch Campbell, eds., *History of* the Korean Missions from the Presbyterian Church, U.S.A., 1884—1934, (Seoul: Chosen Mission of PCUSA, 1935); H. A. Rhodes, *History of Korean Missions from the Presbyterian Church, in U.S.A. Vol.,2*, 1935—1959. (N. Y.,: Commission on Ecumenical, Ministry Relations, UPCUSA, 1964); Roy Shearer, *Wildfire: Church Growth in Korea,* (Grand Rapids: Eerdmans: 1966); Shin Sung—jong, "Paul's Missionary Methods and the Korean Church", Ph. D. Diss, Temple University 1974; T. S. Soltau, *Missions at the Crossroads,* (Grand Rapids: Eerdmans Baker Book House, 1954); Robert E. Speer, *Missionary Principles and Practices*, (N. Y.: F. H. Revell Co., 1902), Reprinted in 1914) Horace G. Underwood, *The Call of Korea*, (N. Y.: Revell, 1904).

87) 네비우스에 관한 전기물은 다음을 참고하라. Helen S. Coan Nevius, The Life of John Livingston Nevius, (N. Y.: Fleming H. Revell, 1895), or her Our Life in China, (N.Y.: Robert Carter and Brothers, 1869). 네덜란드계인 그의 부친은 네비우스가 18세 때 사망함. 그 후 그의 모친은 재혼하였으며 그의 가족은 뉴잉글랜드에 1년 거주하다 거의 조부와 함께 뉴욕에서 살았다.

졸업했다. 그 후 짧은 기간 동안 죠지아 주에서 교사가 되었는데 그때 그리스도를 만나 회심했다. 1850년에 뉴저지의 프린스톤 소재 장로교신학대학원에 입학하였고 1853년에 졸업하면서 중국 선교사가 되기를 결심하였고 후에 장로교 해외선교부로부터 인준을 받았다. 그는 그해 5얼에 뉴저지 뉴 브룬스윅 노회에서 안수를 받고 6월에 어릴 때 친구였던 헬렌 샌포드 코언(Coan)과 결혼했다. 1853년 9월에 중국으로 출발하여 1854년 3월 14일에 상해에 도착했다.[88] 흥미로운 것은 같은 해에 허드슨 테일러가 영국으로부터 중국에 도착했다. 네비우스는 전도사역을 산포에서 시작했고 1859년에 항초우에 새로운 선교센터를 개설했다.

1861년 5월 18일에, 중국에서의 정치적 격변들과 닝포의 추운 날씨 때문에 네비우스는 산동반도의 체푸(Chefoo)로 선교지를 이동했는데 여기서 그의 선교방법들이 개발되었다.[89] 이 기간에도 네비우스는 순회를 계속했는데 이를 위해 매년 4-6개월을 바쳤다. 그는 자신에게 맡겨진 모든 교회들을 1년에 두 번은 전도뿐만 아니라 가르침과 훈계와 격려를 위해 방문하고자 했다. 봄과 가을의 여행의 사이 기간에 네비우스는 교회 지도자들을 고급 성경공부반을 위해 체푸에 있는 자기 집으로 초청했다. 그의 연례일정은 다음과 같았다. 6월부터 8월 말까지는 약 30-50명의 중국인 전도자들이 시골의 선교센터로부터 네비우스의 집에 와서 무료의 신학교육을 받았다. 이들에게는 식사가 제공되었고 하루에 5시간

---

88) 네비우스가 1854년에 중국에 도착했을 때는 첫 번째 아편전쟁이 끝나고 Nanjin조약이 체결된 후 10년이 지난 때였다. 당시 이미 5개 항 즉, Canton Amoy, foochow, Ningpo 그리고 shanghai가 개항되어 있었다.
89) 스코틀랜드 연합장로교회는 Chefoo로 선교센터로 삼고 있었다. 의료선교사인 윌리엄 헨더슨이 1871년 4월에 그리고 다음해 새해에 존 매킨타이어가 Chefoo에 도착했으며 존 로스는 1872년 8월 23일 합류하였다.

의 성경공부를 매일 가르쳤다. 우연히도 네비우스는 모든 비용을 자신의 급여에서 지출했다. 9월부터 12월까지는 광범위한 지방 여행을 떠나 그가 설립했고 대부분의 현지인 전도자들이 그에게서 훈련받는 약 60개의 선교센터를 방문하여 설교하였다. 이러한 방식으로 그는 괄목할 만한 숫자의 효과적인 현지인 전도자들을 만들어 낼 수 있었다.[90] 1861년에서 1864년까지 그는 전도책자를 저술하였고[91] 다른 선교사들과 신학교와 새로운 전도 방법들에 대해 토론하였다.[92]

1864년에 콜레라가 산동반도에 창궐했고 반군활동이 재개됨에 따라 네비우스는 남쪽으로 이동하였다가 당분간 미국으로 돌아갔다. 3년 반을 본국에서 있은 후에[93] 네비우스 가족은 1869년에 중국으로 가서 항초우에 있는 새로운 신학교에서의 교수직을 수락했다. 1년을 가르치고 1870년의 천진 대학살 후에 네비우스는 체푸에의 복귀를 요청하여 중국에서

---

90) C. W. Mateer, *A Review of 'Method of Mission Work',* (Shanghai: Presbyterian Mission Press, 1900), pp.26－27.

91) 네비우스는 여러 권의 소책자를 저술하였다; *T'ien Loo Che Nan* (Guide to Heaven), (Ningpo: 1857); *Sxe Seen Peen Mew* (Errors of Ancestral Worship), (Ningpo: 1859), 또 다른 책은 1864년에 출판됨; *Sewen Taou Che Kwei* (Manual for native Evangelists), (Shanghai: 1862); *Shin Taou Tsung Lun* (Compendium of Theology), (Shanghai: 1864).

92) Everett N. Hunt, Jr., "Thelegacy of John Livingston Nevius", (*IBMR,* vol.15, no.3, July 1991), P.122; Samuel H. Chao, "John L. Nevius and the Contextualization of the Gospelin the 19th Century China: A Case Study,"(*AJT,* 1988).

93) 이 3년간에 네비우스는 '삼자 원리'를 배울 수 있었다. 먼저 영국의 헨리 벤으로부터 폭넓은 '원리'를 배웠으며 그 후 1869년에 중국에 돌아왔다. 미국에 머무는 동안에는 루프스 앤더슨으로부터 삼자 원리를 배워서 후에 자신의 선교방법을 'Old system', 'New system'을 구분하여 언급하게 되었다. 이 'New system'에 관해서는 5장에서 다룰 것임. (Helen S. Coan Nevius, *The Life and John Livingston Nevius*(New York: Fleming H. Revell Co., 1895) pp.251－81).

의 나머지 22년 동안을 거기서 집을 짓고 살았다. 그는 '현지인처럼' 되려거나 너무 서구적이 되려고 하지 않고 적당한 삶의 수준을 따랐다.[94] 1872년에서 1881년까지 그는 산동반도를 활발히 순회하는 일정을 유지했다. 그때, 네비우스는 존 로스와 종종 자신의 선교방법을 토론했다. 로스 자신이 "나는 만주 남부에 있는 어떤 선교사보다도 그 <네비우스>와 가깝게 접촉하게 되었다."라고[95] 기술했다.

1877년에 체푸에 심한 기근이 생겨 네비우스는 기근 구호에 관여했는데 이 노력은 복음을 전하는 데 있어 신용도를 증가시키는 보답으로 돌아왔다.[96] 그러나 아내 헬렌의 건강이 악화되어 그들은 미국으로 돌아와야만 했다. 네비우스는 1882년에 중국으로 다시 가서 순회사역을 재개했고 그 다음 약 8년간 계속했다. 1월부터 4월이나 5월까지 대개는 다른 선교사와 함께 그는 설교하고 가르치고 방문하고 세례를 주고 상담하고 목회했다. 그 전처럼 6월부터 8월까지는 30-40명의 현지인들이 시골에서 네비우스의 집으로 와서 매일 5시간씩 체계적인 성경공부를 했고 9월부터 12월에는 네비우스는 다시 여행했다.[97]

네비우스는 그의 *선교사역 방법(Mehtod of Mission Work)*으로 가장 잘 기억되고 있는데, 이것은 1885년에 Chinese Recorder에 일련의 논문들로 먼저 나타났고,[98] 후에 *선교사 교회의 개척과 발전(Planting*

---

94) Everett N. Hunt, Jr., op. sit., p.122.
95) Cf., John Ross, "Missionary Methods," (**CRMJ**, May 1898), pp.247f.
96) John L. Nevius, "Mission Work in Central Shantung", (**CRMJ**, Sep., Oct., 1881), pp.357-58.
97) 그의 영어 저술은, *San-poh*(1869); **China and the Chinese**(1882), **Methods of** Mission Work (1886), 그리고 Demon Possession and Allied Themes (1894).

and Development of Missionary Churches, 1889년 출간 1901년, 1958년, 1976년에 재출간)의 제목으로 재출판되었다.[99] 널리 알려져 있는 이 연구는 그의 특징적인 에너지와 전도의 열정을 반영하고 있다. 수년에 걸쳐 그는, 비서구 세계에 있어 토착교회를 설립하는 기본적 선교 원리들로서 — 자전, 자치, 자급 — 삼자 원리를 옹호했다.[100] 그는 농업적으로도 중국을 돕기를 원했다. 그리하여 서구의 과일과 채소를 중국 땅에 심었다. 그는 많은 미국 나무들을 중국으로 가져왔고 새로운 품종들이 개발되면 그것들을 산동반도의 언덕배기에 사는 현지 기독교인들과 전도자들에게 나누어 주었다. 이것은 현지의 경작자들의 재정 상태를 개선시켰는데, 후에 현지 시장에 출시된 고급 품종의 배들은 네비우스에 의해 중국에 처음 소개된 것으로 종종 회자된다.[101]

1889년에 제2회 중국선교사 총회가 상해에서 소집되었는데 네비우스가 자신의 선교방법들에 대한 강연해줄 것을 초청받았다. 1890년 6월에 안식년으로 출발했을 때, 그들은 한국에 경유하여 달라는 초청을 받았고, 그는 한국을 방문하여 사역의 방법들을 토론하면서 2주간을 보냈다. 그때, 한국에 있는 장로교 선교사들은 자신들의 사역을 위한 주된 선교전

---

98) John L. Nevius, "Principles and Methods Applicable to Station Work", (*CRMJ*, Nov. 1885), p.423.

99) See, Max Warren, ed., *ToApply the Gospel:* A Selection from the Writings of Henry Venn, (Grand Rapids: Eerdmans, 1971); W. R. Shenk, *Henry Venn —Missionary Statesman*(Maryknoll: Orbis, 1983); R. Pierce Beaver, *To Advance the Gospel: Selections from the Writings of Rufus Anderson*(Grand Rapids: Eerdmans, 1967).

100) 네비우스는 '삼자 원리'란 용어를 결코 사용한 적이 없다. 그러나 그는 그의 선교사역 현장에서 시행착오를 통해서 삼자 원리를 확실하게 배워서 이 원리를 그대로 적용하였다. 그래서 그는 아시아에서 '삼자 원리의 개척자'라 인정받게 되었다.

101) Samuel H. Chao, op. cit., pp.295 —96.

략으로 네비우스의 제안들을 채택했다.102) 이러한 방법들은 한국, 특히 한국장로교의 선교사역의 집중방법(the rallying mehods)으로서 처음부터 선보이고 있었다.103) 1892년에 네비우스는 다시 정상적으로 사역을 재개할 준비가 된 채로 체푸로 복귀했다. 가을 순회를 시작하기 전날인 1893년 10월 19일에 그는 64세의 나이에 심장마비로 사망했다.

1. 네비우스 선교방법

'네비우스 선교방법', 즉 '삼자 원리'는 그가 중국에서 선교사역을 하는 20여 년에 걸쳐 발전되고 수정되었다. 따라서 네비우스는 그것에 대해 "진리를 이교도의 마음속에 열매를 맺게 하는 데 사용되는 계획들과 방법들은 다양하며, 다른 조건들과 상황들에 따라서 변경/수정될 수 있고 변경/수정되어야 한다."104) 그는 선교사역의 처음부터 '선교사의 제1차적이고 궁극적인 사역'은 '복음을 전파하는 것'으로 간주하면서, 육체적인 필요들을 충족하여야 할 요구도 인정했다. 그리하여 그는 전파(preaching)를 기독교 진리를 제시하는 "모든 가능한 방법(every possible mode of presenting Christian truth)으로" 정의했다.105)

그러므로 네비우스는 선교사역을 위한 단순한 보편적 패턴을 따르는

---

102) Underwood, *The Call of Korea*, pp.109-111.
103) 최정만, "Historical Development of the Indigenisation in the Korean Protestant Church: With Special Reference to Bible Translation" (D. Miss., Diss., Fuller Theological Seminary, 1985), p.32.
104) John L. Nevius, China and the Chinese, (Philadelphia: Presbyterian Board of Publication, 1882), pp.346-47.
105) Ibid., p.358.

것에 대해 경계했다. "어떤 이들은 이교도들 모두가 동일한 계급에 속하며 같은 유형에 순응하는 것으로 간주하는 듯이 보인다. 실은 그들은 광범위한 차이를 보이며 각 종족은 그 자신의 특징적인 개성을 갖고 있다."[106] 그는 "하나님이 잃어버린 자들을 구원하시는 것은 원리적으로는 살아 있는 교사라는 도구(principally by the instrumentality of the living teacher)를 통해서이다."라고[107] 강조했다. 교사들이 그리스도에 관한 지식을 개발할 때에만, 성령께서 성경의 비밀들을 그들에게 열어 줄 것이다. 네비우스의 선교방법의 상세 내용과 초기 한국교회에서의 적용은 제5장에서 논의될 것이다.

Ⅵ. 결 론

지금까지 우리는 선교방법의 개괄적인 발전과 19세기 후반에 있어서의 중국에서의 적용에 관해 논의했다. 특별히, 우리는 벤과 앤더슨에 의해 제안되었던 삼자 원리가 상해와 만주에서 실천됨에 따라 더 발전되었다는 것을 알았다. 이 원리를 수용했던 가장 중요한 두 사람은 로스와 네비우스로서 삼자 원리를 자신의 사역지에서 채택했던 동시대 인들이다.[108] 이 점에서 로스와 네비우스는 선교 실천가일 뿐만 아니라 위대한 선교전략가로서 간주되고 있는 것은 놀랄 일이 아니다.

---

106) Ibid., p.359.
107) Ibid., p.367.
108) 로스의 자세한 선교방법/활동은 2장과 4장에서 자세히 다룰 것이다.

자신의 선교방법을 개발하고 실천했던 네비우스가 자신의 선교지인 중국에서는 그다지 성공적이지 않았지만, 한국 땅에서 꽃을 피웠다는 것은 흥미 있는 일이다. 이것은 로스가 자신의 권서인들을 훈련한 사역을 고려하면 놀랄 것이 못 된다. 만주에서 성경을 번역하는 데 이어서 한국인 권서인들과 함께 하는 사역을 통하여 로스는 효과적으로 이 한국인 신자들을 자신의 선교방법으로 교육하고 무장시킴으로써 그들이 한국에 돌아가서 자신의 동향인들을 복음화시킬 수 있었던 것이다. 이 전도자들은 네비우스의 선교방법이 1893년에 공식적으로 채택되기 훨씬 전부터 자신의 모국에서 이 선교방법을 실천하였던 것이다. 이리하여 우리는 제4장에서 1884년 외국인 선교사들이 공식적으로 한국에 도착하기 전부터 로스의 선교열매는 한국에서 토착적 기독교인 공동체의 형태로 성장했다는 것을 발견할 것이다.

제2장

존 로스: 스코틀랜드 시기(1842 - 1872)와
만주 시기(1872 - 1910)

앞 장에서 우리는 로스가 만주에 도착한 시기의 토착화 이론의 발전을 검토했다. 그리고 삼자 원리가 선교의 일선, 특히 만주에서 심대한 영향을 끼치고 있는 것을 보았다. 우리는 이 장에서 로스의 선교를 위한 준비와 만주에서의 초기 시절을 연구하여 어떻게 그가 설립한 만주교회가 그의 선교 이론의 형성에 영향을 주었는지 알아볼 것이다.

한국과 만주에서의 장로교회의 아버지인 로스는 자기 세대의 가장 효과적인 선교사들 중의 한 명으로 기억될 자격이 있다. 근 40년(1872 - 1910)을 해외선교사로 있으면서, 로스는 수 개의 언어에 능통했으며,[1] 한국어 성경번역에 큰 기여를 했으며, 선교의 이론과 실제에 있어서 개

---

1) JamesH. Grayson, LWJR, ed. Chung Chong-wha and J. E. Hoare, Korean Observer; A Quarter Journal, 15, No.3, p.63. 이 기사는 특별히 한-영 수교 100주년 기념의 일환으로 쓰였다. 이 기사에선 그레이슨은 "여러 자료들로 보아, 나는 로스가 적어도 11개의 언어에 대해 상당한 언어적 지식을 갖고 있다는 결론을 내렸다. 이 언어들은 갈릭어, 영어, 독일어, 불어, 라틴어, 헬라어, 히브리어, 문어 중국어, 구어 만다린 중국어, 만주어 및 한국어이며, 이 중 4언어, 즉 갈릭어, 영어와 만다린과 만주어를 능통하게 말했다."라고 썼다.

척자이었으며, 중국과 한국의 역사, 문화, 종교에 대한 심층적인 지식을 갖고 있었다. 이 장은 네 개의 주요한 논의 주제들로 구성될 것이다.

I. 초기 생애와 교육 및 중국 선교에의 소명
II. 만주 상황 개관과 로스가 중국에서 사역한 시기의 그와 서구 세계와의 관계 특별히 아편전쟁 및 의화단(義和團) 사건 또는 북청(北淸) 사변(the Boxer Movement)
III. 만주 연합장로교회의 형성 및 로스의 창립자로서의 역할
IV. 마지막으로 로스의 학문적 작업들이 연대적으로 검토될 것이다.

이리하여 우리는 로스가 일생 동안 지속적으로 탐구의 마음을 가지고 항상 보다 나은 선교방법을 모색했음을 알게 될 것이다.

I. 초기 생애와 선교에의 소명

로스는 1842년 7월 6일에 부친 휴 로스와 그 아내 캐써린 사더랜드의 장남으로 북 스코틀랜드의 모레이 퍼쓰에 있는 발린토어 마을에서 출생했다.[2] 그의 부친은 부유한 재봉사이었고 모친은 이웃 마을의 여교장이었다. 살펴보겠지만 로스의 어린 시절과 배경에는 몇 가지 흥미로운 점들이 있다. 지역 공동체의 지도자들로서의 그의 가족의 독특한 배경을

---

2) 그의 출생일에 대해서는 이견이 있다. 그레이슨은 *The Fasti of the United Free Church of Scotland 1900–1929*에 의거하여 8월 9일이라고 하는 반면, 존 로스의 출생증명서에 의하면 7월 6일이다. (Grayson, *JRKFM*, p.19.)

이해하고 있던 그레이슨(Grayson)은 로스는 그 지역의 문화와 지리에 의해 영향을 받았음에 틀림이 없다고 주장한다.[3] 그레이슨은 자신의 최근 논문 "존 로스의 유산"에서 세 가지 요인들이 로스의 어린 시절에 영향을 미쳤다고 주장한다.

첫째는 그가 성장했던 지역은 여전히 갤릭어를 사용하는 지역으로서 그는 갤릭어를 제1언어로 말했다는 사실이다. 가족의 배경 때문에 로스는 학교에 입학하기 전에 약간의 영어를 알고 있었을 것이고 초등학교 시절부터 영어를 사용했음에 틀림없다. 어린 나이에 두 개의 매우 상이한 언어를 말하는 것을 배워야 했던 경험은 후에 나이가 들어 다른 언어들을 배우는 데 도움이 되었을 것이다. 둘째는 자신이 살던 마을의 한정된 범위를 넘어서는 보다 넓은 세상을 알고 있었던 것이다. 재봉사와 교사의 아들이었기 때문에 그는 아버지의 가게에 들르는 사람들의 대화와 교사인 어머니의 말씀을 들음을 통해서 보다 넓은 세상을 엿보았다는 것은 의심이 없다. 게다가 발린토어 마을은 스코틀랜드의 고지대에 멀리 떨어진 마을이 아니라, 상선들이 유럽 대륙으로 오가는 주된 수로 옆에 위치한 어업과 농업의 공동체이었다. 모레이 퍼쓰는 로스의 집에서 볼 수 있었고 오고 가는 배들은 젊은 로스로 하여금 저 멀리 있는 장소들에 대한 꿈들을 꾸게 만들었다. 그의 삶에 대한 세 번째 주된 영향은 그의 교회이었다. 로스의 가족은 기성 스코틀랜드교회의 교인들이 아니었고 소규모의 스코틀랜드 연합장로교회의 교인이었는데 이 교회는 선교에의 열정으로 유명하였다. 게다가 그 지역에 한 개 이상의 교단교회가 존재하고 있었으므로 로스에게 교단적인 경쟁보다는 협력을 위한 필요성을 생각하게끔 영향을 주었다.[4]

로스 가족은 오늘날은 'Chaplehill Church'로 불리고 있는 니그(Nigg)

---

3) *JRKFM,* pp.20−22, Grayson, LJR, pp.167−168.
4) Grayson, LJR, pp.167−168.

에 있는 연합장로교회에 속했었는데, 로스의 출생 장소는 오늘날 근처에 폐허로 남아 있다.5) 우리는 로스의 생애를 형성한 세 가지 요인들을 알아보았다. 즉 어릴 때의 이중 언어, 보다 넓은 세상에 대한 노출 그리고 가족의 교회 배경이다.

그레이슨의 기술로 볼 때, 로스의 어린 시절은 만주에서의 사역에 영향을 미쳤음이 분명하다. 그 조부인 Henry Pullar6)가 로스와 동역을 했던 Iain Fraser도 자신이 1995년에 처음으로 만주를 방문하였을 때, 그는 요녕성(라오닝성, 현재의 만주의 이름)과 스코틀랜드의 북부 고지의 지형의 유사성뿐만 아니라 만주와 북부 고지의 사람들이 강한 농촌의 배경을 공유하고 있다는 점에서의 유사성 때문에도 놀랐다는 사실을 언급한다. 이 두 가지 유사성 때문에 로스는 만주를 고향처럼 쉽게 느끼고 재빨리 정착할 수 있었음에 틀림이 없었다고 프레이저는 논평한다.7)

우리는 로스의 스코틀랜드의 초기 시절에 대한 두 가지 해석을 각기 다른 관점에서 바라보았다. 그럼에도 불구하고 양자 모두 어떻게 로스의 어린 시절이 만주에서의 사역에 도움이 되었다는 것을 지적하고 있다. 무엇보다도 로스의 고지대에서의 성장은 장래 사역의 준비였으며 그것은

---

5) 그러나 슬프게도 저자는 Chapelhill Chuch가 재정난과 교인 수 감소로 인해 공식적으로 폐쇄된 2000년 3월 5일의 특별감사예배에 직접 참여하였다.
6) Henry Pullar은 1896년에 목단을 향하여 스코틀랜드를 출발하여 존 로스의 영접을 받았다. Pullar은 국경에서 중국어와 한국어 성경의 배포자로 있으면서 1921년 Kaiyuan에서 사망하기까지 한국인들에게 복음을 전파했다. 프레이저의 모친은 목단에서 출생했으며 그는 심양(목단)정신위생협회의 초청으로 최근 만주를 방문했다.
7) 저자는 수차례 프레이저와 교신을 했는데, 1998년 9월 7일자 서신에서 프레이저는 요녕성에서의 정신건강서비스에 관해 곧 출판될 책의 서문 원고를 썼던바, 상기 내용은 그 서문에서 발췌한 것이다.

하나님께서 로스를 사역을 위하여 준비시키는 방법이었다. 우리는 이러한 요인들이 어느 정도 그에게 영향을 주었는가를 검토하는 동시에 로스에게 영향을 미친 그가 받은 공식교육과 같은 다른 요인들도 찾아볼 것이다.

불행히도, 그의 신학교육을 제외하고는 로스의 공식교육에 대해서는 더 아는 바가 없다. 1865−1870년 동안 그는 에딘버러에 있는 연합장로교회의 신학원의 첫해 33명의 입학생 중의 한 명으로서 신학교 과정을 이수했다. 그동안, 그는 리스모어, 글라스고우 등 여러 도시에 있는 연합장로교회에서 교회 사역자로 봉사했다.[8]

그 당시 국내선교위원회는 갤릭어 선교부를 타 지역에 확산하기로 희망하여 존 로스를 Stornoway와 Barra Isles에 견습선교사로 1879년 5월 20일부터 6월 20일까지 파송했는데, 그가 갤릭어를 유창하게 구사했기 때문에 이 일에 적임자이었다. 로스는 서부제도의 일부 섬 등 여러 지역에서 수개월 동안 전도사역을 하기도 했다.[9] 그는 만주에 가기로 결정하기까지 계속하여 연합장로교회의 갤릭어 선교부를 위하여 사역했다. 그러나 그는 체류하기를 원하였을 갤릭어 사용 고지대 사람들로부터는 부르심을 결코 받지 못했다.[10]

선교사의 소명에 대한 로스의 관심은 1868년 9월에 신학원 학생들에

---

8) Ibid., pp.49−51, Grayson, LJR, p.168.
9) *MRUPC* for 1870−1871, p.506. 글라스고우 노회의 보고서에 의하면, 그들은 공급위원회에 로스를 1870년 4월 1일부터 6개월간 Portree로 파송하여 줄 것을 요청했다. (*UPM* for 1870, p.178.)
10) Choi, *JRKPC*, p.50.

게 행한 연합장로교회의 해외선교부의 책임자인 Hamilton Macgill의 강연을 통해서 자극을 받았던 것처럼 보인다. 그 강연에서 맥길은 젊은 사역자들에게 인도나 중국을 위해 자신들의 사역을 헌신할 것을 도전했다.[11] 이 강연 후에 로스는 신학원에서 공부하는 동안 선교사가 되기로 자원한 것을 알 수 있다. 그러나 그가 처음 사역 제안을 했을 때는 해외보다는 갤릭어 사용지역들을 생각하고 있었다. 그가 왜 궁극적으로 해외선교지에서 사역하기로 선택하였는가를 충분히 이해하기 위해서는, 그 당시의 연합장로교회의 갤릭어 선교부의 상황을 검토할 필요가 있는데, 다음의 보고서는 그 상황을 아래와 같이 요약하고 있다.

　　이들 전도인들의 사역들 이외에도, 견습선교사 존 로스는 'High-land' (고지대)의 여러 지역에서 회합을 갖고 자기의 설교를 들으려고 모인 사람들에게 하나님의 은혜의 복음을 전파하면서 그들을 지도하려고 노력했다. …이러한 부정기적 회합을 통해서 존 로스는 어떤 지역에 항구적으로 정착할 수 있는 길이 열려서 통상적인 은혜의 수단이 베풀어지고 정착된 회중이 형성되어 자신의 갤릭어 지식이 실용화될 수 있기를 희망했다. … 그럼에도 로스가 방문할 때 그의 설교를 즐겁게 들었던 사람들 가운데는 그를 원함이 없었다. 그가 뿌렸던 그 좋은 씨는 후에 찾지 않았던 장소에서 싹이 터서 영생에 이르는 열매를 거두게 될 것이었다.[12]

　　상기 보고서에 의하면, 견습선교사로서의 로스는 6년 동안 '고지대'의

---

11) 맥길 박사는 신학부 학생들에게 해외선교지의 상태에 대하여 설명하고 외국 선교사들이 긴급히 필요함에 관하여 도전했다. 그는 자신의 설교에서 "내가 여기 있나이다. 나를 보내소서"(사 6:8)라는 선교의 부름에 호응하는 유명한 선교에의 초청으로 마무리했다. 국외선교부가 10명의 국외 선교사에 대한 호소를 신학생들과 설교자들과 연합장로교회의 젊은 목회자들에게 보낼 때에도 국외선교지에 관한 긴급성을 강조하기 위해 이 구절을 반복했다. (*MRUPC* for 1868, pp.181-183, *MRUPC* for 1869, pp.413-417.)
12) *PSUPC*, vol.4 for 1870-1873, p.375, Choi, *JRKPC*, pp.51-52.

갤릭어 사용지역에서 거의 전적으로 사역했고, 국내선교부는 그를 위하여 항구적인 정착지를 찾아 주려고 하거나 고지대의 갤릭어 사용인들 사이에 적당한 센터를 개설해 주려고 시도했던 것처럼 보인다. 그러나 이 시도들은 성공적이지 못했다. 그러나 고지대에서는 연합장로교회는 인기가 없었기 때문에 연합장로교회에는 갤릭어 회중이 별로 없었다. 예를 들면 1872년에는 Queen Street of Inverness의 갤릭어 회중이 폐쇄되었고,[13] Portree와 Stornoway에서의 예배 시 대부분 영어가 사용되었기 때문에, 서부와 북부의 고지대의 갤릭어 사용인구들 가운데는 Lismore가 연합장로교회의 '유일하게 남아 있는 선교부'이었다.[14]

1872년 2월 2일에 로스에게 보낸 맥길의 서한에는 로스는 그가 희망했던 Portree에서의 사역을 위해 부름을 받지 못했다. 이 실망감은 견습 선교사로서의 그의 사역에서 유래하였다기보다는 오히려 상황들의 산물이었다.[15] 이리하여 로스는 다른 회중들로부터도 어떠한 요청도 받지 못했기 때문에 장래의 사역을 위해 다른 곳을 찾아보아야 했다.[16]

그렇다면 해외선교사로 자원하기로 한 로스의 결정은 전적으로 위와 같은 상황에 의하여 영향을 받은 것인가? 그 답은 맥길의 서한에서 발견될 수 있다. 1868년 10월 2일에 맥길이 로스에게 처음으로 보낸 서한에 의하면, 로스는 교구에서의 사역의 초기부터 해외선교를 생각하고 있었다.[17] 로스는 해외선교의 가능성에 관하여 두 명의 의대생을 접촉하기

---

13) Choi, Ibid., p.52.
14) *MRUPC* for 1873, p.515.
15) *NLSMC*, United Presbyterian Church Correspondence, MS. 7651, p.972.
16) Choi, op.cit., pp.53−54.
17) 이때는 국외선교위원회가 신학부 고학년생들이나 젊은 목회자들에게, 쟈마이

도 했으며 이들의 신청서를 맥길에게 동시에 제출하였다. 이것은 로스가 에딘버러에서 공부하는 동안 맥길의 선교에로의 부름을 들었기 때문에 로스가 3년 이상 스코틀랜드의 갤릭어 사용 공동체에서 사역하는 것과 중국 선교사로 가는 것 사이에서 어느 것을 선택할지를 두고 고민하였 다는 것을 보여준다.[18] 비록 그가 해외선교사가 되기로 헌신하였음에도 불구하고 그가 마침내 중국으로 가기로 결심한 것은 상황들이 자신의 소 명을 확인시켜 주고 나서였다. 이 패턴은 우리가 제1장에서 보았듯이 윌 리엄 번즈가 중국에서 사역하기로 자원했던 것에 비견될 수 있다.

해외선교부가 해외선교에 대하여 열정이 있고 언어적으로도 선교지에 서 사역할 능력이 있는 선교사들이 부족하였음에도 불구하고 로스가 해 외에 가도록 강요하거나 설득하려고 하지 않았던 것을 주목하는 것은 흥미로운 일이다. 그 대신에 그들은 올바른 때를 인내하면서 기다렸다. 마침내 1872년 1월에 알렉산더 윌리엄슨[19]으로부터 중국에서의 선교사

카, 칼라바르, 인도나 중국에서 선교사역을 제공할 것을 요청하고 있었던 때이기도 하였다. 로스가 언제 그리고 왜 선교사가 되기로 헌신했는가에 관 해서는 로스의 문헌에는 아무런 기록이 없지만 로스에게 보낸 맥길의 수많 은 서신들은 그의 의도를 분명하게 보여주고 있다. (Cf. NLSMC, MS. 7648, pp.459-460, Choi, Ibid., p.54.)

18) 로스는 북부 하이랜드를 사랑했으며, 자신은 '갤릭어로 사역할 운명이 주어 진 것'으로 느꼈던 것처럼 보였다. 반면, 그가 Inverness 내의 자유교회들 중의 한 곳에 사역하도록 요청을 받았을 때는 유혹을 받고 있었음에 틀림 없다. 맥길이 로스에게 보낸 1870년 3월 21일자 서신에는 맥길은 로스에게 연합장로교회를 떠나 자유교회에 가입하도록 권고했다. (전게서)

19) 알렉산더 윌리엄슨(1829-1890)은 중국에 거주한 스코틀랜드 선교사로서 1885년에 LMS 선교사로서 중국에 임명되었다. 1863년 이후에는 NBSS의 최초의 해외 사역자(overseas agent)로서 사역했다. 이 직책을 가지고 그는 광범위하게 여행을 하면서 만주와 몽골을 포함한 북부 중국에서 설교하면 서 성경을 배포했다. 윌리엄슨은 "The Claims of China on the Attention of Christian Men"(*MRUPC* for 1872, pp.17-28.)을 기고하여 북동 중

역을 도와달라는 요청을 받고서 로스는 중국으로 가기로 결정했다. 로스는 3년 이상을 맥길과 협의하고 숙고한 후에 중국에서의 사역을 선택했던 것이다.

그의 결정이 있은 후에는 모든 것이 제자리를 급히 찾아갔다. 1872년 2월 27일에 로스는 연합장로교회 해외선교부에 의하여 중국에서 사역하는 공식적인 선교사로 허입되었다. 그는 3월 20일에 채플힐 교회에서 엘긴과 인버네스 노회의 안수를 받았고[20] 1주일 후인 3월 27일에 스튜어트와 결혼했다. 로스 부부는 결혼 직후 중국행 배를 타고 1872년 8월

국에서의 선교사역에 대한 긴급한 호소를 했다. 로스는 윌리엄슨이 쓴 다른 기사를 읽었을 가능성도 있는데 그것은 1871년 8월 2일자의 *the London Times* "To the Editor of the Times"(*MRUPC* for 1871, pp.658-660, See Choi, op.cit., p.57.)에 게재되었다. 자신이 소집자들 중의 한 명이었던 1877년 상해에서 개최된 선교사 총회에서, 그는 secretary of the School and Textbook Series Committee로 임명되었다. 스코틀랜드에서의 두 번째 회복 기간 동안 그는 중국어문서전도협회(Chinese Book and Tract Society)를 구성했다. 이 조직을 통하여 거두어진 기금들은 상해에 출판사를 창립하는 데 사용되었으며 the Society for the Diffusion of Christian and General Knowledge among the Chinese 설립하는 데 도움이 되었다. 윌리엄슨의 비전은 이 협회가 서구 열강들에 나타난 기독교의 열매들을 보여주도록 디자인된 기독교 신앙에 대한 문서를 통하여 중국의 상류 계급에 영향을 미치는 것이었다(1906년에 이 조직은 The Christian Literature Society for China가 되었다). 그는 중국에 관한 많은 논문들을 기고했으며 한 권의 책(*Journeys in North China, Manchuria, and Eastern Mongolia with Some Account of Corea*, 2-vols. 1870)을 출판했다.

20) 바로 그날, 채플힐 교회는 닉 채플힐의 회중에 의해 신축되었으며, 최초의 공예배가 에딘버러의 Rev. Dr. Finlayson에 의해 인도되었다. (*UPM* for 1872, pp.227-228). 존 로스를 위한 임직예배에서 J. M. Erskine 목사는 마 8:11을 본문으로 설교했으며, John Whyte 목사는 로스가 따로 부여받은 직책의 임무들을 언급하면서 그에게 연설했다. 맥길 박사와 자유교회의 목사인 Rev. Adam Champbell이 임직식에 노회원들과 함께 참여했다.

에 상동반도 체푸(얀타이)에 있는 선교부에 도착했다.[21] 1872년에는 연합장로교회가 중국의 만주에서 사역하는 유일한 스코틀랜드 교회이었다. 이리하여 로스는 1910년에 은퇴할 때까지 39년 동안 만주교회와 초기 한국교회의 개척자로서 그 자신을 헌신했다. 로스의 만주에서의 사역을 살펴보기 전에 그 당시의 만주의 상황을 간단히 검토할 필요가 있다. 제1장에서 언급되었듯이 만주는 윌리엄 번즈와 알렉산더 윌리엄슨을 제외하고는 기독교 선교사들이 가본 적이 없는 지역이었다. 한마디로 만주는 사실상 '미전도 땅'이었다.

Ⅱ. 만주 상황 개관

1. 그 땅

'동북'이라고도 불리는 만주는 동북부 중국의 역사적 지역으로서 현재는, 요녕성(남쪽), 길림성(중앙), 흑룡강성(북쪽)으로 구성되어 있다.[22] 만

---

21) Choi, op.cit., pp.57−58, Grayson, LJR, p.168.
22) '만주'라는 이름이 이 지역 전체에 대해 항상 붙여진 이름은 아니었다. 라틴어로 이름이 이렇게 붙여진 것은 그 지리적 용어의 기원이 후대임을 시사하는 것이다. 실제로, 그 땅을 지리적으로 구별을 요하는 지리적인 단위로 인정한 최초의 사람들은 로마천주교의 선교사들이었다. 천주교 신부들에 의해 작명된 이름은 이제는 중국의 지리학자들에 의해 채택되었다. 보통의 중국인들은 이를 '장벽의 동쪽'(만리장성) 또는 동부 3성이라고 부르고는 있으나 과거나 현재나 이 지역의 경계에 대한 지식은 별로 없다. 만주의 역사로 인해 그 땅은 *Cradle of Conflict and Cockpit of Asia*란 별명을

주의 크기는 대개 프랑스와 독일을 합한 크기이다. 만주의 일반적인 형태는 얕은 물통을 닮았다. 만주는 러시아와 북한과 국경을 맞대고 있다. 언덕들은 그리 높지 않고 평원은 정말 평평하다. 거기에는 길이에 있어 세계 랭킹에 들어가는 두 강이 있는데 남쪽에는 요하강이 북쪽에는 숭가리강이 있다. 지도에서 보듯이 동쪽 산악지대의 바깥 끝은 요동반도이고 내륙은 만주의 동부를 껴안고 있는 대단층 지괴의 일부를 형성하며 한반도까지 연결된다. 길림성은 Shengking(Fengtien)성보다 덜 개발되어 있지만 길림성은 1882년에 최초의 한국인 기독교 공동체가 설립된 곳이다. 이곳은 지금도 넓은 지역에 적은 인구가 살고 있는 성이다.

2. 사람들

만주 인구의 대다수는 한족이다.[23] 토착 종족인 만주족[24]과 몽골족은 사실상 한족에게 동화되었다. 구어는 만다린의 북부 방언이다. 현지어 만주어와 몽골어는 급속히 잊혀져 가고 있다. 한국의 이민자들이 일부를

얻었다. 중국 본토에 대한 공격은 만주에서 시작되었으면 외국의 적들은 만주에서 전쟁했다. 특별히 1896년에서 1950년 사이에 만주인들은 침입과 전쟁의 아픈 경험을 했다. *(NEB* 15th ed., vol.7, 1992, pp.761-763.)

23) 1920년대에는 러시아인, 한국인, 일본인들로 구성된 외국인들이 약 150만 명에 달했다(한국의 초기 교회는 20세기 초에 형성되었기 때문에 이 한국인들의 일부는 기독교인이었을 것이다. 실은 한국장로교회의 제1차 총회는 만주에서 개최되었다).

24) 만주족은 만주와 인근 지역에 수백 년 동안 살면서 17세기에는 중국을 정복하여 250년 동안 중국을 지배했다. 만주족이라는 용어는 16세기부터 시작되지만, 만주족들은 선사 시대에 서동 만주에서 살았던 퉁구스족이라 불리었던 종족의 직계 후손들이었던 것은 분명하다. (op.cit., *NEB* 15th ed., vol.7, 1992, p.761.)

이루고 있었지만 그들이 만주에서 당한 수많은 고난과 재난으로 극히 일부와 생존하고 있을 것이다.

만주 사람들은 다른 중국인들에 의해 문명화가 안 된 무례한 사람들로 간주되고 있다. 끝없는 노동을 해야 하는 농부의 삶으로 인해 어떤 공식교육을 받는 것이 허락되지 않는다. 반면에 만주의 주민들 가운데는 주거는 다른 곳에 두고 있는 상인들이 있었다. 그러한 사람들은 종종 고등교육을 받고 중국인들의 기준으로 교양 있는 사람들이었다. 또한 탄광과 제철소가 개설됨으로써 산동반도와 다른 지역에서 온 수많은 노동자들이 있었다. 이들은 대규모의 독특한 계급을 형성했다.[25]

3. 종 교

일반적으로 만주의 종교들은 중국 본토에서 발견되는 것들이다. 그것들은 유교와 도교와 불교이다. 티벳과 몽골의 라마 불교도 일부 있다. 모든 불교국가에서 그렇듯이, 특별히 거칠고 교육받지 못한 사람들 가운데는 밀교집단도 매우 유행했다.[26] 교육을 받았다고 주장하는 사람들 가운데 많은 이들은 자신들의 삶에 종교를 두기를 거부한다. 그들은 모든 종교를 똑같은 것으로, 즉 미신으로 취급하여 '계몽되지 못한 대중들'에게나 적합한 것으로 치부한다.

---

25) Alexander R. Mackenzie, *Church and Missions in Manchuria —A survey of a strategic field*, pp.13–14.
26) Ibid., p.17. 당시의 회교와 기독교를 포함하여 이들에 관해 더 알기 원하면 see F. W. S. O'Neill, *The Quest for God in China*(1925).

4. 만주와 한국교회 역사

지도에서 보듯이 만주는 한국에서 가장 가까운 지역으로 압록강과 두
만강으로 분리되어 있을 뿐이다.[27] 따라서 한국과 만주는 지리적, 역사
적, 문화적으로 상호간에 남은 영향을 미쳐 왔다. 그러므로 존 로스와 같
은 서구의 선교사들을 최초로 조우한 한국인들은 만주로 이민을 갔던 사
람들이다. 제3장과 제5장에서 알게 되겠지만 이들은 복음을 전파하기 위
해서 한국으로 되돌아갔다.

17세기와 18세기에 한국에서 만주로 대규모의 이민이 있었다. 그 이
유는 한국정부가 경험하고 있었던 경제적 어려움 때문이었다. 이들은 때
로는 부패한 정부관리에 의하여 핍박을 받았기에 목숨을 구하기 위해
두만강을 건넜다.

많은 한국인들이 만주에 살고 있었다. 만주는 겨울이 길고 여름에 비
가 적은 땅으로서 농사하는 사람들에게는 이 준사막의 땅에서 생존하는
것 자체가 도전이었다. 하지만 한국의 이민자들은 생존에 탁월한 능력을
발휘하여 이 황무지의 외국 땅에 자신들의 방식으로 한국문화를 보존하
면서 번성하는 한국인 공동체를 형성했다. 로스가 만주에 도착했을 때에
는 중국어와 한국어를 알고 있고 보다 발전된 서구의 문화를 환영했던
한국인 상인들이 있었다.

---

27) 두 강은 현재의 북한과 중국의 국경을 이루며, 두만강은 북한과 러시아의
　　국경을 이룬다.

5. 아편전쟁(1839, 1856)과 Boxer 운동(1900-1901)

　그러나 외국인에 대한 한국인 상인들의 적극적인 반응이 중국인들에게도 항상 나타난 것은 아닌바, 아편전쟁과 북청사변은 중국인들과 서양 간에 존재했던 갈등의 사례들이 된다. 이 사건들이 중국에서의 기독교 선교에 미친 영향을 아래에 요약한다.

　아편전쟁(Opium Wars)[28]은 19세기 중반에 있었던 두 번의 무역전쟁으로서 이로 인해 서구 열강이 중국에서 상업적 특혜를 획득하게 되었다. 제1차 아편전쟁(1839-1842)은 영국과 중국 간에, 제2차 아편전쟁(1856-1860)은 '선박 화살'(Arrow)전쟁으로도 알려져 있는데, 영불 연합군과 중국 간의 전쟁이다. 19세기 초에 영국의 무역업자들은 불법적으로 아편을 중국에 수입하기 시작했다. 1839년에 중국정부는 아편무역을 중단하기로 시도하면서 영국 상인들이 광동의 창고에 보관하고 있는 아편을 몰수했다. 양편 간의 적대감은 일부 술 취한 영국의 선원들이 며칠 후 한 중국인을 살해했을 때 증폭되었다. 중국의 사법체계를 신뢰하지 않았던 영국정부는 피고소인들을 중국법정에 회부하기를 거부했던바, 적대행위가 발발하여 소규모의 영국군대가 짧은 시간에 승리했다.

　복음에 대해 중국이 개방된 것은 서구 열강들의 상업적·정치적 압력과 긴밀히 연결되었다. 1839년에는 전쟁이 유일한 해결 수단인 것처럼 보인 지점에까지 긴장이 달했다. 전쟁의 근인은 인도의 아편을 중국으로 수입하고자 하는 영국정부의 결의를 중국정부가 금지하는 조처를 취한 것이었다. 두 명의 미국인이 아래에 기술하는 것이 진실일 수도 있다.

---

28) *NEB*, vol.8, pp.967-968.

아편은 실제 원인이 아니고 단지 전쟁의 계기에 불과하다. 진정한 원인은 중국정부의 거만함과 체결된 조약상의 의무들을 전적으로 무시한 것과 상업에 가해진 폭압적인 제한들 및 외국인들에 대한 모욕적이고 무자비한 취급이었다.[29]

그러나 이때는 어떤 서양인도 평정심을 가지고 뒤돌아볼 수 있는 때가 아니었다. 서구 열강들의 불의한 행동에 대항하여 서양에서 항의가 없었던 것은 아니었지만 (지금 생각하면) 그것이 보다 크고 일치되었더라면 더 좋았으리라.[30]

1842년 8월 29일에 체결된 남경조약으로 인해 전쟁은 종식이 되었고 서양인들은 중국에서 수많은 특권들을 확보했다. 홍콩이 영국에 할양되어 영국의 식민지가 되었다. 그 조약은 또한 중국에 의한 큰 배상금의 지불과 영국인의 무역과 거주를 위한 '5개의 조약 항구'[31]의 할양 및 중국에서의 영국인에 대한 영국법원의 재판을 규정했다. 다른 서양의 국가들도 재빨리 유사한 특권들을 요구하여 받았다.

'치외법권'의 원리에 따라 외국인들은 자국법에 따라 (중국관리가 아닌) 자국관리에 의하여 재판을 받는 권리가 보장되었다. 조약이 종교에 대해 언급한 바는 거의 없었지만 상인들은 물론 선교사들도 외국인들에 부여된 특권들을 활용할 수 있었다는 것은 분명하다. 전체적으로 보면, 선교사들은 전쟁을 개탄하고 그 조약의 내용에 대해서 의심을 하면서도

---

29) R. H. Glover and J. H. Kane, *The Progress of World ‑wide Missions*, p.150, See *The World Christian Encyclopaedia*, ed. D. B. Barrett(1962).
30) Stephen Neill, *A History of Christian Missions*, p.239.
31) 5개의 조약 항구들은 Canton, Amoy, Foochow, Ningpo, Shanghai로서 외국인들의 거주가 허용되었다.

그 자체로는 개탄스러운 것이라도 중국을 복음에 개방시키고자 하는 하나님의 섭리에 의하여 문제가 되지 않는다는 견해를 취하였다. 이러한 서양인들의 명백한 공격성으로 인해 그 당시의 중국인들이 심히 분개했고 그것이 촉발했던 감정들은 결코 수그러들지 않았다.[32] 기독교 사역이 군함과 대포의 와중에 명백하게 개입된 것처럼 보였던 것은 중국에서 항구적인 핸디캡이 된 것이 증명될 것이었다.

새로운 기회들에 대한 서구와 미국의 반응은 즉각적이었다. 거의 모든 선교단체들이 자신들의 사역자들을 중국으로 파송할 준비가 된 것처럼 보였고, 거의 모든 단체들이 거주를 위하여 개방될 6개의 항구 모두에 대표부를 두기를 희망했다. 런던선교회와 중국선교사회가 먼저 실행에 옮겼고, 뒤를 이어 감리교회와 장로교회가 그리했으며, 미국 측에서는 회중교회, 장로교회, 침례교회, 감리교회와 감독교회가 조약이 체결된 지 2-3년 내에 대표부를 설치했다. 인도의 경우에서처럼, 된 일에 대해서 과장하지 않는 것이 중요하다. 선교사들은 이동에 있어 제한을 받았고 그 숫자는 많지 않았다. 비록 박해를 통한 생명의 손실은 없었지만, 안 좋은 기후와 불안 속의 지속적인 노동으로 인해 높은 사망률을 기록했다. 1860년까지 중국에서 사역했던 개신교 선교단체의 남자 선교사 숫자는 214명이었는데 그중 44명이 선교지에서 사망했고 평균 사역 기간은 단지 7년이었다.[33]

1856년 영국은 중국에서의 무역권리를 확장할 시도를 하는 중에, 어떤 중국인 관리들이 'Arrow'선에 승선했을 때, 적대행위를 재개할 구실

---

32) Ibid., p.240.
33) Ibid.

을 발견하고 영국국기를 하강했다. 프랑스도 이 전쟁에서 영국에 합세하면서 중국 내지에서의 자국 선교사의 살해를 구실로 삼았다. 연합군은 1857년 후반에 군사작전을 개시하여 재빨리 중국이 천진조약(1858)[34]에 서명하도록 강요했던바, 이 조약은 외국사절들을 위한 북경에의 주거, 서양인들의 무역과 거주를 위한 수개의 새로운 항구의 개방, 중국 내지 여행의 권리, 기독교 선교사의 이동의 자유를 규정했다. 같은 해에 상해에서의 추가 협상 때에는 아편의 수입이 합법화되었다. 그러나 중국은 조약을 비준하기를 거부하였으므로 연합국들이 적대행위를 재개하여 북경을 함락하고 황제의 여름 궁전을 불태웠다. 1860년에 중국은 북경조약에 서명하고 천진조약을 준수하기로 동의했다.

의화단 사건(The Boxer Rebellion, 1900 - 1901)은 모든 외국인들을 중국에서 몰아내려고 기도했던 공식적인 지원을 받은 것이 농민봉기이다. '권투하는 사람들'(Boxers)은 외국인들이 의화권(義和拳, 의롭고 조화로운 주먹들)이라고 알려진 중국의 한 비밀결사에 붙인 이름이다. 이 사람들은 일정한 권투와 유연한 체조를 했는데 이렇게 하면 탄환도 관통하지 못하는 초능력을 얻게 된다고 믿었다. 이 단체는 그전에 18세기와 19세기에 청 왕조에 대항하여 반란했던 8괘회(八卦會)의 결과였다. 이들의 원래 목표는 왕조와 중국에서 특권적 지위를 가졌던 외국인들의 멸망이었다. 19세기 후반에 점증하는 경제적 곤궁과 계속된 자연재해 및

---

34) 영국, 프랑스, 중국은 1858년에 제2차 아편전쟁 중에 천진조약을 체결했다. 그 조항들 가운데는 천진에 영국과 프랑스의 치외법권 지역을 수립하는 것이 포함되어 있었다. 이 조약 후에 1895년부터 1902년까지에 치외법권이 일본, 독일, 러시아, 헝가리-오스트리아, 이태리와 벨기에에 주어졌다. 1860년에는 천진에 다시 적대행위가 발발하여 그 도시는 영국과 프랑스의 포격을 받았다. 이로써 북경조약이 체결되어 천진을 무역 개방항으로 선언했다. (See, *NEB*, vol.28, pp.651 - 652.)

무제한의 외국인의 침략에 대한 반응으로 북부 중국에서 Boxers들은 자신들의 힘을 증폭시키기 시작했다.[35]

1898년에 보수적인 반외국인 세력들이 정부를 장악하면서 이들에게 청 왕조에 대한 반대는 중단하고 외국인을 멸망시키는 일에 정부와 힘을 모을 것을 설득했다. 북부 센시성의 성주는 이들을 현지군인들로 등록시키고 이름도 의화권에서 의화군(義和軍)으로 바꾸었는데, 이로써 반(半)공식적인 것처럼 들리게 되었다. 이 당시의 많은 중국관리들은 이들의 체조가 실제로 탄환도 뚫지 못하게 만든다고 믿기 시작한 것으로 보이며, 서구 열강들의 항의에도 불구하고 지배 계급은 이 그룹을 지속적으로 격려하였다.

기독교 선교사의 활동은 이들의 도발을 도왔다. 기독교 개종자들은 전통적인 중국의 의례들과 가족관계를 경멸했다. 그리고 선교사들은 현지 관리들에게 압력을 가하여 지역적 소송이나 재산 분쟁에 있어서ㅡ종종 중국사회에서 낮은 계급 출신의ㅡ기독교 개종자들의 편을 들어 주게 했다. 1899년 말에는 의화군들은 공개적으로 중국인 기독교인들과 서양 선교사들을 공격하기 시작했다. 의화군들은 반외국인 운동세력이었고 선교사들은 분명히 '이상한 악마들'이었으며, 중국인 기독교인들은 선교사들과 연계되어 있기 때문에 '두 번째 악마들이었다.'[36]

1900년 5월에 의화군은 수도 북경의 외곽을 배회하고 있었다.[37] 마침

---

35) See, *NEB*, vol.2, p.442.

36) Auston Fullton, *Through Earthquake, Wind & Fire*, p.35.

37) Cf. Paul Clement, *The Boxer Rebellion: A Political and Diplomatic Review*, pp.70-71.

내 6월 초에 2100명의 국제구호단이 북부 천진항으로부터 북경으로 파견되었다. 6월 13일에 황태후는 황실의 외국군대를 사열했고 소규모의 구호부대는 거부되었다. 한편, 북경에서는 의화군들이 예배당과 외국인 주택들을 불태웠으며, 기독교인으로 의심되는 중국인들을 보이는 대로 살해했다. 6월 17일 외국의 열강들은 북경에서 천진으로 가는 통로를 회복하기 위해 해안에 있는 항구들을 점령했다. 다음 날, 황태후는 모든 외국인들을 살해하라고 명령했다. 독일 목사가 살해되었으며 다른 외국인 목사들도 가족과 직원들 및 수백 명의 중국인 기독교인들과 함께 북경에 있는 공사관저와 로마천주교 성당에 포위당했다.

실은 이때, 만주의 외국인 선교사들에게는 어려운 시기였는데, 로스는 Newchwang에 있는 한 교회에서 일어났던 일에 대하여 다음과 같이 기술했다.

도시 전체가 동요 가운데 있었다. 이는 모든 권위가 의화군과 그 동조자들의 손안에 있었기 때문이었다. 울부짖는 수많은 늑대들에 의해 둘러싸인 소수의 양들이 느꼈던 감정은 잘 이해되지 않을 것이다. 회중의 긴장된 흥분의 목소리가 '죽기까지 충성하라'라는 본문으로 설교하는 설교자의 유창하고 간절한 설교 속에서 들렸다. 엄숙한 예배가 종료된 후, 사람들은 여느 때처럼 떠나는 대신에 한 마음으로 무릎을 꿇었고, 목사는 하나님께서 자신들이 인내할 수 있는 도움과 두려운 미래를 헤쳐 나갈 지혜를 구하는 기도로 사람들의 마음의 울부짖음을 다시 표현했다. 그리고 목사는 회중에게 선교사들은 모두 떠날 것이니 현지 기독인들은 닥쳐올 태풍으로부터의 피난처를 확보할 수 있을 것으로 믿어지는 조치들을 취하여야 한다고 알렸다. 그들은 거기서 다시 회합하지 않을 것이었지만, 그들이 어디 있든지 간에 세 가지를 위하여 기도하지 않으면 안 되었다. (1) 모든 위험 가운데서도 신실할 수 있는 은혜, (2) 교회에의 평화의 회복, (3) 자신들을 핍박하고 있는 국가의 안전과 복지. 그들은 그 후 헤어졌으며 이 땅에서는 다시 만나지 못했다··38)

로스는 그 가운데서도 중국인들을 높게 생각하는 생각을 유지했다. 그는 이 경험에 의해서도 마음에 쓴 뿌리가 생기지 않았고 의화단 운동은 반외국인적이지 반기독교인적은 아니라고 주장했다.

　아름다운 예배당과 병원과 집들이 불탔을 뿐만 아니라 석유를 파는 가게들이 약탈을 당하고 털과 목화로 만든 옷들이 길거리에 내던져졌지만 아무도 감히 손을 대지 않았으며, 맨체스터 면화로 된 옷을 입은 이들과 버밍엄의 놋 단추가 달린 옷을 입은 영국인들은 목숨을 구하기 위해 도피했다. 왜냐하면 의화군들은 반외국인 단체였지, 반기독교 단체는 아니었다. 그러나 선교사들은 내륙에 있는 유일한 외국인들이었기 때문에 그 고통을 가장 심하게 받아야만 했다.39)

의화단 사건 동안, 많은 토착 기독교인들은 자신들의 믿음을 드러냈다. 라토렛은 중국 의화단 사건을 요약하면서 다음과 같이 결론을 내렸다. "압력하에서 일부 중국인 기독교인들은 믿음을 배반했으나, 영웅적 충성과 고난의 이야기들이 훨씬 더 많다."40) 서양에서 극단적 견해를 가진 이들은 의화단 사건이 중국에서의 개신교 선교사업을 끝장내었다고 생각하고 말했으나, 사실은 그 재난은 그것을 촉진시키는 데 봉사했다. 만주

---

38) Ibid., pp.35-36, John Ross, *MMM*, p.255f.
39) Ibid.
40) Latourette, *A History of The Expansion of Christianity*, vol.Ⅵ., p.338. "그 타격은 규모에 있어 중국에 있어서뿐만 아니라 다른 어떤 비유럽국가에서의 개신교 선교에 가해진 것보다 심각하였다. 유럽에서 개신교가 초기에 보다 많은 수의 순교자가 발생했지만, 유럽을 벗어나서는 신앙으로 인하여 그렇게 참혹한 죽음을 많은 사람이 당한 일은 없었다."

에서는 비겁한 방법으로 죽음을 모면하려고 하지 않고 고난을 당한 힝핀-푸의 교인들과 같은 교인들의 기억은 훗날에 있을 박해들에 위한 위대한 영감이 되었다.[41) 중국인들은 현지 기독교인들이 자신들의 손으로 복수하지 않는다는 사실에 크게 인상을 받았다. 만주에서는 아무도 고소되지 않았고 피살자에 대한 어떠한 보상도 요구되지 않았다. 중국의 관습과는 너무나 다른 이 행동은 그 지역에 전반적으로 큰 호소력을 가졌다. 이로써 복음의 용서에 대한 주장이 선포되고 있었던 것이다. 311명의 중국인 기독교인들이 살해되었다. 만주에 있는 가장 아름다운 교회 건물들 중의 하나인 순교자기념교회가 Kuangning에 건축되었다.[42)

Ⅲ. 만주장로교회 창립자, 존 로스

제1장에서 보았듯이, 만주에서의 개신교 역사는 귀츨라프, 번즈, 월리엄슨의 단기간의 사역들로 시작되었다. 그러나 만주에서의 개신교회의 궁극적인 창립자는 로스라고 말할 수 있다. 먼저, '씨 뿌리는 자들'로서 이 세 선교사의 사역을 보다 상세하게 들여다볼 것이다.

중국에서 귀츨라프는 중국인복음화협회(the Chinese Evangelisation Society)가 설립되게 도움을 주었다. 그리하여 이 중국에서의 개신교의 개척선교사인 그는 중국에서 가장 큰 선교단체가 된 중국내지선교회의

---

41) Austin Fullton, op.cit., pp.35-37.
42) Ibid.

초기에도 비록 멀리서나마 관여했는데, 우리가 알기로는 이 선교회도 만주에 복음을 처음으로 가져왔다.[43] 1847년에 번즈는 중국에서 "프란시스 자비에르의 열정과 모리슨의 인내와 그 먼 지역을 밟았던 어떤 누구에게도 견줄 수 있는 마음의 성결과 자기 부정으로" 사역을 시작했다.[44]

그러나 제1장에서 보았듯이, 선교사로서의 번즈의 사역은 이상하게도 어떤 열매를 맺지 못한 것처럼 보였다. 그는 처음에는 광동에서 16개월 간 사역했고 이어 3년을 아모이에서 사역한 후 중국의 다른 지역들에서 후반부에는 북경에서 사역했는데 1867년 가을에 북경을 떠났다. 번즈는 그해 8월에 만주에 도착하였으나 거기서 8개월 후에 사망했다. 번즈는 소수의 로마 가톨릭 신부들을 만주의 여기저기서 만났다. 그는 "개신교회를 대표하는 유일한 자는 외로운 나뿐이었다."라고 기술한다. 그렇지만 그는 많은 수의 개신교 선교사들이 들어올 것이라고 확신하고 있었다. 그는 하나님께서 이 일을 수행할 것이라는 데에 두려움이 없었다. 따라서 뒤에 올 선교사들을 기다리면서도 중국인 동역자가 선교를 계속할 수 있도록 필요를 제공했다. 죽어가면서 번즈는 중국인 동료인 Wang Hwang에게 "구도자들과 함께 기도하고 그들에게 내가 가는 장소(천국)에 와서 다시 나를 보라고 말하라. 나의 사후에 나를 위하여 울거나 기도하지 말고 살아 있는 사람들을 위하여 기도하라. 부지런히 기도하라. 그리하면 하나님께서 분명 너에게 선교사를 보내줄 것이다."라고 엄명했다.[45] 어떤 중국인은 "이 사람의 종교는 진실함이 틀림없다." 왜냐하면

---

43) Latourette, *A History of the Expansion of Christianity*, vol.Ⅵ, pp.129, 24-34, 300, 304-306, Austin Fullton, op.cit., pp.27-32.
44) Islay Burns, *Memoir of Rev. W. C. Burns*, p.339. 친형제(Islay)라고 언제나 균형이 잡힌 전기 작가는 아니지만 이 경우의 평가는 사건의 실체에 의해 충분히 증명된다.

"그가 와서 가진 것은 무덤뿐이었고 무덤은 그가 어디서나 가질 수 있는 것이기 때문이다."라고 논평했다.[46] 외견적으로 나쁜 상황들에도 불구하고 번즈는 희망을 잃지 않았고, 임종시에 "하나님께서 선한 일을 계속할 것이고 나는 그에 대해 두려움이 없다."라고 외쳤다.[47]

번즈가 그렇게 간절히 붙들었던 소망은 로스에 의해 실현될 것이었다. 우리는 제1장에서 로스가 중국으로 가기로 결정했을 때, 어느 정도는 번즈의 사역에 의해 영감을 받았음을 보았다. 또한, 윌리엄슨이 로스를 만주로 오도록 설득한 사람이었는데, 이는 그가 이곳이 연합장로교회 선교센터가 있어야 할 장소라고 믿었기 때문이었다. 로스에 의해 만주에 설립된 연합장로교회는 스코틀랜드나 아일랜드 교회의 일부가 아니었다고 하는 것은 흥미로운 것이다. 그것은 만주장로교회이었다. 어떻게 이런 일이 생겼는가를 이해하기 위하여 번즈가 중국에 선교사로 파송된 시대로 되돌아가야 할 필요가 있다.

윌리엄슨과 번즈는 모두 스코틀랜드 장로교회와 만주를 연결하는 첫번째 연결고리들이었다. 번즈는 아일랜드 장로교회를 위한 연결고리이기도 했다. 번즈는 "나는 신문에서 아일랜드 장로교회가 중국에의 선교를 시작하는 것을 생각하고 있는 것을 알았다. Newchwang은 그들이 첫번째 선교사들을 파송할 준비가 되었을 때, 생각해 두면 좋은 장소이다."라고 적었다.[48]

---

45) Ibid., pp.533−534.
46) O'Neill, *The Call of the East*, p.10.
47) Duncan McLaren, *The Story of Our Manchuria Mission*, p.9.
48) Boyd, *Waymakers in Manchuria*, 1940, p.16.

1868년 4월에 아일랜드 장로교회 선교부는 Newchwang에서는 번즈와 아모이에서는 그의 선교부와 회합하기로 결정했다. 1867년에 선교부는 중국에 선교사로 가기를 자원하는 자들을 선발하는 과업을 한 위원회에 맡겼다. 아일랜드 선교사들에 위한 호소는 Carstairs Douglas에 의해 재반복되고 강조되었다.[49]

1868년 8월에 아일랜드 선교부는 Newchwang에 사역을 개시하기로 결정하고 그해 1월 19일 화요일에 벨파스트 노회는 중국으로 아일랜드 장로교회의 선교사로 최초로 두 명을 안수했다. 한편 잉글랜드 장로교 선교부는 남중국에서 세력을 유지하는 것이 어려운 것임을 발견하고 있었다. 번즈의 사망은 중국 북부에서의 해외선교사역에 이미 헌신한 두 개의 영국 장로교회들에게 도전으로 찾아왔다. 아일랜드 장로교회는 1867년에 만주로 첫 선교사들인 Joseph Hunter와 Hugh Waddell[50]을 파송했다. 존 로스는 1872년이 되어서야 스코틀랜드 연합장로교회의 만주에서의 개척선교사로 현지에 도착했다.

---

49) 더글라스는 Newchwang에서 쓴 1868년 5월 30일자 서신에서 "내가 조용한 무덤 곁에 서 있을 때, 거기서부터 어떤 신령한 음성이 나온 것을 느끼지 않을 수 없었는데, 그 음성은 이제 막 시작된 사역을 어떤 선교부가 계속하여 수행하기를 요청하는 것이었다. …그 상황에서 그 사역을 감당하기에 적합한 것은 아일랜드 장로교회이었다."라고 했다. (*Missionary Herald*, September 1868.)

50) Waddell은 건강이 악화되어 1871년에 중국을 떠나야만 했었고, 그 후, 아일랜드 장로교회의 대륙선교부 소속으로 스페인에서 사역했으며, 나중에는 스코틀랜드의 연합장로교회 국외선교부 소속으로 일본에서 사역했다. (Boyd, *Waymakers in Manchuria*, p.38.)

1. 만주 연합장로교 선교부

만주에서의 스코틀랜드 장로교 선교의 시작은 1862년에 있었다.[51] 연합장로교회 총회는 1862년 1월 초에 중국 닝포에 William Parker[52]를 의료선교사로 파송했다. 그는 의료와 전도사역으로 매우 분주하였으나 예상외로 선교활동에서 제외되었다. 시내에 있는 병원을 방문하고 귀가하는 중에 운하 위 다리의 돌덩어리가 그가 탄 말 밑에 떨어져 그는 물속에 빠졌는데, 이 사고로 그는 심한 부상을 입어 수주 만에 사망했다. 얼마 후인 1864년 4월 1일에 그의 친형제인 John Parker가 그의 사역을 계승했다. 그는 스코틀랜드 연합장로교회의 해외선교부에 시간을 지체 말고 안수받은 복음전도 선교사를 파송하여 줄 것을 요청했다. 그의 지속된 간청은 1870년 3월에 닝포 선교부에 안수받지 아니한 전도자로서 임명된 스코틀랜드 교리문답 교사이고 중국에서 수년간 사역했던 Lewis Nicol이 도착하여 응답되었다.[53]

니콜이 임명되었을 때, 연합장로교회의 선교사 기록에 의하면, 선교위

---

51) *Free Church of Scotland Monthly(FCSM)*에 따르면, 이때는 연합장로교 회가 1862년에 '해산된 선교부의 the agent of a society를 인계받은' 때 이다. 이 책임자(agent)는 Dr. William Parker로서 the Scottish Auxiliary Society of the Evangelical Society of London과 연계되어 있었다. (Duncan McKerrow, "John Ross in Manchuria", *FCSM* for 1900, pp.2−4, See John McKerrow, *History of the Foreign Mission of the Secession and United Presbyterian Church*, pp.505−507.

52) 윌리엄 파카는 글래스고우 출신으로서 the Evangelical Society of London 과 관련을 가진 의료선교사이었으며 1861년 이 선교회가 해체되었을 때에 닝포에서 5년간 사역하고 있었다. 연합장로교회 총회는 1862년에 이 선교 회를 인계하는 데 동의했으며, 그는 1864년 2월 3일에 사망했다. (McKerrow, op.cit., pp.506−507, Choi, Ibid., p.59.

53) Ibid.

원회는 중국선교센터를 닝포에서 산동반도의 곳에 위치한 중요한 해항도 시인 Chefoo(Yantai)로 옮기는 것을 고려하고 있었다. 이에는 세 가지 이유가 있었다. 첫째는 현지 교회가 닝포에는 아직 형성되지 않았고, 둘째는 다른 교단들과 연결된 상당수의 선교사들이 이미 체푸에서 사역하고 있으며, 셋째는 그 방언이 사용되고 있는 지역이 북부 중국에서 사용되고 있는 다른 방언들에 비해 덜 사용되고 있었기 때문이었다.[54] 이미 살펴보았듯이 선교위원회는 중국을 위한 안수받은 사역자를 4−5년간 찾고 있었던 것이다.

1870년대 초, 체푸는 알렉산더 윌리엄슨이 이끄는 연합장로교회 선교사역센터가 되었는데 그는 거기서 1863년부터 스코틀랜드 성서공회(NBSS)[55]의 대표자이었다. 윌리엄슨은 만주를 포함하여 많은 지역들을 여행하였는데, 그는 만주가 다른 지역에로 쉽게 접근할 수 있는 조건으로 인해 만주를 선교센터로서의 잠재력을 보았으며, 북부 중국을 복음화하는 데 있어 자신을 도울 젊은 선교사를 파송하여 줄 것을 본국교회에 호소했다. 이 호소에 대한 응답으로 1871년 4월에 Dr. William Henderson

---

54) *MRUPC* for 1870, pp.82−83.
55) NBSS는 그 전에 존재하던 몇 개의 단체들의 연합으로 1860년에 결성되었으며, 1863년에는 알렉산더 윌리엄슨을 최초의 대표자로 파송했다. 윌리엄슨은 1866년까지만 이 단체에 머물렀지만, 다른 사람들이 채용되었으며 중앙사무소가 북부에서 Hankow로 이동되었다. 1896년에 9명의 유럽인 직원과 약 100명의 중국인 권서인들이 소속한 것으로 보고되었다. 이 단체의 당초의 정책은 무상으로 성경을 배포하는 것이었으나, 1860년에는 중국인들이 대가를 치르는 경우 성경을 더 귀하게 여긴다는 결론에 이르게 되었다. 그럼에도 그 가격이 너무 낮아서 많은 성경들이 낭비되었다. 배포된 성경은 신약이나 구약 또는 성경 전체가 아니라 주로 단권 복음서들이었다. (K. S. Latourette, *A History of Protestant Missions in China*, pp.438−439, *A Century of Christian Mission in China*, pp.567−569, China Mission Handbook, Part 2, p.300.)

이 의료선교사로서, 1872년에는 Rev. John MacIntyre[56)]가 체푸에 도착했다. 매킨타이어는 1876년에 로스의 매제가 되었으며 후에 동역하는 선교사가 되어 신약을 한국어로 번역하는 데 있어 주된 역할을 수행했다. 이는 로스가 안식년(1879-1881)을 가 있는 2년 동안에 특히 분명했다. 매킨타이어는 로스의 부재중에도 한국어 번역 작업을 쉬지 않고 지속했다.

.

2. 로스의 만주 도착(1872)

1872년은 로스 부부가 1872년 8월 23일에 만주에 도착했다는 점에서 만주 선교부에 있어서 중요한 해이다. 로스가 중국에 도착했을 때, 체푸에 연합장로교회의 선교사역의 센터가 있었기에 로스는 먼저 체푸에 도착했다. 로스가 만주에 오게 한 뒤에는 윌리엄슨이 있었다. 그는 로스에게 만주에서의 선교의 장래 가능성들에 대해 말했다. 우리는, 로스가 윌리엄슨으로부터 만주의 상황을 들은 후에 '먼 곳의 땅'에 대해 흥미를 갖게 되고 그 결과로 만주로 가기로 결정했다고 주장한다.[57)] 이는 로스

---

56) 존 매킨타이어(1837-1905)는 1837년 7월 18일에 Luss의 목회자의 집안에서 출생했다. John was educated at Paisley, the University of Heidelberg, and the U.P. College of Edinburgh. 그는 1865년에 안수를 받고 1871년 6월 27일에 Chefoo로 발령이 날 때까지 Bailliestone에 있는 연합장로교회에서 목회했다. 1874년에 만주로 발령을 받고 1905년 9월 1일 북중국 Peitaiho에서 사망할 때까지 Haicheng과 Newchwang에서 사역했다. 1876년에 존은 존 로스의 누이인 캐서린 로스와 결혼했다. 존 로스는 1873년 3월 31일에 첫 번째 아내가 사망하자 자신의 아이를 돌보게 하기 위해 누이를 중국으로 데려왔다.

57) See, "Pioneers: The Rev. John Ross, Manchuria", *Life & Work*(1934, p.76.)

가 '바울을 본받는 자' 되기를 애썼다는 사실과 일치한다.[58] 바울의 선교전략들 중 하나는 전략적인 장소들에[59] 교회들을 설립하는 것이었는데 로스가 만주로 가기로 결정했을 때, 그는 바울의 발자취를 따르고 있었던 것이다.

게다가 윌리엄슨은 선교부에 로스를 즉시로 만주로 보낼 것을 요청하면서 이에 대해 여러 가지 이유들을 제시했다. (1) 만주에 거주하는 외국인들 사이에 예배를 인도할 안수받은 목사가 없다. (2) 로스는 결혼한 사람으로 위의 취지에 그대로 적합한 사람이다. (3) 체푸는 이제 자신과 그 이웃 지역을 위해 선교사들이 충분하다. (4) 수상 교통이 11월 중순에는 결빙으로 폐쇄되기 때문에 로스가 즉시 가지 않으면 내년 4월까지 기다려야만 하며 그러면 언어와 사람과 장소들과 적응하는데 사용될 수 있는 8개월을 잃어버리게 된다. (5) 로스가 후에 체푸로 돌아가는 것이 바람직하게 보이면 그렇게 할 수 있으며 그 비용은 많지 않다.[60] 상기 이유들을 고려하여 선교부는 윌리엄슨의 요청을 받아들여 로스 부부를 즉시 만주로 보냈다.

3. 로스: 만주개신교회의 창립자

로스가 1872년 10월에 Yingk'ou항에 도착했을 때, 만주에는 세례받은 교인이 한 명도 없다는 것과 중국인들이 외국인들에 대해 너무나 적

---

58) *MMM*, p.44.
59) J. Drane, *Introducing the New Testament*, pp.328－330.
60) *MRUPC for 1873*, pp.571－572, 로스가 도착하였을 때, 만주에는 의료선교사로는 아일랜드 장로교회에서 파송된 Dr. Hunter가 유일했다.

대적이어서 체류할 장소를 얻을 수 없다는 것을 발견했다. 4천만 명의 사람들 중에 안수받은 첫 외국인 선교사로서의 그의 지위는 기세가 꺾였음에 틀림없는 것처럼 보인다. 그러나 40년 후에 그가 잉코우의 첫인상을 회상할 때 전도에 대한 로스의 결심을 볼 수 있다. "이것은 나의 사명이었다. 나는 거기에 파송되었는데 중국인들의 마음을 훔치기 위해 파송되었다."[61] 만주를 복음화하고자 하는 그의 결심은 너무나 확고하여 어떤 것도 그를 그 결단에서 옮겨 놓을 수 없었다. 아내 캐서린이 아들을 출산한 후에, 그녀가 심한 감기에 걸렸을 때의 자신의 감정을 로스는 다음과 같이 표현했다.

> 만약 아내가 가야 한다면 나는 매우 슬플 것이다. 만약 내가 결혼하지 않았더라면 나는 더욱 나쁜 느낌을 갖게 되었으리라 믿는다. 그러나 비록 설상가상이 된다 하더라도 이 자리에서 그만둘 생각은 추호도 갖지 않는다.[62]

사실, 로스 가족은 그들이 이제껏 경험했던 어떤 추위보다도 혹독한 추위를 경험했으며 특별히 겨울에는 추운 날씨로 인한 고통은 지대했다. 그러나 아내의 불시의 사망도 로스를 제지하지는 못한 것으로 보였다. '중국인들의 마음을 훔치기 위하여' 그는 즉시로 언어습득을 시작하여 1873년 5월 13일에 그의 첫 중국어 설교를 약 20분 동안 할 수 있었

---

61) Ross, *Report of Commission I: Carrying the Gospel to All the Non‒Christian World*, p.429. 로스는 1910년에 에딘버러에서 개최된 선교사대회에서 연설했다. 주제는 "외국의 지원에 의존하는 비기독교인들 가운데서의 복음사역을 위해 대규모의 토착인 매개자들을 갖는 것은 권고할 만한 것인가?"("It is advisable to have a large native agent for evangelistic work among non‒Christians dependent upon foreign support?")

62) *MRUPC for 1873*, p.606. 이 보고서를 쓴 지 2주 만인 3월 31일에 그의 아내는 사망했다. 그는 안식년 기간인 1881년 2월 24일에 글래스고우에서 Isabella Strapp MacFadyen과 결혼했다. *MRUPC for 1873*, p.624.

는데, 중국인들은 '최대의 경청과 놀라움'으로 들었다.[63] 그의 동료인 Webster가 관측한 대로, 그는 타고난 언어학자라고 하는 것이 맞을 것이다. 그때, 웹스터는 수개월 내에 로스가 정기적으로 중국어로 유창하게 설교할 수 있을 것을 확신했다.[64] 로스의 언어적 재능에 대한 그의 믿음은 로스가 중국어를 1년간 습득한 후에 매주 중국어로 설교하기 시작함으로써 실현되었다. 이 설교의 열정 뒤에는 영적으로 만개한 만주에 대한 비전이 있었다. 1873년 7월 29일자 그의 보고서에 그의 감정이 다음과 같이 기록되어 있다. "이 영적으로 거친 광야에 장미꽃이 피듯이 사막에 꽃이 만발할 날들의 시작을 보기를 나는 얼마나 간절히 원하는가!"[65]

1873년에 로스는 세 명의 중국인에게 세례를 주었는데, 그중 한 명은 왕징-민으로 후에 "Old Wang"으로 알려졌는데 회심 전에는 아편 흡식자였다. 로스는 그를 토착 전도인으로 훈련시켰고 왕은 1885년 9월 24일 사망 시까지 만주에서의 최초의 토착인 설교자이자 장로로 헌신했다. Old Wang에 대한 전기에서 로스는 왕을 만주에서의 '개신교회의 사실상의 창립자'로 언급하고 있다.[66]

---

63) *MRUPC* for 1873, p.624.
64) *MRUPC* for 1873, p.606ff. 웹스터는 로스의 아내가 일찍 죽지만 않았더라면 1873년 3월에는 이미 중국어로 설교를 할 수 있었을 것이라고 믿었다. 반면에 1872년 1월 1일에 체푸에 도착한 존 매킨타이어는 아직 중국어로 설교를 할 수 없었다. 1873년 9월 1일자 서신에서 매킨타이어는 언어적 면에서는 아직 목사나 전도자로 자격을 갖추지 못했다고 말했다. 매킨타이어는 자신을 단지 '성경 권서인'으로 묘사했다. (*MRUPC* for 1873, p.13.) 로스가 타고난 언어적 재능을 가진 것은 의심의 여지가 없다. 1873년 12월 6일자의 매킨타이어의 서신에 의하면, 둘은 모두 천천히 그러나 꾸준하게 언어의 어려움을 극복하고 있었다. (*MRUPC* for 1874, p.59.)
65) *MRUPC* for 1873, p.671.
66) John Ross, *Old Wang —The First Evangelist in Manchuria*(1889).

1873년 3월에 로스는 만주에 있는 자신의 회중이 본국의 Portree의 회중보다 더 숫자가 많다고 보고했는데, 이는 예배에 참석하는 사람들의 평균 숫자를 의미하는 것이 분명하다. 그가 정확한 숫자를 기록하지는 않았지만 백 명은 넘은 것임에 틀림없다. 이 믿기 어려운 교회 성장에 대한 하나의 설명은 중국인들은 단지 백인이 중국어를 말하는 것을 보는 것이 매혹적이었고 그래서 교회를 호기심에서 출석했을 수 있다는 것이다.[67] 어쨌든, 그해 5월에 그는 선교부에 동료 선교사를 파송하여 줄 것을 요청했다. 이 요청으로 존 매킨타이어가 1875년에 체푸에서 잉코우로 이동했고 5명의 선교사가 추가로 1882년에 중국으로 파송되었다.[68] 이것은 그가 산동반도보다는 만주에 선교인력을 집중하도록 선교부에 지속적으로 호소한 직접적인 결과였다.

좀 더 정확히 말하면, 만주 선교부의 본부로서 잉코우보다는 목단시를 선호했다. 이것은 로스가 잉코우 센터의 책임을 매킨타이어에게 넘기고 자신은 추가 선교사역을 위해 목단시로 건너감으로써 분명해졌다.

로스가 목단시를 선호한 이유는 다음과 같다. 첫째는 목단시는 만주의 수도이었다.[69] 게다가 그 당시 윌리엄슨은 로스에게 1866년 로버트 토

---

67) *MRUPC* for 1873, p.673.
68) 이 선교사들은 만주를 위한 James Webster와 Dugald Christie, 체푸를 위한 알렉산더 웹스터와 A. M. Westwater 그리고 Miss Pritty for the Zenana Mission for Manchuria이었다. 그러나 1886년에 Rev. A. Webster와 Dr. Westwater는 만주로 이전되었다.
69) 존 매킨타이어는 만주에 있는 로스에 합류하기 위해 이동하기 전에 체푸에서 4년간 사역했다. 로스는 자신의 어린 아들 Drummond를 돌보게 하기 위해 자신의 누이 캐서린을 만주로 오게 했다. 그런데 1876년에 존 매킨타이어는 캐서린과 결혼하게 된다. 매킨타이어는 성경번역 사역에 있어 엄청난 지원을 하면서 로스의 이상적인 동역자 선교사임이 증명되었다.

마스의 한국에서의 순교의 이야기를 들려주었다. 로스는 한국에 대해 매우 흥미를 갖게 되어 그 당시의 한국 상황에 대해서도 배웠다.[70] 로스는 그 이야기에 깊은 감명을 받고 한국을 위한 선교사역을 시작하기로 결정했다. 보다 자세한 것은 제3장에서 서술하겠지만 로스로서는 목단이 한반도에 아주 가까웠기 때문에 그가 선호한 지역이 되었다는 것이 분명하다. 우리는 이제 로스의 선교전략도 목단을 적극 지원했다는 것을 보게 될 것이다.

4. 로스의 선교전략

우리는 지금까지 로스가 가졌던 많은 장점들은 그의 만주 사역에의 적임자였음을 보았다. 로스의 북부 스코틀랜드에서의 어린 시절 외에, 그는 만주에서의 선교 과업을 위해 요구되는 탁월한 언어적 재능과 복음적 열정을 가졌다. 게다가 그의 잉코우에서의 성공적인 사역 뒤에는 그의 선교전략들이 있었다. 그것들은 무엇인가? 여기에 그레이슨의 견해를 인용한다.

1. 만주에서의 효과적인 사역을 위해서는 만주의 성도(省都)이자 제국의 '두 번째 도시'인 목단에 기독교인들이 있어야 한다는 것은 절대 필요한 것이라고 로스는 느꼈다.
2. 로스는 조약 항구인 잉코우로부터 목단에 이르는 도로 상의 주요 도시들에도 교회를 설립하는 것이 중요하다고 느꼈다. 이 도시들은 복음의 지식을 비추는 제2차적 내지는 지역적 근거지들이 될 것이다.
3. 그의 계획에 있어서 세 번째 요소가 가장 중요한 것으로서 가장 광

---

70) *ARNBSS* for 1868, p.44.

범위한 영향을 미쳤던 것으로 주요 전도사역을 위하여 중국인 개종자들을 설교자와 전도인으로 사용하는 것에 그가 의존한 것이다.[71]

첫 번째 두 요소들은 로스가 만주에서의 선교기지로서 목단을 잉코우보다 선호한 이유를 분명히 설명해 주고 있으며, 그의 선교전략의 세 번째 요소는 그의 선교의 근본적 원리가 시작 단계에서부터 이미 존재하고 있었다는 것과 그것이 삼자 원리와의 유사성 이상을 포함하고 있었다는 것을 나타내고 있다. 이 유사성은 로스가 대학에 다닐 때 삼자 원리를 이미 숙지하고 있었을 가능성으로 설명될 수 있다. 비록 그러한 주장에 대한 증거는 갖고 있지 못하지만, 벤과 앤더슨의 토착교회 이론은 그 당시에 학계에서는 너무나 인기가 있는 것이었기 때문에 에딘버러의 연합장로교의 신학원도 로스에게 삼자 원리를 당연히 소개하였을 것이라고 전제될 수 있다.

어쨌든, 우리는 로스의 사역 기간 동안 고려문을 두 번 방문하였을 때, 로스의 선교전략이 실행에 옮겨진 것을 본다. 이 방문들은 신약을 한국어로 번역하는 사역을 촉발시킨 시발점을 알리는 것이었다. 이에 대해서는 제3장에서 추가로 알아볼 것이다.

목단과 잉코우에서의 선교사역을 통하여 로스가 만주교회의 창립자로서 성취한 것들은 괄목할 만하다. 동부교회(The East Church)는 오늘날도 목단시의 그 자리에 존재하고 있다.[72] 게다가 한국인들과 함께 신약

---

71) Grayson, LWJR, p.168.
72) Iain Fraser는 최근의 편지에서 "심양의 동부교회는 존 로스에 의해 1879년에 건축되었으며 의화단 사건 때, 전소되었다가 그 후 재건축이 되었으며 현재의 교회는 같은 부지에 있다. 그것은 2,500명을 수용할 수 있도록 확

을 번역한 사역은 한반도에서 많은 열매를 맺었다.[73] 그의 사역을 보다 더 잘 이해하기 위하여 그를 (1) 개척자(initiator), (2) 순회자, (3) 교육자로서 살펴보는 것이 필요하다.

1) 개척자 로스

만주에서의 로스의 개척자로서의 역할은 두 가지 결과를 낳았다. 첫째는 이미 본 대로, 그는 체푸가 아닌 만주가 중국 선교의 기지가 되어야 한다는 생각을 굳게 잡았다. 두 번째는 이는 보다 의미 있는 것인데, 만주에 존재하였던 두 개의 교회 그룹, 즉 아일랜드 장로교회와 연합장로교회의 연합을 책임진 것이었다.

로스는 1872년에 잉코우에 정착한 후에 만주에 영속적인 선교사역을 개시하려고 시도했다. 우리는 그가 어떻게 만주인들과 한국인들을 복음화할 수 있는 가능성들을 보았으며, 어떻게 그가 본국 교회에 선교사들을 추가로 파송해 달라고 호소하였는가를 살펴보았다. 이 기간 동안 윌리엄슨과 로스 간에는 중국에 있는 연합장로교회의 장래에 관하여 논란이 있었다. 이 불일치는 스코틀랜드의 선교부가 선교인력을 한 장소에 집중하고자 하면서 시작되었다. 1880-1881년도 연합장로교회 해외선교위원회의 의사록에 의하면, 두 사람은 만주와 체푸 중 어느 곳이 중국의 중심기지가 되어야 하는가에 대해 의견을 달리했다. 로스는 11가지 이유

장되었으면 주일에 3부 예배를 드리므로 7천 명 이상의 회중을 위해 사용되고 있다." (저자에게 보낸 Iain Fraser의 2001년 9월 24일자 서신)

73) 1915년 8월 6일에 로스가 에딘버러에서 사망했을 때, 스코틀랜드 연합자유교회의 해외선교위원은 로스가 "현재 3개의 대학, 2개의 병원, 7개의 교회, 18개의 외곽선교센터, 4,242명의 기독교인의 공동체를 포함하는 위대한 선교사역을 이루었다."라고 기록했다. (*MFMB-UFC* for 1915, p.568f.)

들을 대면서 만주의 중요성을 옹호한 반면, 윌리엄슨은 선교부에 선교인력이 왜 체푸에 집중되어야 하는가에 대한 의견 진술서를 제출했다.[74]

중국에 있는 선교사로서 로스가 한국 복음화의 중요성을 고려한 유일한 선교사는 아니라는 것을 주목해야 한다. 사실, 상기 의사록에 의하면, 윌리엄슨을 포함한 많은 선교사들이 중국 복음화의 연장으로서 한국 복음화를 지지했다.[75] 그러나 신약을 한국어로 번역하는 것을 시작한 것은 로스였으며 그는 중국으로부터 한국으로 가는 길을 생각하면서 육로를 제안했다.

두 명의 유능한 일꾼이 택해야 할 가장 중요한 경로는 동쪽으로 가는 도로로서 네 개의 성벽이 있는 도시들과 수많은 시골마을들을 통과하여 한국으로 가는 길이다. 우리는 지금 하나님의 선한 섭리 가운데서 이 방법으로 한국에 접근할 수 있다.[76]

반면에 윌리엄슨은 단지 해상 경로만을 생각했다. 그의 한국 선교의 이해는 중국 선교와는 분리된 새로운 프로젝트이어야 한다는 것이어서 윌리엄슨은 다음과 같이 기술했다.

체푸가 한국을 접촉하는 데 있어 적절한 지점이다. 한국이 개방이 되면 그 접근 경로는 상해, 한국, 체푸, 천진, 북경 그리고 그 역이다. 현재의

---

74) *MFMB −UFC* for 1880−1881, nos 1858−1860. 두 사람 간의 의견의 차이는 두 사람의 사역의 차이들을 고려하면 이해할 수 있다. 윌리엄슨은 NBSS의 지역 책임자로서 중국에서의 성경의 출판과 배포의 책임이 있었다. 그로서는 인구밀도가 높은 체푸를 선호한 반면에 개척 선교사인 로스는 한반도에 가까운 만주의 장점을 보았던 것이다.
75) *MFMB −UFC* for 1883−4, No.3446.
76) *MFMB −UFC* for 1880−81, No.1857.

상황들로 인해 이따금씩 가능한 우회 육로는 완전히 포기될 것이다.[77]

이 논란은 약 4년간 지속되었는데 마침내 로스의 제안이 수용되었다. 그러나 연합장로교회가 만주를 자신들의 선교기지로 선택한 것은 로스가 제안한 것들과는 이유가 달랐다. 그 당시 연합장로교회 선교부는 자신들의 선교를 한국으로 확장할 의도가 없었다. 그들의 결정은 오히려 체푸에는 이미 다른 선교회들이 존재하는 반면에 만주에는 아일랜드 장로교회의 선교사들만이 존재한다는 사실에 근거를 두었다.[78] 게다가 허드슨 테일러의 중국내지선교회가 체푸에 본부를 두기로 작정함에 따라, 연합장로교회 선교부는 중국에서의 자신들의 사역을 만주에 집중하기로 결정했다.[79] 로스는 선교부가 선교를 만주에 집중하도록 결정하는 데에 중요한 역할을 했다. 게다가 우리는 로스가 실제적인 복음화 사역에 개입한 첫 번째 안수받은 선교사로서 만주에 개신교 선교를 개척하는 자가 될 자임을 보게 될 것이다. 그렇게 함에 있어서 그는 만주장로교회를 형성하기 위해 만주에 있는 아일랜드 장로교회와 연합하기 위해 노력했다. 우리는 만주에 있는 두 교회를 연합시키는 데에 있어서의 로스의 역할을 조사하기 전에, 먼저 그의 목단의과대학과의 연관성을 논의할 것이다.

목단의과대학

1882년에 로스는 Dugald Christie가 무료 진료소를 개설하는 것을 지원했다.[80] 크리스티는 이미 비전이 있었는데, 왜냐하면 "시작부터 크

---

77) Ibid., No.1860.
78) Ibid., for 1884-85, No.4238.
79) *MFMC-UPC* for 1882-83, No.3380, for 1883-4, No.3396, for 1884-5, No.4328.
80) 더하여, 우리는 크리스티가 연합장로교회에 대한 로스의 요청을 통하여 만주로 보내졌음을 상기한다.

리스티 박사의 목표는 만주에 예수 그리스도의 정신으로 감화된 중국의 과대학의 설립"이었기 때문이다.[81] 목단시에 발생한 콜레라에 대처하기 위해 임시 시설로 시작되었던 것이 1912년에 와서는 그 모토를 '섬김을 받고자 함이 아니라 섬기고자'인 목단의과대학으로 성장했다.[82] 여기서 로스는 그의 목단에서의 사역 초기부터 목단의과대학을 공동으로 설립하는 데 있어 주도권과 지도력을 보였다.

만주에서의 하나의 중국인 장로교회

만주에서의 로스의 사역의 초기 동안, 두 개의 장로교 선교부—아일랜드 장로교 선교부와 스코틀랜드 연합장로교회 선교부가 수년 동안 나란히 사역했다. 그들의 진보는 처음에는 느렸으나, 선교사역의 전도부와 의료부를 발전시켰다.[83] 따라서 로스는 잉코우에서의 선교사 생활 초기로부터 잉코우에 있는 아일랜드 선교부와의 공존과 관련된 갈등에 직면하여야 했다. 로스는 스코틀랜드에 있을 때부터 교회 안의 분열들을 목도했기에 그는 그것이 만주에서도 생기기를 원치 않았다. 선교지에서의 분열, 특별히 아일랜드 장로교회와의 불필요한 경쟁에 대한 그의 견해는 1874년 12월 7일에 선교부로 보낸 그의 서신에 분명히 나타난다. 그는 그 상황을 창세기에 나오는 아브라함과 롯의 상황에 비견하면서 자신은 "아브라함의 롯을 향한 원리에 따라 행동하고자" 하며, "아일랜드 교회가 좌로 가면 자신은 우로, 아일랜드 교회가 우로 가면 자신은 좌로 갈

---

81) Austin Fullton, op.cit., pp.252−253.
82) 본인은 다시 목단의과대학에 관한 필요한 정보를 제공해 준 Iain Fraser에게 감사한다. 그에 관하여 Iain은 "그 병원의 경영진은 삼자 원리를 준수하여 그 목표를 가능한 한 빨리 중국인들에게 인계하는 것이었다."라고 첨언했다. (저자에 대한 Iain Fraser의 2001년 9월 24일자 서신)
83) Alexander R. Mackenzie, *Church and Missions in Manchuria, A Survey of a Strategic Field*, p.24.

준비가 되어 있다."라고 말했다. 반면에 스코틀랜드에 있는 선교부는 달리 생각했다. 그들은 아일랜드 장로교 선교부가 만주에 존재하는 것을 좋아하지 않았고, 그들과의 연합의 가능성에 처음에는 관심이 없었다.[84]

근 30년 동안 로스의 친근한 동료 선교사였던 웹스터는 두 개의 선교부를 연합시키고자 하는 로스의 열망에 대한 자신의 기억을 다음과 같이 회상한다.

> 나(웹스터)는 4반세기 전에 두 교회의 선교사들이 선교지 분할에 대한 협상을 위하여 처음으로 회합했던 때,[85] 그 회합의 결과가 별로 없었던 것을 기억한다. 로스는 "최선의 해결책은 두 교회의 연합이 될 것이다!"라고 소리쳤다. 그 당시에는 일부 사람들에게는 이룰 수 없는 이상이라고 보였지만, 2년이 못 되어 선교지 분할의 문제는 두 교회의 연합으로 인해 해결되었다. 연합(the union)이 성취되고, 중국인 목사들과 장로들이 자신들의 교회의 방향과 통제권에 대해 큰 권리를 행사하기 시작할 때 로스보다 더 기뻐한 이는 없었다.[86]

로스는 포기하지 않고 두 선교부의 연합을 위한 협상의 노력을 지속하였던 것이다. 그의 비전은 1891년에 실현되었고, 그해에 만주에 있는

---

84) 창세기 13:1-9, *MFMC-UPC* for 1873-7, No.235. 이 서신에서 로스는 목단에서의 주택 구입을 허락해 달라는 요청을 했다. 위원회는 1875년 2월 23일에 이 허락과 함께, 아일랜드 선교사들이 목단을 점령할 의도가 없다는 조건으로 로스가 목단에 예배당을 위한 작은 주택을 취하는 것도 허락했다.

85) 웹스터가 기억하고 있는 회합은 1887년 11월 7일에 목단에서 개최되었던 만주위원회와 아일랜드 장로교회 선교사들 간의 회합이었음에 틀림이 없다. (See, *MFMC-UPC* for 1887-8, No.6314.)

86) *RHFM-UPC* for 1915 for pp.396f. 이 연합장로교회는 1900년에 연합자유교회에 합병된 것을 기억하라.

연합장로교 총회와 아일랜드 장로교 총회는 연합을 인준했고, 두 선교부의 선교사들은 목단에서 회합했다.[87] 이 회합에서 두 교회는 한 개의 만주 노회를 구성했으며, 이 연합은 만주에 하나의 중국인 교회를 형성하는 결과를 낳았으며, 이로 인해 만주 교회의 진정한 기초가 놓였던 것이다.

'중국인 서신'(The Chinese Epistle)

상기 회합이 있기 수년 전에 로스의 노력에 의해 창립된 만주장로교회는 이미 중국인 기독교인들 간의 연합을 나타냈다. 그들은 존 로스와 그의 선교부의 기여를 인정하여 1881년에 스코틀랜드로 영문 번역이 첨부된 중국인 서신을 발송했다.

> 주님을 찬양하며 예수의 올바른 종교에 속한 만주장로교회는 존경하는 마음으로 스코틀랜드의 모교회에 문안합니다. —진리는 결코 이기적인 것으로 사사로운 것이 될 수 없습니다. 고대에 대한 자세한 검토를 통하여 우리는 하늘의 가르침의 선포가 중화(中華)에 미지의 것은 아니었다는 것을 발견합니다. 우리는 6개의 고전과 4경을 인정합니다. 그러나 어떻게 공자와 맹자가 인간의 마음의 폐허를 수리할 수 있습니까? 감사하게도 천국은 중화를 버리지 않았습니다. 비록 구세주 주님께서 유대 땅에 탄생했으나 하늘 아래 모든 이들을 한 가족으로 만들 수 있는 가르침이 마침내 중화의 땅에도 들어왔습니다.[88]

Mrs. McLaren은 그녀의 책에서 로스의 노고에 대해서뿐만 아니라

---

87) 이 회합은 1891년 5월 23−29일에 목단에서 개최되었다. 이 1주일간의 회합에서 존 매킨타이어는 최초의 moderator로 선출되었으며, Thomas Fulton 목사가 그 노회의 영구적인 English Clerk로 선출되었다. *MFMC−UPC* for 1890−91, No.6987.

88) Mrs. Duncan M'Laren, *The Story of Our Manchuria Mission*, pp.113−115.

그의 자기희생적인 면을 기술했는데, 로스가 만주에 도착한 전후의 상태들을 설명하기 위하여 중국인이 서신을 계속 인용한다.

그 당시 만주는 아직 예수의 이름을 듣지 못했다. …그들은 의상과 모자와 같은 외관에 관심을 가졌고, 마음을 수정같이 하는 것을 추구하지 않았다. 이제는 모든 것이 변하여 세례를 받은 자들이 약 천 명이며 진리를 욕하는 자들은 매일 줄어들고 있으며 진리를 포용하는 자들은 날마다 증가하고 있다. 회중은 매일 증가되는 번영의 외관을 소유하고 있으며 회심자들은 날로 커지는 열심을 보이고 있다. 마지막으로 많은 이들이 자신들의 옛 성품들을 버렸다. …원래 지혜로웠든, 어리석었든, 유덕했든 그렇지 않았든 모든 이들은 다소간에 새롭게 되었다.[89]

이 서신이 스코틀랜드 선교부에 큰 격려의 원천이 된 것은 의심할 수 없으며, 해외선교부는 그 서신을 다음과 같이 재기술한다.

이 서신에서 만주교회는 복음이 소개됨으로 그 땅이 받은 큰 복들, 특별히 로스 목사의 수고에 대해 말하면서 진정한 종교를 그들 가운데 선포한 로스와 동역자들을 파송하여 준 것에 대해 스코틀랜드에 있는 모교회에 대한 감사를 전한다.[90]

우리는 여기서 로스의 선교전략을 다시 발견한다. 만주에서의 토착교회들을 위하여 토착인 지도자들을 선출하는 데 있어, 그는 복음사역이 '토착인들을 위하여 토착인들에 의해' 되어야 한다고 믿었다. 그는 전적으로 중국인들에 의하여 치리되는 (자치) 토착교회를 꿈꾸었다. 그러므로 로스는 복음을 전파하기 위한 준비를 하기 위하여 자신의 번역사역 중

---

89) Ibid.
90) *MFMC −UPC* for 1888−89, No.6672.

에 만났던 한국인들을 훈련하는 것을 주저하지 않았다.

2) 순회자 로스

로스는 그 지역을 관통하여 여행을 하면서 복음사역을 계속했다. 그는 귀츨라프와 번즈와 같이, 신실한 씨 뿌림은 풍성한 추수를 가져올 것이라고 믿었다. 그는 복음의 능력을 믿었고 '때를 얻든지 못 얻든지' 씨를 뿌리기 위해 종종 순회 선교를 했다. 그의 보고서들에 의하면 그의 주요 선교활동들 중의 하나는 1873년 5월 13일에 시작한 그의 첫 번째 선교 여행을 시발로 한 수많은 여행과 관련되었다. 로스는 자신의 책 *만주에서의 선교방법들(Mission Methods in Manchuria)*에서 자신의 사역의 초기 단계에서 그러한 여행의 필요를 느꼈는지에 대해 설명한다.

> 장로교 선교부가 만주에서 사역을 시작했을 때, 그 땅은 거의 알려지지 않았다. 이로써 1873−1874년 동안 많은 여행을 할 필요가 있었는데, 이는 주요 도로와 그 지선들을 발견하며 인구분포도와 도시들의 규모 및 그 상대적 중요성, 장래의 선교센터로서의 가치 및 상호간의 거리 등을 알아보기 위한 것이었다. 활동적인 권서인들이 이 여행에 동행했다. 수천 권의 성경과 다른 기독교 서적들 및 일반 문학서적들이 전 지역에 판매되었다. 제한된 언어의 한계는 있었지만, 기독교의 기본진리들은 전파되었다.[91]

위에서 볼 수 있듯이 선교 여행은 다목적인 것이었다. 선교지에 대한 지식을 확대하는 것, 성경 기타 기독교 서적을 배포하는 것, 대중들의 복음에 대한 관심을 자극하는 것 등. 게다가 로스는 동북 중국의 복음화를 위한 전략적인 장소들을 확인하고 조사하기 위하여 이 여행들을 이용했다. 이리하여 그는 고려문과 조선인 마을을 방문하게 된다.

---

91) *MMM*, p.32.

그의 후반부의 여행은 다양한 센터들에 있는 중국인 전도인들을 '격려, 자극, 교육, 지도'하는 것과 세례 신청자들을 '조사하여' 그들에게 '세례를 주는' 것이었다. 로스는 이러한 순회 형식이 "전 중국에 복음이 전파될 수 있는 유일하게 실제적인 방법이며 비교할 수 없이 가장 신속한 방법"이라고 믿었다.92) 로스는 선교사 한 두 명이 있는 수천만 명의 사람들이 살고 있는 백 마일에 달하는 넓은 지역을 감독하기 위하여, 자신의 선교지뿐만 아니라 자신의 외곽 센터도 매년 수차례 방문하였다. 그는 이러한 선교 여행이 바울의 발자취를 따르는 자신의 방법이라고 믿었다. 이것은 바울의 사역을 본받으려고 노력한 열정과도 일치했던 바 그는 다음과 같이 썼다.

> 우리는 이 방식으로 우리가 사도들의 진정한 계승자들이 된다고 믿는다. 우리는 그 사역방식이 사도행전에 기록된 이방인들을 위한 위대한 사도의 발자취를 따른다. 우리는 교회에 의해 파송된 모든 선교사는 어떤 토착 회중의 목사가 아니라 바울을 본받는 자가 되어야 한다고 믿는다.93)

그가 1879년에 첫 안식년을 갖기 전의 초기 여행들은 사람들과 땅을 알기 위한 것이었으나 1881년 후에는 중국인 전도인들과 교리문답 신청자들을 가르치기 위한 것이었다. 우리는 여기서 로스 자신이 이 여행을 이용하여 활동적인 권서인으로서 전도지를 나누어 주고 책들을 판매했다는 것이 언급되어야 한다.94) 비록 자신의 선교원리가 토착 기독교인들을 보내어 전도(자전)하게 하는 것이었음에도 불구하고 그 스스로가 선교지

---

92) *MMM*, p.43.
93) Ibid., p.44.
94) 그는 1876년 4월에 NBSS의 대리인들 중 하나가 되었으며 1882년 후에 The British & Foreign Bible Society와 관계를 맺었다.

들을 순화하는 유익을 보았다. 토착인들의 삶을 목도하는 가운데, 그는 자신의 선교방법을 형성함에 있어 사람들과 공감하고 그들의 필요를 더 잘 충족하기 위하여 그것을 개선할 수 있었다.

3) 교육자 로스

로스는 사역 기간 동안 현지인들을 가르치고 교육하기 위해 보다 잘 무장되기 위하여 경험과 연구를 통해 배우는 것을 계속했다. 그는 문화적으로 필요한 곳에서 토착인들을 교육하는 것의 중요성을 이해했다.

> 선교사역은 인간의 지능이 단지 또는 주로 교활한 속임수나 잔인함으로 표현되는 세상의 어떤 지역들에서 수행된다. 따라서 선교사가 기초적인 교육을 통해서 잠자고 있는 지능의 개발을 위해 많은 양의 생각과 시간을 투자하는 것이 필요하다.[95]

그러므로 왜 로스의 중국에서의 첫 경력이 교육자이었는가를 이해하는 것은 자연스러운 것이다. 그는 1873년에 중국인 교사를 임명함으로써 잉코우에 한 학교를 설립했다.[96] 이 학교는 성경학교가 아니라 유교를 포함한 중국에서 인기 있는 과목들을 가르치는 학교였다. 그가 이렇게 행동한 뒤에는 사람들의 마음을 '꾀로써 얻기 위한 것'이었다.[97] 다른 말로 하면, 그가 그러한 교육수단을 제공한 주된 목적은 어린이들이 자

---

95) John Ross, *MMM*, p.144.
96) Newchwang에 1873년에 학교를 설립하면서 로스는, "이론상 중국인들은 다른 어떤 민족보다도 배움을 고상하게 생각한다. …중국인들의 선의를 확보하는 이 방법을 활용하기 위하여 1873년에 교사를 채용했으며, Newchwang에 학교를 세웠으며, 음식과 수업료가 무료인 이 학교에 입학하도록 유망한 청년들에게 초대장을 발송했다."라고 쓰고 있다. (*MMM*, p.147.)
97) *MMM*, p.145.

신들의 언어로 성경을 읽을 수 있도록 하는 것이었다.[98]

　　그의 선교사 생활은 계속 되었고, 그는 곧 사람들 사이에서 '선생'으로서 좋은 평판을 얻었다.

　　　오직 유교의 고전들만 가르쳐진 그러한 학교의 설립은 선교사가 토착문화를 전복할 의도가 없다는 것을 증명하는 가장 효율적인 방법으로 믿어졌다. 그 학교의 영향력은 점진적으로 조용하게 인근으로 확산되었고 약간 명의 친구를 얻게 했다. 그것은 상당량의 적대행위를 없앴다. 2년 후에 그 학교의 성격은 변화되어 많은 기독교인 남녀학생들이 그 교사의 시간을 차지했다. 그렇지만 토착 고전들은 과목들의 다수를 계속하여 형성했다.[99]

　　로스의 목단에서의 선교사역 초기에는 외국인들에 대한 일반적인 태도가 잉코우보다 더 보수적이고 적대적이었다. 로스의 표현으로는, 목단 사람들 중 많은 이들이 전통적인 중국의 관습들 속에 잘 교육을 받았으며 이들은 선교사들에 대해 아주 많이 신중하였다. 이 사람들은 자신들의 유교와 관습에 대한 큰 위협으로 선교사들을 보았다.[100] 토착인들의 거리의 데모와 공개적인 반대에 직면한 로스는 목단에 '세속적인' 학교를 설립함으로써 대중을 전도하고자 재시도했다. 그는 사람들이 학교에

---

98) *MMM*, p.155.
99) *MMM*, pp.147-148.
100) *MMM*, pp.153-154. 로스는 다음과 같이 쓰고 있다.
　　　"목단에서는 수많은 졸업생과 재학생들의 단호하고 오래 지속된 결의로 인해 거리에서의 설교가 불가능하였다. 매일 예배당에 운집하는 호기심을 가지고 옷을 잘 차려입은 사람들을 우리를 대적해서 선동하도록 하는 수단으로서 그들이 가장 의뢰하였던 논거는, 우리가 거기서 반역을 주도할 뿐만 아니라 특별히 유교를 배척함으로써 나라의 관습을 폐기하려 한다는 것이다. '외국인의 악랄한 기도로부터 유교를 구원하라'는 매일 열화와 같이 뜨거운 선포였다."

다니는 것을 방해할 것을 염려하여 교과목에 기독교 기초를 포함하지 않았다. 로스가 자신의 정책에 대해 동료 선교사로부터의 많은 반대에 직면했으리라는 것은 이해가 가는 일이다. 심지어 그의 신실한 토착 지도자인 Old Wang도 처음에는 성경을 가르치지 않기로 한 그의 결정을 이해하지 않았다.

> 로스에 대항하는 논쟁을 불식시키기 위하여 학교는 (목단에 있는) 예배당 근처에 개설되었다. 유교인 교사가 채용되었으며, 교육을 받기 원하지만 학비를 낼 수 없는 모든 젊은이들에게 이 학교는 무료라는 광고를 했다. 상당히 많은 숫자의 학생이 재빨리 등록을 했으나, 어떠한 종류의 기독교 서적도 학교에 소개되지 않았으며, 어떠한 선교사도 그 도시에 있는 유일한 기독교인인 토착인 전도자 Old Wang도 방문하지 않았다. Old Wang은 이러한 조치들에 대해 확신하지 못했다.[101]

로스는 제지를 당하지 않았고 그의 노력은 실로 열매가 없지 않았다. 이 학교에 대한 중국인들의 반응은 대단했다.

> 이 학교의 개설은 유교서적들이 그 학교에서 읽혀진 유일한 서적이었기 때문에 유교교육을 받고저 그렇게 노심초사했던 이들에게 효과적인 응답이었다. 우리가 유교를 파괴하려고 했다는 고발들은 사라졌고 다시는 그런 일이 일어나지 않았다. 수개월 후에 소년들은 방과 후에 예배당에 모이기 시작했다. 이들은 찬송가책을 요청했으며…모든 학부모들과 유교학자들은 우호적이었으며 학자들의 몇 몇은 후에 교회의 일원이 되었다.[102]

로스는 교육자나 교사라기보다는 만주에서 초등교육을 시작한 자이었

---

101) *MMM*, p.154.
102) *MMM*, pp.154−155.

던 것 같다. 그러나 로스는 장기적으로는 교회를 위해 유능한 중국인들을 훈련시키기 위해 이들을 찾고 있었던 것이다. 이것은 그가 토착 전도인들의 팀을 형성할 기회를 찾고 있었다는 점에서 그의 선교방법, 특히 자전의 방법과 일치한다.[103)

복음화는 현지인들에 의해 수행되어야 한다는 로스의 확신은 그로 하여금 기독교 학교에 대한 필요를 현실화하게 만들었다. 그는 복음의 전파를 위해 자원하는 토착 기독교인들을 교육하고 무장할 기관을 꿈꾸었다. 여러 번, 로스는 선교부에 신학반 설립허가를 요청했다. 1883년에 그는 목단에 중국인 전도자들을 훈련하기 위한 임시 학교를 개설했지만[04) 여전히 "원하는 설교자 기타 사람들을 매년 점검할 수 있는 체제를 갖춘 통일된 항구적 교육과정을 위한" 신학원(a theological Hall)을 갈망했다.[105)

1886년 7월에 10명의 전도인들이 만주 위원회에 의해 점검을 받았는데 그 결과들이 매우 만족스러운 것으로 보고되었다. 그 결과 선교사 학과가 형성되어 1890년에 3년 과정의 훈련이 시작되었다.[106)

이미 보았듯이 아일랜드 선교부와의 연합 이후에 모든 일은 두 개의 선교부와의 협의 속에서 진행되어야 했다. 이리하여 1894년의 새로운

---

103) *MFMC −UPC* for 1885−86, Appendix p.54. 예를 들면 로스는 1885년에 목단과 요녕에서 104명에게 세례를 주었다. 이들의 대다수는 중국인 전도자들의 사역을 통해서 회심되어 있었다.
104) *MFMC −UPC* for 1884−85, Appendix p.51.
105) *MFMC −UPC* for 1887−88, Appendix p.48.
106) *MFMC −UPC* for 1889−90, No.7661.

신학훈련계획은 만주장로교회의 산하로 운영되었다.107) 그 계획하에서 모든 학생들은 매년 최소한 1개월을 외국인 선교사들 밑에서 성경을 집중 연구하도록 했다. 첫 학급의 교수들은 로스, 웹스터, Wylie, Inglis이었다.108) 그들은 성경공부와 신학뿐만 아니라 유교의 일부에 대해서도 가르치기로 결정했다. 맥라렌 부인은 '유교와 기독교 비교'에 관한 강연은 많은 관심을 촉발시켰다고 설명한다.109) 로스는 이 새 신학반을 만주 선교에 있어서 '흥미 있는 출발'로 간주했다.110)

이리하여 로스의 후반기 삶은 신규 부임 선교사들을 감독하는 것뿐만 아니라 중국인 전도인들을 가르치는 일로 꽉 채워졌다.111) 특별히 1898년 두 교회의 연합 회합에 의하여 목단에 신학대학교가 설립되었을 때, 로스와 아일랜드 교회의 Fulton이 교수로 임명되었고 로스는 그 대학교의 초대학장이 되었다. 그 대학교에서의 수업 기간은 매년 10월부터 4월까지 6개월이었기에 그는 이 기간 동안에는 다른 선교사역을 할 수 없었다. 만주 위원회의 위원장이었던 J. M. Graham은 당시의 상황을 다음과 같이 설명한다.

이리하여 로스의 시간은 거의 전부 가르치는 일로 채워졌기 때문에 그들(다른 선교사들)은 지금까지처럼 선교센터의 일상적인 일에 대해서는 로스에게 의존할 수 없었다. 만약 선교사들이 지난 3년간의 풍성한 영적 추

---

107) For the Scheme of Training for Native Agents, see *MFMC –UPC* for 1894 –5, No.773. 학급은 두 그룹, 즉 각 4년간의 Junior and Senior Classes로 구분되었다.
108) *MFMC –UPC* for 1894 –5, No.775.
109) McLaren, op.cit., p.83.
110) *MFMC –UPC* for 1894 –5, appendix, p.65.
111) *MFMC –UPC* for 1894 –5, No.773.

수를 결집하고자 한다면, 현지 설교자들을 훈련하는 계획이 즉시 그리고 열정적으로 시행되는 일이 가장 긴급하게 중요하였다.112)

로스는 6개월간 신학생들을, 1개월간 전도인들을 가르치는 일과 더불어 매년 1개월간 여성성경반에서도 가르쳤다. 그는 1910년 건강 사정으로 사직할 때까지 중국인 전도인들을 가르치는 사역을 계속했다. 그것은 로스와 같이 성숙하고 경험이 많은 선교사를 위하여 아주 적절한 일이었다. 그는 가르치는 사역을 만주교회를 위한 그의 마지막 헌신의 행동으로 생각하였을 수 있다. 1908년에 악화된 건강 때문에 귀국했을 때, 교회의 미래의 전도인들과 지도자들을 가르치는 그의 열정이 그러하였고 만주에 독립적인 교회를 세우고자 하여 그는 선교부에 11월에 고급 신학반을 적기에 재개할 수 있도록 자신의 비용으로 만주에의 왕복 여행 비용을 부담하는 조건으로 출국할 수 있도록 허락해 줄 것을 요청하였다.113) 로스는 만주에 독립교회를 세우고자 취한 조치가 "토착교회 측에서 보다 큰 활동을 하고 보다 큰 자립을 하는 시기의 시작"이었다는 것을 의심하지 않았다.114) 이리하여 그는 위대한 교사로서 중국인들을 가르쳤을 뿐만 아니라 그들이 자신들의 교회를 세우도록 격려하였다.

---

112) *MFMC−UPC* for 1898−9, No.3132. 이때, 로스는 다시 교수로 임명되었다. Arts College가 목단에도 1902년에 설립되었기 때문에 로스는 이 대학을 도와야 했다.

113) *MFMC−UPC* for 1908−12, No.1141.

114) *MFMC−UPC* for 1896−7, No.2329.

Ⅳ. 로스의 학문적 자료

로스는 40년간의 선교사의 삶을 통하여 학자적 자세를 유지하며 연구와 저술을 추구했다. 심지어 만주에서 통상적인 선교사 활동들 속에서도 로스는 중국과 한국의 문화와 역사에 대한 관심을 유지했다. 한국인들의 도움으로 신약을 한국어로 번역한 외에 그는 거의 12권의 책을 저술했고 수많은 논문과 보고서를 작성했다. 이제부터 우리는 만주와 한국에 대한 그의 주된 저술들을 알아보고 그의 선교 견해뿐만 아니라 중국과 한국의 문화에 대한 그의 개괄적인 이해가 어떻게 발전되었는가를 알아보고자 한다.

중국과 한국에 교회를 설립하고자 하는 그의 주된 관심과는 별도로, 로스는 자신이 사역하는 사람들의 문화와 역사에 대한 깊은 관심을 가졌다. 그의 말년에 출판된 책들을[115] 살펴보면 로스가 동북아시아에 대한 폭넓은 이해를 했다는 것을 알 수 있다. 그는 만주와 만주족 그리고 중국 동북부의 다른 비한족 종족들을 제대로 이해하기 위해서는 한국의 역사와 문화를 이해하는 것도 필요하다는 것을 알았다. 로스는 만주와 한국에 대한 언어와 역사책들을 연구한 첫 서양인들 중의 한 사람이었다.

만다린 입문서(Mandarin Primer): 로마자의 유럽식 사용법에 따른 초보자들을 위한 쉬운 학습법(상해: 미국장로교선교부출판사, 1876년)[116]과

---

115) Ross, *The Original Religion of China*(1909): Ross, *The Origin of the Chinese People*(1916).

한국어 입문서(Corean Primer): 만다린 입문서의 원리에 따른 한국어 학습법(상해, 미국장로교선교부출판사 1877년).[117)]

1876년 제2차 '고려문' 여행에서 로스는 그의 한국어 교사인 이응찬을 확보할 수 있었다.[118)] 로스는 즉시 한국어를 배우는 일을 시작했다. 선교사역을 한 지 4년 후라 만주어에 대한 어느 정도의 지식을 갖고 있었기 때문에 그는 재빨리 한국어를 터득했다. 그는 1876년에 *만다린 입문서*라는 제목의 중국어 학습을 위한 입문서를 출판했다. 한국어 교사를 만난 지 1년 후에 그는 *한국어 입문서*를 출판했다. 이 책에서 한국어를 사용한 것 외에는 이 두 번째 입문서는 첫 번째 입문서와 순서와 편집에 있어 동일하다. 두 입문서들 간의 유사성으로 판단할 때, 우리는 그가 *만다린 입문서*를 한국어 연구의 기초로 사용하였고 그 노력의 결과를 *한국어 입문서*로 요약했다고 이해할 수 있다. 이는 1877년 말에 그가 신약을 한국어로 번역하는 일을 시작할 준비가 된 것을 의미한다.[119)]

한국의 고대와 근대 역사: 의례와 관습과 언어와 지리에 대한 서술과 함께(History of Corea, Ancient and Modern, 1879년)[120)], *만주족,*

---

116) Ross, *Mandarin Primer*(1876).
117) Ross, Corean Primer(1877).
118) 로스가 고려문을 두 번 방문한 것은 아주 큰 의미가 있는데, 이는 한국과 한국인에 대한 관심을 자극하였을 뿐만 아니라 한국어를 배우기 시작한 시작점이 되었기 때문이기도 하다. 이에 대해서는 제3장에서 더 논의될 것이다.
119) 신약을 한국어로 번역하기 시작한 때는 분명하지 않다. 그러나 *한국어 입문서*가 출판된 1877년일 것으로 종종 주장된다. (이만열, HKBS(1), 1993, p.37.)
120) Ross, *History of Corea, Ancient and Modern, with Description of*

즉 중국의 집권 왕조 그 시작과 진전(1880 년)[121], *한국어 문법과 어휘 (1882 년)*[122]

*한국의 고대와 근대 역사*는 입문서들을 제외하고는 로스의 첫 번째 책이었는데 그가 첫 번째 안식년으로 스코틀랜드에 있을 때 출판되었다. 그것은 서양의 학자에 의해 저술된 한국어 역사에 관한 첫 번째 책이었다.[123] 흥미로운 것은 그가 만주에서 이 책을 저술하고 있을 때, 중국어 자료들만 입수할 수 있었다는 것이다. 이리하여 그 책은 대부분 중국인의 관점에서 저술되는 결과를 낳아 역사적 정확성을 결여하고 있다.[124] 그럼에도 불구하고 그는 한국어 역사와 문화에 대해 상당히 깊은 이해를 보여준다. 예를 들면 그는 한국의 사회 계급들을 다음과 같이 분류한다. "첫째는 관리들, 둘째는 농부와 상인들, 셋째는 수공인들, 재봉사들, 신발업자, 예능인들, 기타 평민들. 최하위는 백정, 즉 도살업자로서 이

Manners, Customs, Language and Geography.

121) Ross, *the Manchus, or the Reigning Dynasty of China: Their Rise and Progress.*

122) Ross, K*orean Speech, with Grammar and Vocabulary.*

123) 그러나 로스가 한국에 관하여 기록한 최초의 사람은 아니었다. 1653년에 화란 동인도회사의 무역선인 *Sparwehr*가 제주도 해안에 좌초하였는데 선장인 헨드릭 하멜과 선원들은 14년 동안 한국에 구류되었다. 1668년에 하멜과 다른 7명은 일본을 통하여 탈출하여 화란으로 돌아갔다. 그 후, 하멜은 한국에서의 자신의 경험을 '기묘하고 솔직한 이야기'(quaint and racy account)로 *The Narrative of an Unlucky Voyage and Shipwreck on the Coast of Korea*라는 제목으로 출판했다. 이 이야기는 그 후 영어, 프랑스어, 독어로 번역되었다. 따라서 하멜이 한국과 그 백성들에 대해서 서구에 소개한 최초의 서구 사람이다.

124) 따라서 그것은 한국인들에게 거슬릴 수 있는 역사적으로 부정확한 이야기들을 포함하고 있다. 예를 들면, "한국은 당 제국의 초대 황제가 한국인들을 만주의 동쪽으로 몰아낸 이래로 계속해서 다소간에 중국의 영향과 통제를 받아왔다."라고 기술하고 있다. (Ross, *History of Corea*, p.276.)

분류는 아마도 한국 불교의 결과일 것이며 — 그 옆에는 기생들과 함께하는 산돼지 사냥꾼이다."[125] 게다가 그는 한국에서의 독특한 언어적 상황을 완전히 이해했는데, 거기서는 한글이 대다수의 한국인들(중간층과 하층민들)에 의해 사용되었던 반면에 상류층은 한자를 사용했다. 우리는 이 지식이 상류층의 입맛을 맞추기 위해 한자를 사용하기보다는 차라리 순순한 한글로 신약을 번역하기로 한 그의 결정에 영향을 주었다고 주장한다. 그것은 한국인을 전도하기 위한 그의 방법이었으며 이것은 제3장에서 더 논의될 것이다.

로스는 1880년에 두 번째 역사책인 *만주족, 즉 중국의 집권 왕조 그 시작과 진전(1880년)* 을 출판했다. 이 책에서 그는 동북아시아의 역사들, 만주와 한국의 역사는 동일한 것이라고 주장했다. 로스의 관점은 이 두 지역들은 서로 간에 깊이 연결되어 있다는 것이었다. 그가 이 역사책을 선교의 준비 단계에서 친히 저술했다는 사실은 그가 이미 아시아의 역사와 문화에 대해 광범위한 지식을 소유하고 있었다는 것을 보여준다. 그는 복음화를 시도하기 전에 철저한 리서치를 통하여 자신을 선교지에 친숙하게 하는 것의 중요성을 알았던 것처럼 보인다. 우리는 이것이 로스의 선교방법에도 그대로 나타나는 것을 후에 보게 될 것이다. 상기에 언급된 역사책들과 그의 만주에서의 20년간의 성공적인 사역에 대하여 1894년에 글라스고우 대학교로부터 그는 신학박사(Doctor of Divinity) 학위를 받았다.

한국어 입문서 출판 후 5년째인 1882년에 로스는 또 한 권의 한국어 책인 *한국어 문법과 어휘집* 을 출판했다. 이것은 누가복음이 한국어로 첫

---

125) Ross, op.cit., p.311.

번째 번역된 해로서 로스가 김청송을 그의 고향인 간도로 권서인으로 파송한 해이기도 하다. 우리는 이로부터 그의 바쁜 선교사역 중에도 상당한 시간을 그 책의 준비를 위해서 떼어 놓았으며 미래의 한국 선교를 염두에 두고 있었다는 것을 알 수 있다. 이것은 그가 한국 복음화에 관심을 갖고 있었다는 분명한 증거이다.

만주에서의 최초의 중국인 전도인 Old Wang: 그의 삶과 사역에 대한 스케치(1882 년)[126]

상기 책은 한국어 성경을 번역하고 출판하는 와중에 그리고 만주교회가 설립되는 과정에서 저술되었다. 그 책은, 중국 이름이 왕징민인 Old Wang이 그의 초기의 회심자들 중의 한 사람으로서 다른 토착인들을 그의 카리스마적 믿음으로 크게 영향을 주었다는 점에서 로스에게 큰 격려가 된 것처럼 보인다. 왕은 아편 흡식자이었으나 극적인 회심 후에는 중독으로부터 자유롭게 되었는데, 로스가 1873년에 세례를 준 후, 수개월간 그를 만주에서의 현지 설교자와 장로가 되도록 훈련했다. 왕은 로스의 진정한 동료가 되었고, 1886년 9월 24일 사망할 때까지 만주 선교에의 문을 여는 데 있어 보배였다. 로스는 그를 '만주에서의 개신교회의 사실상의 창립자'로 불렀다. 우리는 한 명의 현지인 회심자의 열매를 목도함에 있어서 그것은 그가 토착인 전도인들을 훈련한 것의 중요성을 재확인하여 "자전의 원리"를 직접 경험을 통해서 확인하였음을 배우게 된다.

이 외에도 이 기간 동안 로스는 여러 저널들에 자신의 선교사역들에

---

126) Ross, *Old Wang, the First Chinese Evangelist in Manchuria*(1889).

대한 많은 논문들과 보고서들을 저술했다. 예를 들면, 1874년에 "고려문 방문"이,127) 1883년에 "한국어 신약성경"128)이 Chinese Recorder and Missionary Journal(이하 CRMJ)에 게재되었다. 그는 1880년 5월 5일에 '중국에서의 선교사역'에 대해 강연했으며129), 1889년 5월 8일에는 '중국 선교지의 특별한 필요'에 대해 연합장로교회의 총회 회합에서 강연했다. 가장 중요한 것은 그의 논문들과 보고서들이 United Presbyterian Missionary Recorder(이하 UPMR)에 크게 다루어졌던 것이다. The Missionary Review of the World(MRW)에 출판된 다음 논문들, 즉 1890년의 "중국 선교 문제"(The Chinese Missionary Problem), "선교사 바울", 1891년의 "어떻게 복음이 중국에 확산되고 있는가?"는 로스의 신학적 사고와 이해에 대한 통찰력을 제공하기 때문에 중요하다.

의미 있는 것은 로스가 1888년 런던선교사회의에 참석했을 때, '일부다처제'와 '조상숭배'와 같은 아주 민감한 주제들에 대하여 연설을 하여 선교지에서 특정적으로 발견되는 모든 종교적 시스템들을 재점검할 필요를 제기했던 것이다.130) 2년 후인 1890년 상해 선교사 회의에서 그는 '만주족'에 대한 에세이를 제출하였고 조상숭배에 대한 그의 새로운 이해에 대하여도 강연하였다.131) 이 강연들과 논문들은 그의 선교사로서의

---

127) Ross, "Visit to the Corean Gate." *CRMJ*, 5, 1874, pp.347-354.
128) Ross, "Corean New Testament." *CRMJ*, 14, 1885, pp.491-497.
129) 첫 번째 안식년 동안 로스는 많은 교회들과 장소들을 방문했으며 1879년 6월부터 1880년 6월까지 적어도 102번의 연설을 했다. (*MFMC -UPC* for 1880-81, No.1808.)
130) Ross, *Report of Centenary Conference on the Protestant Missions of the World: held in London 1888,* 2 vols., quoted from Choi, *JRKPC,* p.82.
131) 1890년 상해 선교사대회에 관하여는 see, *Records of the General Conference of the Protestant Missionaries of China,* held in Shanghai,

사고의 이해와 발전을 보여주었으며 그의 후반의 성숙한 저술들을 위한 일종의 초안들이 되었던 것 같다.

1. 중국성경주석서 (1897-)

로스는 중국성경주석위원회의 요청에 따라 1897년에 성경주석에 대한 작업을 시작했다. 그는 '욥기, 이사야서, 마태복음과 야고보서'에 대한 주석을 저술하도록 요청받았다.132) 로스가 이러한 주석들을 저술해 달라는 초청을 받은 사실은 그가 전 중국의 동료 선교사들로부터 학문적으로 존경을 받았다는 것을 보여준다.

만주의 의화단(1901 년)133)
만주에서의 선교방법들(1903 년)134)
중국의 종교의 기원(1909 년)135)
중국 민족의 기원(1916 년)136)

로스는 생애의 마지막까지 학자적 자세를 유지했고 상기 책들은 그의 성숙한 리서치와 연구의 결과들이다. *만주에서의 선교방법들(1903 년, 중국 종교의 기원(1909 년*는 에딘버러에서 출판되었고 *중국 민족의 기원*은

May 7-20, 1890.
132) Grayson, *LWJR*, p.65.
133) Ross, *The Boxers in Manchuria*.
134) Ross, *Mission Methods in Manchuria*.
135) Ross, *The Original Religion of China*.
136) Ross, *The Origin of the Chinese People*.

그의 사후인 1916년에 출판되었다.

1902년은 *만주에서의 선교방법들*에 대한 작업을 종료한 해이다. 이 책에서 그는 자신의 과거 30년간의 선교사의 삶을 돌아보고 모든 선교사는 사도 바울의 길들을 좇기 위하여 애써야 한다고 결론을 내렸다. 수많은 경우에 그는 바울이 자신의 멘토라고 진술했다.137) 이 책은 제4장에서 추가로 살필 것인바, 로스의 선교방법에 관하여 연구할 것이다.

그의 마지막 두 권의 책으로써 로스는 중국인들의 역사와 종교에 대한 그의 일생의 리서치를 시작했다. *중국 종교의 기원*에서 그는 초창기의 중국인의 종교 형태는 다신교라기보다는 일신교라고 주장했다. 그는 이 주장의 근거로 초기 중국의 역사적 및 철학적 문서들을 들었다.138) 그의 마지막 책인 *중국 민족의 기원*은 로스의 사망 시에는 완성이 되지 않았으며 후에 그의 친구들에 의하여 헌정으로 완성되었다.

V. 결 론

이 장은 크게 두 부분으로 구분되었다. 스코틀랜드의 로스와 만주에서의 로스 첫째 부분에서는 우리는 그의 어린 시절과 교육 및 중국 선교로의 부르심을 살폈는바, 우리는 하나님께서 어떻게 그의 어린 시절을

---

137) Ross, "Paul the Missionary", *MRW*, 4 (1891), pp.677−681.
138) Grayson, LWJR, p.67.

장차 중국에서의 사역을 준비하는 데 사용하셨는가를 보았다. 특별히 우리는 하나님의 섭리가 로스가 중국에로의 해외선교사로 헌신하도록 하는 상황들을 형성되게 하는 것을 보았다. 다음으로 우리는 로스가 중국에 도착했을 때의 개관을 간단히 살폈는데, 아편전쟁들과 의화단 사건을 통해서 외국의 영향력에 대한 토착인들의 태도를 엿볼 수 있었다.

산동에 도착한 후 로스는 선교기지로서의 만주의 가능성들을 보았다. 그가 어떻게 연합장로교회의 선교기지를 만주로 이전하는 데 있어 중요한 역할을 수행했는지 그리고 어떻게 만주장로교회를 형성하기 위하여 만주에 있는 두 개의 기존 선교부의 연합을 이루도록 도왔는지를 검토했다. '세속적인' 학교를 설립함을 통해서 토착인들과의 장벽을 무장해제한 후에는 그는 신학대학교를 설립했다. 두 선교부의 노력들을 통하여 로스는 소수의 중국인 기독교인들을 중국 복음화를 위하여 훈련시키려고 노력했다. 마지막으로 우리는 선교지의 역사와 문화에 대한 그의 지속적인 학자적 리서치와 그 결과를 살펴보았다. 이 모든 것들 속에서 우리는 어떻게 로스의 선교방법－자전과 자치 및 자급의 방법이 그의 만주에서의 선교 사역에 실제적으로 적용되었는지를 살펴 보았다.

제3장

만주 거주 한국인에 대한 로스의 사역

　우리는 전 장에서 로스의 스코틀랜드에서의 선교 준비와 만주에서의 역동적인 사역을 보았다. 로스는 선교를 위한 만주의 전략적 중요성을 평가했고, 동북아시아의 역사와 문화에 대한 그의 연구를 계속했다. 우리는 그가 Old Wang과 나란히 사역하면서 토착교회 지도자들을 선출하는 중요성을 깨달았음을 주목했다. 신학대학교를 설립함을 통하여 로스는 이 토착화의 정신을 계속 가졌는데 신학대학교에서 그는 그의 후반부의 많은 시간을 보내면서 토착 전도인들과 설교자들을 훈련시켰다.

　이 장에서 우리는 로스가 만주에 있는 동안 한국인들 가운데 사역한 것을 연구할 것이다. 그러나 우리는 그가 만주에서 만났던 한국인들과의 조우에 대해 상세하게 연구하기 전에 다음의 것을 할 것이다.

> (Ⅰ) 당시의 한국의 사회＝정치적 배경과 외국인들에 대한 한국의 정책에 대한 간단한 언급. 이를 위하여 우리는 '은둔 왕국'과 로마 가톨릭 선교사들 간의 조우에 대해 연구할 것이다.
> (Ⅱ) 왜 로스가 한국 선교에 관심을 갖게 되었는가?
> (Ⅲ) 그의 2회의 '고려문'(the Korean Gate) 방문에 대한 언급
> (Ⅳ) 번역팀에 참여했던 한국인들에 대한 연구

(Ⅴ) "왜 로스가 신약을 한글로 번역하는 데 있어 중국문자인 한자를 사용하지 않고 토착문자인 한글을 사용했는가?"라는 질문에 대한 대답

(Ⅵ) 그가 중요한 결정을 한 후에 그의 번역팀의 활동에 대한 살핌

(Ⅶ) 그리고 마지막으로 만주 안팎에서의 성경의 출판

Ⅰ. 18~19세기 사회정치학적 배경

로스의 한국어 성경 번역을 살펴보기 전에, 한국의 17-19세기의 역사적, 사회-정치적 정황들과 로마천주교의 도입 역사에 대한 이해가 필요하다. 이것은 우리가 한국교회의 초기 단계에 있어서 로스의 성경번역과 그의 번역팀들의 중요성을 이해하는 데 도움을 줄 것이다. 먼저 우리는 어떻게 한국이 '은둔 국가'가 되었으며 결국에는 서양제국에 개방되었는가를 살펴볼 것이며 그 후에는 한국에의 천주교의 도입과 그 후의 박해에 대하여 스케치할 것이다. 그 후에 당시 한국정부의 내부적인 정치 갈등을 살펴 볼 것인바, 이러한 정치적 불안정으로 인해 많은 한국인들이 고향을 떠나 만주와 중국과 러시아 땅으로 '이민'을 갔음을 파악할 것이다. 그래서 로스는 만주에서 많은 한국인들을 당시에 만날 수 있었으며 그의 만주에서의 한국인들 속에서의 사역이 가능했던 것이다.

1. '은둔의 국가'

어떤 의미에서는 한국의 운명은 중국에서의 왕조들의[1] 흥기와 멸망에 의해 크게 영향을 받았다. 여기서 우리는 로스가 한국의 역사는 당 왕조 (618–907년)의 첫 황제가 한국인들(고구려인들)을 만주 밖 동쪽으로 내몰고 난 이래로 다소간에 중국의 영향과 지배하에 있게 되었다[2]고 관측한 것을 이해할 수 있다.

역사적으로 한국은 외국의 침략을 자주 받았다. 17세기에 이르기까지 중국과 일본은 한국을 빈번히 침략했다. 일본은 1592년과 1597년에 걸쳐 두 번 한국을 침탈했으며, 그 후 중국은 다시 1644년에 공식적으로 새로이 청 왕조(1644–1911년)를 수립하였고 중국전역을 장악하기 위하여 싸우고 있었던 만주족들에 의하여 한국은 침략을 받음으로 전쟁이 뒤따랐다. 그들은 첫 번째로 1627년에 그 후 10년 후에 재차 침략했다.[3] 이 두 차례의 외국의 침략으로 인해 한국의 통치자들은 다른 국가들로부터 한국을 고립시켰다. 이리하여 한국은 '은둔 국가'[4]라는 별명을 얻게 되었고 한국은 20세기 초까지 열강들의 지배로부터 자유로울 수 있었으며, '약소국가들의 일반적 운명에 대한 호기심어린 예외'(a curious exception)가 되었다.[5]

---

1) 주요 중국의 왕조들: 수 제국(581–618), 당 제국(618–907), 송 제국(960–1260), 명 제국(1368–1644), 청 제국(1644–1991).
2) Ross, *History of Corea*, p.276f. 제2장에서 언급했듯이, 한국역사에 대한 로스의 이해는 전적으로 만주 중심의 관점에 기초하고 있다.
3) 그 전에는 형제의 관계이었으나, 청에 굴복하고 난 이후에는 군신의 관계가 되었다. (김영덕, op.cit., p.156f.)
4) See, W. E. Griffis, *Corea, the Hermit Nation*; R. S. Maclay, "Korea's Permit to Christianity", (*MRW*, vol.9, N.S., No.8, Aug, 1895), p.287.

이러한 상황에서 은둔은 19세기 말까지 계속되었고 이때, 한국에 로마천주교가 소개되었다.6) 외국인이 보기에 설상가상으로 한국민은 부패와 반란의 형태로 자행된 내부적·정치적 투쟁들로 고통을 받고 있었다. 섭정 대원군이 이 기간 동안인 1864년에 권력을 잡았다.7) 이때는 서양 열강들이 아시아 국가들을 서서히 잠식하는 시기였다. 영국은 두 번의 아편전쟁과 1842년의 항구 조약들을 통하여 중국의 개방을 강요했고, 페리 제독은 군함을 이끌고 1854년에 일본에 입항하여 미국과 첫 번째 조약을 체결토록 강요했다. 1866년에는 러시아 군함이 한국의 항구도시인 원산에 출현하여 러시아 상인들의 무역과 거주의 자유를 요구했다. 한국의 조정이 무척 당황하여 러시아 세력을 저항하는 데 있어 한국에 거주하고 있는 프랑스 주교들의 협력으로 프랑스의 지원을 받는 것을 고려하기도 했으나, 러시아 함대가 자발적으로 물러나자 대원군은 태도를 돌변하여 로마천주교를 박해하는 법률을 시행했다. 그러한 것이 대원군이 직면한 내부적·정치적 갈등이었다. 1866년에 대학살이 자행되었고 두 명의 프랑스 주교와 7명의 천주교 선교사들이 수백 명의 한국인 천

---

5) Reinhold Niebuhr, *The Structure of Nations and Empires*(1959), p.166.
6) 천주교는 개신교보다 1세기 전에 한국에 소개되었다. 천주교는 한국 학자들에 의하여 소개되었다. 그들은 중국으로부터 수입된 로마천주교의 책을 읽음을 통해서 천주교를 배웠다. 그 책은 16세기와 17세기 초에 북경에 주재했던 예수회 선교사였던 마태오 리치가 저술한 천주실의였다. 한국의 학자였던 이승훈은 북경에서 최초로 회심하여 1784년에 세례를 받았다. See Joseph Chang-mun Kim and John Jae-sun Chung, ed., *Catholic Korea, Yesterday and Today*.
7) 대원군은 조선왕조(1392-1910)의 마지막 왕인 고종의 아버지였다. 고종은 12세인 1864년에 즉위했다. 이리하여 대원군은 섭정으로 1873년까지 통치했는데, 이 시기는 조정은 내부적 갈등에 휩싸여 있었다. 대원군은 조정 내에서의 여러 문제들은 직면하면서 서구 열강들과의 외교관계의 중요성을 보지 못함으로써 조선왕조를 비극적인 '쇄국정책'의 길로 인도했다. (유홍렬, *한국천주교회사* 제2권, pp.26-27, *HKC*(Ⅰ) pp.111-113.)

주교인들과 함께 체포되어 순교하였다.[8]

1866년 대학살 후에 프랑스의 동아시아 함대의 로즈 제독이 프랑스 신부들의 학살에 대한 문책을 위해 7척의 전함을 이끌고 입국함으로 전쟁이 일어났는데 40일 후에 로즈 제독과 그 전함들은 강화도를 포기할 수밖에 없었다. 한편 미국은 제너럴셔먼호 사건에 대해 문책하고 상업조약을 체결하기 위하여 수도 서울에 가까운 항구인 인천에 5척의 전함을 파견했다. 미군들은 프랑스가 패배했던 같은 섬인 강화도에 상륙했으나 소규모 전투 후에 중국에 있는 자신들의 기지로 돌아갔다. 두 외국의 침입을 성공적으로 막은 것에 고무되어 대원군은 "서양의 야만인들에 의해 침략을 받아 싸우지 않으면 재공격을 초청하는 것이니 이들과의 우호적 관계를 주창하는 자는 조국의 배신자들이다."라는 문구가 새겨진 돌비석(척화비)을 전국 각지에 세웠다.[9] 이리하여 외국인들과의 초기의 조우는 단지 한국의 외국인 혐오증을 강화하는 것을 도왔을 뿐만 아니라, 대원군의 전면적인 '고립정책'을 가져왔다.

2. 수교조약들

그러나 '은둔 왕국'은 끝까지 버틸 수는 없었다. 한국이 중국 외의 다른 국가들과 체결한 첫 번째 조약은 1876년 강화도에서 일본과 체결한 것이다.[10] 이것은 한국이 다른 국가들과의 공식적인 관계를 시작하는 신

---

8) 1866년의 박해에 대한 상세한 것은 See, Kim and Chung, ed., op. cit., pp.231–295.
9) 한우근, *한국사*(1970), p.365f.
10) 강화도조약이라는 불리는 이 조약은 1876년 2월에 조인되었는데, 한국은

호이었다. 한편, 로스는 이 소식에 고무되어 그것을 한국의 오랜 고립을 끊는 것으로 생각하여 고려문을 두 번째 방문하기로 결정했다. 그의 고려문에 대한 방문들에 대해서는 이 장의 후반부에서 상세하게 살필 것이다.

강화도 조약 후에 곧 한국은 미국과 1882년에, 영국과 1883년에, 러시아와 1884년에, 프랑스와 1886년에 수교조약을 체결했다. 이러한 외국과의 조약들은 한국이 일본만의 영향을 받게 되는 것을 원하지 않았기 때문이다.

3. 로마천주교의 한국 전래

위에서 보았듯이 19세기 말까지는 서양인들은 한국을 숨겨진 땅으로 간주하여 국제 무역항로에서 배제하였다. 폐쇄의 문이 단단히 잠겨 있어서 중국을 제외한 외국인들과의 어떠한 교역도 오랫동안 철저히 금지되었다. 그럼에도 불구하고 17세기 말에 이르러서는 용감한 로마천주교 선교사들이 한국에 침투하기 시작했다. 흥미로운 사실은 한국인들이 로마천주교 선교사들을 처음 접촉한 장소는 17세기 초에 한국이 아니라 중국이라는 것이다.[11] 그 당시 관습으로는 한국의 왕은 매년 연례특사로

이로써 자국의 3항구, 인천, 부산, 원산을 일본인들의 무역과 주거를 위해 개방하는 데 동의했다. 이것은 '은둔 왕국'으로서는 새로운 시대의 개막이었다. 이 조약 후에, 중국은 일본 군대가 북쪽으로 오는 것을 막기 위하여 한국으로 하여금 외국과 통상조약들을 맺도록 요청하여, 한국은 미국과 1882년, 영국과 1883년, 러시아와 독일과 1884년, 프랑스와 1886년에 조약을 체결했다.

11) Charles Dallet, *Historie de L'Eqlise de Coree*, vol.1, pp.20-34,

불린 수많은 고위 관리들을 중국의 황제에게 조공과 선물을 헌납하기 위해 북경으로 파견했다. 그 특사의 수행원들은 북경에서 마태오 리치와 그의 후임자들을 우연히 만났다.[12] 1631년 북경에서 한국으로 귀환하는 길에 정두원은 마태오 리치의 천주실의[13]를 포함하여 서양의 몇 가지 다른 산물들과 함께 많은 과학서적들과 한 쌍의 권총과 망원경을 휴대했다.

그 책들은 처음에는 별로 주목을 받지 못했는데, 한국정부는 새로운 종교에 대해 처음에는 별로 관심을 갖지 않았다. 정종은 "짐의 견해로는 우리 종교(新유교)의 밝은 빛으로 인하여 그러한 이설(異說, 천주교)은 스스로 왔다가 스스로 사라질 것임으로 그들의 책은 태워버리면 족하리로다."라고 말했다.[14] 1783년 겨울 이승훈(1756-1891년)은 연례 특사의 일원으로 북경에 가서 거기서 두 달 동안 체재하는 동안, 회심을 하고 세례를 받았다. 그에게는 베드로라는 이름이 주어졌는데, 이는 그가 한국에서의 로마천주교회의 초석이 되기를 희망했기 때문이었다.[15] 이승훈은 1784년 봄에 한국으로 돌아와서 열심을 다하여 로마천주교의 가르침들을 전파하기 시작했다. 조금씩 믿는 자들이 더해졌다. 서울에서도 숫자가 증가되었지만 지방에 더 많은 회심자들이 있었다. 이리하여 개신교 회심자들처럼, 첫 번째 한국의 천주교인은 한국이 아니라 중국에서 세례를 받았던 것이다.

---

quoted from Paik, *HPMK*, p.25.

12) M. N. Tropolle, "An Old Map and Its Story", *The Korean Magazine*, vol.2, No.9, pp.386-396.

13) Dallet, op.cit., p.11.

14) 정종, "정종실록", *조선왕조실록* 제6권, p.3.

15) Kim and Chung, op.cit., pp.17-18.

곧 박해가 시작되었고 천주교인들은 신앙을 저버리라는 명령을 받았다. 그리하지 않으면 죽임을 당했다. 그 당시 천주교인들이 직면했던 가장 큰 문제는 조상에 대한 제사로서 이는 로마천주교의 교리와 맞지 않는 것이었다. 조상숭배를 배척하는 것은 유교의 가르침에 명백히 반하는 것이었다. 그 결과로 이러한 회심자들은 한국정부로부터 끈질긴 박해를 받았다.[16] 한국정부는 천주교를 '하늘에 대한 막심한 거역'이라고 선언했다.[17] 그러나 계속된 박해에도 불구하고 천주교인들은 계속 증가했다.

1) 황사영 백서 사건(1801년)

앞에서 언급했듯이, 천주교 신부들이 조선(한국)에 도착하고 있을 때, 조선은 외국인들의 침략을 받는 가운데 있었다. 정부는 국가의 자존심을 지키기 위해 열심히 노력하고 있었는바, 외국적인 것의 분명한 상징인 천주교인들을 박해했던 것이다. 박해의 와중에, 역사적으로 중요한 사건인 황사영 백서 사건이 일어남으로써 천주교에 대한 정부의 태도는 악화되었다. 1801년의 박해 후에, 천주교 신자인 황사영은 북경에 있는 주교에게 장문의 편지를 보내 자세한 박해 내용을 설명하면서 정부가 천주교를 수용하도록 주교의 도움을 요청했다.[18] 이 편지를 정부는 더 심한 박해에 대한 정치적 구실로 삼았고 5백 명 이상이나 순교하는 결과

---

16) 1791년, 1801년, 1839년 및 1866-1873년의 무참한 일련의 박해들로 인해, 순교자의 숫자는 만 명에 가까웠다. (유홍렬, *한국천주교회사* 제1권, 35-37쪽.)

17) 전게서 522-524쪽. 전택부, *한국교회발전사*, pp.39-53.

18) 한국인들에게는 황사영 백서로 잘 알려진 이 편지는 하얀색 비단에 쓰였으며 총 13,311자의 글자로 구성되었다. 이것은 현재 로마천주교의 문서저장고에 보관되어 있다. 황의 제안 중 하나는 프랑스 군대의 도움을 얻어 단지 종교의 자유를 얻고자 하는 것이었다. 그러나 한국정부는 그 편지를 천주교회가 서구 열강의 대리인으로서 한국을 교란하고 있다는 확실한 증거로 해석하기를 주저하지 않았다. (유홍렬, 전게서 542-545쪽.)

를 낳았다. 이리하여 1886년에 조선과 프랑스 간의 조약에 의해 종교적
자유를 얻기까지 1세기 동안 조선의 천주교인들은 계속적으로 고난과
체포와 순교를 당했다.

한국에서의 천주교는 개신교의 전래에 있어 중요한 역할을 한다. 만주
에 있던 로스의 동료 선교사이었던 윌리엄슨은 한국의 천주교인들에 대
한 박해의 소식을 듣고 토마스를 한국에 가도록 용기를 주었다. 토마스
는 순교하기 전에 한국인들에게 중국어 성경을 배포했다. 로스는 후에
이 이야기에 감동을 받아 조선문을 방문하기로 결정했다. 마지막으로 후
에 살피겠지만, 한국에 살았던 프랑스 신부들이 편찬한 한-불 사전은 로
스가 신약을 한국어로 번역하는 데 있어 아주 값진 도구임이 판명되었다.

4. 한국인의 만주에로의 이민

외세의 잦은 침략들로 피폐해진 조선 왕조는 안정된 정부를 유지할
수 없었으며 봉건제도를 계속 실시했다. 내부적 갈등은 중앙의 정치권력
을 획득하고자 투쟁하는 모든 당파들에 의해 악화되었다. 이러한 갈등은
왕권을 크게 약화시켜 국가의 최고 권력은 '양반'이라는 귀족 계급들 중
누가 지배권을 가지든 그 지배권을 가진 가문에 이전되었다.[19] 게다가
탐관오리들의 부패와 가렴주구, 뇌물, 매관매직이 성행했다. '양반'들 간
의 당파들은 자신들의 권력과 부만을 위해 싸울 뿐, 사회 전반의 선은

---

19) 유교의 심대한 영향을 받은 조선의 계급제도는 19세기 후반까지 조선의 사
    회-정치적 체제이었던바, 이후의 '한글' 부분에서 자세히 언급될 것이다.
    양반은 조선 계급사회의 최상층으로서 양반은 문자적으로는 '두 개의 반열'
    을 의미하는데 문관(동반)과 무관(서반)으로 이루어졌다.

무시하는 것처럼 보였다. 반면, '실학운동'은[20] 모든 이들의 선을 위하여 조선 사회를 개혁하는 일에 헌신했다. 그러나 이들의 노력에도 불구하고 '양반' 계급의 부패가 너무나 심해서 구제불능이었다. 설상가상으로 홍수와 기근이 반복되어 백성들을 유랑민으로 만들었다. 이러한 상황에서 가장 크게 고통을 당하는 그룹은 농민들이었다. 이 결과로 전국에서 농민 반란들이 일어났다.[21] 수많은 농민들이 국경 너머 만주와 러시아 땅으로 도망을 간 것은 놀랄 일이 아니다. 유명한 한국사학자 이기백은 한국인들의 만주에로의 이민은 그들의 항의 방식이었다고 주장한다.[22] 그러나 저자는 이 사람들은 단지 기근과 가난으로 조국으로부터 내쫓김을 당하여 새로운 삶을 찾고 있었을 뿐이라고 주장한다.

대원군이 집권했을 때, 그는 상류 계급들의 부패를 너무나 잘 알고 있었기에 즉각 정치제도의 개혁에 착수했다. 그가 대중들뿐만 아니라 귀족들로부터도 심한 반대를 받았다는 것은 놀랄 일이 아니다. '고립정책'도 그 나름의 도피방법으로서 대중의 분노를 외국인들에게 향하게 함으로써 자신의 입지를 추구할 수 있었다.

---

20) 실학운동은 예수회와 천주교 신부들을 통하여 소개된 서구의 문화를 연구했던 일단의 학자들에 의하여 17세기 초에 시작되었는데, 실학은 문자적으로는 '실제적인 사고방식'을 의미한다. 실학운동의 신봉자들은 유교의 사고방식은 사회적으로 혜택을 주고 있지 못하며 실제적 적용이 없다면 결국 아무 결과도 낳지 못한다고 믿었다. 그들은 당대의 사회-정치적 체제의 개혁을 추구했다. 실학운동의 신봉자 중 많은 이들이 서구식 사고에 개방적이었으면 종종 천주교인이 되었다. 천주교는 오랫동안 신학(새로운 학문), 서학(서구 학문) 내지는 천주학으로 알려졌었다. 예를 들면, 저명한 학자인 정약용(1762-1836)은 *주교요지*라는 교리문답서를 저술했다. (유홍렬 전게서, 141쪽 이하.)

21) 김용덕, "*이씨 조선*"(서울: 학원사, 1960), pp.67-70.

22) 이기백, *A, New History of Korea*, trns. by Edward W. Wagner with EdwadJ. Shultz(서울: 일조각, 1991), pp.234-24.

최초의 기독교인 공동체들은 후에 이러한 한국인들 가운데 만주에서 형성되었다. 제4장에서 보겠지만, 로스는 만주에 있는 한국인들의 마을에 대해 잘 알고 있었으며 종종 그들을 방문했다. 만주에 그렇게 많은 한국인들이 있었기에 로스가 만주에 있는 한국인들 가운데 사역하는 것이 가능했다.

II. 한국인들을 향한 로스의 동기

제2장에서 우리는 로스가 만주로 파송되었을 때, 그 마음속에 있었던 사역지는 중국이라는 것을 증명했다. 그러나 자기도 거의 모르게, 그는 한국장로교회의 초기 단계에 영향을 미친 가장 중요한 인물들 중의 하나가 되었다. 그러므로 우리는, 로스의 한국인들에 대한 관심과 염려는 어디서부터 왔는가를 묻게 된다. 만주에 있는 한국인들에 대한 그의 간절한 사역의 뒤에 있는 동기를 아는 것은 두 가지 분명한 장점을 갖는다. 첫째, 우리는 그의 선교방법과 그 기원에 대한 보다 넓은 이해를 하게 된다. 우리는 앞 장에서 로스가 이미 토착 전도인들을 훈련하고 있었으며 중국인 기독교인들을 성경과 복음으로 무장시키고 있는 것을 보았다. 그리고 그가 윌리엄슨으로부터 들은 이야기들을 통하여 로스는 한국의 고립정책과 천주교인들에 대한 심한 박해에 대해 알고 있었다는 것도 보았다. 이러한 상황들하에서 로스는 토착인에 의한 복음화 방법을 다시 채택할 최상의 기회를 발견할 수 있었을 것이다. 둘째, 한국인 번역팀에 대한 로스의 사역과 그 동기를 연구하는 과정에서 우리는 누가

최초의 한국인 장로교인들이었으며 최초로 세례를 받은 한국인들이었는
가를 분명하게 알게 될 것이다. 마지막으로 우리는 로스의 안식년 기간
동안 사실상 번역 작업을 계속한 매킨타이어가 번역팀에 합세하기로 결
정한 뒤에 있는 이유를 살펴볼 수 있을 것이다.

1. 토마스의 순교

한국인들에 대한 로스의 관심은 먼저 그가 윌리엄슨으로부터 한국에서
의 토마스의 순교에 대한 이야기를 들었을 때 생겼다. 앞서 보았듯이 한
국에서의 천주교인들에 대한 박해는 극심했다. 1866년에 두 명의 한국
인 천주교인이 박해를 피하기 위하여 산동반도로 건너가는 모험을 했으
며, 이러한 한국인 피난민들이 윌리엄슨에게 소개되어 체푸에 체류하게
되었다.23) 윌리엄슨은 이들을 통하여 한국에서의 로마천주교의 상태에
대해 많이 알게 되었고 그는 그 당시 그 항구에 있었던 로버트 토마스
와 이 정보를 나누었다.24) 두 사람은 한국의 천주교인들은 성경에 대해

---

23) *ARNBSS* for 1885, pp.35-37.
24) 로버트 토마스(1840-1866)는 한국 기독교인들에게 최초의 개신교 순교자로
잘 알려져 있다. 흥미롭게도 토마스는 오랫동안 한국교회사가들에게는 스코
틀랜드의 선교사로 알려졌다. 그 이유는 백낙준 박사 자신의 저서 *HPMK*
에서 토마스를 스코틀랜드인으로 잘못 추정했기 때문이었다. (Paik, op.cit.,
42-45.) 사실 토마스는 1840년 9월 7일에 웨일즈의 Rhayader, Radnoshire
에서 출생했다. 1863년에 그는 런던선교사회의 소속으로 중국 선교사로 임
명되어 다음 해에 상해에 도착했다. (More details, see, Goh, Moo-song,
*Western and Asian Portrayals of Robert Jeremiah Thomas(1839-
1866), Pioneer Protestant Missionary to Korea, A Historical Study of
an East-West Encounter Through His Mission*, pp.113-155, 민경배
전게서 139-144쪽.)

무지하다는 것을 알게 되었고, 윌리엄슨은 토마스에게 이 두 명의 한국인과 함께 한국으로 갈 것을 제안했다. "그 한국인들은 토마스의 안내인이 되기로 동의했고 선장은 그를 승객으로 맞는 것을 승낙했다."[25] NBSS로부터 약간의 지원을 받은 후에 토마스는 1865년에 최초로 한국으로 항해했다. 3달간 지속된 그의 첫 방문 동안,[26] 그는 가지고 있던 서적들과 중국어 성경을 배포했으며 한국인들은 국가정책으로 인한 참형의 위험을 무릅 쓰고 그것들을 받았다. 토마스가 한국을 두 번째 방문할 때는 체푸에서 미국 상선 제너럴셔먼호로 항해했다.[27] 성서공회의 대리인인 토마스로서는 이 두 번째 여행은 중국어 성경을 배포하기 위한 것이었다.[28] 1866년 8월 말에 그 배는 한국의 서북부에 있는 대동강으로 들어갔고 선장은 무역을 요청했으나 거절당했다. 경고에도 불구하고 그 배는 북한의 평안도의 중심도시인 평양 가까이에서 진흙 속에 갇힐 때까지 강을 거슬러 항해했다. 그리고는 전투가 벌어져 배는 크게 파손되고 모든 승선자들은 도륙을 당하는 결과를 낳았다. 토마스는 사망 전에 자신을 공격하는 자들에게 중국어 성경을 주겠다고 한 것으로 전해진다.[29]

---

25) *ARNBSS* for 1885, p.36.
26) 전게서 141쪽. See, *The Missionary Magazine and Chronicle*(July 1866), pp.200-201.
27) James S. Gale, '*the Fate of the General Sherman*', (The Korean Repository, July 1895), pp.252-254.
28) ARNBSS for 1865, pp.35-37. 대부분의 학자들은 토마스가 통역사 겸 항해사로서 제너럴셔먼호에 승선하고 있었다는 데에 동의한다. (민경배, 전게서, 104쪽.) 이 견해는 그 전에 프랑스 원정대를 위한 통역사 겸 항해사로 역할을 해 줄 것을 프랑스 대사가 요청했다는 사실에 의해 뒷받침되고 있다. (고무성, 전게서, 122-123쪽.) 한국의 교회사들 중 한 사람인 김광수는 심지어 로스가 토마스의 뒤를 잇기를 원하여 체푸에서 잉코우로 이동했다고까지 주장한다. 김광수, *한국기독교인물사*, 18-20쪽.
29) 이에 관한 자세한 내용을 위해서는 고무송, 전게논문을 보라.

이것은 그 당시 NBSS의 대리인으로 사역하고 있던 윌리엄슨이 이후에 로스에게 이야기하여 로스의 한국민에 대한 관심을 자극했던 바로그 이야기이다.[30)]

이에 비추어, 우리는 윌리엄슨이 (1) 비록 그 당시 한국에 어떠한 개신교 선교사도 체재하고 있지 않음에도 불구하고 토마스에게 한국에 갈것을 요청하고, (2) 이 이야기를 로스에게 하였을 때, 복음화된 한국에 대한 비전을 가졌다고 추측한다. 우리는 또한 이 점으로부터 로스가 어떤 형태로든 한국을 위한 사역의 가능성을 고려하기 시작하였고 종내에는 고려문에 대한 방문을 하게 되었다고 주장한다.

제너럴셔먼호에 타고 있었던 사람들이 대부분 미국인이었기 때문에,[31)] 이는 미국인들에게 한국정부에 대해 미국에 항구들을 개방하라고 강요하는 구실이 되었다.[32)] 따라서 우리는 토마스의 두 번째 방문과 그의 순교가 아무런 가시적 성과가 없는 것으로 보였을지라도 그 후에 많은 미국인 선교사들이 한국으로 오는 것을 허용함으로써 복음을 확산하는 일에 도움을 주었다고 추론할 수 있다. 더욱이, 평양에 갔던 장로교 개척선교사이었던 Samuel Moffet은 토마스로부터 중국어 신약성경을 받았던 사람을 확인했다.[33)]

---

30) John Ross, "Visit to the Corean Gate", *CRMJ*, Nov, Dec.1875, pp.471 -472.
31) 그러나 한국 역사가들의 기록(일성록, 1866년 7월 15일)에 의하면, 선원들의 대다수가 미국인이 아니었다. G. Hogarth와 토마스를 포함하여 아마도 서구인들은 5명이었고, 선원 총원 24명의 나머지는 아시아나 아프리카 출신이었다. (고무송, 전게논문 133-134쪽.)
32) 한-미 간의 우호 통상조약은 1882년 5월 22일에 체결되었다.
33) Samuel A. Moffet, "Early Days in Pyongyang", (*KMK*, vol.21, No.3 March 1925), p.54. Quoted from Paik, p.45. 그러나 많은 한국교회사가

한편 로스는 만주에서 한국이 서방국가들에 개방되는 최초의 신호들을 관측하고 있었다. 그는 한국은 외국 선교사들이 목적지로 하기에는 특별히 어려운 것을 알았다. 사실 1876년에 중국에는 약 30개의 선교단체에서 305명의 외국인 선교사들이 있었으나, 한국에는 단 한 명의 개신교 선교사도 정착하지 않았다.[34] 그렇기에 로스는 금지된 미지의 땅에 대해 더욱 호기심을 갖게 되었고, 로스는 개척 정신을 소유한 사람이었기에 그 나라에 관하여 열심히 배울 뿐만 아니라 그 나라를 위하여 무엇인가를 하고자 했다고 추측하게 된다.[35] 그러므로 우리는 한국인들을 만나고자 한 그의 갈망은 그가 한국을 특별히 폐쇄된 국가로 알게 된 것과 깊은 관련성이 있음을 이해하게 된다.

Ⅲ. 한국인들과의 첫 조우

1. 1874년 로스의 첫 번째 고려문[36] 방문

우리는 로스가 아내를 잃은 후에도 인내로써 만주 각지를 순회한 것

들은 이제는 이것이 꾸며진 이야기로 믿고 있다.

34) Ross, "The Protestant Mission Forces in China", *MRW*, 1876, No.3.
35) Choi, op.cit., p.86.
36) 고려문(중국어로는 'Funghwang')은 한-중 국경에 위치한 한-중 무역의 중심지이었다. 고려문은 1년(음력)에 네 차례 5-6월, 8월, 9-10월, 12월에 개방되었다. (John Ross, "Visit to the Corean Gate", *CRMJ*, Nov. Dec., 1875, p.472.)

을 보았다. 로스는 한국인들을 만날 수 있는 유일한 장소는 한국인 상인들이 중국인들과 무역한 고려문인 것을 알았다. 앞에서 보았듯이, 한국은 이때까지 철저한 고립 상태에 있었기 때문에 1876년에 일본과 조약을 체결하기까지는 고려문은 외부세계와의 유일한 출입구이었다. 사실 로스가 한국 선교를 시작하게 된 것은 그의 첫 '고려문' 방문으로부터이다. 로스에게는 하나의 통상적인 선교 여행이었는지 모르지만, 역사가들에게는 그것은 한국교회사에 있어서 가장 의미가 있는 날들 중의 하나이다. 1874년 10월에[37] 로스는 잉코우[38]로부터 동쪽으로 7일 여행한 후에 고려문에 도착했다. 다음 기사는 고려문을 방문한 로스의 의도를 잘 설명해 준다. 우리는 그가 한국인들을 만나기 전에 이미 한국의 역사와 문화에 대한 폭넓은 지식을 가졌다고도 추론할 수 있다.

1873년(1874년) 10월 어느 화창한 날 오후에 나는 만주의 Newchwang을 출발하여 소위 고려문을 방문하기 위하여 동쪽으로 갔다. *이 여행을 촉발시킨 것은 선교사의 관점에서 동부 만주인들의 성격을 확인함과 아울러 미지의 사람들과 나 자신이 알고자 하는 열망이었다.* …거기에 있는 한국인들, 즉 관리들, 상인들과 종들의 대부분은 다소간에 '만다린'이라 불리는 중국어를 구사할 수 있었기에 나는 그들과 쉽게 대화할 수 있었다. 한국인들의 호기심은 중국인들의 호기심보다 컸고, 그들은 그것을 어린아

---

37) 로스가 고려문에 도착한 것이 1873년인가 1874년인가에 대하여 논란이 있다. 그 이유는 이 여행에 관한 로스 자신의 기록이 모순되고 있기 때문이다. 1875년의 글(Ross, "Visit to the Corean Gate", *CRMJ, No.5*, Nov. Dec., 1875, pp.471−472.)에는 이 방문이 1874년에 있었다고 기술하지만 (저자는 이것이 옳다고 주장한다), 방문 후 10년에는 1873년이라고 기술하고 있기 때문이다. 또한 그는 1890년의 논문에도 (저자의 생각에는) 잘못된 연도를 기술하고 있다. (CVNT(1), UPM for 1883, pp.166−69, 204−209)

38) 잉코우는 한국어로 '우장'으로 언급이 되어 있는바, 목단은 '심양' 내지는 '봉천'으로도 알려져 있다.

이들처럼 즐겁게 나타내었다. 그러나 어느 정도 사귄 후에 *내가 그들의 나라와 제도와 법률과 관습과 언어에 대한 나의 호기심을 표현하기 시작하자 그들은 귀머거리처럼 되었다. …이리하여 이 방문은 사실상 폐기되었다(thrown away).* 비록 그 '문'을 떠나기 전에 한 중국인을 통해서 비싼 값을 주고 6권의 필사본 한국어 책―역사소설―을 구입했는데, 이들은 두고두고 유용했다. *그러나 나는 사람과 언어에 대해 더 배우기로 결심했다.* 비록 그때는 어떠한 돈도 한국인을 나의 교사가 되게 유인할 수는 없었겠지만.[39)]

로스는 고려문에 대한 그의 방문이 한국을 '선교사의 관점에서' 조사하기 위함임을 분명히 진술한다.[40)] 상기 기사로부터 그의 선교학적 목표들을 다음과 같이 요약할 수 있다. 첫째, 그는 간도 지역의 특징들을 직접 눈으로 확인하기 원했다. 둘째, 그는 '미지의 사람들'인 한국인들에 대한 지식을 넓히기를 원했다. 그는 그들의 나라와 제도와 법률과 관습과 언어에 대한 자신의 호기심을 만족시키기 원했다. 로스는 '미전도 종족'에 대해 강력한 관심을 표현하기를 원했던 것이 분명하다.[41)] 셋째, 로스는 이 방문을 통하여 한국어 언어교사를 발견하고자 했다.

그러나 그의 고려문 방문은 그의 기대에 비추어는 성공이 아니었다. 그는 자신의 두 번째 및 세 번째 목표들이 달성되지 않았던 사실에 한탄하면서 그 방문이 사실상 '폐기된' 것으로 서술할 정도였다. 우리는 로스가 한국어 선생을 발견하지 못한 것에 대해 특별히 실망하였다고 생각된다. 그러나 로스는 포기하지 않았다. 그는 '사람과 언어에 대해 더

---

39) Ross, CVNT(1), pp.165-169, emphases added.
40) Ross, CVNT(1), *UPM* for 1883, p.166.
41) Orr James, "The Gospel in Corea: Notes of an address by the Rev. John Ross", *MRUPC* for 1890, p.186.

· 알기를' 원했고, '보다 우호적인 때'에 다시 방문하기로 하였다.[42]

외견으로 실망스러운 결과들에도 불구하고 우리는 이 방문이 한국인들에 대한 그의 사역을 위하여 세 가지 특징적인 방법으로 도움을 주었다고 주장한다. 첫째, 로스는 고려문의 지리적 전략적 거점으로서의 중요성을 직접 확인할 수 있었다. 둘째, 로스는 약간의 중국어 복음서와 전도지들을 한국인들에게 배포할 수 있었다.[43] 우리는 이것들을 받았던 한국인들 중의 한 명은 의주[44]에서 온 상인으로 이것들을 후에 로스의 번역팀에 합류한 자신의 아들인 백홍준에게 건네주었던 것을 발견한다.[45] 마지막으로 이 방문을 통하여 로스는 약간의 한국어 책들을 구입할 수 있었다. 그는 이 책들을 읽음으로 한국에 관한 많은 정보를 얻을 수 있었으며, 그의 두 번째 방문 때(1876년), 자신의 *한국어 입문서*와 *한국의 역사*를 저술하기 위한 1차 자료로서 유용한 것이 증명된 한국어 책들을 더 많이 얻을 수 있었다는 것을 우리는 알게 된다.

---

42) Ross, *MRUPC* for 1875, p.472.
43) 로스가 가지고 간 전도문서들 중의 하나는 *Peep of Day*이었다. 제1장에서 보았듯이 이 책은 윌리엄 번즈가 중국어로 번역한 것이었는데 중국인들에게는 정도계명(正道啓明)으로 알려져 있었다. 이 책은 한국뿐만 아니라 중국의 초기 복음화를 위하여 아주 중요했다. (*CRMJ*, May, June 1877, p.217f.)
44) 의주는 한-중 국경에 위치한 도시로 그 시민들의 대다수는 중국어 교육을 잘 받은 '독립심이 강한 중류층'이었다. 게다가, 이들의 대다수는 서구의 문화에 대해 아주 개방적이었으며 개혁의 필요성을 분명히 보았다. 우리는 로스 번역팀의 대다수가 실제로 의주에서 성장했음을 알게 될 것이다. *HKC*, p.143.
45) Ross, "Visit to the Corean Gate", p.472.

2. 1876년 로스의 두 번째 고려문 방문

로스는 고려문을 방문할 두 번째 기회를 찾고 있는 동안, 강화도 조약(1876년 3월)의 소식을 듣게 되었다. 로스에게는 이것은 한국이 외부세계에 개방되는 분명한 신호였기에 그는 그해 4월에 두 번째 고려문 방문 길에 올랐다.[46) 이 방문의 궁극적 목적은 로스가 한국어 교사를 발견하는 것임이 분명하다. 우리는 로스가 복음이 한국에서 번영하는 것을 예견할 수 있었기에 이미 성경을 한국어로 번역할 마음을 가졌다고 주장한다.[47) 지금까지 일부 한국교회사가들 간에는 고려문에서 로스가 발견한 최초의 한국어 교사가 누구였는가에 대해 의견을 달리한다. 그러므로 우리는, 로스가 어떻게 고려문에서 한국어 교사를 찾았는지 자세하게 살펴볼 것이다.

그의 두 번째 방문을 조사하기 전에, 두 가지를 확실히 할 필요가 있는데, 첫째는 로스가 한국어 교사를 발견하고자 하는 과정에서 겪었던 어려움을 이해할 필요가 있으며, 둘째는 그가 어려움을 극복한 방법들을 알아볼 것이다. 로스가 한 명의 한국인을 찾아내는 데 있어서의 엄청난 장애들 중의 하나는 한국정부의 확고한 고립주의였다. 앞에서 보았듯이 1870년대의 대원군의 집권 기간 동안, 한국은 고립주의로 악명이 높았고 로스는 이 사실을 이미 알고 있었다.

철저한 전제주의 한국정부는 수백 년 동안 국경 건너 자국민의 유출과

---

46) 로스는 이때, 선교사를 잘 후원하는 신사로 알려진 Leeds의 Robert Arthington이라는 재정후원자를 갖고 있었다. (*UPMR*, Jan., 1, p.355.)
47) *HKBS*, pp.35－36.

모든 외국인―중국인을 포함하여―의 유입을 철저하게 통제하는 법률들을 만들어 시행하였으며, '외국인'을 이롭게 하는 반역자에게는 단 하나의 형벌이 부과되었는데 그것은 사형이었다.[48]

또 다른 어려움은 한국인을 찾는 사람이 로스 혼자만이 아니었다는 사실이다. 한국인의 근면성과 성실성을 잘 알고 있던 중국 사람들도 그러한 한국인을 찾고 있었던 것이다. 중국인들은 '자유 무역'을 요구하였는데, 이는 중국인들보다 훨씬 저임이지만 근면한 한국인 노동자는 그 지방에서 귀한 재산이 되기 때문이었다. 한국정부는 중국정부의 이러한 요청을 거절해 왔다.[49] 그러기에 우리는 로스가 "심지어 최하위 계급 중에서 한 명의 한국인을 확보하는 것의 어려움"을 진술했을 때, 그를 이해할 수 있다.

그렇다면 로스는 어떻게 이 어려움을 극복했는가? 재미있는 것은 기술적으로는(technically) 로스의 첫 한국어 교사(?)가 그의 첫 번째 고려문 방문을 마치고 귀가한 지 6개월 후에 만난 어떤 한국인 소년이었다는 것이다.[50] 로스는 이 소년에 대해 상세하게 기술한다.

그는 어렸을 때에 집에서 도망쳐 나왔고 11년 동안 한국어는 한 마디도 말하지 않았다. 따라서 그는 모국어를 잊어버렸지만, 그 머리의 정수리

---

48) Ross, CVNT(2), *UPMR*, May 1, 1883, pp.206–207. 선교전략가로서 로스는 한국의 국제관계를 이해했다. 엄격한 정책에 대하여 로스는 다음과 같이 첨가했다. 외국인과의 접촉을 금지하는 법률은 언제나 엄격했지만―프랑스와 미국의 침입을 격퇴한 후로는, 대원군이 더 엄격한 법령을 반포했다. 이리하여 정보나 서비스를 입수하는 데 어려움이 있다. (John Ross, CDK, p.242.)
49) CVNT(2), p.206.
50) Ibid.

에 있는 둥글게 탄 표시와 에프(f) 발음을 못 하는 것, 옷 입은 모양이나 헤어스타일이 영락없는 한국인임을 증명했다. 그가 선교센터에 수일을 체류한 후에야 약간의 한국말을 기억해 낼 수 있었다. 그리고 그가 몇 개의 단어들을 반복하였을 때도 그 정확성을 확신하지 못했다. 마침내 그는 어릴 때의 기억들을 더듬어 한국어 자모의 몇 개를 기억해 냈는데 자기가 믿기로는 정확하다고 했다.[51]

이 소년은 수행원이자 언어교사로서 로스가 고려문을 두 번째 방문하는 데 있어 꼭 필요한 사람이 되었다. 어떤 한국인들도 외국인과 대화하지 않으려는 것을 잘 알고 있는 로스로서는 그 소년을 중국인 옷을 입혀 한국인들을 찾아 나섰다. 어떤 외국인이 자원하는 한국어 교사를 찾고 있다는 뉴스를 전파하도록 보냈다. 이 기간 동안 로스의 한국인 수행원은 한국어를 잘하는 사람을 만나면 Newchwang에 같이 가도록 재주껏 노력했지만, 아무도 발견하지 못한 채 2주가 지나갔다.[52] 로스는 당시 그 소년으로부터라도 한글을 배우기를 원하였다는 사실로부터 우리는 한국인에 대한 로스의 관심이 참으로 대단하였다고 주장할 수 있다. 이 주장은 로스가 고려문을 방문한 5일간의 짧은 기간 동안에도 한국어를 조금이라도 더 배우고자 노력했다는 것을 볼 때, 더 설득력을 가진다.[53] 6년 후에, 로스는 그의 고려문에 대한 두 번째 방문 시에 일어났던 일에 대해 재미있는 이야기를 한다.

어느 날, 나는 연필과 종이를 꺼내어 내가 배웠던 한글 알파벳 몇 개를 적어 그 종이를 어떤 한국인에게 주어 그에게 이것이 무엇인지 아는지 물었는데, 그 한국인은 조금 전에는 중국어 외에는 어떤 말도 모른다고 강

---

51) Ibid.
52) Ross, CVNT(2), p.207.
53) *HKBS*, pp.31−32.

하게 부인했던 자였다. 그는 놀란 눈으로 '이것들은 우리의 문자이다. 당신이 어떻게 이것들을 알게 되었느냐?'라고 말했다. 내가 몇 개의 알파벳을 아는 것을 본 그는 내가 모든 알파벳을 아는 것을 당연한 것처럼 생각했던 것처럼 보였고 전에 연필을 본 적이 없음으로 사용을 허락하도록 요청했다. 내가 연필과 종이를 건네주자 그는 약간의 문장을 쓴 후에는 종이를 버려버리고 연필은 내게 돌려주었다. 비록 나는 그 문장들을 읽을 수 없었지만, 그 문장이 한문이 아닌 것은 알았기에 그때 내 방에 있던 사람들은 다 나가고 다른 사람들이 들어올 때까지 소중히 간직했는데, 그것은 그들이 거의 종일 왔다 갔다 했기 때문이다. 새로운 사람들 중 한 명과 약간의 대화를 한 후에 그 종이를 내밀면서 그에게 읽을 수 있는지를 물었다. 그는 '이는 우리글이다'라고 대답하면서 읽었기에 나는 그 발음들을 적었다. 이러한 방식으로 어떤 이들에게는 쓰게 하고 어떤 이들에게는 읽게 하여 나는 곧 그 알파벳과 친숙하게 되었다.[54]

1) 로스의 첫 번째 한국어 교사: 이응찬?

그렇다면 로스의 첫 번째 언어 교사는 누구이며, 로스는 그를 어떻게 발견했는가? 로스는 자신의 글 "신약성경의 한국어판: 어떻게 만들어졌나"(파트 II)에서 고려문에 대한 두 번째 방문에 대한 자세한 기술을 하고 있다. 우리는 로스가 사실은 이 방문에서 상당히 조기에 언어 교사를 발견한 것을 알게 될 것이다. 로스는 자연 재앙으로 인한 파산으로 고통당하고 있었던 이 사람에게 두 달치의 월급을 선불했다. 그러나 그가 외국인을 돕는 동안 체포되는 것에 대한 공포가 너무 커서 그들이 함께 여행을 하는 동안에 그가 사라져버린 것을 우리는 알게 되는데 로스의 실망은 말할 필요도 없다.

내가 언어교사를 발견하는 일이 가망이 없는 것으로 생각하기 시작했을

---

54) Ross, op.cit.

때, 어떤 상인의 파산으로 인해 언어교사를 얻게 되었다. 그는 자신의 전 재산을 털어 고려문에 가져갈 물건들을 배들에 실었는데, 배들이 강을 건너는 동안, 강한 바람이 불어 그의 전 재산인 소가죽들이 바다에 빠져버렸다. 그는 파산자가 되었고, 그러한 경우에 구제하는 파산법이 없었기 때문에 그는 무엇이든지 하려고 하였다. 그는 자신의 동료들이 모두 잠든 후인 밤 10시에 내 숙소로 왔는데, 합의가 이루어진 후, 그는 가난하게 된 그의 고향의 가족들에게 보낼 두 달치의 월급을 받아 다음 날 아침 나를 서쪽으로 상당히 떨어진 여관에서 만나기로 하고 돌아갔다. 시선을 피하기 위하여 그는 자기 옷은 나에게 주고 대신 나의 중국인 수행원의 옷으로 갈아입었다. 그가 나의 여행 마차에 동승하였기에 나는 많은 한국어 문장들을 받아쓸 수 있었다. 그가 얼마나 나와 함께 있을지 불확실했다. 그는 나에게 한글 자모에 대한 완벽한 리스트도 순서와 발음대로 적어 주었다. …그러나 그의 두려움이 일요일 밤과 월요일 아침 사이에 극대화되어 그는 고향으로 돌아가는 길을 찾기 위해 사라져버렸다. 그의 두려움이 매일 커지고 있는 것을 보았기에 비록 마음은 쓰라리고 실망스러웠지만, 이 나의 소망이 사라지는 것에 대해 준비가 없지는 않았다.[55]

로스가 언어교사를 찾는 일을 거의 포기했을 때, 이응찬과의 만남이 마침내 이루어졌다. 이응찬은 후에 로스의 번역팀의 핵심팀원이 되었고 로스가 요한복음과 마가복음을 한국어로 번역하는 것을 이응찬과 함께 완성했다. 이런 사실은 모든 한국의 사료들과 일치하며, 한국교회사가들이 그렇게 인정하고 있다. 이응찬과의 만남에 대해 로스는 아래와 같이 말한다.

마침내 나의 노력이 보답이 되어 이응찬이 와서 수개월 동안 체류하였다. 그가 일할 수 있는 기간이 아주 불안정한 것을 알기에 아무런 제한 없이 그를 고용했다. 그를 통하여 나는 다른 유용한 작업 외에 요한복음

---

55) CVNT(2), pp.207−208.

과 마가복음을 차례로 번역할 수 있었다. 그는 중국어에 대한 상당한 지식을 갖고 있었기에 성경의 중국어 번역본들을 구어와 문어의 형태로 이용할 수 있었다.56)

로스가 이 사건을 '나의 노력에 대한 보답'이라고 기술한 것으로 보아, 우리는 파산한 상인에 대한 그의 첫 실패로 인해 언어교사를 발견한 흥분이 대단했던 것을 알 수 있다. 그러나 이 사건에 있어 한국교회 역사의 해석에 있어 오해가 있었던 것처럼 보인다. 최근까지 '배가 전복되어 자신의 전 재산인 소가죽을 상실한' 사람이 로스의 번역사업을 계속 도왔던 사람과 같은 사람인 이응찬이었다고 주장되어 왔다.57)

최성일 박사는 심지어 상기 두 개의 별도의 사건들은 "하나의 사건에 대한 두 개의 다른 이야기들을 반영하고 있음에 틀림없다."라고 주장하는 데까지 나아간다.58) 그의 주장이 어떤 '확고한 역사적 증거'에 근거하고 있지 않은 것은 분명하다. 그렇지만, 로스의 번역팀에 있던 한국인들이 구체적으로 누구이었는가를 아는 것은 어려운 일이라고 말할 수밖에 없다. 이 기사들을 통해서 보았듯이, 이것은 로스나 매킨타이어가 한국인들을 언급할 때, 어떠한 실제 이름들도 언급하지 않은 사실에 원인이 있다. 이들은 한국인들을 언급할 때, 성(姓)을 거의 사용하지 않았고,

---

56) CVNT(2), pp.208. (*HKBS*, p.37.)
57) 로스의 성경번역사역을 광범위하게 연구한 최성일 역시 이 잘못된 견해를 취했다. (Choi, *JRKPC*, pp.89-90.) 사실 대부분의 한국교회사가들은 이 견해를 취한다. 이덕주, *초대한국교회사*, 331쪽, Grayson, *JRKFM*, p.32, 그러나 이만열 교수는 자신의 *대한성서공회역사*(HKBS)에서 이 결함을 발견하고서는 그 원인을 *KMF*(주한 미국 선교사들에 의해 자신들을 위하여 출판된 잡지)가 로스의 CDK 재출판하는 과정에서의 오류라고 1937년에 지적하였다.(see, (vol.33, Jul., 1937, pp.134-139) HKBS, p36)
58) Choi, *JRKPC*, p.91.

한국에는 제한된 수의 성이 있기 때문에 이것들도 그리 도움이 되지 못한다.

1877년 이응찬과 동행하는 수개월 동안, 로스는 성경을 한국어로 번역하는 일을 시작할 수 있었을 뿐만 아니라 *한국어 입문서*에 대한 작업을 끝낼 수 있었다. 이응찬이 로스의 번역 작업을 도운 유일한 한국인은 아니었다는 것을 주목해야 하지만, 다른 한국인 조력자들은 일시적이었던 것 같다. 탁월한 문학적 지식을 가진 이응찬은 로스를 장기간 동안 도울 수 있었다.[59] 그렇다면 그가 고향인 의주로 돌아간 이유는 무엇인가? 이에 대해서는 로스가 직접 "어떤 지인이 그를 발견하고 전체 월급에 해당하는 돈을 내놓지 않으면 그를 고발하겠다고 위협했기 때문이었다."라고 설명한다.[60] 그러나 우리는 이응찬이 수년 후에 로스에게로 돌아왔고 로스가 안식년을 하는 동안, 매킨타이어와 함께 성경번역 노력을 계속했던 것을 알게 될 것이다. 이응찬이 갑자기 사라져버려 로스의 번역은 잠시 중단되었고 로스는 1878년 여름에 Newchwang의 매킨타이어를 방문했다. 이때, 우리는 로스가 '섭리적 사건'이라고 부르기를 좋아하는 이상한 사건이 일어났다. 로스가 도착하기 수개월 전에 한국의 인삼 상인들인 서씨 형제들(형인 상윤과 동생인 상우－후에 경조로 알려진)이 매킨타이어와 함께 있었다. 이들이 잉코우에서 행상 여행을 하는 동안, 상윤이 장티푸스에 걸려 잉코우에 있는 선교병원에 입원했고, 이 병원에서 그를 방문한 매킨타이어는 그에게 복음서를 읽을 것을 요청했다. 그가 나은 후에 이 형제들이 로스를 만났다.[61] 서씨 형제들은 회심

---

59) *HKBS*, p.37.
60) Ross, CVNT(2), p.208.
61) *HKBS*, p.38. 그러나 Robson에 의하면, "서상윤은 먼저 백홍준을 통해서 복음을 들었다." (See, Charles Robson, op.cit., p.345.)

을 했고 상윤은 목단에서의 로스의 번역 작업에 합류했다. 로스는 상윤을 언어교사 겸 번역 조력자로 임명했고 이응찬이 누가복음을 한국어로 번역하는 중에 돌아가자 상윤이 번역을 계속했다.[62]

　1878년 말경, 누가복음의 번역을 끝내고 상윤은 세례를 요청했으나 로스와 매킨타이어는 그의 믿음이 성숙할 때까지 세례를 연기했다.[63] 상윤이 세례를 받은 것은 4년 후인 1882년 4월이었다.[64] 세례가 늦어진 것은 로스의 안식년(1879－1881)에 원인이 있기도 하지만, 로스는 상윤을 초기 한국교회의 지도자로 보내기 전에 가능한 한 잘 무장시키기를 원했기 때문이라고 우리는 주장한다. 1883년에 상윤은 전도인과 권서인으로 한국으로 돌아갔다. 우리는 상윤의 전도활동에 대해 제5장에서 살펴볼 것이다.

Ⅳ. 번역팀

1. 한국장로교회의 첫 열매들

　한국인으로서 첫 번째로 세례를 받은 자는 누구인가? 이응찬이 첫 개

---

62) Ross letter to Wm. Wright. (Oct. 9, 1882), *ECI －BFBS*.
63) Ross, "Corean, the Hermit Nation" *MRW*(November 1883), p.420.
64) 이만열, "서상윤의 생애와 사역에 관한 몇 가지 문제들", *한국교회사연구* 제19권(1988).

신교 회심자로 간주되어 왔다. 그러나 세례에 관한 한, 이응찬이 최초의 기독교인처럼 생각되지는 않는다. 이는 살펴보았듯이 이응찬의 세례가 연기되었기 때문이다. 최초의 한국인 세례자는 1879년에 잉코우에서 매킨타이어에 의해 세례를 받은 익명의 한국인이었다.[65] 그해에 3명이 더 세례를 받았다.[66] 우연히도 이 기간 동안 로스는 첫 안식년(1879년 5월-1881년 5월)을 위해 스코틀랜드에 있었고 매킨타이어가 로스를 대신하여 번역 작업을 이끌고 있었다.[67]

1879년은 한국장로교회 역사에 있어서 중요한 해인데 이는 이 해에 첫 한국인 기독교 공동체가 매킨타이어의 집에서 형성되었기 때문이다. 이들은 모두 의주에서 온 사람들로 후에 의주교회의 초석이 될 사람들이었다. 그러므로 첫 한국인 기독교 공동체는 만주에서 시작되었는바,[68] 매킨타이어는 이 사건에 대해 다음과 같이 기술한다.

> 이 해(1789년) 초에 우리는 진리에 대해 개인적인 관심을 고백한 두 명의 한국인의 방문을 받았다. …나는 이들을 구도자 반에 배치했는데 그 중에 한 명은 상당한 학자인지라 로스의 비용으로 성경을 번역토록 요청을 받았다. 얼마 지나지 않아 이들은 세례를 강청했는데, 그것도 우리와 계속 함께할 의도가 없음을 명확히 하면서 말이다. 그들은 로스가 안식년으로 고국으로 가는 것을 알고 있었다. …따라서 나는 우리 교회에 있는 자들과 같은 교회의 첫 회심자들은 반드시 *증언이 있어야 한다는 공개정책(open policy of witness -bearing)*에 따라 검증되어야 하고 그 부모들

---

65) 본 연구의 설명을 근거로, 그 문제의 익명의 기독교인은 백홍준의 친구 중의 한 명임이 분명하다. 그는 로스가 첫 번째 고려문 방문 시에 백홍준의 아버지에게 준 *Peep of Day* 번역본을 이미 읽었다.
66) *UPMR* (Oct., 1880), pp.333-334.
67) *MRUPC* for 1880, p.279.
68) HKBS, p.38.

도 이들이 세례를 받기 전에 알고 있어야 한다는 나의 확신을 설명했다. 그들은 얼마 후에 돌아왔는데, 그중 한 명(번역자)은 *현재 행복한 신자 (now a happy believer)*로서 교회에로의 그의 허입이 중국인 교인들에게 큰 만족이 되었지만, 다른 한 명은 더 이상 세례를 강청하지 아니했으며 그 후로 그에 대해서 듣지 못했다.[69]

여기서 우리는 먼저 부모의 승낙을 얻도록 한 매킨타이어의 제안에 순종했던 두 명의 한국인들에 대해 주목한다. 왕복 여행의 피곤함에도 불구하고 이 헌신된 사람들은 매서운 만주의 겨울 추위 속에서 매킨타이어의 요청에 순종했다. 게다가 이들은 천주교인들이 한국에서 당하고 있는 박해를 충분히 알고 있었다. 우리는 매킨타이어가 이 사람들에게 '자신들의 결심을 부모에게 알리도록' 요청함으로 강력하게 옹호했던 '공개정책'에 대해서도 주목한다. 우리는 로스와 매킨타이어가 세례를 줄 자를 결정하는 데 있어 이러한 '정책'을 적용했다고 주장한다. 그렇다면 1879년 봄에 그렇게 세례를 받은 그 '행복한 신자'는 누구이었는가?[70] 우리는 그가 누구인지 알지 못하지만 이로부터 초기 한국장로교회의 출발에 보이지 않는 방법으로 함께하였던 익명의 한국인 회심자들과 번역자들이 있었다고 결론을 내릴 수 있다.

2. 매킨타이어의 선교사의 번역 참여

앞에서 보았듯이, 매킨타이어는 번역 작업에 큰 비중으로 참여했으며

---

69) *MRUPC* for 1880(July 1), pp.278−279, Italic emphases added.
70) 세례의 정확한 날짜에 대해서는 논란이 있지만, 대부분의 학자들은 1월의 언제라는 데에 동의한다. (*HKBC*, p.39.)

로스가 2년간 스코틀랜드에 있는 동안에도 번역은 계속되었다. 우리는 이 장에서 그러한 어려운 과업을 떠맡게 된 동기를 알아볼 것이다. 먼저 로스가 스코틀랜드로의 안식년을 계획하고 있었을 때, 매킨타이어는 번역에 관여하는 것을 고려하지 않았고 로스도 감독 작업을 그가 떠맡을 것을 기대하지 않았다.[71] 그러나 그가 최초의 한국인 기독교인에게 세례를 준 후에는 "로스가 돌아올 때까지 로스의 한국어 번역 작업을 떠맡기로 결심했다."는 것을 우리는 알게 된다. 로스의 관점으로는 이것은 즐거운 놀라움이었다고 우리는 주장한다. 다시 로스는 이것을 '섭리적 사건'(providential accident)으로 부르기를 좋아했다. 만약 매킨타이어가 번역 과정을 계속하기로 개입하지 않았더라면 한국어 신약은 1887년에 완성되지 못하였을 것이다. 이는 로스의 2년간의 안식년으로 번역사역 중단되는 것은 이제 막 시작된 작업에 해로운 것으로 판명되었을 것이기 때문이다. 그렇다면 매킨타이어가 결심하게 된 동기는 무엇이었는가? 우리는 매킨타이어가 한국인 회심자에게 세례를 주면서 한국인들에 대한 사역의 중요성을 깨달았고 이것이 그로 하여금 성경을 번역하는 사역에 자신을 기꺼이 헌신하게 만들었다고 추측한다.

---

71) 로스는 안식년을 위하여 목단을 출발하기 전에, 자신의 전도인 Old Wang 에게 선교센터를 맡아 줄 것을 위탁했으며, Newchwang의 매킨타이어에게 는 목단에서의 선교사역을 맡아 줄 것을 요청했지만, 성경번역일에 대해서 는 이들에게 도움을 요청하지 않았다.

　내가 작년에 성의 수도이며 인구 30만의 도시인 목단에 있는 선교센터를 출발할 때, 아편 흡식자로서 회심한 전도인 올드 왕에게 그것을 위탁했다. 매킨타이어는 Newchwang 과 인근에 두 명의 선교사의 모든 시간과 노력을 필요로 할 정도로 중요하고 크고 상거가 먼 두 개의 선교센터를 관장하고 있었다. 오랫동안 그의 지칠 줄 모르는 열정과 끊임없는 에너지를 잘 알고 있는 나로서는 멀리 떨어진 우리의 목단선교센터를 능동적으로 감독하는 수고는 하지 말 것을 요청했다. (Ross, "Manchuria Mission", UPMR(Oct, 1, 1880) p.333.

매킨타이어는 스코틀랜드에 있는 선교부에 보낸 자신의 서신에서 회심한 한국인들에 대한 세례 기사를 상술했다. 백홍준과 이응찬에 대한 매킨타이어의 세례를 서술하는 긴 인용문에서 우리는 다시 신청자가 영적으로 성숙할 때까지 세례를 유보한 매킨타이어의 정책을 주목한다. 이러한 엄격한 지도력하에서 한국인 회심자들은 한국에서의 앞으로 자신들이 할 사역을 위해 잘 무장될 수 있었다.

얼마 후에 또 한 사람(백홍준)이 도착했다. 이 사람은 *로스가 성경을 선물했던 그 사람의 아들이었다.* … 사실, 나는 그가 구도자로서 우리와 함께 한 3-4개월 동안 번역자로서 그를 활용했는데, *그는 세례를 받자마자 강력히 고향으로 가고자 했다.* … 이 두 사람의 모범으로 용기를 얻어, *곧 또 한 명이 세례를 신청했는데, 이 사람(이응찬)은 약 2년간 우리에게 알려진 자로서 로스의 교사와 번역자로서 일을 잘했던 사람이었다.* 그는 여기에 로스가 출발한 후 얼마 후에 도착했는데, 로스를 동행하여 스코틀랜드까지 갈 희망에 차서 왔던 것처럼 보였다. 그때, 나는 로스가 돌아올 때까지 로스의 한국어 작업을 떠맡을 결심을 했고 그 결과 이 마지막으로 온 자를 교사로 채용했다. … 비록 그는 다른 이들보다 나로부터 더 많은 가르침을 받았음에도 불구하고, 그의 세례 신청은 내게는 상당히 놀랄 일이었는바, 이는 그가 한때, 아편 흡식자인 의심이 있었기 때문이었다. 그는 최근까지 식사 때 음주하는 버릇을 갖고 있어서 중국인들이 그를 술에 인 박인 자로 의심하게끔 하였다. 전체적으로 중국인 교인들은 앞서 세례를 받은 두 명과는 같지 않은 자로 지목하였기에 그의 신청은 수개월 동안 보류되었고 그 기간의 대부분을 그는 선교센터에서 보냈다. 그는 잠시 고향으로 돌아갔는데, 나는 우리가 그를 다시 볼 수 있을지에 대해 의문을 가졌다. 그러나 그는 성경의 길에 대한 약간의 값진 지식을 가지고 돌아왔고 열심히 나의 사역에 참여하는 동안 행실을 바르게 가져 *결국에는 모든 교인들에 의하여 세례의 추천을 받게 되었다.* 그는 친척 한 사람을 데리고 왔는데, 여기서 구도자가 되었으며, 이래저래 *우리는 그 여*

름 동안 우리의 영향하에 약 11 명의 한국인을 갖고 있었다[72)

매킨타이어가 한국인들에 대한 사역을 계속함에 따라 그의 일도 증가되었다. 흥미로운 것은, 매킨타이어와 한국인 번역자들 간의 언어는 중국어이었다는 것이다. 이는 매킨타이어가 아직 한국어에 능통하지 못했기 때문이었다. 그러나 매킨타이어는 이 상황에 만족하지 않았고 성경을 한국인들에게 한국말로 가르칠 수 있기 위하여 구어로서의 한국어를 배울 것을 공개적으로 시작했다.

나는 한국어를 번역의 목적으로만 사용했기 때문에 문어체로 사용하고 나와 한국인 번역자들 사이에는 중국어를 구어로 사용했다. 그러나 나는 이러한 방식을 벗어버리고 얼마나 많은 시간과 수고가 들든지 한국어로 마침내 설교하고 가르치겠다는 결심을 한다. 그러므로 이 일을 위해 나 자신을 헌신하고 속히 그러한 모임들을 나 스스로 인도할 수 있기를 바란다.[73)

3. 두 번째 세례: 백홍준

첫 한국인의 세례 후에, 백홍준이 세례를 요청하러 매킨타이어에 왔다. 우리는 백홍준이 부친으로부터 건네받은 중국어 성경을 이미 읽었음을 보았다. 세례를 받기 전 3−4개월 동안 홍준은 번역 조력자로 있었다.

---

72) *MRUPC* for 1880(Jul. 1) pp.278−279, emphasos added. 이응찬의 친척도 1879년 말 또는 1880년 초에 세례를 받았다. 세례를 받은 후에 그는 즉시 고향의 그의 친구들에게로 갔으나, 그는 매킨타이어와 계속 접촉을 하면서 전도사역을 했다. 이 시점에서 매킨타이어는 한국에 2명, Newchwang에 2명의 동역자가 있었다고 말한다. (*MRUPC* for 1881, p.271.)
73) John MacIntyre, "North China−Newchwang", *UPMR* (July 1, 1881) p.270.

세례를 받은 직후, 홍준은 전도인과 권서인이 되어 고향인 의주로 돌아갔다. 두 번째로 세례를 받은 한국인으로서 홍준은 순교자의 삶을 살았고, 종종 그 복음에 대한 열정으로 인하여 미국인 선교사들에 의해 '제자 백홍준'이라고 불렸다.[74] 백홍준은 초기 한국 기독교 공동체의 발전에 크게 기여하고 1893년에 한국장로교회의 최초의 순교자로서 순교했다.[75]

4. 세 번째 세례: 이응찬

우리는 이응찬이 동향인들이 세례를 받았다는 것을 안 후에 로스를 찾기 위해 만주로 돌아왔다는 것을 보았다. 또한 로스의 안식년 계획을 들었기에 로스와 함께 스코틀랜드로 갈 기회를 얻기를 바랐다는 것도 보았다. 로스와 함께 1년을 번역하는 동안, 그는 곧 매킨타이어의 언어교사와 번역자가 되었다. 선임교사로서 이응찬은 매킨타이어가 한국어 문법과 어휘집을 편찬하는 데 지대한 공헌을 했고, 세례를 기다리는 동안 중국어 성경으로부터 심지어 히브리서와 로마서를 번역하기까지 했다.[76] 매킨타이어가 1879년 여름에 이응찬에게 세례를 준 것이 분명하다. 그 해 늦게 그가 매킨타이어에게 데려온 그의 친척이 세례를 받았다. 따라서 1879년 여름에는 이미 성경공부와 성경번역을 위해 정기적으로 모였던 한국인 기독교 공동체가 있었던 것이다.

---

74) "John MacIntyre's Work", *UPMR* (Jun. 1, 1883) p.220.
75) 그러나 이덕주는 자신의 논문에서 백홍준의 순교를 의문시한다. (이덕주, *한 국교회사연구* 제19권, 29-33쪽.)
76) 이만열 교수는 매킨타이어가 한국어 문법과 문장 분석을 저술했다고 추측한다. (*HKBS*, p.43.)

5. '새 국민, 새 국가, 새 언어'

한편, 로스는 스코틀랜드에서 이러한 세례의 소식들을 듣고 흥분했다. 재혼을 준비하는 가운데 있던 로스는 성경번역 작업을 계속하기로 한 매킨타이어의 결심을 듣고 무척이나 기뻐하였음에 틀림없다. 로스로서는 장래 한국어 성경을 출판하는 데 대해 NBSS로부터의 허락을 확보하고자 노력했다. 다음 논문에서 우리는 로스가 연합장로교회에 한국인들에 대한 사역을 위하여 목단의 선교센터에 또 다른 선교사를 파송하여 줄 것을 요청했다는 것도 알 수 있다. 이 모든 일에 있어서 로스는, 선교사 바울과 같이, 한국장로교회의 미래를 예측하는 데 있어 낙관적이었다.

매킨타이어가 네 명의 한국의 식자들에게 세례를 주었다. *이들은 확신하건데, 다가올 엄청난 추수의 첫 열매들이 될 것이다.* 왜냐하면 한국은 한동안은 서양국가들과의 교류에서 고립되어 있지만, 그 고립은 곧 깨어질 것임에 틀림없으며, 한국인들은 천성적으로 중국인들보다 더 순진한 사람들이고 더 종교심이 많은 사람들이기 때문에 *나는 그들이 기독교에 접근하게 되면 곧 기독교가 그들 가운데 속히 진보하는 것을 볼 것으로 기대한다.* 6년 전(1874년), 나는 국경에서 만났던 한국인들로 하여금 그들이 중국과는 별도로 그들만의 언어와 문자를 갖고 있다는 것을 알게 되었다. 어떠한 댓가를 치러서라도 어학선생을 찾고자 했으나 잘 되지 않았다. 이후 일어난 변화는 작년에 *모두 글을 읽을 수 있는 4명의 한국인들이 세례를 받은 것과 11명이 기독교에 호감을 갖고 교리들에 대한 구도자들이 되었다는* 것이다. 이는 우리가 원하는 숫자만큼 성경과 기독교 서적을 한국인들을 위하여 준비하는 우리의 문서 사역을 위하여 우리의 선교본부에 7-8일간의 여행을 할 준비가 되어 있다는 사실로부터 짐작할 수 있다. 그렇다면 여기에 *기독교 교회를 꽃피우게 될 새 국민과 새 국가와 새 언어*가 있는 것인데, Newchwang의 우리 선교부는 현재로서는 이 사람들과

접촉할 수 있는 유일한 곳이다. 우리 교회는 섭리적으로 우리 손에 주어
지고 있는 이 위대한 사역을 위하여 따뜻한 마음과 명석한 두뇌와 정신력
을 가진 젊은 설교자들이나 상급학년생들 중의 한 명을 즉시로 찾아내어
야 한다. 왜냐하면 이러한 성품의 사람들만이 중국이나 한국에서의 어떤
위대한 봉사를 할 수 있기 때문이다.[77]

로스는 선교전략가로서 한국정부의 고립정책이 곧 완화될 것을 올바로
예측함으로써 한국의 정치에 대한 분명한 인식을 보여준다. 그는 한국인
들에 대한 인상을 표현할 때, 한국인들은 "천성적으로 중국인들보다 더
순진한 사람들이고 더 종교심이 많다."라고 서술했다. 그리하여 그는 "그
들이 기독교에 접근하게 되면 곧 기독교가 그들 가운데 속히 진보할 것"
이라는 결론에 도달할 수 있었다. 그의 한국인에 대한 선교사역의 미래
를 "기독교 교회를 꽃피우게 될 새 국민, 새 국가, 새 언어"에 대한 열
정(compassion)으로 흘러넘친다. 세례받은 네 명과 구도자가 된 11명으
로 인해 흥분하는 외에 로스는 더 많은 한국인들이 믿게 될 것이라고
낙관했다. 진실로 이 말이 있은 후 1년 만에 매킨타이어는 "10월에 끝
나는 성경공부반에 12개월 동안 30명 이상의 한국인들이 공부하고 있
다."[78]라고 쓰고 있다.

---

77) Ross, "Manchurian Mission", *UPMR* (Oct. 1880), pp.333-334. Empha-
    ses added.(인용문중 이태릭 표시는 저자의 의도적 표지임)
78) John MacIntyre, "North China-Newchwang", *UPMR* (Jul., 1, 1881)
    p.270.

6. 김청송

번역팀이 거의 다 구성되었을 때, 한국민의 정착촌인 서간도[79])에서
또 한 명의 한국인이 1881년 말에 목단에 있는 로스에게 찾아왔다. 이
때, 인쇄기를 설치한 후에 조판을 할 수 있는 한국인이 요구되었다. 의
약품 행상인으로서 의약품이 떨어져 역시 파산하게 된 김청송이 선교부
에 도움을 요청하러 왔다. 여기서 우리는 김이 번역팀에 합류하게 된 것
은 또 하나의 '섭리적 사건'이라고 볼 수 있다.

> 어떤 과정을 이해하기 위하여 그는 다른 보통인들에 비해 4배나 설명
> 을 요구했다. 그는 두 대의 인쇄기를 돌리면서 4면의 조판을 할 수 있었
> 는데 해야만 하는 것들은 무엇이든지 만족하게 수행함으로써 곧 신뢰할
> 수 있는 자로 인정을 받았다. 그는 조판을 하는 데 있어서 반드시 원고를
> 자기 앞에서 꼼꼼하게 살펴보아야 했다. 그는 관심을 갖고, 잘 훈련된 기
> 독교인들인 인쇄공들에게 서툰 중국어로 이런 저런 용어와 문장에 대하여
> 질문하기 시작했다. 누가복음의 인쇄가 완료되었을 때, 그는 세례 신청자
> 가 되었다. 매우 놀랍게도 그는 기독교 진리에 아주 익숙하게 되었고 얼
> 마 후에 세례를 받았다.[80])

김은 처음으로 시도해 보는 일, 곧 주어진 과업인 인쇄에 유능함이
판명되었다. 누가복음은 1882년 3월에 출판되었다.[81]) 그 과정에서 김은

---

79) 간도는 문자적으로 '중립지대'를 의미하는 것으로 중국과 한국 간의 미점령
지역을 가리키는 말이다. 압록강 맞은편에 위치하고 있었는데, 선교사들은 한
국인촌(Corean Valley)이라고 언급했다. 한국인들은 이 지역에 1845년부터
기근을 피해 이주하기 시작했는데 1870년에는 그 지역에 3만 명 이상의
한국인들이 있었으며, 촌락의 숫자도 28개가 넘었다. (*HKBS*, pp.29-30.)
80) Ross, CDK, p.243.
81) 조판 작업은 1881년 11월에 시작되었다고 믿어지므로 김청송은 로스를 그때

누가복음에 정통하게 되어 결국 회심하게 되었다. 김은 1882년 봄에 세례를 받았고 그 후 얼마 안 되어 인쇄 작업을 다른 사람들에게 인계하고 권서인으로서 한국인 정착촌으로 돌아갔다.[82] 권서인으로서 그는 한국인촌(간도)에서 최초의 한국인 교회를 세움에 있어 괄목할 만한 일을 했다. 우리는 간도에 교회 공동체를 세우는 것에 대해 후에 자세히 논의할 것이다. 우리는 이제 "왜 성경번역의 언어로서 한글을 선택했는가?"라는 물음에 대해 답할 것이다. 그의 선택의 중요성을 이해하기 위해 먼저 한글의 형성과 역사에 대해 개략적으로 살펴보고 나서 번역 당시에 한글에 대한 한국민들의 태도에 대해 주목할 것이다.

V. 한글 - 한국인의 고유의 문자
(왜? 한글을 성경번역 언어로?)

성경을 번역하는 것은 복음의 해석과 그에 대한 믿음과 사상과 문화와 연관되어 있다. 그러므로 번역자들은 성경을 성공적으로 번역하기 위하여 그것들에 대한 자신의 선 이해를 갖게 될 때, 다른 주한 미국인 선교사들과 함께, 성경의 공식적 번역에 참여했던 J. S. Gale은 성경을 번역하는 것은 뉴욕 중심부에 60층의 고층 빌딩을 건축하는 것보다 어렵다고 고백했다.[83] 따라서 우리는 로스가 어떻게 지혜롭게 처음부터 번

에 만났음이 틀림없다. (*Western Committee Minutes Book of the NBSS*), No.7, p.386.

82) Choi, p.96.

역 작업에 대한 준비를 시작했는가를 볼 것이다. 1876년에 로스가 이응찬을 만났을 때, 그는 자신의 *한국어 입문서*를 집필하기 시작했다. 게다가 1879년 안식년 기간 동안, *한국의 역사*, *고대와 근대*, *의례들*, *관습들*, *언어와 지리*를 스코틀랜드에서 출판했다.

그의 고려문 방문 전부터 로스는 한국정부가 선택한 공식언어는 한자이었던 한국의 특별한 상황에 대해 충분히 알고 있었다. 한국어 문어와 구어를 이해하기 위하여 우리는 먼저 1) 고안된 한국의 알파벳인 한글의 창제에 대해, 그리고 2) 15세기 이후의 조선의 사회와 그 언어문화에 대해 이해하여야 한다. 여기서 우리는 로스의 한글성경 번역 당시의 이 문자 시스템에 대한 한국민의 태도를 주목해야 한다. 왜냐하면 이러한 이해는 우리로 하여금 "왜 로스가 성경번역 언어로 한글을 선택했는가?"에 대해 곧바로 이해할 것이다.

1. 한글의 창제: 백성을 위한 문자

역사적으로 한국은 중국의 정치·경제·문화에 의하여 크게 영향을 받았다. 따라서 상형문자인 중국어 문자 시스템은 중국과 접촉하는 과정에서 자연스럽게 한국에 소개되었고 매일의 삶에서 사용되었다. 그러나 구어체의 한국어와 중국어는 근본적으로 다르기 때문에 한자는 한국어를 제대로 표현하기에는 부적합했다. 게다가 한자는 그 숫자가 너무 많아 제대로 배우려면 상당한 시간과 노력을 요구했다. 이 상황을 개선하고 일

---

83) J. S. Gale, *Korea in Transition*, Board of Foreign Missions, Presbyterian Church in U.S.A., p.185.

반백성들을 돕기 위한 노력으로 세종대왕은 새로운 알파벳인 한글을 창제했다.[84] 세종은 훈민정음 서문에서 새로운 문자 창제의 동기를 밝혔다.

우리 언어의 발음이 중국의 것과 달라서 중국문자로는 쉽게 전달할 수 없다. 그 결과, 어린 백성이 그 마음의 생각을 표현하고 싶어도 많은 경우에 할 수가 없다. 이를 어여삐 여겨 짐이 새로 28자를 만드는 것은 누구든지 쉽게 익혀 매일의 삶 속에서 유익하게 하고자 할 따름이다.[85]

이 세상의 대부분의 문자들은 기존의 문자를 약간 수정한 것이지만, 한글은 어떠한 문자도 모델로 삼지 않았다는 점에서 독특하다. 그것은 쉬운 익힘과 사용을 위하여 국립연구기관인 집현전(현인들의 전당) 학자들에 의하여 연구 끝에 창제된 것이다. 처음에 조정에서 활발하게 반포된 후에는 차츰 한글에 대한 관심이 점차 시들해졌는데, 시간이 더 지나자 상류층에 의해서는 완전히 외면되어 평민들 사이에 간신히 명맥을 유지하고 있었다. 이러한 상태로 300-400년간 계속 되었다.

로스는 자신의 책 *한국의 역사*에서 이 창안된 문자 시스템에 대한 사회

---

84) 한글 또는 언문은 한국의 문자 체계로서 553년의 긴 역사를 갖고 있다. 한국의 토착문자는 세종 치세인 1443년에 창제되어 1446년에 훈민정음이라는 이름으로 반포되었다. 새로운 문자인 한글은 음성문자로서 28자로 구성되어 있다. 현재는 당초의 문자 중 4개가 없어지고 10개의 모음과 14개의 자음으로 구성되어 있다. 한글은 배우기가 매우 쉽기 때문에 한국은 문맹률인 10% 이하인 고도로 문화 민족이 되었다. 한글의 구조는 너무나 쉽고 과학적이어서 누구든지 하룻밤이면 배울 수 있다. 그 단순성은 당초 로마자만을 위하여 디자인된 컴퓨터의 키보드와 소프트웨어 한글용으로 빠르게 대체됨으로써 오늘의 정보사회에서는 더 분명해지고 있다. See, Huh Woong, *The Korean Language*, ed. by the Korean National Commission of UNESCO, pp.4-22.
85) 조선왕조실록 제4권 113책(국사편찬위원회, 1955), p.703.

의 태도에 대해 언급한다. 그는 상류 계급의 태도에 대해 "한글은 문자의 이름에 합당한 것으로 간주되지 않았으며, 그것에 대한 지식은 교육적이라고 부르기에도 적합지 않다."라고 적는다.86) 더욱이 우리는 로스가 한국에서 한글이 무시되고 있는 것을 이해하였다고 우리는 주장하는데 이는 그가 자신의 1877년의 *한국어 입문서*에서 한글은 한국인들에게 언문(비천한 글이라는 의미)으로 알려져 있었고 단지 여자들과 어린이들을 위해서만 적합한 것으로 추천되었다고 썼기 때문이다.87) 반면에 상류계층의 사람들은 한자를 '진서'라고 불렀는데 그 문자적인 뜻은 '참된 글자'이다.

그럼에도 불구하고 한글은 16세기에 학자들의 소집단에 의해 수용되었다. 그들은 서정문과 시와 민속 문학에서 한글을 사용했다. 더욱이 사회의 풀뿌리에서 '시조'로 불린 형태의 시가 나타났다. 한글로 쓴 최초의 소설인 허균의 홍길동전은 평민들 사이에 한글이 인기를 얻게 하는 데 길을 열었다. 그러나 한글은 대체로는 스스로 발전하면서 숱한 변환의 과정을 겪었다.

이렇게 창안된 새 문자인 한글에 대해 이해하였음으로, 이제는 조선의 계급제도와 한글이 상이한 계급들 속에서 수행한 역할에 대하여 심도 있게 연구할 수 있게 되었다.

---

86) Ross, *History of Corea*, pp.306－307.
87) Ross, *Corean Primer*, pp.6－9.

2. 조선의 계급제도와 언어문화

조선왕조 전의 고려왕조(918-1392)는 국교가 불교였다.[88] 그러나 조선왕조(1392-1910)는 유교를 국교로 채택했다. 유교의 발흥과 함께, 문학과 예술의 르네상스가 전국 각지에 도래했다. 조선이 가장 번성한 때인 15세기에 세종(1418-1450)은 평민들을 위하여 한자의 대용으로 1446년에 한국의 문자인 한글을 창제했다. 불행하게도 앞서 본대로 그 문자는 국민들 특히 상류 계급에 의해 무시되었다. 이 배후의 이유에 대해서는 조선의 계급제도를 이해하면 이해할 수 있다. 로스는 이미 한국의 사회적 계층을 이해했다. 고려문을 방문한 후에 로스는 조선의 계급제도를 다음과 같이 요약했다.

> 한국은 자신을 세 계급으로 나누는데, 상류 계급은 관리들과 그 자손들로 구성되어 있고, 중인 계급은 노동력을 고용할 수 있는 상인들 기타 사람들로 이루어져 있고, 하층 계급은 어떠한 형태로든 수작업을 하는 모든 이들을 포용한다. 노동의 신성함을 이 나라는 아직 배우지 않았기 때문에 중인과 상류 계급은 어떤 수작업도 하지 않는다.[89]

더 나아가 로스는 그의 책 *한국의 역사*에서 그 상황을 보다 자세하게 서술한다.

---

88) '국교'의 개념은 한국인에게는 이질적이긴 하지만, 고려의 귀족들이 불교를 단순한 외형적인 종교로뿐만 아니라 국가의 운명에 영향을 줄 수 있는 신앙으로 간주하였기 때문에, 우리는 불교가 고려의 국교라고 결론을 지을 수 있다. (이기백의 *신한국사* 132-135쪽 참조) 이것은 조선의 유교에 대해서도 같이 말할 수 있다.

89) Ross, "The Christian Dawn in Corea", *MRW* (April, 1890), p.241.

첫째는 관원들이며, 둘째는 농민들과 상인들이며, 셋째는 수공업자, 재봉사, 신발장이, 연예인 등이며, 최하층민은 백정으로 도살업자들인바, 이 분류는 아마도 한국 불교의 영향일 것으로 생각된다. 백정과 나란히 기생들과 한패인 산돼지 사냥꾼이 있는데 이 세 계급 간에는 통혼하지 않는다.[90]

우리는 지금도 이 서술은 정확한 진단임을 안다. 여기서 우리가 주목할 한 가지는—로스도 알고 있었던 것인데—조선의 계급제도는 전적으로 혈통에 기초하고 있다는 것이다. 이 주된 세 '계급들'을 이해하는 것은—사실 더 많은 하부 계급들과 또 여자들이 있는 것도 알게 될 것이다—조선 사람들의 언어적 상황을 들여다보면 보다 분명히 이해하게 될 것이다.

1) 양반 계급

일본의 침략 후에 조선의 정치권력은 점차 양반 계급의 손에 집중되어 갔다. 한국의 귀족들이었던 양반은 과거 시험을 볼 수 있는 교육의 기회들을 가졌다. 한국은 전 역사를 통해서 지속적으로 중국문화의 직접적인 영향을 받았는데, 이는 오랫동안 한자가 정부 문서의 공식문자로서 한자가 사용되었다는 것을 통해 분명해진다. 실제적으로 전적으로 양반 계급에게만 배타적으로 허락된 모든 국가시험은 한자로 치러진 것은 물론이다.

양반 계급은 자신들을 한국의 전통과 문화와 역사의 보관자로 여겼다. 자연스럽게 이들은 한자만을 사용한 반면에, 한자를 모르는 하층민들은 자신들의 생각을 한글로써 표현할 수 있을 뿐이었다. 이것은 또한 로스

---

90) Ross, *History of Korea, Ancient and Modern*, pp.310−311.

의 번역이 있기 전의 중국어 성경들은 식자 계급인 양반들에게만 배포되었다는 것을 고려할 때 분명해진다. 성경과 기독교 책자들이 오직 한글로 번역되었을 때만이 복음은 하층민들, 즉 토착인들에게 전파될 가능성이 있었던 것이다.

2) 중인 계급과 평민

중인은 문자적으로 '중간 계급'을 의미하는바 귀족과 평민의 사이에 있는 중간 계급으로 간주될 수 있다. 18세기 초의 천주교는 대개 이 계급의 사람들에 의해 수용되었다. 이들은 공예가, 법률인, 서사, 회계사, 의사, 점성가, 통역인과 같이 자신의 직업의 전문가들이었다. 이들의 교육수준은 양반들보다 높을 수 있다 하더라도 최고의 국가시험에는 응시할 수 없었다. 로스는 "한국에 있어 자격시험들은 모두 전적으로 한자로 치러지기 때문에 이에 대한 지식만이 한국인을 교육받은 자의 호칭을 붙여 주며, 한글만을 읽고 쓸 수 있는 사람은 '무식한 자'"라고 적는다.[91]

평민은 한국민의 80%를 차지하는 농부와 상인들이었다. 이들은 가끔 군인으로 징집되었고 세금을 납부했지만 국가고시에는 응시가 허락되지 않았다. 이 사람들은 한글의 사용을 환영하였고 대개 한자에 대해서는 무지했다.

3) 천민 계급과 여자들

최하층 계급은 도살업자, 무당, 춤꾼, 노래꾼, 종으로 구성되었다. 이 계급으로 출생하는 자는 사회적 지위를 상승시킬 수 있는 가능성이 전혀 없었으며, 대개 일자무식이었다. 이들은 사회적으로 정치적으로 문화

---

91) Ross, "Korean New Testament", *CRMJ*, (November 1883), p.491.

적으로 차별을 받았다. 그러나 이 고통받는 계급 밑에 또 하나의 계급이 있었으니 그것은 여자들이었다. 이것이 서양인의 사고방식과는 엄청난 차이나는 것으로 여자들은 남자들의 영원한 종속물이었다. 여자는 결혼 전에는 아버지에게 결혼 후에는 남편에게, 남편의 사후에는 아들에게 복종해야만 했다.[92)]

이러한 사회적 환경 속에서 15세기에 한글이 창제된 것은 하층 계급과 여자들에게 배우기 쉽고 편리한 문어체의 소통의 수단을 제공하는 것이었다. 다음 표는 조선의 계급제도와 그들 사이의 한글의 존재를 요약하고 있는바, 그것은 상류, 중류, 하류 계급에 대한 로스의 관찰들에 기초하고 있다.

표 1. 조선의 계급제도

계급 구분	한국어 계급 명칭	직 업	특 징	선호한 문자
상류	양반	문관, 무관	국가고시 응시권	한자
중류	중인	점성가, 예술인, 통역인, 법률가, 의사	정부의 기능직	
	평민	수공업자, 농부, 상인	세금 부담	한글
하류	서민	종	사회적 차별대우	
	천민	춤꾼, 도살업자, 노예	소외자들	무식
	여자	주부, 귀족부인들	남자보다 전적으로 열등하며 사회적으로 무능	한글

---

92) 이것이 소위 삼종지도(三從之道)이다. 남녀7세부동석이라는 관습도 있었다. 이러한 관습은 초기 한국교회에서도 계속되었는데, 감리교 선교사인 Hulbert는 "한국 여인들은 유언, 이혼, 직업, 교육, 소유권 등과 같은 어떠한 권리도 같지 못하며, 남녀 간의 어떠한 사교적 접촉이라도 범죄로 간주되기 때문에 규방에 갇히어 집안일만 하는 것으로 알고 있었다."라고 관찰하고 있다. (See, Homer B. Hulbert, *The Passing of Korea*, pp.338-371.)

우리는 성경의 한글 번역의 중요성을 이러한 토착적 사회 상황 가운데서 알 수 있다. 이리하여 한글이 중류와 하류층(및 여자들)에 의하여 사용되었다는 사실은 한국에 개신교가 전래되는 데 있어 중요한 요인으로 작용한다. 우리는 로스가 성경을 번역함에 있어 이 점을 충분히 이해했다는 것도 볼 것이다.

한글은 천주교의 전래에도 중요한 역할을 했다. 천주교 전도지와 교리문답서를 한글로 출판하여 배포한 것은 천주교 신앙을 전파하는데 기여했을 뿐만 아니라 한국의 근대문학발전에도 영향을 미쳤다. 한글로 된 어떤 문서를 배포하는 것은 한글이 다시 사용되고 확산되고 있다는 것을 의미했다.[93] 좋은 예는 주한 프랑스 주교들에 의하여 편찬된 한-불 사전이다.[94] 이 사전은 로스와 매킨타이어의 번역 과정에서 특별히 유용한 것으로 판명되었는데, 이는 아직껏 한글을 위해서 이와 같은 종류의 사전이 없었기 때문이었다. 매킨타이어는 번역 작업 중에 이 사전을 구입했고 그 결과 번역은 속도를 내었다.

---

93) Choi Sang-woo, "The Development of Hangul and Roman Catholics in Korea:" *An Investigation into the History of Roman Catholics in Korea*, pp.414-415, Quoted from HKC(1), p.110.
94) 이 사전은 한국의 로마천주교 신부인 Ridel에 의해 편찬되고(compiled), G. Coste와 Ridel에 의해 편집되었다. 그리고 한국천주교인들의 도움으로 1880년에 일본에서 출판되었는데 11만 단어가 등재되었다. (See, Felix Clair Ridel, Dictionnaire Cooreen Francais; *CRMJ* No.14, 1883; *UPMR* for 1889, p.15.)

3. 결 론

이제 왜 로스가 신약을 '하층민의 문자'로 번역하기로 선택했는가가 분명해진다. 우리는 로스가 선교전략가로서 한글을 선택한데는 세 가지 이유가 있다고 주장한다. 첫째, 로스는 한글 성경으로 그당시 1200만의 모든 한국인들이 감명을 받게 하고자 했다. 오직 소수의 한국인들 만이 한자를 알았기에 로스는 복음서를 한문으로 번역하지 않았다. 다음 인용 문에서 로스는 자신의 번역의 성격을 위클리프가 영어로 성경을 번역한 것에 비교하고 있다.

> 한글로 번역하는 것은 마치 위클리프가 영어로 번역하는 것과 몇 가지 차이들을 제외하고 같다—이 후에 그렇게 많거나 중요한 변경이 없을 것 이라는 점, 이 번역을 읽을 수 있는 사람의 숫자는 훨씬 더 많을 것이며 가격(책값)은 읽을 수 있는 사람은 누구나 구입할 수 있는 것이 될 것인 점 말이다. 라틴어 성경을 고대의 영국인들이 읽을 수 없었던 것처럼, 중 국어 성경을 한국인들이 읽을 수 없다. 한국의 식자들은 중국어 성경뿐만 아니라 한글 성경을 이해할 수 있다. 이 작업의 중요성은 한글이 1200만 명의 사람들의 언어로서 지방에 따라 중요하지 않은 약간의 (방언의) 차 이들이 있지만 그 음운 체계의 놀라운 단순성으로 인해 모든 사람들이 읽 을 수 있다는 사실로부터 이해될 수 있다.[95]

둘째, 로스는 한국민의 80%를 차지하는 평민들과 여자들에 대한 애 착을 갖고 있었다. 그는 이들이 성경과 복음서들에 접근할 수 있기를 바 랐다. 우리는 이것이 초대교회 시대에 신약이 쉬운 희랍어로 기록되었다 는 것과 유사하다고 주장한다. 저자들은, 사람들이 '평범한' 코이네 희랍

---

95) Ross, CVNT(2), p.209.

어를 사용했기 때문에 '고전' 희랍어가 아닌 '평범한' 희랍어로 기록하기로 선택했던 것이다.

그러므로 만약에 이 번역본이 한국의 식자층에게 중국어 번역본이 아니어서 환영받지 못한다면, 그것은 그 나라의 여자들과 최하층의 무식자들에게 건네져서 모든 사람이 이해하고 매일의 삶에서 사용하는 언어로 그들에게 이 세상의 구세주인 그 분의 놀라운 사랑을 분명하게 이야기할 것이다.96)

셋째, 로스는 한글이 배우기 쉽다는 것을 잘 알았다.97) 로스는 고려문과 만주에서 한국인들을 만난 후에, 모든 한국 사람은 한글을 읽을 수 있음을 그 자신이 알게 되었다. 그는 심지어 "일자무식 한국인도" 자신이 막 번역한 요한복음을 "쉽게" 읽을 수 있는 것에 놀랐다. 실로, 모든 이가 쉽게 배울 수 있는 매체로 성경을 번역하는 것은 엄청난 선교전략적 이점이었다. 로스는 다음과 같이 적는다.

나는 거듭 거듭 모든 한국인은 자신의 언어를 읽을 수 있다는 것을 들었기에 그 말을 시험해 보기를 원했다. 목단에서 나는 그렇게 할 기회를 가졌는데, 이는 한국의 사절들이 목단을 거쳐 북경으로 가야만 했기 때문이었다. 일자무식의 한국인 한 사람을 발견하고 내가 있는 곳에 데려왔다. 그는 한자는 읽을 수도 쓸 수도 없다고 말했다. 나는 요한복음을 주고 그에게 읽을 수 있는가를 물었는데 그는 쉽게 읽었다. 그는 계속하여 읽기를 원했다. 그는 뒷방에 하인과 함께 갔다가 몇 시간 후에 다시 나타났는데, 그것을 다 읽었다고 말했다. 즉 그 가르침을 다 이해하지는 못했어도 그 단어들은 모두 알았다. 이것은 나로 하여금 계속 인내하며 이 작업을

---

96) Ibid.
97) 로스는 다음과 같이 한글의 단순성을 칭송한다. "그 언어가 쓰인 알파벳은 음운적이다. 그것은 너무나 아름답고 간단하여 누구든지 쉽고 빨리 통달할 수 있다." (Ross, *CDK*, p.242.)

하도록 격려했다. 비록 내가 그것을 비판적으로 수정하는 수단들을 발견하기 전까지는 인쇄를 할 수 없다는 것을 잘 알고 있었지만.[98]

선교학적 이점들과 한국인에 대한 그의 열정을 가지고 로스는 번역 작업을 추진하기로 결심했다. 로스는 *The Chinese Recorder* 와 *Missionary Journal*에 실린 자신의 기고 글에서 자신의 심경을 "나는 성경의 전부 또는 일부를 그 나라의 언어로 번역하기로 결심했다. 이 결심은 한국에 있는 많은 사람들이 그들의 아름다우리만큼 단순한 음운 알파벳 (한글)을 알고 있다는 것을 발견하고 나서는 더욱 단호했다."라고 적고 있다.[99]

VI. 한글로의 성경번역

이제는 로스와 그 팀의 만주에서의 성경번역에 대해 언급할 때이다. 일반적으로 성경번역 작업은 아래 표에서 보듯이 번역자, 번역방법, 번역에 사용되는 텍스트, 번역의 내용에 따라 네 기간으로 나누어진다고 인정되어 왔다.[100] 번역에 있어 네 가지 다른 기간들을 살펴본 후에 출판과 배포에 대해 알아볼 것이다.

---

98) Ibid., p.208.
99) Ross, "Corean New Testament", CRMJ(November 1883), p.491.
100) Choi, *JRKPC*, pp.100−135, *HKBS(1)*, pp.46−57.

표 2. 로스팀의 성경번역 단계들

단계	기 간	번역자	성경의 텍스트	번역의 내용
1단계	1874년 여름- 1877년 여름	로스, 이응찬 등		*한국어 입문서*
2단계	1877년 여름- 1879년 4월	로스, 이응찬, 서상윤, 김진기 등	Delegates' Version (중국어 성경)	누가복음 요한복음
3단계	1879년 4월- 1882년 3월	매킨타이어, 이응찬, 백홍준 등	Delegates' Version 헬라어 신약	소책자, 전도지 신약
4단계	1882년 4월- 1886년 가을	로스, 이응찬, 매킨타이어, 서상윤 등	The Greek Testament Revisers of the A. Version	신약의 한국어판, 전도지

1. 준비 기간(1874년 여름-1877년 여름)

전에 보았듯이 로스는 1874년에 고려문을 처음 방문하여 한국과 한국
어에 대한 정보를 수집하기 시작했다. 그 방문 중, 로스는 "비싼 값을
주고 필사본인 6권의 옛날 한국어 책-역사소설"을 한 중국인 상인으로
부터 구입했다.[101] 이 기간 동안 로스는 이응찬의 도움을 받아 *한국어
입문서*를 저술했고 1877년에 상해에서 출판했다.[102] 로스는 *한국어 입*

---

101) Ross, CVNT(10, p.169.)
102) 1876년에 존 로스는 *만다린 입문서*를 저술했고, 바로 다음 해인 1877년
에 *한국어 입문서*를 저술했는데, 이것은 자신의 언어교사이었던 이응찬과
의 공동 작업물이었음에 틀림이 없다. 최 박사는 박사학위논문에서 *한국어
입문서*에 대한 심층분석을 하여 그 특징과 장단점을 지적하였다. *한국어
입문서*(89쪽)는 약 800문장을 포함하고 있는데, 그중 680문장은 *만다린
입문서*로부터 직접 번역이 되었으며, 40문장은 만다린의 형식과 아주 유
사하며, 80문장은 전혀 다르다. *만다린 입문서*는 1,000개의 어휘 리스트
(영-중국어를 알파벳순으로)를 책 말미에 갖고 있는 반면에, *한국어 입문
서*는 그러한 리스트가 없다. *한국어 입문서*는 23과로 되어 있는데 의주
방언으로 저술되었다. 의미심장하게도 로스는 이 방언의 문제를 알고 있었

*문서*를 저술하게 된 동기를 "그리 멀지 않은 날에 한국과 공식적, 상업적, 주로 선교적 교류를 준비하고자 열망하는 자들을 위한 것"이라고 적었다.103) 여기서 우리는 다시 로스가 한국에 외국 선교사들이 입국할 것을 이미 예측하고 있었다는 것을 볼 수 있다.

*한국어 입문서*를 분석함에 있어, 우리는 자신의 학위논문에서 *한국어 입문서*와 *만다린 입문서*에 대한 비교분석을 성공적으로 한 최 박사의 말을 빌리고자 한다. 그는 "*한국어 입문서*는 이미 중국어를 알고 있으면서 한국어를 배우기를 시도했던 선교사들을 위하여 주로 고안되었으며, 로스는 *한국어 입문서*에서 일부러 어휘 리스트를 붙이지 않았다."라고 결론을 내렸다.104) 그의 예견에도 불구하고 로스가 한국에 입국할 외국 선교사들이 중국어의 지식을 가질 것이라는 가정은 자신의 책을 위해서는 해로운 것임이 판명되었다. 대부분의 미국 선교사들이 중국어를 전혀 몰랐다는 문제뿐만 아니라 그 책이 한국 서북부 지방의 사투리로 저술되었다는 문제가 있었다. 유감스럽게도 미국인 선교사들은 그 *한국어 입문서*를 전혀 사용하지 않게 되었다.105)

*한국어 입문서*가 결함이 있는 것으로 판명되었다 하더라도 이 책의 중요성은 결코 과소평가 될 수 없다. 한 권의 책을 한국어로 출판함을

다는 것인데, 그렇지만 의주 방언과 서울 표준말 간의 차이는 미세한 것이라고 판단했으며, 그는 대부분의 한국인들은 의주 방언을 알아들을 수 있을 것으로 생각했다. (Choi, *JRKPC*, pp. II – III, and 102 – 103.)
103) Ross, *Corean Primer*, p. III.
104) Choi, *JRKPC*, p. 103.
105) Choi, pp. 103 – 104. 여기서 최 박사는 일부 고어체 단어들, 많은 철자법상의 오류들과 너무 자유롭거나 전혀 잘못된 번역들을 지적하면서, Corean Premier과 로스역 한국어 신약성경에도 유사한 오류들이 있다고 지적한다.

통해서 로스는 새롭게 배운 한국어를 실용화 할 수 있었을 뿐만 아니라 성경번역을 위해 자신을 준비하였던 것이다. 최는 "따라서 *한국어 입문서*는 일종의 로스 번역본의 패러다임(a kind of paradigm of the Ross Version)으로 간주되지 않으면 안 된다. 그것은 영어로 된 한국어에 대한 최초의 책이었을 뿐만 아니라 최초의 한국어 성경에 대해 큰 영향을 행사하였다는 점에서 의미심장하다."라고 적고 있다.[106)]

2. 초기 번역시대(1877년 여름 – 1879년 4월)

로스가 번역을 시작한 것은 *한국어 입문서*가 출판되고 그가 고려문을 두 번째 방문한 후인 1877년의 어느 때라고 널리 인정되고 있다.[107)] 그러나 한국교회사가들 가운데는 번역이 시작된 해를 1875년이라고 주장하는 자들이 일부 있다. 우리는 이것이 틀린 주장이며 이들이 날짜들을 잘못 계산하였다고 주장하는바, 이는—우리가 이미 보았듯이—로스가 처음 이응찬과 조우한 연도를 이들이 잘못 추산했기 때문이다.[108)]

그렇다면 성경번역은 1877년 여름에 로스와 이응찬이 목단에서 시작한 것이다. 이것은 번역을 연대기적으로 분석하는 데 있어 두 번째 단계의 시

---

106) Choi, pp.107 – 109.
107) Choi, *JRKPC*, pp.109 – 111, Grayson, *JRKFM*, p.35, *HKBS* pp.46 – 47.
108) 대부분의 한국교회사가들은 신약에 대한 본격적인 번역 작업이 1875년에 시작되었다고 주장한다. 이 잘못된 주장이 시작된 것은 모두 김양선이 자신의 1967년의 논문 "로스 번역본과 한국의 개신교"에서 로스가 이응찬을 1874년 가을에 만났다고 생각하면서—이 또한 잘못된 생각인데—그렇다면 번역 작업은 그다음 해에 시작되었음이 틀림없다고 주장했기 때문이다. (김양선, "로스 번역본과 한국 개신교", *백산학보* 제3호, p.413.)

작이 되는데, 우리는 이 두 번째 단계를 세 개의 작은 기간으로 나눈다. 첫째 기간은, 1878년 봄까지의 번역 과정으로서 이응찬이 체포의 공포에 사로잡혀 사라져버린 기간이다. 그때까지 요한복음과 마가복음의 대부분이 완성되었다. 둘째 기간은 서상윤의 도착으로 잉코우에서 번역이 계속된 기간이다. 이 기간은 누가복음이 1878년 말경에 완성된 기간이다. 셋째 기간은 다시 잉코우에서 백홍준 및 매킨타이어가 세례를 준 약간의 다른 한국인들이 도착함으로 시작된 기간으로서 로스가 1879년 4월에 스코틀랜드로 출발함으로써 끝난 기간이다. 이 기간 동안, 마태복음, 사도행전 및 로마서의 일부가 번역되었다.109) 1880년에 연합장로교회에 보낸 보고서에서 매킨타이어는 성경번역이 적기에 완성될 것이라고 적고 있다.110)

그렇다면 우리는 어떻게 그렇게 짧은 기간 동안에 번역팀이 번역을 완성할 수 있었는가를 질문하여야 한다. 마태복음 전체와 사도행전 및 로마서의 일부를 3 – 4개월 만에 번역하는 것이 정말로 가능한 것인가? 그리고 이것은 이응찬의 부재 가운데 된 것이라는 것을 기억하여야 한다. 그러나 이것은 우리가 당초 생각했던 것보다는 번역팀에 더 많은 한국인들이 있었다는 것을 알면 모두 이해가 된다. 우리는 상기 기간 동안 번역팀과 함께 조력한 적어도 세 명의 익명의 한국인들이 있었다는 것을 주목해야 한다. 초기 한국교회사가인 김양선은 이 단계에서의 가능한 조력자로서 김진기와 이성하를 거명한다.111) 더욱이 최초의 한국인 수세례자로서 전에 '행복한 신자'로 언급된 인물이 세례를 기다리는 첫날부

---

109) John MacIntyre, *MRUPC* for 1880, pp.15 –18, Choi, *JRKPC*, pp.111 – 112.
110) John MacIntyre, "Baptism in Moukden, Haichung and Seaport", UPMR (Jan., 1880), p.15.
111) 김양선, 전게논문 91쪽. 그러나 김 박사는 이 진술의 역사적 근거를 들지는 않는다. (See, *HKBS(1)*, p.38.)

터 로스가 스코틀랜드로 출발한 날까지 번역 과정에서 돕고 있었다.[112) 따라서 우리는 로스의 번역 프로젝트를 위하여 일한 많은 익명의 한국 인들이 있었다는 사실을 재확인한다. 비록 이들의 정확한 숫자는 알지 못해도 이들이 초기 한국장로교회의 발전에 중요한 역할을 수행했다.[113)

이 모든 기간 동안 로스가 작업의 책임을 지고 있었고 매킨타이어는 그 프로젝트에 활발하게 참여하지 않고 단지 필요한 곳에서 지원을 하며 전반적인 사역에 대해 주로 방관자이었다. 한 가지 더 주목할 것은 번역팀은 성경의 중국어 번역본인 the Delegates' Version으로부터 번역을 했다는 점이다.[114)

3. 매킨타이어 선교사의 번역 참여(1879년 4월 – 1882년 3월)

세 번째 기간은 1879년 4월부터 1882년 3월까지의 3년간인데, 1882 년 3월은 매킨타이어가 11년 만에 첫 안식년을 위해 출발한 해이다.[115) 매킨타이어는 로스가 안식년으로 2년간 부재하는 동안 잉코우에서 번역

---

112) See, "Mr. MacIntyre's Report", *UPMR* (July 1880), p.278, *UPMR* (Oct., 1, 1880), p.334.
113) Choi, *JRKPC*, p.112.
114) James Legge(1815 – 1897)는 1854년에 the Delegates' Version을 완성했다. 그는 고전 중국어에 능통했으며 많은 중국 고전들을 영어로 번역했다. 그는 옥스퍼드 대학교의 동양학과 교수였던바, 서구에 동양의 문화와 언어에 대한 연구를 위한 길을 닦았다.
115) 매킨타이어는 안식년을 위하여 출발할 때까지 번역 작업을 계속했다. 로스는 1881년에 스코틀랜드에서 복귀한 후 이 기간 동안 선교지에 재정착하는 일에 집중했으며 누가복음의 출판을 준비하고 있었다. (See, *MRUPC* for 1883, pp.220 – 223.)

사역을 책임지고 있었다. 매킨타이어는 "이 모든 사역을 2년간 미궁에 두어야 하는가?"라고 말했을 때, 로스의 부재 기간 중 한때 번역 사역을 그만둘 생각을 했었다. 그러나 그는 마음을 고쳐먹었는데, 이는 "로스가 시작한 번역 작업을 내가 수행하여야만 하고, 섭리적으로 출현한 교사들을 이용하여야만 될 것처럼 내게 보였기 때문에 나는 한국어 연구에 몰두하기로 했다."로 고백하고 있기 때문이다. 그가 번역 작업에 참여하면서 "그리하여 한국어 학습은 나의 설교 이외의 과업이 되고, 그것이 나의 일생의 과업이 될 것처럼 보인다."라고 말했다.[116] 그리하여 매킨타이어는 전심으로 한국어 번역 작업에 투신했다. 그 작업에 어찌나 몰두하였던지 매킨타이어는 2주간의 과로로 인한 심한 안질에 걸렸다.[117] 그러나 로스처럼 매킨타이어의 한국인들에 대한 열정은 이 어려움을 극복할 수 있는 정도이었으며, 이뿐 아니라 이 일을 위하여 그는 안식년을 기꺼이 연기하였다. 우리는 그가 "그러나 아무 것도—심지어 소경이 되는 것도—이 단계에서 나의 한국어 작업을 중단하지 못할 것이다. … 그러나 이제는 나는 한글성경 번역작업을 나의 일생의 과업으로, 실로 필수적인 과업으로 보기 시작했는바, 이 과업이 완성되기 위해서는 본국에 대해 연속적으로 사람들을 요구하게 될 것이다."라고 담대히 말했던 것으로 보아 그가 이에 전심전력으로 참여했던 것을 분명히 볼 수 있다.[118] 우리는 매킨타이어가 실제로 소경이 되었는지 여부는 알지 못해도 매킨타이어가 소경이 될 가능성에 대해서도 낙관적이었다는 것을 "나는 내가 소경이 됨으로—그때는 중국과 한국을 여행하는 행복한 삶을 살 수 있을 것이며, 나의 청중에 소경 교사라는 신기함이 더해진다면,

---

116) *UPMR* (July 1, 1880), p.279.
117) *MRUPC* for 1883, p.220.
118) *Quarterly Record of NBSS for 1863 –92*, p.666 quoted from Choi, p.116.

나는 독립의 느낌을 분명하게 인식할 것이다."라고 한 말에서 알 수 있다.[119] 재미있는 것은 매킨타이어가 한국을 방문할 열망을 표현한 것인데, 심지어 그가 소경이 된다 하여도 '중국과 한국 간을' 여행하고 싶다고 말하였다.

분명, 매킨타이어의 진지한 참여가 없었더라면 한국어 신약의 완성은 수년간 지연되었을 것이다. 어쨌든, 우리는 이 단계—매킨타이어의 번역 참여의 기간—를 다시 3단계로 세분한다. 첫 단계는 1879년 말까지로서 예비 번역본의 완성된 기간이다. 둘째 단계는 1880년 1년간으로 희랍어 성경을 사용한 기존 번역본의 수정 기간이다. 마지막 단계는 1882년 3월에 매킨타이어가 출국할 때까지의 기간으로 그가 한-불 사전을 이용하여 기존 번역본을 수정했던 기간이다.

1879년 말까지의 첫 단계—신약 번역본의 완성. 이 기간 동안, 매킨타이어는 이응찬으로부터 한국어를 배우기에 바빴기에, 세 명의 수세례자들(최초의 익명의 수세례자, 재합류한 이응찬, 그리고 네 번째 수세례자)과 수 명의 다른 한국인들에게 로마서부터 계시록까지 신약을 계속해서 번역하도록 요청했다. 매킨타이어와 한국인들 간의 이 팀워크가 가능했던 것은 매킨타이어가 중국어를 알고 한국인들이 중국어와 한국어를 알고 있었기 때문이었다.[120]

---

119) Ibid.
120) *HKBS* (1), p.50. 이 기간 동안 다른 기독교 서적들을 한국어로 번역했다. 여기에 포함된 서적들은 윌리엄 번즈의 *정도계명 Evidences of Christianity, Pilgrims's Progress, Summary of Old Testament*이다. (*UPMR*, (July 1, 1880), p.279.)

1880년 1-12월의 두 번째 소단계-성경번역 과정에는 물론 다양한 단계들이 있다. 첫 단계는 중국어 성경으로부터 한국어로 직접 번역하는 것이었다. 두 번째 단계는 초안의 수정을 위하여 영어 성경과 헬라어 신약과 비교하는 것이었다. 다음 단계는 사전과 주석을 참고함으로써 원문에 적합한 올바른 한국어 표현을 찾는 것이었다. 한국어에 대한 매킨타이어의 지식이 증가함에 따라, 한국어 번역자들의 원고를 자신이 수정하기 시작했다. 수정을 위하여 그는 희랍어 신약을 처음으로 사용했다.[121) 사실, 이 수정 과정은 번역을 상당히 개선하였는데, 이는 이제까지 중국어 신약만이 main text로 사용되었기 때문이다. 우리는 다음 기사에서 매킨타이어와 한국인들이 공유한 매일의 시간표의 편린을 엿볼 수 있다.

> 나는 이제 희랍어 성경을 가지고 마태복음 번역의 검토 작업을 끝냈다. 사실 우리의 이전 작업은 오직 중국어 성경을 가지고만 했는데, 이제는 희랍어 성경도 사용하고 있다. 나는 같은 방식으로 사도행전도 끝냈고 현재는 누가복음을 번역하고 있다. 나는 두 명과 항상 함께 작업하는데 한 명은 나의 개인교사이자 서기(아마도 이응찬일 듯)로서 내가 확보할 수 있는 대로 매일 3-4시간을 작업한다. …오전 7시부터 9시까지는 내 방에 연소자를 두고 그가 내 앞에서 한국어로 성경을 정기적으로 강해하게 하면서 내가 필요하면 언제나 중지시키면서 설명을 요청한다. 다시 일과가 끝난 저녁에는 일류 강해자(a first-rate expounder)인 나의 개인교사가 같은 식으로 강해하는 것을 듣는다.[122)

1880년 말에는 이 과정을 통해서 마태, 마가, 누가복음과 사도행전이 거의 전부가 재번역되었다. 사실, 마태복음은 모두 네 번 수정되었다. 번역을 위한 한국어 사전의 긴급한 필요를 느낀 매킨타이어는 "신중한 검

---

121) John MacIntyre, "Corea", *UPMR*, (April 1, 1881), p.85.
122) John MacIntyre, "Corea", *UPMR*, (April 1, 1881), pp.85-86.

토를 거친 2,500여 단어에" 대한 어휘집을 편찬했다.[123]

1881년 초[124]부터 1882년 3월까지의 세 번째 단계—이 단계의 특징은 매킨타이어의 안질과 한—불 사전 사용이다. 한—불 사전은 1880년에 일본 요코하마에서 로마천주교 선교사들에 의하여 편찬·출판되었다. 매킨타이어는 이 사전의 출판을 학수고대하고 있었다. "나의 또 다른 소망은 일본에 있다. 거기서 한국어 연구가 열정적으로 진행되고 있고 주한 로마천주교 주교가 한—불 사전을 인쇄하기 위해 거기로 갔다."[125] 이때로부터 매킨타이어는 자신이 편찬한 어휘집 대신에 사전을 이용할 수 있었다. 말할 필요도 없이 사전은 그가 성경을 번역하고 수정하는 데 큰 도움을 주었다. NBSS에 보낸 서신에서 매킨타이어는 로스가 스코틀랜드로부터 1881년 5월에 복귀하였을 때는 이미 번역의 네 번째 개정 중이라고 쓰고 있다.[126]

4. "예수 성교 전서"의 완성(1882년 4월 – 1886년 가을)

마지막 기간은 매킨타이어가 안식년을 떠나고 로스가 다시 번역 과정을 지도하는 기간이다. 로스 번역본인 *예수 성교 전서(예수의 거룩한 종*

---

123) 매킨타이어는 자신과 함께 성경공부를 하고 있었던 30 – 40명의 한국인들로부터 2,500단어의 어휘집을 편찬했다. 이에 더하여 매킨타이어는 한국인들의 도움을 받아 한국어에 대한 두 권의 책, *Corean Grammar and Analysis of Sentences*를 저술했다.
124) 1881년 5월 17일에 런던에서 신약 영어 번역의 개정본(Revised Version)이 출판되었는데, 이는 위클리프 번역본보다 500년 후에 나온 흠정역(킹 제임스 버전)의 개정본이었다.
125) J. MacIntyre, "Baptism at Moukden, Haichung and Seaport", *UPMR* (January 1880), p.15.
126) J, MacIntyre's letter to W. J. Slowan, July 11, 1881.

교의 책)는 1886년에 완성되었다. 누가복음은 신약 전체가 1887년에 출판되기 전에 1882년 초에 별도로 출판되었다. 많은 오류를 가진 대충의 번역인 신약 초안이 매킨타이어의 지도하에 1879년에 완성되었다. 로스가 1881년 5월에 스코틀랜드에서 복귀한 후에, 1886년 가을까지 전 신약을 완성하기 위하여 이 초안을 재번역하고 수정하는 일을 계속했다.127)

상상할 수 있듯이, 1876년부터 1886년까지의 로스와 매킨타이어에 의한 번역의 과정 동안, 번역 과정에 시행착오로 인한 수차례의 변경이 있었다. 무엇보다, 그 번역은 중국어 성경의 문자적 및 직접적 번역이었던 바, 이는 원본의 의미를 전달하면서도 한국어 문법에 도움이 되는 것이었다. 그 후, 안식년 기간 동안 로스는 중국어나 영어 성경보다는 *개정 희랍어 버전(Revised Greek Version)*128)을 사용하라는 조언에 따라 이 버전을 충실히 따랐다.129) 번역방법에도 큰 진보가 있었다.130) 로스가 1882년 초에 복음서 출판을 시작하기 전에 채택했던 번역방법은 매킨타

---

127) 아이러니하게도, 이 기간 동안에는—로스가 스코틀랜드로부터 돌아온 이후— 로스는 번역 작업에 대해 많이 보고하지 않고 있으며, 그나마 가끔 언급할 때는 개정 과정만을 언급한다. 우리는 그 이유가 로스의 안식년 기간 동안, 로스는 연합장로교회 국외선교위원회로부터 번역 작업에 대해 격려를 받지 못했기 때문이라고 주장한다. 본국의 국외선교위원회는 만주 사역 대신에 번역 작업을 하는 것을 '불필요한 사역'이라고 비난했다. (*MRUPC* for 1887, p.226.) 이때는 또한 로스가 성경번역에 있어서 '잘못된 관용어구와 평양 사투리'를 정리하려고 분투하던 때였는데, 이를 위하여 로스는 서울에 있는 젊은 한국인 학자의 도움을 구했다. (Choi, *JRKPC*, pp.117-118.)

128) 이 헬라어 성경은 옥스퍼드 대학교의 James Legger가 로스에게 주었다. (See, Ross'sletter to Wm. Wright, March 24, 1882.)

129) Ross, "The Corean Work", *UPMR* (July 1882), p.244. 그러나 매킨타이어는 자신의 번역의 표준으로 *the Greek revised Version*을 사용할 수 없었는데 그 이유는 이것이 1881년에 출판되었기 때문이다. (Choi, p.120.)

130) Choi, pp.120-124. 최 박사는 로스 번역본에 대한 심층연구에서 로스팀이 사용한 번역 원칙들을 확인하고 있다.

이어가 일찍이 사용했던 것보다 더 철저했다. 로스는 이응찬과 서상윤을 포함한 한국인들의 도움을 받으면서 충실한 번역을 하기 위한 자신의 고통스러운 노력에 대해 아래에서 기술한다.

한국인 학자가 최선의 중국어 성경으로부터 신중하게 번역한다. 이 번역을 나는 Revised Version의 희랍어와 문구 하나하나, 단어 하나하나를 엄격하게 비교한다. 이 작업을 할 때, 나는 곁에 또 다른 한국인 학자 한 명을 두는데 그는 우리와 함께 수년간을 번역했다. 중국어에 대한 철저한 숙지와 번역자의 실행(practice)에도 불구하고 만들어져야 할 변경들에 대한 숫자와 종종 그 중요성에 대해 설명한다는 것은 불가능하다. 어떤 때는 구절들이 거꾸로 되어야 하고, 어떤 때는 의미가 변경되어야 한다. 어떤 때는 전체 문장이 다른 것으로 삭제되어야 한다. 전체적으로 첫 번역은 인간의 얼굴에 비유하자면 마마 자국으로 가득한 얼굴이 되었다. 이렇게 개정된 번역본은 깨끗한 것으로 만들어지도록 다시 한국인 번역자들에게 보내졌다. 그 후에는 희랍어 단어들을 번역하는 단어들의 사용에 있어 통일성을 확보하기 위해 희랍어 성구사전이 요구되는데 이는 같은 희랍어 단어에 대해서는 가능하면 언제나 가장 적합한 한국어 단어가 나타날 수 있도록 하기 위함이다. 그러나 의미와 한국어 관용구는 문자적 번역에 대해 우선권이 주어진다. 예를 들어 한국인은 그들의 바늘에 '눈'이 아니라 '귀'를 갖고 있다. **이 과정이 끝난 후에는, 개정 번역본은 다시 첫 번째보다 더 신중하게 희랍어 성경과 함께 읽는다. 적어도 한 명의 한국어 학자라도 없다면 나는 절망적이 된다.**[131)]

한국인 번역자들의 값진 도움을 받아 로스와 매킨타이어는 재개정을 반복하는 엄격한 원칙을 따랐다. 그러므로 우리는 한국 교회사가인 김대인이 로스 번역본은 '로스-서상윤 번역본'이라고 불려야 한다고 말하는

---

131) Ross, "The Corean Work", *UPMR* (July 1882), pp.244-245. 굵은 글자는 필자의 강조임.

것을 이해할 수 있다.[132) 흥미로운 것은 로스가 자신의 한국인 번역자들의 능력과 그들의 한국어 능력에 대한 우위(supremacy)를 확신하였기에 영국성서공회(The British and Foreign Bible Society, BFBS)에 중국어 성경의 보다 나은 번역을 위하여 한국어 성경을 중국어로 번역하도록 요청했으며, 그 반대로 하지 않았다는 것이다.[133) 이것은 1) 기존의 중국어 성경에 대한 로스의 신뢰의 결여 또는 2) 자기 팀의 번역 작업에 대한 로스의 신뢰를 보여주는 것이다.

5. 한국에서의 첫 성경 출판

1882년 3월에 한국에서 출판된 성경 중의 최초의 책인 누가복음의 출판은 NBSS의 지원이 있어 가능했다. 반면에 전체 신약은 1887년에 BFBS의 지원으로 출판되었다. 여기서 우리는 어떻게 NBSS와 후에는 BFBS가 로스 번역본의 출판을 지원하게 되었는가를 간단히 볼 것이다.

안식년으로 스코틀랜드에 있는 동안 로스는 그 전의 교신을 근거로 자신의 번역 작업에 대한 연합장로교회의 지원의 결여와 회의(scepticism)에 대해 알고 있었다.[134) 그러므로 로스는 본국에 체재하는 동안 다른

---

132) 김대인, *한국교회의 숨겨진 이야기-토착교회의 출현* 130-132쪽. 일부 한국교회사가들은 최초의 성경은 마땅히 '로스-서상윤 번역본'이라고 불려야 한다고 주장했다. 흥미로운 것은 숭실대학교 기독교 박물관에 비치된 성경에는 '로스-서상윤 번역본'이라고 적혀 있다는 것이다. Ross, "The Corean Work", *UPMR* (July 1882), p.244.

133) Ross letter to Wright January 24, 1883. 그 당시 윌리엄 Wright 박사가 BFBS의 책임자이었다. (Editorial Correspondence of the BFBS-Inward for 1877-1882, Box No.9.)

곳에서 재정 지원을 확보할 의도를 가졌다. 이것이 그가 네 권의 새로 번역된 복음서의 초안들을 스코틀랜드로 가져온 이유라고 우리는 주장한다. 이것들을 NBSS와 다른 교회의 사람들에게 보여줌으로써 로스는 성경을 한국어로 번역하고 인쇄하는 데 소요되는 비용을 제공해 줄 것을 요청했는데 그의 노력은 큰 호응을 얻었다.

스코틀랜드 성서공회는 새 번역본에 대하여 듣자마자, 조판 비용을 일정 금액까지 제공하기로 흔쾌히 동의했다. 그러나 공회는 불황으로 인해 자금의 어려움을 겪고 있었기 때문에 전체 사역에 대한 자금을 담당할 수는 없었다. 그들은 조판 비용과 나와 매킨타이어의 문서 준비 비용을 위해 130 파운드를 주었다. 나의 출석교회에서 신앙의 진지한 실천으로 잘 알려진 한 신사가 인쇄기와 잉크 등 필요한 것들을 구입할 수 있도록 35파운드를 주었다. 선교를 위한 관대한 후원자로 이미 명성을 얻은 Leeds의 신사인 Robert Arthington은 오랫동안 한국에 관심을 갖고 있었는데, 누가복음과 요한복음 3천 부의 인쇄를 위한 종이 구입 비용을 제공하기로 했다.[135]

이리하여 로스는 번역과 인쇄 작업을 위하여 NBSS를 포함하여 다양한 원천으로부터 재정 지원을 확보할 수 있었다.[136] R. Arthington은 이

---

134) 로스의 새 번역 프로젝트에 대해 듣고서, 연합장로교회 국외선교위원회의 위원장인 MacGill은 로스에게 1882년 10월 5일자의 서신을 보냈는데, 여기서 로스에게 만주로 파송된 선교사로서 '순회 설교를 주된 사역'으로 간주하여야 한다고 조언했다. 맥길은 로스 측의 관심사들 간에 충돌이 일어날 가능성에 대해 이사회가 우려하고 있다는 표현도 하였다. "나로서는 당신이 번역사역을 잘하고 있다는 것을 알고 기뻐하고 있으나, 이사회의 의견은 당신의 생각과 계획과 노력들에 있어서 우선순위는 직접적인 선교사역(만주사역)이다." (National Library of Scotland Manuscript Collection, No.7659, pp.88–90.)

135) John Ross, "Corean Version of the New Testament" (MRUPC, February 1881), p.37. 로스는 마태복음 사본 1권을 NBSS에 제출하면서 서부 위원회에 1879년 7월 28일에 그 성경을 출판해 줄 것을 요청했다.

미 로스가 고려문을 두 번째 방문할 때의 비용도 제공한 것을 우리는 기억한다.[137] 최초의 한국어 성경의 출판 가능성에 더하여 만주로부터의 성공적인 사역보고들은 로스가 다양한 교회와 개인들로부터 수많은 헌금을 받았다는 것을 의미했는데, 로스는 헌금자들의 이름을 그의 기록에 충실하게 남겼다.

> Free High Church의 목사인 엘긴은 '고아 소녀 콘서트'의 수익금인 1파운드 15실링을 한국어 번역본을 위한 첫 번째 헌금으로 나에게 보냈다. Thomas Dobbie 목사는 가난한 사람으로부터 10실링을 받아 내게 주었다. 많은 선행을 한 글래스고우의 한 부인은 매킨타이어가 한국인 회심자들 가운데 선택하여 그 사역을 위해 훈련한 최초의 한국인 전도인의 월급의 절반을 5년 동안 제공하겠다고 약속했다. 던디의 한 신사는 이미 첫해 급여의 나머지 절반으로 7 파운드를 송금했다.[138]

*The Missionary Review of the World*는 1880년에 NBSS가 이미 "아직까지 자신들의 언어로 성경의 어떠한 부분도 가져보지 못한" 1200 - 1500만 한국인들을 위하여 복음서들의 번역본을 인쇄하는 일을 지원하기로 결정했다고 보고했다.[139]

---

136) 그 위원회는 실험용으로 복음서 1권을 인쇄하는 데 동의했다. (*Quarterly Record of NBSS*, Oct., 1879, p.601.) 신약 전체를 출판하기를 원했던 로스의 추가적인 요청에 따라, NBSS는 1880년 10월 26일에 로스와 매킨타이어에게 소요 비용과 한국인 번역자들의 급여와 나아가 3천 권의 누가복음과 요한복음의 편집을 위한 조판 비용을 제공하는 데 동의했다. (*Western Committee Minutes Book of the NBSS*, No.7. pp.184-186.)
137) R. Arthington's letter to Wm. Wright, Sep. 21, 1882, Quoted from Ross's letter to Arthington, Feb., 17, 1882. (*MRUPC for 1877*, p.355.)
138) Ross, "Corean New Testament", *CRMJ* (November 1883), p.494.
139) *MRW*, 1880, p.77. 우리는 '미전도 종족'에 대한 스코틀랜드 교회의 긍휼을 본다.

이제까지 우리는 어떻게 로스가 스코틀랜드에서 인쇄와 출판 작업을 위한 재정 지원을 얻을 수 있었는가를 보았다. 로스 번역본을 다시 만주에서 출판하기에 이르기까지의 사건들을 간단히 살펴볼 것이다.[140] 1881년 7월 매킨타이어는 요코하마로부터 한국어 판형을 수령했다. 안식년에서 돌아온 로스는 문광인쇄소를 개설하기 위해 묵단으로 갔다. 복음서들을 위한 조판은 NBSS 일본 책임자인 Lilley에 의해 선정되고 준비되어 잉코우로 보내졌다.[141] 그동안 로스는 스코틀랜드 연합장로교회의 어느 교인이 헌금한 돈으로 상해에서 인쇄기(press machine)를 구입할 수 있었다.[142] 성경을 인쇄하기 전에 로스는 마지막으로 인쇄공을 구해야 했었다. 중국인 인쇄공을 고용하려고 생각하였다가 로스는 자기가 실제로 필요로 하는 인쇄공은 조판을 할 수 있고 한국어에 능통한 한국인 인쇄공이어야 한다는 것을 깨달았다. 앞에서 보았듯이 이때가 정확히 김청송이 도움을 구하러 로스에게 다가왔던 때이다.

1881년에 문광인쇄소는 성경을 인쇄할 준비가 되어 있었다. 시작하기 전에 로스는 인쇄기를 시험하기 위하여 작은 전도지의 인쇄를 시도했다. 해외선교부에 보낸 로스의 1881년 9월 12일자 서신에 따르면, 1881년 9월부터 전도지들을 인쇄하기 시작했다. 로스는 그 서신에서 기계가 작동을 잘하였기에 자신의 최초의 인쇄물[143]인 예수 성교 문답(기독교 교

---

140) *HKBS(1)*, pp.61 −89.

141) 그 당시 한글 알파벳은 아직 금속활자로 만들어지지 않았다. 한국인 기술자들이 목판활자를 만들어 일본에 보내면 거기서 금속활자가 만들어졌다. 우리는 목판활자들이 매킨타이어의 감독하에 1880년에 제작되어 보내어졌다고 주장한다. (*ARNBSS* for 1881, p.32, *Western Committee Minutes Book of the NBSS*, No.7, p.386.) 1880년에 한−불 사전이 출판된 것을 고려하면, 요코하마에서의 인쇄기술은 상기 과업들을 위하여 충분히 발전되어 있다고 볼 수 있다.

142) Ross' letter to Wright, September 29, 1883, *HKBS(1)*, pp.61 −62.

리에 대한 질의 응답)144)과 예수 성교 요령(기독교의 핵심적 교훈점)145)을 동봉했다고 적었다. 해외선교부는 이 전도지들을 검토한 후에 만주에 있는 동료들의 사역을 칭송했다.

로스가 보낸 두 가지의 인쇄물의 견본은 매우 아름답다. 물론 그 정확성은 판단할 수 없지만 인쇄물의 외관은 바랄 수 있는 모든 것을 갖춘 것처럼 보였다. 로스가 말하고 있고, 매킨타이어가 저자인 이 전도지는 한국어로 인쇄된 최초의 기독교서적을 포함하고 있다. 이 인쇄물로 인해 만주에 있는 우리 형제들은 놋쇠나 대리석보다 더 오래 지속될 기념비를 자신들에게 세우고 있는 것이다.146)

1) 누가복음(1882년 3월)과 예수 성교 전서(1887)

두 가지의 전도지를 성공적으로 출판한 로스는 1881년 말에 누가복음의 출판을 시작할 수 있다고 확신했다.147) 실로 이는 로스의 첫 번째 고려문 방문 이래의 8년간의 땀의 결실로서 로스, 매킨타이어, 이응찬,

---

143) Ross, "Manchuria", *UPMR* (Feb., 1882), p.33.
144) 예수성교문답은 연합장로교회의 교리문답서의 요약본이다. 로스는 그 교리문답서를 수정 요약하여 한국문화에 맞게 수정하였다. 예수성교문답의 원본은 캠브리지 대학교 도서관의 British and Foreign Bible Society 도서관에 보관되어 있다.
145) 이 두 권의 견본들은 이동식 금속활자를 사용하여 한국에서 인쇄된 개신교회의 최초의 기독교 문서이다. (*MRUPC* for 1882, p.34, *HKBS(1)*, p.62.)
146) "Translation and Printing Work", *UPMR*(February 1882), p.34.
147) 왜 로스는 누가복음을 가장 먼저 출판하기로 했는가? 로스는 그 이유를 "한국어 신약 번역본이 인쇄되기에 앞서, 복음서 한 권을 신중하게 준비하여 먼저 사람들에게 회람되도록 하는 것이 바람직스럽다고 생각해서 누가복음을 선택했다. 내 동료인 매킨타이어는 누가복음을 여러번 수정·번역해서 이에 대해서 탁월한 준비가 되어 있다."라고 설명했다. 이리하여 누가복음이 첫 번째로 번역이 된 복음서가 되었고 그 당시에 당연히 가장 철저하게 수정이 된 복음서이었다. (Ross, CDK, p.242.)

서상윤 그리고 의주로부터 온 다른 젊은 한국인들의 공동의 노력의 결과였다. 이리하여 1882년 3월에[148] 3천 부의 누가복음이 NBSS와 BFBS의 재정 지원으로 마침내 출판되었다.[149] 두 개의 성서공회 간에 갈등이 있었던 것처럼 보이는데, 이것은 부분적으로는 로스가 성경의 즉시 출판을 고집하였기 때문이기도 하고 부분적으로는 출판에 관한 NBSS의 과도한 조심성 때문이기도 했다.[150] 그러나 이 사건으로부터 우리는 다시 한

---

148) 이덕주는 출판일을 3월 24일로 주장하고 있으나 이를 뒷받침할 역사적인 증거는 없다. 사실, 출판일을 3월 초로 앞당기는 것이 보다 정확할 것이다. (이덕주, *초기한국기독교역사 연구*, 335쪽.)

149) 총 인쇄 비용은 54파운드 11실링 6펜스이었다. 로슨 Arthington에게 이 비용을 지원해 줄 것을 요청했으며 Arthington은 50파운드를 기부했다. (See, Ross' letter to Arthington, Feb., 17, 1882.) 로스는 BFBS에게도 누가복음과 사도행전 3천 부의 출판을 위해서 95파운드를 지원해 줄 것을 요청했다. (*The Minutes of Editorial Committee of the BFBS*, September 13, 1882.)

150) NBSS와 로스 간의 갈등은 1881년 9월의 두 개의 문서의 출판으로 시작되었다. 로스는 인쇄된 문서들의 사본을 NBSS에 보냈는데, 비록 NBSS는 그 정확성을 비난하지는 않았지만 이 한국어 번역본이 중국어 번역본의 축약판인 것을 우려했다. 이리하여 NBSS는 누가복음의 잠정본을 먼저 인쇄하여 있을지 모를 필요한 수정을 하라고 제안하면서 출판을 연기하도록 로스에게 강하게 요구했다. 그러나 로스는 한국어 복음서에 대한 긴급한 필요에 사로잡힌데다, NBSS가 자신의 한국어 번역자들을 신뢰하지 못하는 것에 대해 화가 났다. 이제껏, 로스는 신약 전체의 인쇄 비용을 NBSS가 지원해 주는 것에 대한 분명한 약속을 요청하여 왔다. NBSS가 출판에 대한 즉시 허가를 하지 않은 다른 이유는 그 당시 스코틀랜드가 당한 경제적 불경기이다. 그래서 NBSS는 "경기 불황의 고통을 당하고 있어 신약 전체의 출판은 감당할 수가 없었다." 그렇지만 누가복음과 요한복음의 조판과 번역을 위한 비용 일부인 130파운드를 제공했다. (*MRUPC for 1881*, p.37.)
로스는 NBSS에 실망하고서 BFBS의 책임자인 Dr. Wright에게 보낸 1880년 6월 23일자 편지에서 자신의 신청서를 '공식적으로 그리고 최종적으로' 철회했다고 진술하고 있다. (Editorial Correspondence of BFBS - Inward for 1877-1882, vol.15, pp.84-86.) 이리하여 로스는 NBSS보다 출판에 보다 열정적인 BFBS를 선호했다. 1882년 9월에 성경 출판 작업은 NBSS로부터 BFBS로 인계되었다. 물론, 이해 전까지의 번역 비용은

번 최초의 한국어 성경 출판에 대한 로스의 고집 속에서 한국인을 향한 그의 열정을 확인할 수 있다.

이 누가복음은 51쪽의 소책자였다. 그러나 이 최초의 누가복음 번역본이 초기 한국교회에 미친 영향은 아무리 과장해도 지나칠 수 없다. 이 출판 직후에 매킨타이어와 로스는 한국인 번역자들을 권서인으로 파송함으로 이들은 자신들이 직접 번역한 복음서를 가지고 고향으로 돌아갔다. 다음 장에서 보겠지만, 이 한국인 전도인들은 최초의 한국인 기독교 공동체를 형성하게 되고, 이리하여 최초의 토착교회는 이들에 의하여 세워지게 된다. 이 출판 후에, 매킨타이어는 11년 만에 첫 안식년으로 의심의 여지없이 분명한 성취감을 가지고 스코틀랜드로 돌아갈 수 있었다. 흥미로운 것은 김청송이 로스에게 세례를 줄 것을 요청한 것은 이 복음서의 인쇄 후라는 것이다.[151] 이리하여 그는 한국교회사에서 다섯 번째의 세례받은 기독교인이 되었다. 누가복음에 이어 3천 부의 요한복음이 1882년 5월 12일에 인쇄되었다. 이때부터 복음서의 끝에 각 단어에 대한 간단한 설명이 붙은 어휘집이 첨부되었다. 요한복음이 출판되었을 때, 한-미 수교조약이 체결되었다는 것은 주목할 가치가 있다.[152]

NBSS가 제공했다. 1883년에 한국은 BFBS의 북중국 지사의 일부분이 되었다. 신약의 출판을 위하여 필요한 비용은 BFBS의 중국, 상해 책임자인 Mr.S. Dyer가 공급했다. 이때로부터 번역된 원고들은 BFBS 영국 본부로 송부되었고 승인 후 출판되었다. (See, Choi, *JRKPC*, pp.136–141, *HKBS (1)*, pp.76–85.)

151) Ross, CDK, p.243.
152) 이 조약은 1882년 5월 22일에 체결되었는데, 한국과 서양국가 간에 최초의 외교조약이었던바, 이는 분명 한국에서의 사역을 고려하고 있었던 중국에 있던 외국 선교사들에게는 큰 격려의 원천이 되었다. 다음 장에서 보겠지만, 이때로부터 외국 선교사들, 특별히 미국 선교사들이 2년후 부터 한국 땅에 상륙하기 시작했다.

1887년에 많은 수정과 개정 후에 최초의 한국어 신약성경인 *예수 성교 전서*가 출판되었는데 5천 부가 인쇄되었다. 이는 *한국어 입문서*가 출판 이후 정확히 10년 만의 일이다. 로스가 이 번역 작업의 주도권을 행사한 핵심 인물임에는 의심이 없다. 그러나 앞에서 보았듯이, 매킨타이어와 한국어 번역자들—특히 이응찬과 서상윤 기타 만주와 스코틀랜드에 있었던 수많은 사람들에 의한 보이지 않는 도움이 없었더라면 그 신약은 세상에 존재하지 못했을 것이다.[153]

Ⅶ. 결 론

지금까지 우리는 만주에 있는 한국인들 속에서의 로스의 사역의 여러 면들을 보았다. 한국, 즉 15세기로부터 19세기까지의 조선은 엄격한 고립정책으로 특징지어졌다. 우리는 로스가 얼마나 한국의 사회-정치적 배경과 한국의 천주교인이 당하고 있는 박해를 잘 알고 있었는가를 보았다. 더욱이, 우리는 어떻게 로스가 한국민과 그 역사와 문화에 대해 관심을 가지게 되었으며 그가 *한국어 입문서*와 한국어 역사에 관한 책을 저술하는 수고까지 했는가를 보았다. 아마도 더 의미심장한 것은, 우리가 로스의 선교방법의 한 요소를 본 것인데, 로스는 그 당시 미복음화된 한국사람들을 복음화하는 유일하고도 생동력 있는 방법은 그들의 평이한 문자인 한글로 성경을 번역하고 토착인들을 훈련하여 파송하는 것이라는 것을 일찍부터 깨달았다. 우리는 이것이 제1장에서 연구했던 삼

---

153) Ross, "The Corean Work", *UPMR* (July 1882), pp.244-245.

자 원리 중 자전의 핵심내용이라고 주장한다. 이 생각은 매킨타이어와 로스가 한국인 번역자에게 세례 주는 데 있어 엄격한 기준을 설정한 것을 볼 때 더 확신하게 된다. 그들은 한국인 세례 신청자들이 자신들의 신앙이 성숙할 때까지 인내하며 성경공부로 '제자훈련'을 한 것이다. 로스와 매킨타이어가 이끈 성경번역팀은 그들이 번역한 성경 중 최초의 복음서인 누가복음의 번역을 시작한 지 5년 만인 1882년에 인쇄에 성공했다. 다음 장에서 우리는 이때로부터 한국인 번역자들이 복음서와 성경공부와 훈련으로 무장되어 한국에서의 최초의 토착적 교회를 설립하기 위하여 고향으로 돌아간 것을 살펴볼 것이다. 우리는 이때가 최초의 미국 선교사들이 한국에 도착한 것보다 최소한 2년 전이라는 것을 볼 것이다. 마지막으로 어떻게 의주, 간도, 소래와 서울에서 토착인 저도자들이 로스의 자립 선교원리를 실천했는가를 볼 것이며, 이것은 사실상 한국의 토착교회의 출발이었음을 알게 될 것이다.

제4장

로스 협력자들의 전도와 로스의 선교방법

이 장에서 우리는 초기 한국교회에 대한 로스 번역본의 영향과 로스의 협력자들에 의한 성경의 배포에 관해 집중할 것이다. 로스가 한국교회에 간접적으로 끼친 영향에 대해 살펴보기 위하여 우리는 다음 사항들에 대해 주목할 것이다.

(Ⅰ) 번역된 신약의 재출판과 배포
(Ⅱ) 로스와 함께 한국 땅 안팎, 즉 간도, 의주, 소래 및 서울에서 사역한 한국인들인 토착 권서인들의 전도활동. 이렇게 함으로써 우리는 초기 한국교회의 생성 과정을 관찰할 수 있을 것이다.
(Ⅲ) 이미 전도를 시작했던 로스의 권서인들 활동가운데서 공식적으로 한국인 전도를 시작한 미국인 선교사들의 역할.
(Ⅳ) 마지막으로 우리는 여기까지 관찰한 것, ─즉 로스의 글(보고서)들과 문헌들, 특히 그의 *만주의 선교방법*, 만주에서의 그의 선교활동 기사들, 그의 협력자들의 한국에서의 전도 기사들을─을 근거로 어떤 결론을 이끌어 낼 것이다. 그리고 난 후 우리는 상기 모든 사실은 로스의 선교방법이 삼자 원리 위에 토대를 두고 있었다는 사실을 확실하게 주장할 것이다.

Ⅰ. 번역된 성경의 출판 및 배포

우리는 로스의 번역팀이 성경을 한국인들에게 출판 배포하는 과정에 있었던 유일한 당사자가 아니었다는 것을 이해하여야 한다. 사실은 우리는 여기서 성경이 한국으로 들어온 세 개의 다른 경로들을 조사할 것인데 그것들은 (1) 로스의 번역본을 한국인들에게 배포한 성서공회기관인 NBSS와 BFBS의 시도들과 (2) 성경을 일본에서 번역한 한국인 이수정과 그의 번역된 성경들을 배포한 미국 선교사들, 및 (3) 자신들이 번역했던 한국어 성경을 배포한 로스의 팀이다.

1. BFBS와 NBSS에 의한 로스 번역본의 배포

로스 번역본이 예수 성교 전서와 동의어가 아닌 것을 깨닫는 것은 중요하다. 사실, 한국성서공회사(제1권)에 따르면, 로스의 번역본은 8개의 다른 출판물들을 포함하는데, 그 절정은 1887년의 예수 성교(聖敎) 전서이다.1) 다음 기사는 1882년부터 BFBS가 로스의 번역본을 배포하는 것을 재고했던 1890년까지의 로스 번역본의 배포에 관한 기사이다. 재고를 하게 된 것은 로스 번역본이 성경의 부적절한 번역이라고 하는 미국 선교사들의 보고서 때문이었다. 우리는 로스 번역본이 NBSS와

---

1) 대한성서공회는 설립 100주년 기념사업으로 1893년에 대한성서공회사(HKBS) 편찬작업을 착수했다. 이를 위하여 공회는 이만열 교수의 도움을 요청하였던바, 이 교수는 한국교회의 초기 연구를 위하여 잉글랜드, 스코틀랜드, 미국 등을 여행했다. 전체 작업은 총 10년이 걸려 대한성서공회사는 1993년 12월에 출판되었다.

BFBS에 의하여 한반도의 북부와 남부에서 배포되었던 것을 볼 것이다.

1882년 3월에 누가복음이 출판된 후에 3천 부의 요한복음이 그해 5월에 인쇄되었다. 6천 부의 누가복음과 요한복음 중, 2천 부―각 1천 부씩―와 약 3천 부의 한국어 소책자와 전도지가 전에 합의된 대로 NBSS에 보내졌다. 이것을 수령한 자는 주일 NBSS 책임자인 J. A. Thomson[2]이었는바, 그가 이 한국어 문헌들을 가지고 무엇을 하려고 했는가는 후에 살펴볼 것이다. 한편 그해에 로스는 BFBS 상해 지사에 복음서 배포 지원을 요청하는 서신을 보냈다.[3] 그 결과 1882년에 서상윤이 BFBS에 의해 고용된 최초의 한국인 권서인이 되었다.[4] 그는 그해 10월부터 12월까지 근무한 후 고향 의주로 돌아갔다.

---

2) NBSS 일본 책임자인 Lilley은 우리가 이미 살펴보았듯이 많은 방법으로 번역 작업을 지원하고 있었는데, Lilley의 직책을 인계받은 자가 톰슨이다. 또한 우리가 유념하는 것은 NBSS가 로스가 안식년으로 스코틀랜드에 있는 동안에 이미 로스 번역팀의 모든 출판물의 1/3을 배포할 수 있는 권리를 주장할 수 있는 조치를 취해 두었다. 이 결정은 1880년 11월 22일 NBSS의 한국번역본위원회에 의해 되었다. (See, Ross letter to Wm. Wright, Oct., 26, 1880 and June 6, 1882.) 그러나 NBSS의 지원과 출판물 배포권은 1882년 9월에 종료되었으며, 1893년부터는 BFBS가 동북 중국 성경 배포를 감독하는 공식적인 기구가 되었다. (*HKBS(1)*, p.70.)

3) 이 당시 BFBS의 책임자인 S. Dyer는 안식년 중이었다. (See, S. Dyer's letter to Wm. Wright, Sep.25, 1882, Quoted from *HKBS(1)*, p.87.)

4) 로스는 BFBS에 보내 서신에서 서상윤을 임명했을 때, 의주는 이미 백홍준에 의해 복음화가 진행 중임을 보고했다. 그는 의주에 있는 한국인들은 '성경에 대한 대단한 열망'을 갖고 있기에, 자신은 서상윤에게 500권의 성경과 기독교서적을 배포하게 하였다고 언급하고 있다.

1) BFBS에 의한 로스 번역본의 배포

최초의 권서인들: 서상윤과 이성하

성경의 배포 자체는 성서공회의 목표가 아니었다. 그들은 미복음화된 사람들에게 성경을 배포한 후에는 그들에게 성경을 정확하게 사용하는 방법을 가르치고자 했다.[5] 이는 성서의 배포자들과 권서인들을 고용하는 것을 의미했는바, 이들은 복음서에 대해 가르침을 잘 받았으며 전도인들로 활동하기를 자원했다. 이에 더하여 성서공회는 성경의 배포와 전도를 촉진하기 위하여 성경 저장소들(Bible Depots)과 성경 낭독자들(Bible Readers)을 이용했다. 한국에서는 BFBS는 성경 낭독자들을 이용했던 것 같지는 않으나, 한국인 전도를 위하여 고용된 약간의 여자 권서인들이 있었다.[6]

서상윤은 권서인으로 임명을 받은 후에 의주에서의 성경 배포에 성공한 것으로 판명되었다. 사실, 상윤은 비밀리에 서울까지 내려가서 거기서도 배포했다. 상윤은 재고가 부족했기 때문에 로스에게 더 많은 양을 공급해 달라고 요구하기까지 했다.[7] 그의 의주와 서울에서의 활동에 대해 추후에 자세히 살펴볼 것이다.

상윤의 후임자는 이성하였는데 그는 로스와 함께 성경번역에 참여했던 자로 믿어진다. 이 사람에 대한 자세한 자료는 남아 있지 않지만 우리는 이성하도 의주에서 사역했다는 것을 안다.[8] 그러나 그의 활동에 대한

---

5) H. O. Dwight, "Bible Distribution", *The Encyclopadia of Mission*, pp.83−84.
6) *HKBS(1)*, p.89.
7) The Annual Report of BFBS for 1883, p.187.
8) *HKBS(1)*, pp.96−97.

초기 한국교회사가인 차제명의 기록이 있다. 차에 의하면, 성하는 압록강을 건너 한국 땅으로 들어가는 것을 반복해서 실패했고, 결국에는 한국의 국경수비대의 손아귀에서 벗어나기 위해 휴대한 성경의 일부는 강속에 던져버리고 나머지는 불태워야 했다. 차에 의하면, 로스는 이 비극적인 이야기에 대해 "압록강의 물은 그 성경들에 의하여 정결해졌다. 그것은 그것을 마시는 한국인들에게 생명이 될 것이며, 불태워진 성경의 재들은 한국인들에게 거름같이 되어 한국교회의 발전에 기여할 것이다." 라는 반응을 보였다.9) 로스의 이 예언은 압록강 너머 한국의 서북부에 실제로 수백 개의 교회들이 설립됨으로 그대로 성취되었다.

류춘천과 하몬

로스 자신의 기록에 의하면 류는 김청송의 뒤를 이어 조판 일을 했던 자로서 두 번째로 고용된 권서인이었다. 1883년 5월에 류는 성경을 배포하기 위해 고향 평양으로 돌아가기를 자원했다. 이 평양은 류가 방문하기 17년 전에 토마스가 제너럴셔먼호에서 1866년에 순교했던 곳이라는 것을 우리는 기억한다. 다음 해 봄, 류는 그 도시에서의 성공적인 성경 배포의 결과를 로스에게 알리기 위해 만주로 돌아갔다.10) 그러나 모든 권서인들이 한국인들이었던 것은 아니었다. BFBS의 북중국 대리점에서 영국인의 복대리인(sub-agent)이었던 Harmon이 한국과 중국의 국경을 건너고 있었던 한국인들에게 로스의 번역본을 배포하는 역할을 맡았다. 아래 표에서 보듯이 하몬은 1884-1885년 사이의 1년간을 사역했다.11)

---

9) 차제명, 조선예수교장로교회사기(조선예수교장로회총회 1928), pp.7-9. 대한성서공회사(1) 97쪽에서 인용.
10) 윌리엄에게 보낸 서신에서 로스는 평양에는 약 20만 명의 인구가 있으며, 류춘천이 그 도시로 출발할 때, 700권의 요한복음과 237권의 누가복음을 휴대했다고 말한다. (Ross's letter to William June 11, 1883.)

표 3. BFBS에 의한 로스 번역본의 배포(1883-1886)[12]

연 도	권서인	기간(주)	신 약	복음서	소 계	연 총계
1883	서상윤	26		1,917	1,917	1,917
	이응찬	26				
	류	22				
1884	하몬	52		2,520	2,520	7,588
	서씨팀			5,068	5,068	
1885	3인	78		3,907	3,907	3,907
1886	서상윤		200	–	200	4,197
	2인	104	12	3,981	3,997	
합 계			212	17,393	17,609	17,609

우리는 1884-1885년에 미국 선교사들이 한국에 도착하기 수년 전에 이미 1882년부터 파송된 권서인들이 수만 권의 전도지와 성경을 한국인들에게 배포하고 있었다는 것을 알 수 있다. 또한 대다수의 권서인들은 한국인들로서 효과적인 토착교회 지도자들이 되어 한국에 수많은 토착교회들을 설립했던 것을 주목한다. 이리하여 한국장로교회는 세계선교의 역사에 있어서 전에 결코 보지 못했던 방식으로 시작되었다.

2) NBSS에 의한 로스 번역본의 배포

NBSS는 이미 1860년부터 중국 본토에서 중국어 성경을 배포하고 있었다. 우리는 토마스의 두 번의 한국 방문이 윌리엄슨과 NBSS의 지원으로 가능했다는 것을 기억한다. 또한 로스와의 분쟁 후에는 NBSS는 로스 번역본의 배포권을 BFBS에 1882년에 넘긴 것을 알고 있다. 그렇다면 로스가 NBSS에 주었던 2천 부의 복음서는 어떻게 되었는지 궁금

---

11) The Annual Report of BFBS for 1885, "Appendix A", p.350.
12) *HKBS(1)*, p.99.

하다. 여기서 우리는 NBSS가 계속해서 한국인 선교에 관심을 갖고 매우 활발하게 한국에서의 성경 배포에 참여한 것을 알게 된다.

NBSS는 일본인 권서인들을 통해서 한국인들에게 복음서들을 배포했다. 우선 J. A. Thomson은 1883년 6월 11일에 동경의 NBSS 성경 저장소를 책임지고 있는 나가사카를 복음서들과 함께 한국으로 보냈다. 이 방문으로 나가사카는 권서인으로 한국에 온 최초의 일본인 기독교인이 되었다. 그의 한국 방문 목적은 복음서들을 배포하는 것뿐만 아니라 부산에 성경 저장소를 개설할 수 있는 가능성을 탐색하는 것도 있었다.13) 부산 주재 일본 영사의 도움을 받아 그는 임무를 성공적으로 수행하고 8월에 일본으로 복귀했다. 복귀 후, 그는 톰슨에게 부산에서의 배포 가능성이 크다고 보고했다. 톰슨은 이 소식을 NBSS의 본부에 전하면서 더 많은 권서인들을 한국으로 파송해 줄 것을 요청했으며 NBSS는 흔쾌히 수락했다.14)

1884년 4월에 톰슨 부부와 동경의 캐나다 감리교회 교인들이었던 수가노 부부는 성경 저장소를 개설하기 위해 부산으로 갔다. 톰슨은 일본 영사 마예다 켄키치의 도움으로 부산에서 약 40마일 떨어진 동래 근처의 한 집을 구입했다. 한국에 체류하는 동안 톰슨과 수가노는 부산에서 성경과 전도지들을 배포하기도 했다.15) 톰슨 부부는 동래에서 한국인 관리를 예방하여 극진한 대접을 받았다. 일본에서의 개인적인 일 때문에 톰슨은 곧 일본으로 돌아갔으나 수가노 부부는 권서인으로 한국에 잔류했다. 수가노 부부는 광범위한 여행을 했는데, 동래와 부산뿐만 아니라 다른 많은 지역들을 여행하면서 성경 배포에 헌신했다.16) 그들의 노력으

---

13) Thomson, "Japan: Two Native Evangelists—Corea Visited", UPMR (May 1884), pp.157—158.
14) Thomson's letter to NBSS, August 3, 1883.
15) Thomson, "A Visit to Corea", *Quarterly Report of NBSS*, (June 1885), pp.806—808.

로 2천 부의 성경이 2년여에 걸쳐서 배포되었다. 그러나 1887년 1월에 수가노가 급사하자 성경 저장소는 폐쇄되었다. 이리하여 1887년 7월 톰슨은 세이노와 함께 부산을 방문했고 이때 성경을 배포하기 위하여 서울로 갔다.[17]

흥미로운 것은 로스의 번역본을 한국에 배포하는 NBSS의 이러한 노력들에도 불구하고 1883-1887년의 5년 동안 한국인 기독교 공동체가 형성되었다는 기록이 없다는 것이다. 이로써 우리는 NBSS의 결과들과 로스의 협력자들의 결과들 간의 대조는 선교전략 관점에서만 설명될 수 있다고 주장한다. 동일한 성경을 배포하였지만 로스의 협력자들이 가는 곳에는 토착교회가 형성되었다는 소식이 있었다. 그러나 NBSS의 권서인들이 사역했던 한국의 남부 지방과 부산을 통틀어 어떤 외형적 열매들이 없었다. 따라서 우리는 성경이나 성경 배포 자체가 성공적인 전도를 보장하는 것은 아니라고 추론할 수 있다. 그 반대로 우리는 로스처럼 그러한 과업들 뒤에 기도로 동역하는 영적인 멘토의 필요가 있으며, 삼자 원리에 따른 토착 전도인들이 전도를 위하여 거의 필수적이라고 확실히 결론을 내릴 수 있다. 이같은 증거는 다음 장에서 일본에서의 이수정 번역본에 배포에 대해 살펴보면 더 확실해 질 것이다.

---

16) *ARNBSS* for 1885, p.42. 수가노는 성경을 팔기 위해 대구(제3의 도시)까지 가는 수고를 하였다.
17) *ARNBSS* for 1886, pp.43-44. 그 당시 세이노는 일본 영사에게 자신의 임무를 설명하면서 그의 도움을 요청했다. 후에 그는 미국 선교사인 언더우드가 서울에서 행한 첫 세례(노천경)를 목격하게 되었다.

2. 이수정 번역본과 그 배포

1876년의 한-일 조약 후에 수많은 한국인 관리들이 서양의 제도와 기술에 의하여 영향을 받았던 일본의 문명과 발전을 보기 위해 일본을 방문했다. 1881년부터 '신사 유람단'이란 상류 계급의 자제들로 구성된 일단의 한국인들이 교육, 농업, 상업, 과학, 군사 등의 분야에서의 일본의 근대 기술을 관찰하기 위해 건너갔다.[18] 이 유람단의 일원이었던 이수정(일본 발음은 리쥬테이 1842?-1887)은 존 로스에 이어서 성경을 한국어로 번역하는 작업을 담당한 두 번째 사람이 되었다. 이수정은 만주에서 로스의 감독하에 진행되고 있었던 성경번역을 일본에서 담당하고 있었던 것이다. 그가 1882-1886년 일본에 체류하는 동안 그는 기독교인이 되었고 성경을 한국어로 번역했으며 동경에 있는 한국인 학생들을 위한 기독교 공동체를 창설했다. 미국에 있는 선교사들로 하여금 한국에 오도록 한 그의 호소는 초기 한국장로교회의 발전에 크게 기여했다.[19] 우리는 이 논문의 추구하는 관점에서 이수정의 일본에서의 활동들에 대해 간단히 살펴볼 것이다.

1) 성경번역 동기

한국정부의 고위 관리로서 왕의 친척이었던 이수정은 1882년 여름에 일본에 도착했다. 다음은 그의 회심 기사이다. 중국 고전에 대한 그의

---

18) 적어도 30명의 젊은 한국인들이 일본, 영국 기타 서구국가들의 예술과 기술 문명을 연구하기 위해 일본으로 보내졌다. 이들 중 일부는 영어를 공부하기 위해 장로교 선교부가 지원하는 미션 스쿨에 입학하여 기독교에 대한 깊은 관심을 표명했다.

19) 이수정에 대해서는 상당히 많은 문헌들이 있다. 이광린, "이수정: 그의 생애와 사역", 오윤태, "이수정", 이만열, "이수정: 그의 회심과 성경번역", *HKBS(1)*, pp.120-176.

박학다식에도 불구하고 그는 다른 한국인들과는 달리 개방적 정신을 소유했다. 그는 도착하자마자 기독교 지도자들과 선교사들을 만나 기독교 교리에 대한 공부를 시작했다. 1882년 가을에 미국 장로교회로부터 일본에 파송된 선교사인 George Knox와 성경공부를 시작했으며 이수정은 마침내 1883년 4월에 기독교 신앙으로 개종했다. 다음은 그의 개종 시에 그의 친구가 되었던 미국성서공회(이하 ABS)의 책임자였던 Henry Loomis의 그의 회심과 세례에 관한 자세한 기술이다. 주목할 가치가 있는 것은 루미스가 이수정에게 큰 영향을 미쳤을 것으로 보이는 이수정의 예언적 꿈에 관하여 언급하고 있다는 것이다.

> 이수정은 쯔다[20]를 방문하여 복음을 들었으며 한자를 이용하여 가르침을 받았다. 그 당시 그는 일본어를 이해하지 못했다. 그는 배운 것에 대단히 만족해하면서 부지런히 그 책을 연구했다. 얼마 후 그가 꿈을 꾸었는데, 한 사람은 키가 크고, 한 사람은 작은 두 사람이 그에게 한 상자 분량의 책들을 가져왔다. 이 책들이 무엇이냐는 그의 물음에 그들은 "이 책들은 너희 나라를 위하여 책들 중에서 가장 중요한 책이다."라고 대답하자 그가 "이 책은 무엇이냐?"라고 말했고 "그것은 성경이다."라는 답을 들었다. 이 꿈이 그에게 너무나 강한 인상을 주었기에 그는 그것을 마땅히 신중하게 주목해야 할 하늘로부터의 계시라고 느꼈다. 그는 곧 세례를 요청했고, 장로교 선교부의 녹스 목사는 …그가 단기간에 어떻게 그렇게 많은 것을 배웠는가, 그리고 그의 기독교 신앙에 대한 견해들이 얼마나 분명하고 확실하였는가는 아주 괄목하였다.[21]

이수정은 두 사람이 성경이 "너희 나라를 위하여 책들 중에 가장 중요

---

20) 쯔다는 일본의 유명한 기독교인으로서 농업가이었다. 이수정은 이미 한국에서 그에 대해서 들었으나 후에 친구를 통하여 소개를 받았다.
21) Henry Loomis, "Corea open to the Gospel", *MRW*, No.6(November 1883), pp.417-418.

한 책이다."라고 말한 꿈을 결코 잊을 수 없었다. 그가 일본에서 세례를
받은 최초의 한국인 기독교인이 된 후, 그는 많은 시간을 들여 자신의 언
어적·지능적 은사들을 활용하여 일본 땅에서 다른 기독교 사역들에 참여
했다. 루미스의 조언을 받아들여 그는 '자신의 고위직'과 특출한 학자적
재능을 한국교회의 발전을 위해 큰 영향을 미치는 데 활용했다.[22] 선교전
략적 관점에서 이수정의 공헌은 두 가지 일이다. 즉 (1) 미국 기독교인들
에게 한국 선교를 위한 호소와 (2) 성경을 한국어로 번역한 것이다.

2) '한국판 마케도니아인'

이수정은 전도를 위한 훌륭한 전략가였다. 그는 더욱 많은 한국의 청
년들이 계속적으로 유학하러 일본에 올 것을 정확하게 예측하였고 일본
이 장래의 한국 선교를 위한 전략적 장소라는 것을 깨달았다. 그리하여
이수정은 1883년 말경에 동경에 한국인 학생들을 위한 한국인 교회를
창립하여 교육 사역에 힘썼다. 또한 이수정은 미국 개신교 선교사들을
한국으로 파송하는 데 기여함으로써 한국 선교를 준비했다. 이수정 자신
이 쓴 다음 편지는 그 당시의 선교계에 잘 알려졌는 바, 그 결과로 '한
국판 마케도니아인'이라는 별명을 얻게 되었다. 1883년 12월에 쓴 이
편지에서 그는 먼저 자신의 성경번역 사역과 한국의 일반적 상황에 대
해 설명을 한 후, 미국인들에게 가능한 한 빨리 한국에 선교사들을 더
많이 보내줄 것을 호소한다.

> 예수 그리스도의 종인 나 이수정은 미국교회의 형제자매들에게 문안합니
> 다. … 수많은 나의 동족들은 아직도 진실한 하나님의 길을 알지 못하고 이
> 방인들로서 살고 있습니다. 그들은 아직 주님의 구원하는 은혜를 받지 못

---

22) Ibid.

했습니다. 복음이 선포되고 있는 이때에 우리나라는 불행히도 지구의 한쪽 구석에 위치하여 기독교의 축복들을 누리지 못하고 있습니다. 그러므로 나는 성경을 한국어로 번역하고 있는데 이는 복음을 확장하기 위한 수단으로 만들기 위함입니다. 이 작업의 성공을 위하여 나는 밤낮으로 기도합니다. 마가복음은 거의 완성되었습니다. … 지금 한국정부는 외국에 문호를 개방하고 자국민의 상태를 개선하기 위하여 열심히 노력하고 있습니다. 결과적으로 기독교에 대하여 보다 관대합니다. 비록 정부가 공개적으로 허락하지는 않으나 기독교인들을 박해하지는 않습니다. … 처음에는 어려움을 기대할 수밖에 없지만 곧 길이 열릴 것이며 나는 지금이 복음을 한국에 소개할 황금의 기회라고 생각합니다. … 나는 여러분들이 여기서 수고하고 있는 자들과 협의하면서 이 사역을 위해 자신을 준비할 수 있는 어떤 한 사람을 즉시 일본으로 보내줄 것을 간곡히 요청합니다. 내가 생각하기로는 이것이 최선이며 가장 안전한 계획입니다. 나는 여러분이 나의 이 말들을 심사숙고하여 줄 것을 촉구합니다. 만약 나의 요청이 허락된다면 나의 기쁨은 비할 데 없을 것입니다. 그리스도의 종 이수정(리쥬테이) 드림.[23]

이수정은 당시의 한국의 정책에 대한 실용적 지식을 갖고 있음으로 미국인 선교사들로 하여금 일본을 경유하여 한국에 올 것을 제안했다. 이리하여 이수정은 미국인들이 '복음을 한국에 소개할 황금의 기회'를 잃지 않도록 촉구했다. '한국판 마케도니아인의 호소'에 대한 공식적인 회신은 미국 장로교회 선교부로부터 왔다.[24] 그 회신은 미국 선교사들이 한국 땅에서의 사역을 고려할 것이며 이수정이 제안한 대로 일본을 경유할 것이라고 적었다. 이리하여 미국 장로교회 선교부는 죠지 녹스와 William Imbrie에게 한국이 선교지로서 가능한가를 조사하기 위하여 한국을 방문하도록 하였다. 그들의 방문 후인 1884년에 H. M. Allen이 한국에 도

---

23) 이수정, "Rijutei to the Christians of America, Greeting", *MRW* No.7 (March 1884), p.146.
24) *ARBFM*, 1885, pp.128–130.

착하여 서울에 최초의 선교센터를 효과적으로 설치할 수 있었던 것은 궁극적으로 이수정의 노력을 통한 것이라는 것을 알게 된다.[25] 알렌 후의 최초의 안수받은 개신교 선교사는 Underwood이었는데 그는 후에 자신이 서울에 도착한 것은 이수정의 '마케도니아 호소'를 통한 '섭리적 개방'(providential openings) 때문이었다고 고백한다. 요약하면, 이수정의 '마케도니아적' 노력을 통한 한국장로교회에 대한 기여는 결코 과소평가할 수 없다.[26]

3) 번역과 배포

한국장로교회에 대한 이수정의 기여는 미국인들에게 보낸 그의 편지로 끝나지 않는데, 이는 그의 성경번역 사역은 그 자체로 의미심장하기 때문이다. 우리는 성경을 한국어로 번역하려던 이수정의 시도는 한국인에 의한 것으로는 최초의 것이라는 것을 기억한다. 이수정의 번역본들(마가복음)은 그 역사적 중요성뿐만 아니라 한국을 향하여 일본을 출발하려는 준비가 된 미국 선교사들에게 아주 유용한 것임이 판명되었다. 그러나 여기서 우리는 이수정의 성경번역의 영향은 제한적이었다는 것을 강조할 것이다. 이것은 이수정이 성경을 한글로 번역한 것은 마가복음의 출판이 시작이며 마지막이었다는 것에서 알 수 있다. 여기서 우리는 선교학적 관점에서 왜 이수정의 성경번역이 초기 한국장로교회의 발전에 더 큰 영향력을 행사하지 못했는가를 숙고해야 할 것이다.

루미스가 말했듯이, 회심 후의 이수정의 "큰 열망은 자기 백성에게 성경을 주는 것이었다."[27] 성경번역 작업에 집중하고자 하는 그의 열망 때

---

25) *MRW*, 1888, p.707.
26) *MRW*, 1893, p.813.

문에 그는 심지어 일본정부가 제의한 고위직도 거절했으며,28) 그의 동생이 일본으로 오면서 아버지로부터 가져온 돈을 받는 것도 거부하면서 그는 더 이상 상업이나 과학에 대한 자신의 학문적 경력을 추구하지 않을 것이라고 말했다.29) 이수정의 성경번역에 대한 헌신적인 노력을 연구하는 가운데 우리는 그의 번역 작업을 두 단계로 나눈다. 현토 한-한 신약성서(한국어 주를 단 중국어 신약)와 마가복음의 한글로의 번역이 그것이다.

　현토 한-한 신약성서는 중국어 성서에 이수정이 쉬운 이해를 위하여 한글로 광범위한 표시와 설명을 더한 것이다. 이수정으로서는 이 번역 작업의 목적은 한자에 대하여 잘 교육을 받은 한국의 지식인들에게 성경이 이해되도록 하는 것이었다. 루미스로서는 한-한 번역본을 완성하는 이 과정은, 이수정의 성경지식을 확장시켜 성경 전부를 한글로 번역할 가능성을 사실상 준비하는 단계가 된다는 의미에서 완벽하였다.30) 우리가 보았듯이 이수정은 중국어에 능통했기 때문에 이 일에 아주 적합했다. 이리하여 이수정은 한 달 내에 사도행전과 로마서에 대한 주를 다는 것을 마칠 수 있었고 두 달 내에 신약 전부를 마치려고 신속히 나아갔다.31) 루미스로서는 이 작업은 성경을 한국어로 번역하기 전의 하나의

---

27) Loomis, 1883, p.418.
28) *MRW*, 1883, p.460, *The Foreign Missionary*, 1883, p.150.
29) Loomis' letter to Dr, Gilman, June 11, 1883. 이수정은 동생이 가져온 큰 금액의 돈(약 $800)을 거절하면서 '철도나 전보나 기선'보다 더 가치가 있는 것을 발견했다고 설명했다. (오윤태, *한국기독교회사*, 제4권, 19-22쪽.)
30) Loomis' letter to Dr. Gilman, May 30, 1883. 이수정의 일본 도착과 일본에서의 사역에 대한 상세한 기사는 the Korea Mission Field (July 1937) "The First Korean Protestant in Japan"에서 발견할 수 있다.
31) *HKBS(1)*, pp.145-149. 불행하게도 이 현토 번역본의 출판은 1883년 11월부터 1884년 8월까지 사도행전으로 종료되었다. 이것은 중-한 성경에 대한

'잠정적인 작업'이었다.32)

마가복음을 번역하기 위하여 이수정은 일본어 마가복음, 로스 번역본과 앞에 언급된 최근 출판된 한-불 사전에 의존했다. 번역 작업은 1884년 4월에 완성되었다.33) 6천 부가 요코하마에서 ABS에 의해 1885년 초에 인쇄되었다. 이 중 일부가 일본에 있는 한국 학생들에게 배포된 것은 두말할 필요가 없다. 나머지는 그 당시에 일본에서 한국어를 배우고 있었던 미국인 선교사들의 손에 들어갔는데 이들 중에는 아펜젤러와 언더우드도 있었다. 이리하여 전에 볼 수 없었던 현상이 발생했는데 이는 선교지에 도착한 외국인 선교사들이 현지어로 된 복음서로 무장이 되어 있었던 것이다. 그러나 이수정이 신약번역을 (로마서까지) 계속하였음에도 불구하고, 소위 '이수정 번역본'은 마가복음의 출판으로 끝났다.34) 1885년 2월에 이 번역을 끝낸 후, 이수정은 한국으로 돌아가서 한국에서 정치적 격동에 삼켜버려졌기 때문이다. 이수정이 그의 후년에 한국에서 복음의 진보를 위한 노력을 계속할 수 없었던 것은 하나님 나라의 관점에서 큰 손실로서 그의 죽음에 이르기까지의 기간에 대해서는 역사적으로 불분명하다.35)

수요가 없는데다 로스 번역본이 이미 만주에서 인쇄되고 있었기 때문이었다.
32) Loomis' letter to Dr. Gilman, June 11, 1883. 루미스는 이수정이 '현토' 번역본에 대한 작업을 거의 종료하였으며 이제는 신약을 한국어로 번역할 준비가 되어 있다고 보고했다.
33) *HKBS(1)*, pp.148−156.
34) 전게서. 이 번역본은 '신약 마가복음서 언해'로 불리었다. 이수정은 번역의 빠른 진보를 기대하면서 누가복음의 번역을 계속했다. 그는 누가복음과 로마서를 1885년에 완성했다. 그러나 이것들은 그의 정적들이 그를 살해하려고 위협했기 때문에 출판되지 못했다.
35) 이수정의 한국에로의 귀국과 그의 행동에 관한 기사는 적으며 그나마 상호 간에 모순이 되는 것처럼 보인다. 이리하여 그의 말년에 관해서는 몇 가지 추론들 만이 존재하고 있다. (*HKBS(1)*, pp.170−176과 비교하라.)

4) 결 론

이수정은 초기 한국장로교회의 발전에 있어 중요한 인물이었다. 미국 선교사들에 대한 그의 호소 속에서 그는 한국의 정치적 상황에 대한 이해를 보여주었다. 더욱이 그의 마가복음의 번역은 일본에 도착한 미국 선교사들에게 한국에서의 사역을 위한 필요한 도구를 제공했다. 그렇다면 초기 한국교회 선교사인 A. T. Pierson이 이수정은 "루터처럼, 자신의 백성들에게 하나님의 말씀을 그들의 언어로 주는 일을 담당하도록 이끌어졌다."라고 말함으로써 이수정을 루터에 비교한 것은 놀랄 일이 아니다.[36] 그러나 우리는 이수정의 마가복음 번역과 그 배포가, 양자가 모두 한국의 토착어인 한글로 번역되었다는 사실에도 불구하고 대체로 로스의 번역본과 같은 영향력을 행사하지는 못했다는 점을 이미 주목하였다. 본 연구의 관점에서 우리는 이에 대해 세 가지 설명을 할 수 있다. 첫째, 이수정은 로스의 협력자들에게 있었던 멘토나 영적 후원자들이 없었다. 비록 이수정이 루미스와 같은 외국인 선교사들을 동료로 갖고 있었으나, 만주의 한국인 번역자들은 자신들과 함께 살면서 자신들에게 구체적으로 사역했던 로스와 매킨타이어를 갖고 있었다. 둘째, 이수정의 번역의 첫 부분인 '현토 한-한 신약성서'는 단순한 중-한 번역본이었다. 이 번역본은 상류계층과 식자들을 목표로 했기 때문에—이는 토착 이론에 배치되는 것이다—천주교인들의 경우와 흡사하게 광범위한 영향력을 행사하지 못했다고 우리는 주장한다. 마지막으로 이수정은 로스가 가졌던 토착인 배포자들을 갖지 못했고 그 대신 외국인 선교사들에 의존했다. 우리는 상기 이유들로 인해 한국을 복음화하려 했던 이수정의 시도는 로스의 시도만큼은 성공적이지 못했다고 주장한다.

---

36) A. T. Pierson, *MRW*, (September 1888), p.708.

3. 로스의 협력자들: 권서인과 전도인

제3장에서 보았듯이 로스와 한국인 번역자들 간의 교류의 수준은 특별하게 높았다. 후에 자신들이 번역했던 성경을 배포한 한국인 번역자들은 로스와 매킨타이어에 의해 크게 영향을 받았다. 그들은 이 두 선교사에 의해 회심하고 세례를 받았으며 성경을 배웠다. 그럼에도 우리는 한국인 조력자들이 활발하게 성경의 번역과 배포에 참여했다는 것을 잊어서는 안 된다. 그러므로 이 한국인 번역자 겸 권서인들의 활동에 대한 자세한 조사의 필요가 요청된다. 우리는 이미 번역 과정에서 자원하여 로스를 도왔던 많은 익명의 한국인들이 있었다는 것을 확인했다. 더욱이 이 한국인들은 처음에는 로스와 매킨타이어의 한국어 학습을 도우기 위해 그 팀에 합류했던 자들로서 이들은 단순한 조력자 이상이 된 것이었다. 왜냐하면 바로 이 조력자들은 기독교 공동체 내에서 믿음이 성장한 후에 세례를 받았기 때문이다. 이들은 단순한 성경 배포자 이상으로서 동족들에게 복음과 기독교 교리를 전파할 수 있게 충분한 무장을 갖추었다. 우리는 이것이 정확히 로스와 매킨타이어가 마음에 갖고 있던 바라고 주장한다. 그들은, 미국인 선교사들이 한국에 도착하기 오래 전에 한국인 기독교인들을 토착 전도자들로 훈련하고 있었던 것이다. 한국인 전도자들은 효과적으로 한국 장로교회의 최초의 토착 지도자들이 되었다.

그러나 불행한 것은 두 가지 이유로 인해 이 한국인 전도자들의 이름이 잘 확인되지 않고 있다는 것이다.[37] 첫째는 만주로부터 파송된 최초의 한국인 전도자들에 대한 기록이 희소한 바, 로스와 매킨타이어에 의한 기록이 거의 언제나 유일한 정보원이기 때문이다. 더욱이, 이 "한국

---

37) 이덕주, *초기한국기독교사 연구*(1995), 323쪽.

교회의 씨들"에 대한 제1차적 기록들은 분명 취약하다. 예를 들면, 로스나 매킨타이어의 기록 중 어디에도 한국인 번역자들의 성명이 완전하게 나타나지 않는다. 대신 그들은 "그 한국인들"로 언급되어 있고, 아주 희소하게 성만 표시되어 있다. 이러한 희소한 한국어 기록들로부터 확인한 번역자들의 성명은 다음과 같다.

이응찬, 백홍준, 김진기, 이성하, 이익세, 최성균, 서상윤 (서경조의 형제), 김종성. 이 사람들 외에도 여러 명—많게는 10명—이 있으나 기록이 없어 역사적으로 잊혀진 이름들이 있다고 저자는 주장한다.[38] 더욱이 류춘천과 그와 같은 성경 배포는 도왔으나 로스의 번역에는 참여하지 않았던 자들을 고려하면 역사적으로 잊혀진 더 많은 한국인 전도자들이 초기 한국교회에 있었다고 우리는 주장한다. 이들의 한국에서의 전도활동의 기록들을 살펴보기 전에 로스의 한국인 권서인들 가운데 주된 인물들을 먼저 확인할 것이다.

이응찬—로스와 매킨타이어의 언어 교사. 그는 로스의 *한국어 입문서*의 공동 저자였다. 로스의 안식년 기간 중, 이응찬은 매킨타이어와 함께 번역 작업을 계속했다. 그는 1876년에 세례를 받았다고 알려졌으나, 후에 그의 고집으로 인해 1879년에 세례를 받은 것으로 밝혀졌다. 로스는 그를 "나의 주 조력자"로 불렀는데 이는 외국인 선교사들과 동역하는데 있어 이응찬의 성실성을 분명히 보여주는 것이다.[39] 다른 번역자들과 같이 그의 기록과 사역에 대한 내용은 희소하며 그는 1884년에 사망한 것

---

38) 전게서. 이덕주는 본서에서 1882년부터 1937년까지 35명의 한국인 번역자들이 있었던 반면에, 주한 외국인 번역자의 숫자는 같은 기간에 31명이었다고 결론을 내렸다. (323, 337쪽.)
39) *UPMR*, (Dec., 1, 1884), p.371.

으로 추측된다. 그는 많은 면에서 복음을 위해 한국인들을 준비했으나 아직 많은 역사가들에 의해 칭송을 받지 못하고 있다는 점에서 어떤 면에서 세례 요한에게 비교될 수 있다.

백홍준- 최초의 한국인 순교자로 잘 알려진 이응찬과 같이 그도 의주로부터 왔는데 그의 부친이 로스로부터 중국어 성경을 받았으며 백은 2－3년간 이 성경을 연구하면서 로스를 만나기로 결정했다. 백은 후에 세례를 받고 곧 번역팀에 합류했다.[40] 이 이야기는 후에 한국에 도착한 선교사들 사이에 널리 회자되었다.[41] 그의 번역팀의 참여는 상대적 짧았지만(3－4개월) 그럼에도－의심할 바 없이 그의 부친의 성경을 사전에 탐독했기 때문에－로스의 협력자들 가운데 가장 뛰어난 전도자들 중의 한 사람이 되어 1882년에 서간도와 기타 지역에서 사역했다. 1885년에 연합장로교회는 백의 후원자가 되었고, 1887년에 서상윤과 함께 새문안교회의 창립회원이 되었다. 후에 그는 서상윤, 최명오 등과 함께 의주 주재 선교사들의 조력자로 임명되어 1894년 사망 때까지 사역했다.

김진기- 의주 사람으로 불행하게도 로스나 매킨타이어의 기록에는 그 이름이 확인되지 않는다. 그는 한국의 인삼을 팔기 위해 잉코우를 방문하러 갔다. 거기서 매킨타이어를 만나 회심하고 번역팀에 합류했다.[42] 그의 세례 후의 한국에서의 전도활동에 대해서는 기록이 없다.

이성하- 이성하는 만주에 입국한 최초의 사람들 중 한 명이었다. 그는

---

40) *UPMR*, (July 1, 1880), p.278.
41) C. Robson, "The Korean Mission of the Presbyterian Church (North) of the United States of America", *UPMR*, (Oct., 1, 1892), p.345.
42) 김양선, op.cit., pp.420－421, 차제명, op.cit., p.7.

번역에서의 조력보다는 전도사역으로 더 잘 알려져 있다. 서경조와 차재명이 이성하의 전도활동에 관한 기록을 남겼다. 그러나 이성하는 국경을 넘는 데 실패하여 교사가 되었다.[43)

이익세 - 로스팀에 합류하기 전에 익세는 잉코우의 영국인 세관원의 언어 교사이었다. 이성하, 백홍준, 김진기, 이익세는 로스를 만난 최초의 한국인들 속에 있었다.[44) 그의 권서인으로서의 한국에서의 활동에 관한 기록은 없다.

최성균 - 그는 의주 교회의 창립회원이자 아펜젤러의 조력자이었던 것으로 알려져 있다. 최에 관한 기록의 유일한 원천은 서경조의 것이다.[45)

서상윤(1848-1926) - 제3장에서 보았듯이 서상윤과 그의 형제 경조는 1878년 상인으로서 만주에 갔다가 상윤이 병을 얻었다. 절명 직전에 상윤은 잉코우에 있는 선교사가 운영하는 병원에 입원했다. 거기서 매킨타이어를 만나 곧 회심했다. 그는 한국인 조력자들 중에서 나이가 가장 어렸다는 점에서 열두 제자들 중 요한과 같다. 한국어에 대한 방대한 지식으로 상윤은 번역 과정에서 핵심 조력자 중 한 명이 되었다.[46) 역사가들은 상윤이 1881-1882년에 번역을 도왔던 것으로 생각하며 이때 세례를 받은 것으로 보인다.[47) 1883년 봄에 로스는 상윤을 전도자로 임명

---

43) 차제명, op.cit., p.9, 224.
44) 서경조, "서경조의 신앙과 송천교회의 역사", *신학지남* 제7-4권(1925년 10월), 88쪽.
45) 전게서.
46) 김양선, op.cit., p.97.
47) 서상윤의 번역 작업과 세례의 시기에 대해서는 한국교회사가들 간에 논란이 있어 왔지만 이에 대해 이만열 교수가 철저한 연구를 했기 때문에, 우리는

했다. 상윤은 처음에 의주의 소래교회에서 사역하다가 후에 서울의 새문 안교회에서 사역했다. 그러나 아마도 그는 언더우드, 게일, 모펫 같은 외국인 선교사들이 평안도 지역과 만주를 순회 여행할 때 안내자 역할을 했을 것이다. 초기 한국장로교회를 오랫동안 섬긴 후에 상윤은 소래로 가서 거기서 1926년에 사망했다.[48]

서경조(1852-1938)-서상윤의 동생으로서 출생 시의 성명은 서상우 이었으나 서경조로 더 널리 알려져 있다. 그는 그의 형과 함께 1879년 에 회심했으나, 형과는 달리 번역 과정을 돕기 위해 잔류하지 않고 고향 으로 돌아가 전도하기 시작했다. 1884년에 언더우드로부터 세례를 받은 후에 새로운 열정으로 소래와 서울에서 계속하여 봉사했다. 전도하기 위 하여 부산까지 갔던 것으로 알려진 경조는 외국 선교사들에게는 가장 도움이 되는 토착 전도자였던바, 특히 캐나다 선교사인 M. C. Fenwick 의 언어교사이기도 했다.[49] 서경조는 소래교회의 최초의 장로가 되었으 며 평양신학교로 가서 졸업한 후 최초의 7명의 한국인 목사 중의 한 명 이 되었다.[50]

서상윤이 누가복음의 번역이 완료된 1882년 봄에 세례를 받았다고 주장한 다. (이만열 "…에 관한 몇 가지 문제들", 10-11쪽.)
48) 최근에 서상윤의 생애와 소래교회에 관한 책이 출판되었다. (김대인, 전게서, 126-179쪽.)
49) M. C. Fenwick, *The Church of Christ in Corea*, (1911), p.9.
50) *HKBS(1)*, pp.58, 190-191.

Ⅱ. 토착 전도인들

로스의 협력자들 중의 몇 사람을 보았음으로 이제는 어떻게 이들이 성경을 한국인들에게 배포하는 가운데 초기 한국 기독교 공동체의 형성에 있어 토착 전도인으로서 주도적인 역할을 수행했는가를 살필 것이다. 이 공동체들을 연구함으로써 우리는 이들 공동체 내의 삼자 원리를 구체적으로 확인할 수 있을 것이다. 우리는 이리하여 어떻게 각지역 교회들이 설립되었으며, 또한 이 교회들에 삼자 원리가 어떻게 반영되었는지도 조사할 것이다. (1) 먼저, 만주의 간도지역의 한국인 마을들(Korean Villages)에 설립된 교회를 연구할 것이며, (2) 다음으로 로스팀의 대다수 사람들의 고향인 의주와 소래에서의 로스의 협력자들의 활동을 검토할 것이며, (3) 셋째, 미국인 선교사들이 한국에 도착하고 있었던 때의 새문안교회의 창립을 살펴볼 것이다. 이렇게 함에 있어서 우리는 이들 공동체들에 있어서 삼자 원리 이론의 역할을 볼 수 있을 것이다.

1. '한국인 밸리'의 기독교 공동체들

한국인에 의하여 창립된 최초의 기독교 공동체는 만주에서-소위 '한국인 촌들'(Korean Valleys)인 간도 지역의 한 한국인 마을에서 시작된 것으로 널리 받아들여지고 있다. 간도의 그 한국인 마을은 즙안현으로 실제로 김청송(인쇄공)의 고향이었던바, 김이 1882년에 교회를 설립했다. 지리적으로 간도는 한국과의 국경인 압록강 너머에 바로 위치하고 있다.

이 지역은 과거에 한국에 속한 땅으로서 고구려의 옛 수도 가까이에 위치하고 있었다. 더욱이 우리가 이미 설명한 이유들로 인해 1870년대 후반부터 많은 한국인들이 거기에 공동체들을 설립했다. 그러나 김청송이 전도했던 시절에는 그 지역은 한국의 국경 밖의 지역으로 천주교나 기독교와 같은 서구 종교들에 대한 어떠한 정치적 압박도 없었다. 이러한 상황들 가운데 우리는 김청송의 전도사역의 더욱 괄목할 만한 결과들을 이해할 수 있다.

누가복음이 최초로 인쇄되었던 1882년, 로스는 한국어 성경을 어려움 없이 배포할 수 있는 간도의 한국인 촌들을 복음화하기로 결정했다. 자연스럽게 로스는 김청송을 선택하여 1882년에 최초의 전도자 겸 권서인으로 한국인 촌에 그를 보냈다.[51] 그 당시 한국군에서 고위 무관이었던 많은 한국인 피난민들이 만주에 있었는데[52] 김의 전도로 그들 중 많은 이들이 회심하였다. 그들 중 한 전직 무관은 번역된 복음서를 읽고서 관심을 갖게 되었다. 이 사람이 목단에 있는 로스를 찾으려고 갔는데, 로스는 그가 중국어 문헌에 대해 잘 교육을 받은 자임을 확인했다. 거기서 그는 성경 집중 연구 과정에 참여했고 번역 과정에서도 도왔다. 1883년 가을에 세례를 받은 그에게 로스는 간도로 돌아가 복음을 전하도록 격려했다.[53] 우리는 여기서 김청송을 통하여 만주의 로스의 면전에서 배웠

---

51) Ross' Letter to Wright, Oct., 11, 1882.
52) 이들이 한국으로부터 만주로 도망한 것은 한국정부의 불공평한 정책에 대항하여 1882년에 발생한 임오군란에 연루되어 있었기 때문이었다. 이들 중 일부는 군란 중에 살해되었으며, 일부는 흩어졌는데 난민으로서 만주로 도망하였다. 그들 대부분은 교육을 받은 자로서 한국에서 최고의 학력을 갖고 있었다. (See, Ross, CDK, p.244, Ross, "Corean Converts", MRW(Dec., 1891), pp.208-209.
53) Ross, op.cit.

던 무명의 전도자들 때문에 김이 간도에서 그러한 열매들을 거둘 수 있었다고 추론한다. 한편, 김은 수백 권의 복음서와 전도문서들을 팔았으며, 로스에게 한국인 촌에는 세례받기를 원하는 많은 한국인들이 있다고 보고했다. 처음에 로스는 김의 괄목할 만한 보고들을 의심했던 것처럼 보인다. 간도로 가서 회심자들에게 세례 줄 것을 김이 로스에게 집요하게 요청하자,[54] 로스는 처음에는 그들을 "단지 나를 기쁘게 하기 위한 의도를 가진 것으로" 간주하고 "그것에 그는 주의를 기울이지 않았다."

그는 수백 권의 복음서와 더 많은 전도문서들을 가지고서 목단에서 정동쪽으로 약 4백 마일 떨어진 고향마을로 보내졌다. 그는 2주간 여행을 하고 반년 만에 돌아와서 그가 판 책들을 사람들이 깊은 관심을 가지고 읽고 있으며 어떤 사람들은 내가 와서 자신들에게 세례를 주기를 원했다고 보고했다. 이 마지막 말은 단지 나를 기쁘게 할 의도로 한 말이라고 믿었기에 거기에 간다는 것은 곧 험난한 여정을 생각하면서 그리로 가지 않을 생각을 하면서 나는 그것에 주의를 기울이지 않았다. 그러나 이 사람은 다른 촌에 서적을 추가로 공급하기 위해 보내졌고 다시 반년이 지나 돌아왔는데 정확히 동일한 이야기로 보고했다.[55]

그리하여 1884년 11월에 로스는 한국인 촌들을 방문하기로 결심했는데,[56] 김이 말한 것을 자신의 눈으로 확인하기 위해 스코틀랜드 동료인 웹스터와 동행했다. 크게 놀랍게도 세례를 간절히 기다리는 많은 신실한 기독교인들을 그들은 발견할 수 있었다. 1884년 12월에 도착하여 후에

---

54) James Webster, "The People: Knowledge of Gospel Numerous Baptisms", *MRW* 8, (November 1885), pp.497−498.
55) Ross, CDK, *MRW* 4, (April 1890), pp.243−244.
56) 로스로서는 만주의 추위 속에서 왕복 800마일의 여행을 하기로 결심하는 것은 쉬운 것이 아니었다. 그러므로 웹스터가 로스의 결심을 듣고 동행하기를 자원했을 때, 확신을 얻었음에 틀림없다. (전게서 244쪽)

간도에서 최초의 한국인 교회의 씨들이 될 85명에게 세례를 주었다.

> 다음 날 아침 우리는 세례 신청자들을 영접할 준비가 되었다. 약 30명
> 이 나타났는데, 그들이 옷을 잘 차려입은 사실이 눈에 띄었다. … 그 다
> 음날 보다 높고 보다 그림 같은 계곡 너머로 세 번째이자 가장 광활한
> 계곡에 들어갔다. 16세에서 72세에 이르는 약 100명의 사람들이 세례를
> 받겠다고 나타났다. 세 계곡들에서 85명이 세례받았고 더 많은 사람들에
> 대한 세례는 연기되었다. … 우리는 우리와 400마일 북동쪽에 있는 길고
> 하얀 산 사이에 놓여 있는 28개의 계곡들마다, 교회로 들어오기를 기다리
> 는 다소간의 신자들이 있다는 말을 들었다.[57]

우리는 두 명의 스코틀랜드 선교사들이 만주의 추위 속에서 감행한
400마일의 여행은 한국인 마을들에 도착하여 수십 명의 신자들이 세례
받고 교회로 들어오기를 간절히 기다리고 있는 것을 보는 기쁨으로 크
게 보상을 받았다는 것을 알 수 있다. 로스의 기록으로는 우리는 28개
의 한국인 계곡들에 있는 회심한 자들의 숫자를 셀 수 없지만, 확인할
수 있는 것은 김이 간도에 있는 28개의 한국인 마을들을 여행하면서 그
의 열정적인 전도를 통하여 한국인들을 교회로 인도했다는 사실이다. 로
스와 웹스터의 간도에 있는 한국인 마을 방문으로 증명되었듯이, 김청송
의 보고는 진실임이 판명되었다.

1) 자전 공동체들

웹스터의 보고에 의하면 그들은 김에 의하여 2년 전에 한국인들에 전
파되었던 복음은 수백 명의 한국인들의 삶을 변화시켰으며 한국인들은
'큰 기쁨의 좋은 소식의 지식 안에서 기뻐하고' 있는 것을 보았다. 특별

---

57) Ross, CDK, pp.245-247.

히 웹스터는 어떤 외국인 선교사도 그들을 방문한 적이 없다는 것을 알고 있었기 때문에 그들 가운데 수 많은 회심자들을 보고서 놀랐다. 웹스터가 목도한 것은 자전하는 기독교 공동체의 시작이었던 것이다.

그러나 약 2년 전에 한 사건이 발생하여 그들의 삶을 송두리째 변화시켰다. 그리스도의 영광스러운 복음이 그 계곡에 당도하였던 바, 우리가 믿기로는 지존자의 능력이 그것을 성취했다. 수백 명의 사람들이 구원의 도를 찾게 되었으며, 많은 가정들이 큰 기쁨의 좋은 소식 안에서 오늘 기뻐하고 있다. 이 운동의 기원과 진보와 결과는 모두 괄목할 만하다. 어떤 선교사도 그들을 방문하지 않았다. 목단에서 진리의 감화를 받았던 한두 사람의 개인 전도와 결합된 채 로스에 의해 준비되어 그들 가운데 보내진 복음서들과 전도지들만이, 이 진실로 놀라운 결과를 만들어 내는 도구가 되었다.58)

로스와 함께 성경을 연구했던 소수의 '개인 전도'에 대한 웹스터의 강조는 주목되어야 한다. 후에 웹스터는 로스와 그는 복음에 의한 그러한 기적적인 결과들에 대하여 '겸손하게 되었고 부끄러움을 느꼈다'고 적는다. 웹스터는 자전하는 기독교 공동체와 그로 인한 한국인 밸리 전역에서의 자발적인 대량 회심의 결과에 대한 그의 보고를 아래와 같이 계속한다.

그렇게 큰 숫자의 이방인들이 그리스도에 대한 자신들의 믿음을 고백하기 원하여 자발적으로 나아오는 것을 발견하는 것은 선교의 역사에 있어 아주 괄목할 만하며 아주 독특한 것이다. 이 보고서를 읽을 사람들의 마음에 자연스럽게 일어날 의심들과 두려움들을 우리는 이해할 수 있다. 우리들도 처음에는 의심하였으니까. 우리는 들은 바를 믿을 수 없었다. 우리

---

58) Webster, op.cit. p.497.

는 오순절의 복음이 그러한 능력을 갖고 있다는 것을 믿지 않았다. 부끄러운 마음으로 우리는 이것을 고백한다. 우리가 이 계곡들에서 본 것은 우리를 겸손하게 하였다.[59]

2) 자치 공동체들

웹스터와 로스는 1885년 여름에 한국인 계곡을 재차 방문한다.[60] 그들은 이 방문에서 더 많은 것을 배운다. 첫째, 그들이 기쁘게도 배운 것은 그 유아기의 기독교 공동체가 이미 스스로 자신들의 지도자들을 임명했던 것이다. 그들이 목도한 것은 자치 공동체였다. "다른 계곡들에서와 같이 여기서도 나머지 사람들이 자신들이 인정하는 영적 수장으로 우러러보는 한 사람이 있었다. 우리는 (신약의) 바울이 장로를 임명했던 것처럼 하지 않았다. 한국인들이 장로들을 임명했던 것을 우리는 분명히 볼 수 있었다." 웹스터는 "사람들은 새로운 교리들에 열정적이었고 몇 시간 동안 우리 방은 방 가운데서 예수의 말씀들을 크게 낭독하는 그들 중의 한 명에게 경청하는 사람들로 가득 찼다."라고 더 고무적인 보고를 계속한다.[61]

3) 자급 공동체들

어떤 외국인 선교사도 그 (원격지의) 한국인 촌을 찾은 적이 없었고, 한국인 마을들은 한국인 촌 전역에 산재하고 있었기 때문에 거기 있는 기독교 공동체가 어떠한 외부의 지원도 받지 않았다는 것은 별로 놀랄 일이 아니다.[62] 그럼에도 불구하고 웹스터는 그 기독교인들이 이미 예배

---

59) 전게서, 498쪽.
60) Ross, CDK, p.246.
61) Webster, op.cit. p.498.
62) 그렇다고 한국인 공동체가 외부의 지원을 일체 받지 않은 것은 아니었다.

당을 위한 약간의 땅을 구입했다고 보고한다. "그들은 곧 자신들을 위한 예배당을 건축할 예정이다. 그들이 우리에게 보여준 부지는 계곡의 둑 위에 있는 작은 지역이었는데, 봄에 하나님을 예배하기 위한 기다란 집이 세워질 것이다."63)

4) 결 론

여기 간도에 있는 기독교 공동체들은 평신도 김청송의 리더십 하에 이상적인 토착교회의 모든 면들을 보여주고 있었다. 이 괄목할 현상을 목도한 웹스터는 한국의 복음화에 관한 밝은 미래를 예견한다.

> 그들의 동기, 영, 이해와 모든 것은 사역하는 사람 이상의 어떤 것을 가리킨다. 나는 하나님께서 이 계곡들에서 '어떻게 한국을 복음화할 것인가'의 문제를 해결할 한 일을 시작하신 것에 대해 추호의 의심도 갖지 않았다.64)

그러나 모든 것이 장밋빛만은 아니었다. 사실 간도의 한국인들은 중국인 지주들 밑에서 노동하고 있었는데 이 지주들은 한국인들이 예배를 위해 모이는 것을 해악과 반란을 도모하는 것으로 생각하여 좋게 보지 않았다. '이 운동'에 관여한 사람들을 박해하기 위하여 깡패들이 고용되었고, 일부 신자들은 그 결과로 흩어졌다.65) 그러한 박해들에도 불구하

1885년에 한국학교가 설립되었을 때, 연합장로교회는 10파운드를 기부했다. *UPMR*, (April 1, 1886), p.132.
63) Webster, op.cit. p.498. 여기서 웹스터는 "세례를 받고 교회에 더해진 사람이 75명이다."라고 적고 있는데 이것은 로스의 85명과는 차이가 있다.
64) James Webster, "A Bright Light in Northern Korea", *The Foreign Missionary*, (Sep., 1886), p.152.
65) Ross, CDK, pp.246－247.

고 기독교 공동체들은 계속 엄청나게 증가함으로 로스는 "압록강의 양편의 한국과 중국 땅에서 매일 성경을 읽고 하나님께 기도하는 수천 명의 사람들이 있다는 말을 나는 들었다."라고 보고한다.[66] 한국인 기독교인들이 흩어지게 된 결과로 그들 중 많은 사람들이 압록강 남쪽의 한국지역인 강계로 이민을 오게 되었고, 이는 아이러니하게도 복음을 한국 전역으로의 확산을 촉진하게 되었다. 여기서 우리는 이미 1885년에 한국인 계곡들에는 600명의 세례 신청자들이 있었음에 주목한다.[67] 그래서 미국 선교사들이 한국의 북부에 도착했을 때는 거기서 수많은 토착 기독교 공동체를 발견했다.[68]

2. 소래[69]와 의주의 기독교 공동체들

여기서는 소래와 의주 교회의 설립과 발전을 조사할 것이다.[70] 우리는 한반도에 있었던 초기 한국인 장로교회의 설립과 발전에 로스의 협력자들이 결정적인 역할을 했던 것을 볼 수 있을 것이다. 그 당시의 한국 상황은 언더우드가 1885년 한국에 도착했을 때 관찰한 것의 기록에 잘 서술되어 있다.

---

66) Ibid.
67) Ross' letter to Wm. Wright, March 8, 1885.
68) James Webster, "The Maker of the Manchurian Mission: An Appreciation of the late Rev. John Ross, DD.", *The Missionary Record of the United and Free Church*, vol.15(1915), pp.395－396.
69) 소래의 정확한 소재지는 황해도 장연군 대구면 송천리로서 현재 북한의 수도인 평양으로부터 남서쪽으로 150킬로미터 떨어져 있다. 유명한 하계 휴양지인 매력적인 해변을 갖고 있다.
70) 그러나 그 당시의 의주 교회에 대한 자료가 많지 않기 때문에 의주교회의 발전에 대해서는 살펴보지 않을 것이다.

북부지방 전역에 걸쳐 중국으로부터 수행되어 왔던 광범위한 씨 뿌리기와 배포된 책들이 효과가 있었던 것이 분명한 것처럼 보이며, 효과적인 사역을 위한 기회들이 다른 곳에서보다 그 지방에서 더 많은 것처럼 보였다. 그러므로 토착인들을 고용하여 다른 지방에 책들을 배포 판매하게 하는 한편, 선교사들은 노력을 거기로 집중하여 그들의 여행은 거의 전적으로 북부로 향했다. 가장 유망한 사역이 의주에서 열리고 있었는바, 한때 이 도시의 교회에는 주위의 마을들로부터 교회의 정회원이 되기를 신청한 백 명이 넘는 사람들이 모였다.[71]

이미 보았듯이, 로스팀 속의 대부분의 한국인들은 의주로부터 왔다. 이리하여 1882년부터 백홍준, 이응찬, 서상윤 등을 포함하는 최초의 한국인 회심자들은 전도하기 위하여 의주로 되돌아갔다.[72] 이들이 국경 건너 성경과 기독교 서적들을 반입하는 데 많은 어려움에 부닥쳤지만 적어도 이성하는 성경을 은닉하는 교묘한 방법을 고안함으로 밀수한 성경들을 가지고 의주에서 다른 약 10명의 신자들과 함께 정기적으로 기도회를 시작할 수 있었다.[73] 이리하여 어떤 한국인 학자들은 1884년경에 창립된 이 모임이 한국 땅의 최초의 교회이었다고 주장한다.[74] 그러나 의주에서의 기독교 공동체는 이보다 훨씬 더 일찍 시작되었다고 주장될 수 있다. 우리는 백홍준의 부친이 고려문을 최초로 방문하여 로스로부터 받았던 중국어 신약과 약간의 전도지들을 그 아들에게 1874년에 건네줌

---

71) Horace G. Underwood, *The Call of Korea*, pp.137－138.
72) Ross letter of Oct., 9, 1882 (*ECI －BFBS*, vol.17, p.178.)
73) 이성하는 성경의 각 페이지를 찢어서 중국 고전 속에 감추었다. 불행하게도 전택부의 이 주장에 대한 확실한 역사적 증거는 없는 것처럼 보인다. 전택부, *한국교회발전사*, 100쪽.
74) 전게서. 전택부 장로는 그 모임에 교회의 지위(status)를 부여하고 있지만, 그 모임은 기도회에 가깝다고 해야 할 것이다. (김광수, *한국기독교인물사* (1981), 23－24쪽.)

으로 백이 처음으로 기독교를 소개받았음을 기억한다.

1883년에 서상윤과 서경조는 소래에 장로교회를 설립했는데 이는 한반도에서의 최초였다. 서상윤은 이미 보았듯이 BFBS에 의해 지원받은 최초의 공식 권서인이었으며 그는 의주, 서울, 소래에서 전도활동을 했다. 서상윤이 최초로 교회를 설립한 장소는 그의 고향인 의주가 아니라 소래 마을이었다고 널리 받아들여져 있다. 그러나 서 형제들이 소래교회를 창립한 연도에 대해서는 논쟁이 있다.[75] 다음에 논의될 이유들로 인해 우리는 소래교회의 창립연도가 실제로 1883년이었음을 주장한다. 다시 우리는 '세계적으로 유명한' 기독교 공동체가 될 교회의 시초에 관한 언더우드의 기록을 인용한다.

서상윤은 북부 지방을 여행하면서 설교하고 책들을 배포하며 얼마간의 시간을 보내고 서울을 방문하였는데 그는 여기서 자기의 말을 적어도 들어보고자 하는 많은 사람들을 발견했다. 후에 그는 가족과 함께 황해도 장연 지방의 소래, 즉 솔내(소나무 개울) 마을에 정착했다. 여기서 그는 그리스도를 전파하며 살면서 이후 세계적으로 유명한 것이 된 사역의 기초를 이 마을에서 놓았다. 그런 것이 조선 땅에서의 선교사역의 시작이었기에, 비록 공들인 노력들이 미약한 것이었음에도 그 결과들은 오늘날 이 땅의 많은 곳에 가득한 새벽 광명에 대한 신속한 약속을 줄 수 있었다.[76]

여기서 우리는 왜 서상윤이 고향인 의주를 떠나 소래에 정착했는가라

---

75) 소래교회의 시작연도에 대한 논쟁은 계속되고 있다. 그럼에도 이에 대한 광범위한 연구를 한 김대인의 최근 저술은 시작연도를 1883년 5월일 가능성이 많다고 결론지었다. (김대인, 전게서, 49-84쪽.)
76) H. G. Underwood, op.cit., p.131.

는 질문에 답할 필요가 있다. 1883년에 서상윤과 다른 권서인이 의주와 서울로 파송되었다. 서는 로스로부터 5백 부의 복음서와 같은 양의 전도 책자를 수령했다.[77] 그러나 서는 국경에서 체포되어 투옥되었고 그의 모든 물건은 압수되었다. 그의 친척들의 도움으로 그는 밤에 감옥을 탈출하여 의주에 도착할 수 있었다. 그러나 거기서 불안한 나머지, 자기 동생 경조와 다른 친척들이 살고 있는 황해도 소래로 갔다.

이제 우리는 어떻게 소래교회가 간도에 있는 교회들과 유사한 방식으로 시작되었는가에 대하여 보다 가까이서 살펴볼 것이다. 서상윤은 소래에 있는 자기 친척들에게 복음서들을 부지런히 배포했다. 그의 열렬한 전도의 결과로 수개월 내에 18명이 기독교로 개종했다.[78] 이들이 세례받기를 원했기 때문에 그는 로스에게 한국에 와서 이들에게 세례를 줄 것을 요청했다. 그러나 로스는 한국 여행을 할 수 없었고 이들의 세례는 연기되었다.[79] 1883년에 서상윤은 소래에서의 사역 외에 서울에서 성경을 판매하면서 거기서 1884년까지 전도사역을 계속하였고 이것이 1887년 새문안교회의 창립을 위한 씨앗이 되었다.

소래를 방문할 수 없다는 로스의 회신은 서를 실망시키지 않았다. 서는 1886년에 언더우드를 보러 서울에 가서 자기 마을에 와서 새로운 신자들 중 일부에게 세례를 줄 것을 요청했다[80]. 그러나 언더우드는 그

---

77) Ross letter to Wright, March 8, 1883.
78) 김광수, *한국기독교전래사*, (1984), 272 – 273쪽, *MRW* 1885, p.495.
79) Ross letter to Wright, March 8, 1885. 로스는 그 장소를 서울의 서쪽이라고 밝혔다. 이만열 교수는 이것을 의주라고 해석했으나, 의주는 서울로부터 300킬로미터 이상 떨어져 있는 곳임을 감안하면 로스는 이곳을 소래라고 언급했을 가능성이 압도적으로 높다. (See, *HKBS(1)* pp.110 – 111.)
80) H. G. Underwood, "The Today from Korea", *MRW* 16 (November 1893)

당시 한국에 있었던 외국인 선교사들에 대한 통행금지령을 위반하지 않고서는 소래에 갈 수가 없었다. 그래도 실망하지 않은 서는 자기 동생 경조를 포함한 네 명의 신자들을 1887년 1월에 세례를 받게 하려고 서울로 데려왔다. 언더우드는 역사적으로 의미 있는 1887년 1월 23일 일요일의 세례를 생생하게 기억한다.[81]

　　얼마 후에 그는 세례를 요청한 네 명의 대표단과 함께 돌아왔다. 이들은 알렌 박사, 헤론 박사와 나 자신에 의해 엄격하게 심문을 받았고, 서울에 머무르는 며칠 동안 우리 모두에 의해 여러 상황에서 보였다. 마지막에 우리 모두는 세례를 거절할 권리가 없다고 느꼈고 그렇게 말하며 세례를 주었다. 물론 그들은 왕복 여행 비용과 여관 비용을 모두 부담했다. 그들 모두는 다시 나에게 자기들 마을로 내려오라고 촉구했으나 그 길이 열리는 것처럼 보이지 않았다.[82]

다음에 우리는 간도의 교회와 마찬가지로 소래교회가 삼자 원리의 특징들을 나타내었음을 볼 것이다. 이미 우리는 위에서 세례 신청자들이 왕복 여행 비용과 여관 비용을 모두 부담한 데서 자급교회의 표지들을 확인할 수 있다.

---

p.816. 언더우드는 서상윤을 만난 후 "그 당시 서상윤은 어떤 사람에게도 고용되어 있지 않았다. 즉 그의 소래에서의 사역은 자원해서 하는 것이었다."라고 논평했고, 후에 서가 미국 선교사들의 사역에 너무나 깊이 참여했기 때문에 언더우든 "서는 우리 선교부의 신뢰받고 검증된 주 조력자"라고 말했다.

81) Underwood, The Call of Korea, pp.136−137. 네 명 중 3명이 세례를 받았다. 이들은, 서경조, 최명오, 정공빈이었다. 그리고 언더우드는 1887년 가을에 7명에게 추가로 세례를 주기 위해 그 자신이 소래로 갔다. (*HKBS(1)*, p.115.)
82) Underwood, "Today from Korea", *MRW*(November 1893), p.816.

1) 자전 공동체들

처음부터 의주와 소래교회들은 자전하는 공동체들이었는데 그들은 복음을 자신들의 친구들과 가족들에게 전파했던 한국인 전도자들에 의해 시작되었다. 소래의 한 마을에서는 58가족 중 50가족이 개신교회로 개종했다. Shearer는 소래교회의 자전적 성격에 대해 다음과 같이 기술한다.

> 가족과 이웃 관계라는 친밀한 연관은 복음을 위하여 아주 유용한 도구가 되었기에 그 마을사람들이 대부분 기독교인들이 되었다. 이 속에서 소래는 장래 일의 유형을 보여주었다. 그리스도에게 인도된 마을의 소수의 사람들이 그 다음에는 자신들의 친척들을 그리스도를 아는 지식으로 인도하여 성경을 가르쳤다.[83]

한국의 이후의 교회들은 소래장로교회의 자전적 성격을 복사했다는 점이 주목되어야 한다. Shearer는 이 마을에서 보인 자전적 성격은 후에 다른 많은 마을에서도 보일 것이라고 말한다. 그리고 그는 "언더우드와 같은 선교사들이 마을로 간 것은 이방인들을 회심시키기 위한 것이 아니라 이미 그리스도를 만난 이들에게 세례를 주고 가르치기 위한 것이었다."라고 고백한다.[84]

2) 자치 공동체들

언더우드는 서 형제들의 공동 리더십하에 있는 소래 공동체의 자치적 성격을 분명히 보았다. 왜냐하면 소래교회의 초기에는 서상윤은 종종 서울에 가 있었는데 이 기간 동안에는 동생 경조가 리더십을 담당했던 것

---

83) Roy E. Shearer, *Wildfire*, pp.43-44.
84) 전게서.

이다.[85] 여기서 중요한 것은 토착지도자들이 소래 교회를 치리하고 있었다는 사실이다. 그들은 어떠한 외부의 도움도 받지 않았다.

3) 자급 공동체들

무엇보다 그들은 교회 건물을 스스로 건축함으로써 자급의 원리를 지켰다. Shearer는 그의 *Wildfire: Church Growth in Korea*에서 "그들은 자급의 패턴을 정립하여 교회 확장을 위한 주도권을 가지고 교회의 건립과 운영의 비용을 담당했다."라고 기술함으로 이 점을 분명하게 지적했다.[86]

한국의 정치 경제적 상황이 매우 어려운 기간 동안에도 소래교회 교인들은 1895년 7월 7일 새로운 교회 건물을 건축하기로 결정했다. 더욱이 이들은 건축을 위한 재정 지원을 하겠다는 언더우드의 호의적 제안을 거절했다.[87] 이리하여 한국 최초의 장로교회 건물은 토착 기독교인들의 재원만으로 아무런 외국인의 지원 없이 완성되었다. 더욱 놀라운 것은 소래교회가 1897년에 농업에 정통한 선교사의 파송을 요청하면서 재정 지원을 하겠다고 한 것이다. 비록 이 요청이 이행되지는 않았으나 그 교회의 독립적 정신을 분명히 보여준 것이다.[88] 따라서 한국의 대부분의 장로교회들이 소래교회의 자급의 예를 따랐다는 것은 놀랄 일이 아니다.

---

85) Underwood, *The Call of Korea*, p.137. 서경조는 후에 선교사들이 자금을 지원한 평양의 장로교성경 대학을 졸업했고, 한국장로교회 최초의 목사 7명 중 한 명으로 1907년에 임직되었다.

86) Ibid., p.42.

87) 김대인, 전게서, 103−104쪽.

88) *ARBFM* for 1898, p.155. Quoted from Ok Sung−duk, "Early Mission Policy of the Korean Presbyterian Church(1884−1903)", *한국기독교역사* 제9권(1998), 187쪽.

4) 결 론

의주와 소래교회들이 '한국에서의 개신교회의 출생지 내지는 요람'[89]이라고 언급해도 놀라움으로 다가오지 않는다. 두 교회 모두 직접적인 외국의 지원 없이 창립되었으며, 토착 전도인들이 자신들의 가족들과 친구들에게 복음을 전파했다. 이 교회들은 진실로 토착교회의 특징들을 갖고 있었다. 더욱이 이 교회들은 교회 건물과 예배를 토착화했다. 토착화된 예배 패턴의 한 예로 한국인 신자들의 종교적 열심이 의주교회에서는 일요일 예배에 더하여 수요일 저녁에 토착화된 예배를 드리는 결과로 나타난 것에서 볼 수 있다.[90] 모든 한국인 개신교회들은 어디에 위치하고 있든지 이 수요 저녁예배의 전통을 따랐다. 다음 장에서 토착화된 한국장로교회에 대하여 더 논의할 것이다.

의주 교회는 한국개신교회 역사에서 수많은 특출한 지도자들을 배출하는 데까지 나아갔고 그들은 초기 한국개신교회에 지대한 영향을 행사했다. 아마도 상기 사실은, 이 교회들이 토착 지도자들에 의하여 시작되었고 그렇기에 그들이 더 많은 토착교회 지도자들을 만들어야 한다는 것은 거의 자연스러운 것임을 고려하면 놀라움으로 다가오지 않는다. 예를 들면, 잘 알려진 한국교회 지도자 중 한 명인 한석지는 백홍준의 영향을 받아 한국에서 최초로 안수받은 장로교 목사 중의 한 명이 되었다. 그는 의주 안팎의 초기 교회들의 발전에 기여했으며, 의주에서 출생하여 거기서 안수를 받은 양춘백은 그 당시 한국에서 가장 큰 교회가 될 순천 교회의 목사가 되었다.[91]

---

89) Paik, op.cit., p.139.
90) 차제명, op.cit., 1928, p.
91) 김양선, 전게서 223−224쪽, See, Richard H. Baird . *William M. Baird of Korea: A profile*, pp.34−37.

3. 서울의 기독교 공동체(새문안교회)

서상윤은 서울에서 사역한 최초의 토착 전도인이었다.[92] 그의 전도는 많은 열매를 맺어 그의 서울에서의 첫해 말에는 "그의 친구들 중 13명이 회중으로 형성되기를 갈망했다." 서상윤은 로스에게 서울에 와서 이들에게 세례를 줄 것을 요청했으며, "다음 해(1884년)에 다시 편지를 보내 79명의 신자들이 있으니 나를 서울로 오라고 촉구했다."[93] 불행히도 로스는 이 초청도 받아들일 수 없었는데 그 대신 1884년에 6천 부의 복음서들과 전도책자들을 보냈다. 로스는 중국과 한국의 국경을 통해서 기독교 문서들을 보내는 것의 위험을 잘 알고 있었기에 지혜롭게도 한국정부의 외교 고문이었던 묄렌도르프(P. G. Von Moellendorf)의 도움을 받아 해상으로 보냈다.[94] 서상윤의 서울에서의 성공적인 2년(1883 – 1884년)간의 사역은 *The Missionary Review of the World*의 다음 기사에 서술되어 있다.

서(swi)는 서울에서 약 2년간 사역했는바, 현재 약 70명의 유식한 사람

---

92) 서상윤의 전도활동들을 요약하면 다음과 같다. BFBS의 지원으로 의주에서 (1882년 10월-1883년 1월까지) 3개월 동안 전도. 그 후 그는 로스로부터 서울에서 전도할 것을 요청받았으나, 이미 보았듯이 국경을 건너는 것이 위험한 것이었기에 탈옥한 후에는 소래로 가서 소래에서 교회를 창립했다. (1883년). 이때, 그는 서울에서 2년간 사역하기 위해 서울에 갔다. (서상윤, "서상윤 선생의 경력", 1901년 9월 19일자 *기독신문*, 매킨타이어의 보고서에 따르면, 백홍준은 1885년까지 이미 수차례나 서울을 방문했다. (*MRUPC for 1885*, p.218.)

93) John Ross, CDK, p.247. 로스는 거절의 이유를 "유럽 사람이 폐쇄된 국가에 입국할 수 있는 허가를 얻는다 하더라도 장거리 육로 여행에 소요되는 장시간을 내는 것은 나로서는 불가능하다."라고 설명했다.

94) 차제명, 전게서, 8쪽. 묄렌도르프는 중국정부에 의해 파송된 독일인으로 국제관계 고문과 무역관으로 봉직하고 있었다. 1887년의 BFBS의 연례보고서에 따르면, 인쇄된 복음서가 배포된 전체 숫자는 7,588이었다.

들이 세례를 요청하고 있다고 보고한다. 이들은 다른 사람들을 계몽하고 영향을 주는 일에 활발하며 이들 중 한 명은 서울의 서부에 있는 또 다른 큰 도시에서 설교관(a preaching hall)을 개설하여 18명의 개종자를 얻은 한편, 또 다른 이는 서울의 남부의 한 도시에서 같은 과정을 채택하여 20명의 세례 신청자를 확보했다. 로스의 번역본은 모든 독자들에 의해 잘 이해되고 있는 것처럼 보이며 남자들뿐만 아니라 많은 여자들도 그것을 간절한 마음으로 구입하는바, 복음의 진리는 많은 사람들 가운데 급속히 확산되고 있다.[95]

상기 기사로부터 네 가지를 관찰할 수 있다. 첫째, 우리는 서상윤이 로스와 BFBS의 지시하에 1883−1884년에 서울에서 전도했음을 확인한다. 또한 이 전도는 2년 기간의 끝에 약 70명의 유식한 사람들이 세례를 요청하는 결과를 가져왔음도 알게 된다. 둘째, "로스의 번역본은 모든 독자들에 의해 잘 이해되고 있는 것처럼 보인다."라고 서술되어 있다. 이것은 70명의 남자들에 더하여 로스 번역본을 "많은 여자들도 간절한 마음으로 구입하고 있다."는 사실에 의해 확인되었다. 우리가 조선 시대의 계급제도에 있어서의 여자들의 사회적 지위를 고려하면, 로스 번역본이 의주 방언에 대한 미국 선교사들의 나중의 비판에도 불구하고 모든 한국인들을 복음화하는 데 성공적이었음을 확신할 수 있다. 셋째, 우리는 다시 자전교회의 표지들을 보는바, 70명의 회심자 중 두 명이 토착 전도자들이 되어 각각 서울의 서부와 남부에서 사역하여 18명과 20명의 회심자들을 스스로 추수하였다.[96] 마지막으로 우리는 서가 로스와 정기적

---

95) Ross, "Korean Converts", *MRW* No.8, (May 1885), p.208. 우리는 언더우드가 같은 해인 1885년 4월 5일에 한국에 도착했음에 유념한다.
96) 이 두 명의 토착 전도인들은 로스로부터 성경을 배웠던 '난민들'이었을 가능성이 매우 높다. 그러나 증거가 없고, 이름이 거명되지 않아 확인 할 수는 없다.

인 연락을 유지하면서 자주 그에게 회심자들에게 세례를 주도록 요청했다. 이 친밀한 교신으로 서가 필요할 때 아마도 성경과 전도책자들을 얻을 수 있는 이유가 되었을 것이다.

1) 자전 공동체

서울의 자전적 교회에 대한 더 많은 증거를 우리는 발견한다.

> 서울에서 온 피난민들 중 한 명은 이제는 다시 서울에 돌아가도 안전하다고 생각하여 서울에서 토착 권서인이 될 수 있는 특별한 교육을 받았다. 1년 후(1886년에) 그는 로스에게 편지를 써 그의 친구 13명이 회중을 형성하기 원하니 서울을 방문해 달라는 요청을 했다. 그다음 해에 그 선교사는 서울 안팎에 79명의 신자가 있다는 보고를 받고 서울을 방문하도록 재촉받았다.[97]

우리는 이미 왜 그 피난민이 1882-1883년에 서울을 떠나 간도로 갔는가를 논의했다. 그 기간 동안, 우리는 그들 중 일부가 김청송을 통하여 성경을 소개받고 로스로부터 성경에 대한 더 많은 가르침을 받기 위해 목단으로 갔다. 이 익명의 피난민이 고향을 떠날 때는 피난민이었으나 귀향할 때는 전도자이었다는 것은 그 자체로 놀라운 것이다. 더 놀라운 것은 이 사람은 많은 동향인들을 그리스도에게 인도할 수 있었으며, 다른 많은 토착 전도인들처럼 새로 회심한 자들에 대한 세례를 위하여 로스에게 서울 방문을 요청했다는 것이다.

이 '피난민' 전도자의 정체를 추론하기 위하여 의존할 수 있는 증거는 별로 없는데 로스의 다음 기록이 유일한 것처럼 보인다.

---

97) ARBFM for 1890, p.134, See, Ross, CDK, pp.247-248.

피난민들 중 가장 젊은 사람들 중의 한 사람이 나에게는 다른 이들보다 큰 인격의 힘과 보다 용감한 기질을 가진 것으로 보였는데 그는 상당한 학자이기도 했다. 그가 세례를 받은 후에 자기가 목숨을 위해 도망쳐 나온 서울로 다시 돌아가서 자기의 친척과 친지들을 가르치고 싶다는 소원을 표현하였기에 그를 *한동안 특별 훈련반*에 배치했다. 그가 반대자들의 반대를 처리하며 구도자들의 질문에 대답할 수 있을 정도로 충분히 잘 교육이 되었다고 판단되어 한국의 수도로 돌아가도 좋다고 허락했다. 그의 학급은 모두 중국어로 교육을 받아 단지 고전 중국어로만 읽고 쓰며 천박한 언어를 경멸하고 무시하여 결코 그 언어로 읽고 쓰지 않을 것임을 충분히 감안하여 이 사람에게는 고전 중국어로 된 기독교 서적과 성경의 몇 부분을 주었다.[98]

우리가 볼 수 있듯이, 상기의 '피난민들 중의 가장 젊은 사람들 중의 한 명'은 79명의 한국인을 회심시킨 서울의 피난민 출신 전도자와 동일인일 가능성이 많지만, 충분한 증거를 갖고 있지 않아 동일인이라고 확실한 결론을 내릴 수는 없다. 그럼에도 불구하고 이만열을 포함한 많은 한국인 학자들은 지금까지 그 '피난민' 전도자는 사실 서상윤이라고 주장해 왔다.[99] 우리는 이 주장이 몇 가지 이유들로 인해 틀렸다고 주장한다. 첫째, 우리는 서는 로스와 함께 번역에 참여하면서 그의 지도를 거의 5년 동안 받은 것을 기억한다. 만약 이 '피난민' 전도자가 진실로 서라고 한다면, 로스는 그의 이름을 분명히 밝혔을 것이다. 이는 로스가 1885년의 기록에서 서를 'Swi'라고 언급하는 것을 우리가 이미 보았기 때문이다. 둘째, 제3장에서 보았듯이 서씨 형제들은 의주에서 왔지 서울

---

98) *MRW*, 1890, pp.246-247. Italics added.
99) 이만열 교수는 자신의 1988년 논문 "서상윤의 생애와 사역에 대한 몇 가지 문제들"에서 그 차이는 로스의 기억의 부정확에 기인한다고 하면서 "우리는 그 익명의 전도인이 서상윤이라고 결론을 내리기를 주저하지 않는다."라고 적고 있다. (21쪽)

에서 오지 않았다. 물론 서가 서울에 살고 있는 친척들을 가졌을 가능성이 있지만 그럼에도 서가 한문교육을 잘 받은 고위 계급의 사람들과 어떤 관련을 가졌다는 것은 생각하기 힘들다. 이는 그가 중인 계급인 상인 계급 출신이기 때문이다(우리는 서씨 형제들이 인삼을 팔러 만주에 온 것을 기억한다). 셋째, 비록 상기 이유들이 설득력이 없음이 판명된다 하더라도 서가 한때 "중국어로 교육을 받아 단지 고전 중국어로만 읽고 쓰며 천박한 언어를 경멸하고 무시하여 결코 그 언어로 읽고 쓰지 않을" 다른 고위 계급의 한국인과 같았다고 상상할 수 없다. 우리가 아는 서는 중국어 성경을 한글로 번역하는 데 활발하게 참여하였으며, 복음을 모든 한국인에게 전하는 데 열정적이었던 사람이다. 따라서 상기 이유들로 인해 그 젊은 전도자는 서상윤과 동일시될 수 없다. 실로 이 '피난민' 전도자는 김청송에 의해 로스에게 소개된 그 무관일 가능성이 더 많다.[100]

어떤 경우이든, 이 '피난민' 전도자는 교육받은 고위직의 사람들이 있는 수도로 갈 것이기 때문에 서울로 출발하기 전에 효과적인 전도를 위한 특별 훈련을 받았다. 이것이 아마도 그의 서울에서의 성공적인 사역의 이유가 될 것이다. 더욱이 우리는 그가 서울에 권서인으로 자원하여 복귀하고자 했을 때, 우리는 그의 전도에 대한 열정을 볼 수 있다.[101] 로스는 그의 그러한 준비성을 보고 그를 *한동안 특별 훈련반*에 배치했다. 로스는 '자전교회'의 또 다른 측면이라고 말할 수 있는 제자도를 실천했다.[102]

---

100) John Ross, "Korean Converts", *MRW*, (Dec., 1891), p.209.
101) Ibid., p.209.
102) 우리는 서상윤 자신도 로스에 의한 그러한 '특별 훈련'을 거쳤을 것이라고 추측할 수 있다.

1887년 9월 존 로스의 서울 방문

그런 신속한 전도와 자전의 결과로 로스는 서울의 교회가 1887년에 공식적으로 설립되었을 때 '그 도시에는 그 계급에 속한 신자가 3백 명 이상이 있었다는 확신'을 가졌다[03]. 언더우드는 회중의 숫자가 1889년 263명에서 1901년에 401명으로 꾸준하게 증가하였음을 관찰했다. 서울에서의 개척적인 토착인 기독교인들의 사역의 열매를 인정하면서 언더우드는 "이 기간은 널리 씨를 뿌리는 기간인 동시에 첫 열매들을 거두어 들이는 것을 허락받은 시기인 바, 이는 수많은 미지의 토착 전도자들이 이미 한국에 씨앗들을 뿌렸기 때문이었다."라고 말했다.[04]

흥미로운 것은 서울의 기독교인들은 로스의 권서인들의 전도를 통해서 회심하였기에 오직 로스에 의한 세례를 고집했다. 우리가 로스의 다음 보고서에서 보겠지만, 서울과 한국 각지의 토착 신자들은 로스를 자신들의 목사로 간주하여 그 당시 한국에 있었던 미국 선교사들에 의한 세례는 거부했다.

> 이 해에는 원지의 한국인 밸리로 여행하여 세례받은 자들을 굳세게 하고 수많은 신앙 고백자들을 점검하는 일을 할 수 없었다. 특별히 유감스러운 것은 한국의 서울에 있는 신앙 고백자들을 점검하기 위하여 갈 수 없다는 것인데, 그 숫자가 현재 백 명을 넘는다고 하는 그들은 모두 그 권서인이 속한 중인 계급과 상류 계급의 사람들이다. 그의 목사로서 그 (서)는 다른 사람이 아닌 내가 올 것을 간청하고 있었기에 그는 나에게 알려주듯이 현재 거기에 정착한 미국 선교사들에게는 보고하지 않았다고 한다.[105]

---

103) John Ross, CDK, p.247.
104) Underwood, *The Call of Korea*, 1908, p.136.
105) Ross, *UPMR*(June 1, 187), p.226.

우리는 여기서 백 명이 넘는 서울에 있는 신자들은 '모두 중인 계급과 상류 계급의 사람들'이었다는 것에 주목한다. 우리는 이 특징이 미국인 선교사들이 토착교회들을 위하여 중인 계급과 하층 계급의 사람들을 임명했던 네비우스의 방법과는 완전한 대조를 이룬다고 주장한다.

로스는 한국을 방문해 달라는 그렇게 많은 요청을 받은 후에 마침내 서울에 교회를 설립한 시기에 맞추어 서울에 올 기회를 가졌다. 이것은 그가 처음으로 한국인들에 대해 관심을 가지게 되었던 고려문을 처음 방문한 후 13년이 되는 해이다. 1887년 9월에 '정규적으로 조직된 한 교회'의 공식적 시작의 시기에 로스가 서울을 방문한 것은 '섭리적 사건'에 조금도 뒤지지 않는다.[106] 로스는 서울의 최초의 장로교회의 창립을 목도하면서 그 역사적 순간을 다음과 같이 서술한다.

> 신약을 떠올리면서 나는 서울에 바다를 이용하여 갔는바 이는 여행을 쉽고 가능하게 했기에 어느 날 저녁에 도착했는데 그 저녁은 나에게 특별한 관심거리였다. 그 저녁 주최자인 언더우드 목사는 그날 밤 자신의 소규모의 회중을 한 장로교회로 조직하기 위하여 자신의 작은 예배당으로 갈 것이라고 나에게 알려주었다. …그 방에서 우리는 좋은 옷을 입은 지성인으로 보이는 14명의 남자들을 발견했다. 이들 중 한 명이 그날 밤 세례를 받았다. 그러나 *주된 일은 다른 사람들이 두 사람을 자신들의 장로로 선출하는 것이었다. 두 사람은 만장일치로 선출되었고 그다음 안식일에 임직되었다. 이 두 사람은 목단에서 돌아갔던 사람의 사촌들이었음이 판명되*

---

106) 새문안교회는 1887년 9월 27일에 언더우드에 의하여 설립되었다. See, Underwood, *First Church in Korea, The Church at Home and Abroad*, vol.3(Feb., 1888), pp.196-197, 김대인, 전게서 156쪽, *새문안 교회 70년사*(1958년). 이 기사로 보아서는 언더우드와 로스가 그 전에 교신한 적은 없었다고 추론할 수 있으나 로스가 서울에 도착하자마자 언더우드는 로스를 집회장소로 안내했다는 것은 분명하다.

었다. 그들이 신자가 된 지 6년이 되었기에 최초의 회중에 속하게 된 것이 틀림없었다. *그 교회를 형성하는 14명의 세례받은 교인들 중 13명이 그 사람 또는 그 후에 목단을 떠났던 다른 사람에 의한 회심자들이었다.* 그러나 내게 가장 흥미로웠던 것은 그 도시에는 여러 가지 이유로 아직은 교회에 공식적으로 합류할 준비가 되어 있지는 않는 그 계급에 속한 300명 이상의 남자들이 있다는 확신이었다.[107]

우리는 로스가 그러한 기회를 목도함으로 벅찬 감사에 사로잡혔음을 확인할 수 있다. 우리는 그날 밤에 참석한 14명 중 13명이 로스의 협력자들에 의하여 회심했던 사람들이라는 것에 주목한다.[108] 그는 연합교회로 인한 실망 가운데서도 한국의 복음화를 위한 자신의 수 년간의 노고에 대한 열매를 목도하고 있었던 것이다. 로스는 NBSS와 BFBS로부터 받았던 지원을 잊지 않고, 서울 방문에 관한 그의 보고서에서 로스는 동북 중국의 BFBS 책임자인 Bryant에게 "귀하가 나의 면전에서 조직된 최초의 한국인 회심자들의 회중이 거의 전부 귀하의 권서인(인 서상윤)의 회심자들이었다는 것을 들으면 의심할 바 없이 기뻐할 것입니다."라고 확신시켰다.[109] 또한 이 방문의 목적은 다중적이었던 것 같다. 후에 보겠지만, 로스 번역본의 미래가 걸려 있었기에 로스는 미국 선교사들이 올바른 결정을 하고 그 번역본을 계속하여 사용하게 주의를 기울여야 했다.[110]

2) 자치 공동체
로스는 그날 밤 서울에서 "주된 일은 다른 사람들이 두 사람을 자신

---

107) Ross, CDK, 1890, p.247, italic emphasis added.
108) *ARBFM* for 1890, p.134.
109) *ARBFM* for 1888, p.287.
110) Choi, *JRKPC*, p.169.

들의 장로로 선출하는 것이었다."라고 분명히 했다. 전통적으로 한국의 사가들은 이 두 사람이 서상윤과 백홍준이라고 추측했으나[111] 이 추측은 오래전에 틀린 것이 판명되었으니 이는 로스가 "이 두 사람은 목단에서 돌아갔던 사람의 사촌들이었다."라고 기록하기 때문이다. '목단에서 돌아갔던 그 사람'은 서상윤일 가능성이 많으나 또 다른 로스의 협력자일 가능성도 있다. 어쨌든 이 사건은 매우 의미심장한 사건으로서 이는 이들이 한국개신교의 역사에 있어 지역교회를 섬기기 위해 임직된 최초의 장로들이었기 때문이다. 일반적으로 이 자치의 원리는 한국교회의 초기로부터 자원주의(voluntarism) 및 자급정신과 조화를 이루었다. 현재의 한국장로교회에 있어서 오늘날까지 장로의 임직은 교회가 자치와 자급을 하게 된다는 큰 의미를 갖고 있다.

3) 자급 공동체

초기부터 한국장로교회는 이전의 간도와 소래의 교회들에서 확인했던 바와 같이 자급과 자원주의의 전통을 따랐다. 이 자급의 원리는 단순히 재정적 문제뿐만 아니라 성경공부를 통한 청지기직과 영적 성숙의 원리들을 발전시키는 곳으로 인도하였다. 이것은 한국교회의 자급의 성공이 한국교회의 부요가 아닌 '그들의 희생적 헌신'에 기인한 것이라고 논평한

---

111) 비록 두 명의 장로가 만장일치로 그 화요일 밤에 선출되었으나, 공식적으로는 일요일인 10월 2일에 임직되었다. 이 두 사람이 서상윤과 백홍준이라고 하던 종래의 생각은 이만열 교수의 1988년 논문으로 도전을 받았다. 이 교수는 그 당시의 기사들에 대한 광범위하고 심층적인 탐구를 통하여, 종래의 생각은 역사적 증거가 없으며, 심지어 현존하는 증거와 모순이 된다고 결론지었다. (이만열, 전게논문, 14-25쪽.) 후에 김대인은 서상윤의 생애에 대한 철저한 연구를 통해 이만열과 의견을 같이했다. 김대인은 서상윤은 결코 장로가 된 적이 없으며, 대신에 전국을 여행하면서 성경을 배포하고 전도를 했다고 결론을 내렸다. (김대인 전게서 157-179쪽.)

언더우드의 말로 보아 더욱 진실한 것이다. 언더우드는 이 논평을 한국에 도착한 직후 토착교회 지도자들에 의한 열정적인 전도를 목도한 후에 하였다.112) 그 결과로 한국교회는 예배당 건축이나 자신들의 성경교사의 급여를 위해 선교자금을 거의 거들떠보지 않았다. 이리하여 백낙준 박사는 "새로운 회심자들은 자신들이 건물을 건축할 때까지는 교회 건물을 가질 수 없었으며, 자신들이 급여를 제공할 수 없다면 성경교사를 가질 수도 없었다. 그리하여 그들은 이것을 당연지사이며 정상적인 기독교인의 활동으로 수용하는 것이 자연스러웠다."라고 관찰한다.113)

서울의 새문안교회의 자급적 성격에 관한 일화들은 선교사들의 기록들에서 발견된다. 1895년에 새문안교회 건물은 증가하는 회중을 수용하기에는 비좁게 되어 그 결과로 교회는 새로운 건물을 고려하고 있었다. 건축비 예산이 2천 불에 달했는바, 이는 특별히 회중의 대부분이 부자가 아니었기 때문에 큰 금액이었다. 그러나 그들은 자신들의 교회 건물을 건축하기로 결론을 지었다. 건축을 완성하기 위하여 교인 각자는 자신들이 할 수 있는 모든 것을 했다. H. G. Underwood의 부인인 Lilias는 자신의 *한국의 언더우드(Underwood of Korea)*에서 그녀가 목도했던 것을 다음과 같이 적었다.

사람들은 용감히 일하러 갔다. 목수들은 격일로 무료 노동을 제공했으며 식자들의 일부는 한 번도 손으로 일을 한 적이 없었지만 건축일에 잡부로서 일을 했으며 심지어 소년들도 자기들의 몫을 했다. 새문안교회 교인들은 갑자기 그들이 한때 꿈꾸었던 것보다 더 많은 돈을 소유하고 있는

---

112) Underwood, "Principles of Self-Support in Korea", *KMK*, vol.4, (June 1908), p.91.
113) Paik, op.cit., p.281.

것을 발견했는바, 어느 누구로부터 아무런 말도 없었지만 그 돈을 가지고 해야 할 한 가지 일은 새 교회를 건축하는 일에 투입하는 것이었다. 주는 것보다 그들이 더 사랑한 것은 없었는데 여기에 좋은 기회가 왔다. 그들 중 많은 이들이 부자와는 거리가 멀었으며, 그들의 대부분은 겨우 입에 풀칠하는 생활을 하고 있었지만 그들은 결코 그 돈을 자신을 위하여 사용할 꿈을 꾸지 않았다. 그들의 생각으로는 그 돈을 교회를 위하여 드리는 것이 그것을 사용하는 최선의 방법이었다. 그리하여 교회는 최선의 전통 양식으로 곧 완공이 되었으며 지붕과 모든 것이 바랄 수 있는 최상의 것이었다.[114]

4) 결 론

전체적으로 한국개신교회의 개척자들은 로스에 의해 훈련되었기에 자신들의 신실한 전도적 노력을 통하여 한국에 최초의 토착 장로교회를 설립했다. 이 자발적이며 헌신된 전도자들은 만주의 간도로부터 의주, 소래, 서울에 이르는 많은 지역들에서 사역하면서 가는 곳마다 복음을 전파했다. 우리는 최초의 한국인 기독교 공동체들이 중간 및 상류층의 한국인들을 향한 마음을 다한 전도를 통하여 설립되었음을 보았다. 아마도 더욱 의미심장한 것은 모든 초기의 한국인 기독교 공동체에는 삼자원리 위에 설립된 공동체의 특징들이 있었다는 것이 관찰되는 것이다. 이것은 NBSS가 고용된 일본 권서인들의 손을 통해서 부산과 대구 인근의 한국인들에게 로스 번역본을 배포하는 노력이 실패한 것과 뚜렷한 대조를 이룬다. 그러므로 로스의 협력자들의 초기 한국교회에 대한 영향과 중요성은 이들 교회들 가운데 특별히 삼자 원리를 실제적으로 적용함에서 선명하게 나타났던 것이다.

---

114) Lillias H. Underwood, *Underwood of Korea*, pp.142－145.

Ⅲ. 초대 한국교회에서의 외국인 선교사들의 역할

지금까지 우리는 복음화된 한국에 대한 로스의 비전이 결실을 맺은 것을 보았다. 1874년 고려문에 대한 로스의 첫 방문으로 시작된 이 비전은 성경의 한국어로의 번역, 토착 전도자들의 훈련, 및 무장된 토착 권서인들의 성경 배포와 관련되어 있다. 이 비전의 결과로 간도에서 서울까지 한반도의 안팎에서 많은 기독교 공동체들이 설립된 것을 보았다. 더욱 의미심장하게도 우리는 한국에 있는 이 토착교회들이 삼자 원리를 실천한 것을 목도하였다.

그리고 여기서 한국장로교회의 그러한 성장과 진보 가운데 주로 1884－1885년에 한국에 도착한 초기 미국 선교사들의 선교활동을 조사할 필요가 있다. 네비우스 선교방법이 공식적으로 채택된 1893년의 장로교의 치리 형태를 가진 선교부 협의회(the Council of Missions Holding the Presbyterian Form of Government)의 결정 전까지는 로스 번역본이 복음의 전파를 위하여 선교사들에 의하여 광범위하게 이용되었던 것을 우리는 보았다. 이런 점에서 우리는 (1) 한국 토착장로교회에서의 개척 선교사들의 역할을 조사할 것이며 이렇게 함에 있어서 토착교회 지도자들의 활동을 선교사들의 활동과 비교할 것이며, (2) 미국 선교사팀에 의한 번역된 성경들(로스팀과 이수정에 의한)에 대한 개정에 대해서 연구할 것인바, 여기서 우리는 어떻게 미국 선교사들이 로스의 번역본을 비판하고 그것을 사용하지 않기로 결정했는가를 볼 것이며, 마지막으로 로스의 선교방법을 연구하기 전에 (3) 한국에 선교사들을 파송한 다양한 선교단체들이 어떻게 한 단체, 즉 장로교의 치리 형태를 가진 선교부 협의회를 1893년에 결성하기 위하여 협력했는가를 조사할 것이다.

1. 초기 미국 선교사들

우리가 보았듯이 초기 한국장로교회들은 1882년에 로스의 번역팀에 의해 누가복음이 출판된 이래 토착 기독교인들의 열정적인 전도를 통하여 급속히 성장했다. 미국 장로교에 의해 중국으로 파송된 의사 알렌(Horace. N. Allen)이 1884년 9월 20일에 한국에 도착함으로 서울에 도착한 최초의 미국인 선교사가 되었다.[115] 그 전에는 한국 땅에는 안수를 받은 선교사가 아무도 없었던 바, 이는 새로 형성된 교회들은 로스에게 와서 회심자들에게 세례를 줄 것을 요청하여야 했다는 것을 의미한다. 더욱이, 우리는 일부 새로 회심한 자들은 만주에서 내방할지도 모르는 선교사들을 무작정 기다리고 있기보다는 세례를 받으려고 차라리 압록강을 건너 중국으로 갔음을 보았다.[116] 새로운 신자들에게 세례를 줄 안수받은 목사가 없었음에도 불구하고 한국의 토착 지도자들은 결코 스스로 세례를 주려는 시도는 하지 않았다. 마침내 1885년 4월 5일 부활절에 미국 장로교회에 의해 파송된 언더우드(H. G. Underwood)가 한국에 개신교 목회자 선교사역을 개시했다.[117]

---

115) 알렌은 한국에 거주하는 최초의 선교사가 되어 미국공사관의 의사로 임명되었고, 나중에는 한국정부와 영국과 일본 공사관의 의사로도 임명되었다. 그의 도착은 한국에서의 장로교 선교부 개설의 신호탄이 되었다. (See, Horace N. Allen, *Things Korean*, pp.165-168.)

116) Underwood, "The Today from Korea", *MRW* 16(Nov.1893), p.815.

117) 미국 북감리교회의 파송을 받은 아펜젤러(부부)도 언더우드와 같은 기선을 탔으나, 미국 공사관의 공사인 Foulk가 그에게 아직은 한국에서 여인이 머무르는 것은 안전하지 못하니 일본으로 돌아가라고 종용을 받았다. 1885년

1) 선교정책이 없어 적응하느라 분투하다

초기 장로교 선교사들은 그 당시 한국에 종교의 자유가 없었기 때문에 아마도 다른 선교지들보다 이 '은둔의 왕국'의 새로운 문화에 적응하는 데 더 몰두하였다. 더구나 초기 미국 선교사들은 대체로 파송받기 전에 선교사 준비와 훈련을 제대로 받지 못하였다. 이것은 이 선교사들이 모두 갓 대학교나 신학대학원을 졸업한 20대로서 어떠한 선교현장 경험도 없었다는 사실에서 잘 드러났다. 에브렛 헌트(Everett Hunt)는 이들 초기 내한 선교사들의 직면했던 어려움의 종류를 다음과 같이 요약한다.

> 개척자들은 모두 어렸다. 언더우드는 26세, 알렌과 아펜젤러는 27세, 그리고 스크랜턴은 29세이었다. 뉴욕에 있는 선교부들은 이들의 어깨 위에 엄청난 책임을 올려놓았다. 언더우드와 아펜젤러는 약간의 목회 경험이 있고 알렌은 인턴십은 마쳤으나 이번이 최초의 전임 직책이었다.[118]

미국의 선교부는 이들에게 단지 가장 일반적인 정보와 간단한 상황평가 및 약간의 한국에 대한 가이드라인을 줄 수 있을 뿐이었다. 이들은 "자신들을 환영해 주기 위해 기다리고 있는 선배 선교사도 없고, 어떤 선례들로 수립된 바 없는" 한국에 도착했다.[119] 서양에서 성장했기 때문에, 유교문화에 적응한다는 것은 또 다른 도전이 되었다.[120] 설상가상으

5월 1일 미국 감리교회의 파송을 받은 의료선교사인 Scranton이 도착했고, 이어 아펜젤러가 6월에 도착하여 미국 감리교 선교부를 개설했다. 언더우드와 아펜젤러는 일본에서 이수정을 통하여 한국어를 배웠다고 전해진다. 그러나 이것은 초급 수준일 가능성이 많다. (Lillias Underwood, 전게서, p.38.)

118) Everett N. Hunt, *Protestant Pioneers in Korea*, p.34.
119) Ibid.
120) 개척선교사들에게 한국어는 가장 어려운 도전들 중의 하나이었다. 그들은 심지어 한국어를 '목이 굳고 머리가 아홉인 괴물'이라고 불렀다. (G. Thomson

로 선교사들의 선교정책들이 서로 매우 달랐던 바, 이는 끝내 선교사들 간의 갈등을 초래했다.

각 선교사는 자신의 사역을 함에 있어 자신의 관점과 접근법을 갖고 있었다. 선교를 위한 정책들과 방법들에 대한 이 상이점들은 자연히 큰 문제들을 일으켰다. 특별히 악명이 높았던 것은 언더우드, 헤론 및 알렌 간의 갈등이었다.[121] 의사 선교사인 알렌은 한국 선교는 상류층으로부터 시작되어야 하며, 선교사들은 한국정부가 설정한 제한들을 위반하지 않도록 조심하고 공격적 전도를 자제해야 한다고 주장했다. 반대로, 언더우드는 '선교사역은 일차적으로 복음을 선포하고 전파하는 것'이라고 믿었다. 또 다른 의사 선교사인 헤론도 전도의 우선성을 시사하면서 "나의 소명은 위대한 의사이신 예수 그리스도에 관해 말하는 것이지 단지 내 자신의 기술을 사용하는 것이 아니라는 것을 나는 결코 잊을 수 없다." 라고 말했다.[122]

이리하여 이들 초기 미국인 선교사들이 한국에서의 처음 2년 동안은 복음을 제대로 전파할 수 없었다는 것은 놀랄 일이 아닐 것이다. 이들의 선교에 대한 과도한 조심스러운 교육적 의료적 접근은 많은 열매를 얻는 데 실패했다. 이러한 어려움들과 선교사들 간의 하나되지 못함으로 자연히 한국에서의 초기 단계로부터 선교사역은 어려움이 많았다. 그럼에도 불구하고 2년 후인 1886년에 마침내 이 젊은 선교사들은 장로교

    Brown, *Mission to Korea*, p.122.)
121) Marth Huntley, *Caring Growing Changing*: *A History of Protestant Mission in Korea,* pp.31－34, O. R. Avision "In Memorian Dr. Horace N. Allen", *KMF*, vol.29, 1933, p.103f., *HKC(1)* pp.226－229.
122) Everett N. Hunt, op.cit., p.37.

선교사에 의해 세례를 받은 최초의 한국인인 노도사에게 세례를 줌으로써 자신들의 첫 열매를 얻었다.[123]

2) 추수의 일꾼들

젊은 미국 선교사들이 새로운 선교지에 적응하기 위하여 분투하는 동안, 토착 장로교회의 개척 기독교인들은, 우리가 보았듯이 한국에서 전도를 계속했다. 실로 언더우드는 자신의 최초의 사역 기간 동안 토착교회에서 일종의 부흥 운동을 관찰하였다. 그는 이러한 상황을 아래와 같이 보고하였다.

이미 되어 있는 것을 보라. 최초의 선교사들이 한국에 도착한 지 겨우 4년이 약간 지났을 뿐이다. 복음서 (로스의 번역본의) 사본들이 배포된 모든 지역에서 오늘도 수백 명의 세례 신청자들이 서울로 오고 있다. 사람들이 믿음에 서 있으며, 토착교회에는 지금 부흥이 진행되고 있다.[124]

개척 선교사들은 자신들이 한국에서의 전도에 참여하기 전에 추수 밭의 일꾼들이 되었다. 달리 표현하면, 개척적인 한국의 기독교인들이 복음의 씨앗들을 뿌렸던 장소에서 열매를 추수하였던 것이다. 언더우드는 이에 대하여: "지난 1888년에만 한국교회는 다섯 배나 증가했으며 오늘날 이 땅에는 20명이 아닌 백 명이 넘는 주님을 따르는 진지한 일꾼들이 있다."라고 말했다.[125]

---

123) 첫 열매는 노도사로 알려진 노춘경인데 1986년 7월 11일에 언더우드에 의하여 비밀리에 세례를 받았다. 노는 알렌의 한국어 교사로서 사역한 적이 있었다. (L. H. Underwood. *Underwood of Korea*, p.55, H. G. Underwood's letter to Dr. Ellinwood, July 9, 1886.)

124) Horace G. Underwood, "Interesting Letter", *MRW* No.12(April 1889), p.289.

1893-1899년 동안 선교전략가이자 한국교회와 선교센터의 건축자들 중의 하나인 사무엘 모펫도 토착 장로교회의 초기의 급속한 성장에 대해 말했다. 예를 들어 그와 그의 동료 선교사들은 1898년의 어느 달에 300명이 넘는 기독교인에게 세례를 주기 위해 60여 개 교회를 방문할 수 있었다. 모펫은 자신의 놀라운 경험에 대해 다음과 같이 썼다.

> 한 달 만에 60여 개의 교회들을 방문하여 400여 명의 세례 신청자들을 신중하게 점검하며 예배들을 인도하며 300명에게 세례를 주며, 교회 사역의 다양한 모든 국면들을 논의하는 외에 근 천 명의 교리학습자들을 만나고 영접하는 두 사람을 생각해 보라.126)

한국에 있었던 선교사들은 한국의 개신교회의 초기의 이 급속한 성장에 놀랐으며 이 현상의 원인이 무엇인가에 대해 의아해 하였다. 이 질문에 대한 대답은 Arthur J. Brown에 의해 주어졌는데, 그는 인정된 선교 행정가이자 미국 장로교회 해외선교부의 총재였다. 그는 그것이 토착 전도자들에 의한 것이라는 것을 깨달았다. 1908년의 자신의 저서 *해외선교의 동기와 방법*(The Why and How of Foreign Missions)에서 그는 효과적인 선교를 위해서는 토착인들에 의해 직접 전도가 되어야 한다는 생각을 옹호했다. 그는 1902년에 처음 한국을 방문했다.

> 유럽과 미국의 교회들이 수억이나 되는 미복음화 세계의 사람들 모두에게 복음을 효과적으로 전하기 위해 충분한 선교사들을 파송하고 유지하는 것으로는 불가능하다. 이것을 시도하려는 것은 마치 어떤 정부가 장군들만

---

125) Horace G. Underwood, "The Check in Korea", *MRW* No.12 (Junel 1889), p.456-457.
126) Samuel Austin Moffet, A Letter to the Board of Mission of the Presbyterian Church, U.S.A., 27 June 1898.

으로 군대를 만드는 것과 마찬가지로 어리석은 일이다. …선교지를 선교사들로 가득 채워야 한다는 호소는 복음화에 있어서 토착교회가 수행해야 할 부분을 무시하는 것이다. 그들은 분명, 토착 기독교인들은 그리스도를 자국민들에게 알리는 것에 대한 책임을 갖지 않는다거나 그러한 책임을 수행하지 않을 것이라거나 복음화를 위한 모든 부담이 전적으로 서양인들에게 놓여 있어서 엄청난 수의 백인들이 복음을 전하지 않으면 자국민들은 결코 복음을 들을 수 없을 것이라고 가정하고 있다. 그러한 가정은 근본적으로 틀린 것이다. *토착 사역자가 어떤 경우라도 직접 전도를 위해서는 더 낫다.* 그는 외국인보다 더 경제적으로 살 수 있으며 외국인은 결코 얻을 수 없는 현지의 관용어와 사고방식, 의례들과 관습에 대한 지식을 갖고 있다. 더욱이 그와 그의 동향인 간에는 인종적 간격도 없다. …그 사람들은 선교사보다는 토착 사역자에 의하여 더 영향을 받을 것이다. *대부분의 회심자들은 이제 토착 사역자들에 의하여 전도되어진다.*[127)]

브라운의 이 논평은 제1장의 루푸스 앤더슨의 토착교회 이론의 메아리처럼 들린다. "대부분의 회심자들은 이제 토착 사역자들에 의하여 만들어진다."는 그의 결론은 수년간의 선교사 보고서의 열람뿐만 아니라 그 자신의 1902년의 서울과 평양 방문 후에 만들어졌다. 이것은 어떤 면에서는 1890년 이후의 한국교회의 놀라운 성장은 토착교회 이론에 따라 토착인들의 '자발적인 전도 열정'을 통하여 된 것이라는 사실을 재확인한다.[128)]

---

127) Arthur J. Brown, *The Way and How of Foreign Missions*, p.152. Italic emphasis added.

128) J. E. Adams, "The Korean Christian Church", *MRW*, No.27(May 1904), p.338, J. S. Gale도 한국교회의 놀라운 성장은 토착 신자들에 의한 열정적인 전도의 결과이었다고 보고했다. (See, James S. Gale, *Korea in Transition*, pp.191–193.)

다시, 브라운이 한국에서 목도했던 것은 그가 '토착 사역자들'이라고 부르는 로스의 권서인들의 사역이었다는 것을 주목해야 한다. Roy Shearer의 관찰은 종합적인데 그는 '이 기적의 성장의 주된 원인'은 선교사들이 먼저 자신들의 직접적이고 개인적인 증언이 아니라고 인정하고 있기 때문에, 선교사가 아니라 한국 기독교인의 자신의 이웃들에 대한 긴급한 전도에 돌렸다.[129] Shearer는 "한국 기독교인의 자신의 이웃들과 친척들에 대한 단순한 간증은 선교사의 증언보다 한국교회의 성장을 위해 더 중요하다."라고 올바르게 결론을 내렸다.[130]

3) 세례와 양육

그렇다면 한국에 있는 개척 선교사들의 주요 활동 중의 하나는 영적인 추수로서 토착 전도자들에 의하여 회심한 한국인들에게 세례를 주고 양육하는 것이었다는 것을 알 수 있다. Shearer는 자신의 저서 *Wildfire: Church Growth in Korea*에서 이 현상을 관찰했다.

> 토착 전도자들이 그 사역을 해 오고 있었으며 우리 선교사들은 그들의 사역을 follow up 하여 달라는 요청을 받고 있다. 심지어 이러한 초창기에도 한국교회는 선교사들보다 앞서서 사역을 개척하였으며, 선교사들은 초인적 노력으로 세례 신청자들과 교리문답학습자들을 가르치고 검증하는 양육(follow-up)사역의 무거운 짐을 감당하였다.[131]

이리하여 한국개신교 선교의 초기 단계에서 토착 기독교인들과 외국의 개척선교사들 간에는 '팀워크'가 생겨났다. 한국 기독교인들은 계속하여

---

129) Roy E. Shearer, "The evangelistic missionary's role in church growth in Korea", *International Review of Mission* 54(October 1965), p.462.
130) Ibid., p.463.
131) Roy E. Shearer, *Wildfire*, p.49.

전도와 사람들을 그리스도에게로 인도하는 사역을 한 반면, 선교사들은 '세례 신청자들을 가르치고 양육하느라' 바빴다. Shearer는 "1905년에 한국에 온 지 4년밖에 안 된 한 선교사는 어느 한 날 순천에서 92명에게 세례를 주었다. 같은 해에 그는 그리스도를 공적으로 고백한 총 1천 명의 어른들에게 세례를 주었다."라고 한국의 남부 지방에서 있었던 한 흥미 있는 사례를 적었다.[132]

세례 주는 사역에 더하여, 한국에 있는 개척 선교사들은 새로운 기독교인들을 훈련하고 무장하는 일에 대부분의 시간을 보냈다. Campbell의 기록대로, "대부분의 선교사들의 노력은 교회 내에서 교회를 돌보고 발전시키며 지도자들을 훈련하는 것이었다."[133] 직접 전도사역은 토착 기독교인들의 책임이라고 당시 선교사들은 당연시 하였다. 외국인들에 의한 직접 전도는 여전히 금지된 나라에서 개척 선교사들은 사역을 위한 최선의 길은 '새로운 그리스도인들을 유능한 전도자들로 훈련'하는 데 있다는 것을 깨달았다.[134]

4) 결 론

지금까지 우리는 한국에 있는 미국의 개척 선교사들의 활동을 개관했다. 한국에 도착한 이 선교사들은 곧 전도사역은 이미 토착 신자들에 의하여 수행되고 있으며, 이들은 로스의 번역팀의 일부 구성원들이었으며 이들에 의해 한국에는 이미 많은 기독교 공동체들이 있다는 것을 확인

---

132) Shearer, op.cit., 'The evangelistic…', pp.464-465. 순천은 한반도 남쪽에 위치한 조그만 마을이다. 이것으로 우리는 이때쯤에는 한국인 전도자들이 한반도 전국에 흩어져 전도하였다는 것을 알 수 있다.
133) Archibald Campbell, "Evagelism in Korea", *Japan Christian Quarterly* 20(October 1954), p.283.
134) Shearer, op.cit., p.464.

했다. 한국에 도착한 최초의 선교사들은 한국문화에 적응하는 데 있어서 뿐만 아니라 그들의 선교정책이 서로간에 차이들로 인해 많은 어려움에 봉착했다. 이러한 상황에서 그들은 자신들이 한국을 복음화하려 하지 않고 한국 기독교인들이 하도록 의존했다. 실제로 그들의 주된 사역은 새로 회심한 자들에게 세례를 줄 것을 요청받고 여러 교회들을 방문하는 것이었다. 우리는 여기서 당시의 미국인 선교사들은 고린도 교회의 아볼로와 같다고 볼 수 있는데, 이는 선교사들이 아볼로처럼 스스로는 씨앗을 뿌리는 자가 아니라 새로 태어난 기독교인들에게 물을 주는 자이었기 때문이다. (고전 3:6) 그 결과로 선교사들은 한국에서 영혼을 구하는 교회를 설립하기 위한 기독교 학교, 성경 학원, 동계 신학 과정, 신학대학원과 같은 교육 프로그램들을 개발할 수 있었다. 이리하여 한국교회는 초기부터 자연스럽게 성경중심의 교회로 발전될 수 있었다.135)

2. 로스 번역본의 개정과 그 사용의 종언

우리는 이 시점에서 두 가지 질문을 제기한다. "얼마 동안 로스의 번역본이 한국에서 전도를 위해 사용되었는가?"와 "로스의 번역본의 개정판은 언제 있었는가?"이다. 첫째, 로스의 번역본은 개척 선교사들에 의해 1893년까지 사용되었다. 미국 선교사들이 이수정이 번역한 복음서를 배포할 의도를 가지고 한국에 도착하기 전까지는 사용되었다. 그러나 그들이 로스의 번역본이 로스의 권서인들에 의해 이미 배포되고 있는 것을 보

---

135) See, Park Yong-kyu, *Korean Presbyterianism and Bible Authority: The Role of Scripture in Shaping of Korean Presbyterianism, 1918-1953*, pp.73-78.

앉을 때, 그 개척 선교사들은 난관에 봉착했음이 틀림없다.136) 물론, 번역본에 평안도 사투리로 되어 있어 서울에서 사용하기에는 실용적이 못 된다는 개척 선교사들의 비판이 있었다.137) 그럼에도 불구하고 로스의 번역본은 성경번역 상설집행위원회(The Permanent Executive Bible Committee)와 공식 번역자 협의회(the Board of Official Translators)가 서울에서 설립되었던 1893년까지 사용되고 있었다.138) 여기서 우리는 기존 성경 번역본들의 개정 과정을 간단히 조사할 것이다.

　앞에서 언급한 대로, 로스의 번역본은 1883년부터 김청송에 의해 만주의 한국인 마을들에, 일본인 권서인들에 의해 부산과 대구에, 많은 한국인 전도자들에 의해 의주, 소래, 서울에 배포되었다.139) 한편으로 이수정의 마가복음 번역본인 1885년에 완성되어 일본에서 인쇄되고 배포되었으며, 언더우드와 아펜젤러에 의해 한국으로도 반입되었다. 한국에 있는 미국 선교사들에 의한 개정 과정은 세 시기로 나눌 수 있다.140) 이

---

136) E. Bryant는 1883년부터 10년간 북부 중국 BFBS의 책임자이었다. 로스 번역본의 출판과 배포는 그의 책임이었다. 번역에 대한 미국 선교사들의 불평을 듣고서 Bryant는 선교사들과 본건을 상의하기 위해 모두 5차례 서울을 방문했다. Bryant는 미국 선교사들이 로스 번역본에 대해 그렇게 반대하는 이유는 그들의 야심이라는 결론을 내렸다. (E. Bryant letter to E. W. M. Ritson, April 7, 1893, quoted from *HKBS(1)*, p.218.)

137) 그 당시 로스 번역본에 대하여 미국 선교사들은 사투리, 중국식 표현, 애매한 번역 때문에 이해할 수 없다고 비난을 했다. 이것들이 로스 번역본을 배척하는 동기들이었다. W. D. REynolds, "Early Bible Translation", *KMF*, vol.26, No.9, Sep., 1930, pp.187－188.

138) 1893년에 이 위원회(1887)는 '상임집행성경위원회'로 재조직되었으며 이 위원회는 '공식번역자모임(Board of Official Translators)'라고 불린 번역위원회를 임명했다.

139) 이 기간 동안 배포된 로스 번역본의 공식적인 숫자는 15,690권이었다. (See, W. D. Reynolds, "Fifty Years of Bible Tranlation and Revision", *KMF* vol.31, (June 1936), p.116.

세 기간들 중, 단지 준비 기간(1885-1893)만이 본 연구에 적용되지만, 이는 본 논문의 한계가 1893년까지 때문인 것은 아니다. 이 8년 동안, 성경번역을 담당하는 공식기구가 생겼는데 '한국어로 성경을 번역하는 위원회(Committee for Translating the Bible into the Korean Language)가 그것이다.[141] 그러나 이 위원회는 그다지 기능을 잘하지 못했으며, 번역은 선교사들의 개별적인 노력에 크게 의존되었다.[142]

1) 이수정 번역본의 개정

한국에서의 최초의 성경번역 개정판이 인쇄된 것은 1887년 언더우드와 아펜젤러의 사역을 통해서이다.[143] 이것은 이 두 선교사들이 한국에 도착한 지 2년이 되었을 때이며 개정된 번역본은 이수정의 마가복음 번

---

140) 한국에서의 성경번역은 다음의 세 기간으로 구분할 수 있다. (1) 준비 기간(1885-1893), (2) 위원회 버전 기간(1894-1910), (3) 개정 번역본 기간(1911-1937)(See, W. D. Reynolds, "Fifty years. …" Part I. *KMF* vol.31, pp.116-118 and Part II, (July 1935), pp.153-155.)

141) 이 위원회는 1887년 2월 7일에 언더우드, 아펜젤러와 기타 3인에 의해 형성되었다.

142) 이 기간 동안 총 5종류의 번역본이 완성되었다. 1887년에 아펜젤러와 언더우드에 의해 마가복음이, 1890년에 아펜젤러에 의해 누가복음과 로마서가, 1891년에 펜윅에 의해 요한복음이, 1891년에 아펜젤러에 의해 마태복음이, J. S. Gale에 의해 사도행전이 완성되었다. (이덕주, *초기한국기독교역사 연구*, 343쪽.)

143) 이 성경의 2천 부가 NBSS의 지원으로 요코하마에서 인쇄되었다. 처음에 언더우드는 한국 땅에서 번역된 성경의 최초의 번역 비용은 3개의 성서공회(ABC, BFBS, NBSS)가 분담할 것을 제안했지만, ABS와 BFBS는 분쟁 때문에 물러났고, NBSS는 18파운드를 지불하는 것을 종료하였기 때문에, 스코틀랜드의 연합장로교회와 NBSS가 만주와 일본에서 한국어 성경을 번역하고 출판하는 데 있어서뿐만 아니라 최초의 한국어 성경 개정 작업에도 핵심적인 역할을 했다. 그러므로 이 기간 동안, 스코틀랜드 선교사들이 공식적 한국에 파송되지는 않았지만, 스코틀랜드는 국가로서 한국어 성경의 번역, 출판, 배포를 지원함으로써 한국장로교회의 형성에 크게 기여했다. (See, *HKBS(1)*, pp.197-211.)

역본이었다. 이들이 아직도 한국어를 배우는 과정에 있었다는 것을 고려할 때, 이것은 상당한 업적인데 아마도 한국인들의 도움을 받았을 개연성이 있다.144)

어쨌든 이 이수정 복음의 개정판(언더우드 번역본)은 이수정의 번역본과 관련하여 로스의 번역본이 상대적으로 고품질의 것이라는 것에 대한 약간의 통찰력을 제공한다는 점에서 의미심장하다. 우선, 언더우드와 아펜젤러는 왜 로스의 번역본보다는 이수정의 번역본을 개정하기로 선택했는가? 그 답은 이수정의 마가복음서에는 심각한 번역상의 오류가 있었다는 사실인데, 그 오류가 너무나 절박한 것이어서 그것을 급히 개정해야만 했다. 문제는 마가복음의 서두에 있는 '하나님의 아들'이라는 문구를 이수정은 '신(神)의 아들', 즉 신령(spirit)의 아들로 번역했다는 데 있다. 대부분의 한국인들에게 이 '신(神)'이라는 단어는 악령(귀신)과 깊이 관련되어 있어서 그들에게 예수는 귀신의 아들(the Son of a ghost)로서 소개되는 것과 마찬가지가 된다.145) 반면에 로스는 한국인들이 경배하는 신들은 21가지 이상이나 되는 것을 알고서 'God'를 '하늘의 주재자(Lord of Heaven)'를 의미하는 '하나님'으로 번역하기로 선택했다. 오늘날까지 한국교회는 God를 의미하기 위해 신(神) 대신에 '하나님'을 사용하고 있다.146)

---

144) 김양선은 서상윤과 백홍준 개정 작업을 하고 있었던 두 명의 선교사들을 도왔다고 언급하나, 이에 대한 역사적 증거는 없다. (김양선, "한국기독교의 초기 출판물", *김성식 박사 기념논문*(1968), 587쪽. 그럼에도 불구하고 한국인들의 도움이 없었다면 미국인 선교사들이 입국한 지 2년 만에 한국어 성경을 이해하는 것조차 불가능하였을 것이다.

145) H. G. Appenzeller's letter to Dr. Gilman, August 9, 1887, 한국어 '신(神)'은 우주를 다스리는 초자연적인 하나님을 의미할 수도 있으나 '귀신'을 의미하는 것으로도 널리 사용된다.

146) See, Ross, "The Gods of Korea", *The Gospel in All Lands,* Aug., 1888, p.370.

2) 로스 번역본의 개정 작업들

이수정의 마가복음서를 개정한 후 곧바로 미국 선교사들은 로스의 번역본의 개정 작업에 착수했지만, 그것의 계속 사용 여부에 대해 합의하지 못했다. 선교사들은 로스의 번역본이 평안도 사투리로 되어 있어 서울이나 남부지방에서는 사용될 수 없다고 주장했으나,[147] BFBS는 로스는 신약 번역을 성공적으로 완수했으며 수많은 사본들이 한국에서 이미 배포되었기 때문에 쉽사리 배척할 수 없다고 주장했다.[148] 그러나 BFBS는 1889년에 한국에 있는 성경번역위원회에 로스의 번역본을 개정할 것을 요청했다.[149] 이리하여 1890년에 아펜젤러는 로스의 번역본 중 누가복음서와 로마서를 개정했다. 이것들은 BFBS의 지원으로 같은 해에 출판되었지만,[150] 이 두 개정본을 출판한 후에 번역위원회는 로스의 번역본을 개정하는 것을 포기하고 새로운 번역본을 준비하기로 결정했다.[151] 한국에서의 성경번역에 크게 기여한 Reynolds는 로스의 번역본의 포기에 대하여 아래와 같이 논평한다.[152]

---

147) 언더우드는 로스 번역본이 다음 이유로 부적절하다고 주장했다. 문법적 오류들, 의주 방언의 사투리, 과도한 음운적 용법, 수많은 한자 사용. 이리하여 그는 완전히 새로운 번역을 요청했다. (E. Bryant's letter to Wm. Wright, June 12, 1889.)

148) *ARBFBS*, 1887, p.272. 배포된 총수는 1884년에 7,588권, 1885년에 3,907권, 1886년에 4,197권이었다(여기에는 4권의 중국어 성경과 1886년에 한국에 팔린 212권의 중국어 Wenli 신약이 포함되었다.) 1887년까지 한국에서 인쇄된 성경의 숫자는 4만 권이 넘는 것으로 기록되고 있으며 이것들은 모두 1890년까지는 다 배포가 되었다. (See, ECI-BFBS, vol.27, p.12, The letter from John Ross of November 4, 1890.)

149) W. D. Reynolds, "Translation of the Scriptures into Korean", *The Kore Review*, vol.6, (May 1906), p.172.

150) 번역된 두 개의 복음서 3천 권은 서울의 Trilingual Press에서 인쇄되었다. (E. Bryant's letter to Wm. Wright, April 25, 1891.)

151) E. Bryant's letter to Wm. Wright, July 3, 1890.

152) 미국 남장로교의 선교사인 Reynolds는 1892년 11월에 한국에 도착하여

'초판을 망가뜨린 모든 중국식 표현들을 제거하려고' 로스가 노력을 했다고 말하는 것이 합당하지만, 그는 한국어가 아닌 중국어로부터 작업을 해야만 했던 핸디캡을 갖고 있었다. 1889년에 한국 내에 있는 선교사들의 위원회가 로스 번역본을 수정하기 위한 시도를 했을 때, 그들은 분명히 스펠링을 수정하는 것에 국한되었는바, *2년의 시간은 실제적으로 버려진 것이 되었다. 문제는 스펠링이라기보다는 사용된 단어들, 딱딱한 문체, 모호한 번역과 책의 구식(archaic type of the book)이었다.* 이리하여 1890년에 누가복음서와 로마서를 수정 및 재출판한 후에 *그 과업은 포기되었고 로스의 번역본은 보류되었다.*[153]

　Reynolds의 이 기록은 로스의 번역본에 대한 1890년 재한 미국 선교사들의 대다수뿐만 아니라 성경번역위원회의 견해를 반영하고 있다. Reynolds는 로스의 번역본에 대한 개정은 단지 피상적이었으며, 그가 '사용된 단어들, 딱딱한 문체, 모호한 번역과 책의 구식'이라고 했던 보다 근본적인 결함들이 해결되지 않았기 때문에 2년의 시간을 실제적으로 버려진 것이 되었다고 논평한다. 그러나 Reynolds가 한국에 도착한 시기(1892년 11월)는 성경번역위원회가 완전히 새로운 번역을 시작하기로 결정한 한참 후라는 사실을 인식할 필요가 있다. 그러므로 상기 논평은 단지 미국인 선교사들의 의견을 반영하는 것이라고 결론을 짓는 것이 공정하다.[154]

　그러나 모든 사람들이 로스의 번역본에 대해서 그렇게 심하게 반대하

　주된 번역자들 중의 한 명으로서 31년(1895-1938년)간 봉직했다.
153) W. D. Reynolds, "Fifty Years of Bible Translation and Revision", p.116. Italic added.
154) Reynolds는 자신의 논문에서 로스 번역본에 대한 자신의 비평의 예들 중 어느 것도 인용하지 않는다. 그러므로 "그의 진술은 그가 교제하는 다른 선교사들의 의견들을 요약한 것이다." (Choi, JRKPC, p.160.)

는 것은 아니었다. 언더우드와 함께 이수정의 마가복음서 개정에 참여했던 아펜젤러는 로스의 번역본이 이수정의 번역본보다 월등하게 우수하다는 자신의 정직한 의견을 제시함으로써 일반적 조류에 역행했다. 로스 번역본의 부분들을 상세히 검토한 아펜젤러는 그 번역본이 폐물이 되려면 '수년'이 지날 것이라고 결론을 내렸다.

나는 로스 번역본의 요한복음과 서신들 중 일부를 조심스럽게 읽고 검토했다. … 나는 그것이 잘되었다고 증언한다. … 그것은 상당 기간 사용될 수 있다고 나는 확신한다. 동료 선교사들은 나의 견해에 동의하지 않지만 나는 생각이 다르다. 나는 로스가 신약을 번역함에 있어 우리에게 훌륭한 서비스를 제공했다고 믿는다. 우리가 더 나은 번역을 할 수 있으리라고 기대하기까지는 수년이 걸릴 것이다. 유식한 사람들이 중국어를 선호한다고 해서 그에 대한 절박한 필요가 있는 것은 아니다.[155]

Bryant와 로스와 더불어 이런 선교사들은 로스 번역본의 외견상의 결함들, 즉 평안도 사투리, 철자가 틀린 단어들, 딱딱한 문체, 모호한 번역과 책의 구식은 로스 번역본을 포기하는 확고하며 충분한 이유가 될 수 없었다. 그들은 이 결함들은 극복될 수 있고, 그 번역본을 주의 깊게 읽으면 오해의 문제는 해결할 수 있다고 주장했다. 그들에 다르면, 로스 번역본은 단순한 개정과 철자법의 변경만이 필요했다.[156] Bryant의 말을 빌리면, 어떤 성경번역도 완벽하지 않으며, "다른 어떤 번역본과 마찬가지로 로스 번역본도 (그것을) 이해하기 위해서는 그것을 읽을 때에 주의가 요구된다."[157]

---

155) ECI-BFBS, vol.24, p.210, Choi, *JRKPC*, p.164.
156) Choi, *JRKPC*, p.169.
157) ECI-BFBS, vol.24, p.16.

한편, 로스의 번역본에 대한 미국 선교사들의 비판들은 최성일에 의해 잘 검토되었다. 최는 자신의 논문에서 로스 번역본에 대한 비판을 세 가지 영역으로 구분했는데, 그것은 사투리, 중국식 표현, 모호한 번역이다. 총체적으로 그는 비판들의 눈에 비친 로스 번역본의 실제를 연구하면 로스 번역본을 포기하는 선교사들의 이유들은 대부분 부적절한(misleading and inadequate) 것이라고 주장했다.158)

그러나 대부분의 선교사들은 완전히 새로운 번역이 요구된다는 주장을 견지했다. 이리하여 Bryant의 중국으로부터 서울로의 반복된 (5차례)의 방문과 로스의 방문159)에도 불구하고, Bryant나 로스 모두 로스 번역본을 계속하여 사용하도록 선교사들을 설득할 수 없었다. 1890년 10월, 선교사들이 로스 번역본을 개정하기보다는 새로운 번역을 하기로 결정함에 따라 로스 번역본의 운명은 다한 것이나 마찬가지였다.160)

3) 결 론

선교사들이 로스의 번역본을 1893년에 공식적으로 사용하지 않기로 결정한 이유는 그것의 결함들이나 오류들 때문만은 아니었던 바, 이는 로스의 번역본은 많은 결점들에도 불구하고 수년간 더 사용될 수 있었기 때

---

158) Choi, *JRKPC*, pp.150-169.
159) 1987년 9월 말에 로스가 서울을 방문한 이유는 다중적이지만, 주된 이유들 중의 하나는 로스 번역본의 외관상 결함에 대하여 미국인 선교사들과 논의함으로써 그들이 번역을 포기하지 않도록 설득할 희망을 가지는 것이었다. 이러한 추론은 로스의 서울 방문 이유를 분명하게 진술하는 기록된 증거가 없기 때문에 합리적인 것이다. 불행하게도 우리는 자신의 번역본에 관하여 미국인 선교사들과 나눈 대화의 상세한 내용을 알지 못하지만, 로스는 서울 방문 3년 후에 미국인 선교사들 중의 한 명에게 부정확한 번역들과 관용구적 번역이 잘못된 것들의 리스트를 보내주기를 요청하는 서신을 보냈다. 그러나 로스는 어떠한 회신도 받지 못했다. (*ECI-BFBS*, vol.27, p.79.)
160) Leter to Bryant on 14th October 1890, (*ECO-BFBS*, vol.4, p.904.)

문이라는 것을 보았다. 번역본에 스며든 평안도 사투리가 심각한 결함으로 거론되었지만, 우리는 그것이 서울에서도 사용된 것으로 보아 이해하는 데 큰 문제를 제기하지는 않는 것을 보았다. 그러나 로스의 번역본은 한국어로 된 최초의 번역본이었기 때문에 완벽한 것과는 거리가 멀었다. 사용을 종료하는 것은 불가피했다. 그럼에도 불구하고 로스 번역본은 이수정의 번역본보다는 월등하게 우수했다는 것이 분명히 보였다. 선교사 언더우드와 아펜젤러가 이수정의 번역본에 예수가 '(귀)신의 아들'로 언급된 것을 발견했을 때, 이것은 가능한 한 빨리 수정해야 할 정도로 심각한 문제로 간주했다. 반면에 로스의 번역본에는 예수를 지칭하기 위해 로스가 자신의 분별력 가운데 '하나님(한 하나님)의 아들'을 사용했음을 보았다. 우리는 이것은 로스가 번역을 하기 전에 한국인의 문화와 언어에 대해 얼마나 많은 조사를 했는가를 보여주는 것이라고 주장한다. 단어들에 대한 로스의 선택이 한국인 학자의 그것보다 월등하게 한국인에게 적절했음이 증명된 것이다. 이리하여 우리는 로스의 번역본이 1893년에 폐기되었음에도 불구하고 한국장로교회의 형성과 발전에 대한 그 영향력은 결코 과소평가될 수 없다고 주장한다.

3. 1893년의 '선교부 협의회'의 구성

이 장 초두에 미국 선교사들이 한국에 정착하는 데 있어 여러 가지 이유들로 인해 어려움에 봉착했다는 것을 보았다. 이것은 한국에 도착한 모든 선교사들이 상이한 교단배경을 갖고 있었기 때문만은 아니었다. 3개의 상이한 장로교 단체들로부터 최초의 선교사들의 일부가 파송되었는데, 1884년에 미국 북장로교회, 1889년에 호주 장로교회, 1890년에 미국

남장로교회가 그것들이다.161) 여기서 우리는 어떻게 상이한 선교단체들이 한국에 정착한 후에 협력했는가를 간단히 살펴볼 것이다.

상기 세 장로교 단체들은 공통 이익을 위한 모든 노력에 있어 연합했다. 1889년 호주 선교부의 J. H. Davies가 한국에 왔을 때, '미국과 빅토리아 교회 선교부 연합 협의회'(the United Council of the Missions of the American and Victorian Churches)가 결성되었는바, 회장에 헤론, 총무에 Davies, 발기회원에 언더우드, 길포드, 알렌이 선출되었다. 1893년에는 이 협의회가 '장로교 치리 형태를 갖는 선교부 협의회'(이하 선교부 협의회)(the Council of Missions Holding the Presbyterian Form of Government)로 재조직되었다. 우리는 재한 선교사들의 이러한 움직임은 로스를 포함한 만주의 선교사들이 1891년에 만주장로교회를 형성함에 있어서 했던 것과 유사한 것이라는 것을 상기하는데, 특별히 선교부 협의회의 명시적 목적이, 만주장로교회의 그것과 동일하게 '한국에 단 하나의 토착 장로교회 조직'을 유지하는 것이었기 때문이다.162)

선교부 협의회의 공로로 돌릴 수 있는 두 가지 주요 업적이 있다.163)

---

161) Paik, op, cit., pp.188－189.

162) Council을 구성하는 결의는 다음과 같다. "우리는 한국장로교 선교부 협의회를 구성하며, 동 협의회는 한국에 있는 모든 남성 장로교 선교사들로 구성하며, 동 협의회는 권고적 권한만을 갖는 것을 결의한다. 협의회는 한국에서 단 하나의 토착 장로교회의 조직을 위하여 우리의 모든 토착사역 (all our native work)을 수행하는 데 최선이라고 여기는 판단을 표명할 것을 결의한다." (W. M. Baird, "Union of Presbyterian Missions in Korea", *MRW* vol.6, (July 1895), p.532.

163) H. A. Rodes, ed., *History of Korea Mission Presbyterian Church U.S.A.*, 1884－1934, pp.385－386, 곽안련 편집, *조선 야소교 장로회 사전 휘집*, 15－16쪽.

하나는 네비우스 선교방법을 공식적으로 채택한 것인데 이에 대해서는 제5장에서 더 논의하겠지만, 우리는 최초의 선교사들이 그 당시에 모두 상이한 선교관점들과 견해들을 가지고 있어 그와 같은 어떤 통일된 선교정책이나 방법이 없었던 것을 기억한다. 많은 시행착오 후 1890년 말에 재한 선교사들은 제1장에서 논의했던 대로 네비우스를 초청했다. 둘째는 소위 '우호 협약'(Comity Arrangements)인데 이로 의해 상이한 선교단체들은 선교단체들 간의 사역의 중복이나 그에 따르는 경쟁이나 갈등을 방지하기 위하여 한반도의 각기 다른 지역에서 사역하기로 상호 간에 합의했다.164)

Ⅳ. 로스의 선교방법

만주의 교회들을 섬기고 만주에서의 선교활동을 수행하는 것이 로스로 하여금 복음화된 한국에 대한 자신의 비전을 실현하기 위한 사역을 중단하게 하지는 못했다. 로스는 선교사로서의 자신의 역할에 더하여 학자와 선교전략가로서도 큰 적합성을 보여주었다. 로스는 비록 한국을 한 번 밖에 방문하지 못했지만, 학자로서 다른 어떤 선교사들보다 한국의 역사, 문화, 당대의 사건들에 대하여 더 많은 지식을 갖고 있었다. 선교전략가로서 그는 만주에 있는 한국인들에게 사역할 기회를 지나치지 않

---

164) 1897년 말에는 한국에 거의 10개의 상이한 선교부들이 활동하고 있었다. 작은 나라에 그렇게 많은 선교사들이 몰려 있었는데, 그들은 상호 경쟁하기보다는 협력하기로 결의했다. (G. Paik, op.cit., pp.188-189.)

고서 그들 중 일부를 훈련하여 한국으로 다시 보냈다. 이 권서인들은 가는 곳마다 기독교 공동체를 설립하고 영향을 주었다. 이들은 초기 한국교회의 형성과 발전에 가장 중요한 역할을 했다. 로스가 이들을 자신의 선교방법에 따라 철저하게 가르쳤기에 이것이 한국교회에 영향을 미쳤다는 것에 의심이 없다. 실제로 우리는 이들이 로스의 토착교회 이론의 방법들로 가르침을 받았기에 한국의 토착교회들에 자신들의 훈련의 실제적인 흔적을 남겼다.

로스가 실행했고 그것으로 한국의 권서인들을 훈련했던 이 '토착교회 이론'을 검토할 필요가 있다. 사실, 로스가 믿었던 선교방법은 자신의 문헌: 1903년에 저술된 *만주의 선교방법*, 그의 논문들, 보고서들 및 연설문에 반복적으로 언급되고 설명되어 있다.165) 로스의 저술 속에 나타난 그의 토착교회 이론을 연구함으로써 로스의 이 선교방법이 실제로 초기 한국교회의 형성과 발전에 반영되었는지 여부를 결정하는 것이 가능하게 된다.

로스의 선교방법을 살펴보기 전에 선교사는 어떤 일을 해야 하느냐에 관한 그의 이해를 연구하는 것이 도움이 된다. 그의 많은 저술들 가운데 로스는 목회자와 선교사 간에 분명한 선을 긋는데, 그는 "선교사는 목회자가 아니며 결코 한 가지에 침잠해서는 안 된다."(should never sink into one)고 확고히 진술했다. 로스는 예비 선교사가 구비해야 할 일단의 엄격한 자격들을 설정하는 것을 두려워하지 않았는데, 그는 "선교사

---

165) 로스의 학문적 업적들에 대해서는 제2장에서 이미 검토되었다. 만약 PDMC가 네비우스가 정립한 선교방법의 적용을 위한 교과서라면, 로스의 MMM은 사례별 연구들로 가득 찬 선교정책서이었다.

는 바울의 유형으로서, 교육과 훈련이 잘되어 있어야 하며, 재능이 특출하며, 믿음이 견고하고 영성과 지성이 탁월하지 않으면 안 된다."라고 기록하며,[166] 계속하여 "선교사는 근대에 있어 사도들의 대리자로서 사도들의 유일하며 진정한 후계자이다."라고 기록한다.[167] 로스로서는 사도 바울이 선교사의 원형적 모델이었다. 로스는 모든 선교사는 '사도 바울을 진정으로 모방하는 자'이어야 하며 '위대한 이방인의 사도의 발자취들'을 지적, 신체적, 영적으로 좇아가야 한다고 강조했다. 이리하여 자연스럽게 선교사에 대한 그의 정의는 자신의 선교방법의 원칙을 잘 묘사하고 있다.

> 우리는 진정한 사도들의 후계자들이다. 우리는 그 사역방법이 사도행전에 기록되어 있는 위대한 이방인의 사도의 발자취를 좇는다. 우리가 믿기로는 교회에 의해 파송된 모든 선교사는 어떤 토착교회의 목회자가 아니라 바울을 모방하는 자이어야 한다. 이로부터 선교사가 지적, 신체적, 영적으로 어떠한 사람이 되어야 하는가도 추론될 수 있다.[168]

이리하여 바울을 자신의 멘토로 삼은 로스는 자기 자신의 선교방법을 형성할 수 있었다. 그의 선교방법을 검토함에 있어 우리는 네가지로 구분하여 그 선교방법의 상이한 국면들을 살펴볼 것이다. (1) 바울의 발자취를 좇는 광범위한 '순회'에 대한 강조, (2) 자전하는 교회의 형성, (3) 자치하는 교회의 형성, (4) 자급하는 교회의 형성.

---

166) Ross, "The Chinese Missionary Problem", *MRW*(December 1890), p.907.
167) Ibid., p.902.
168) Ross, *MMM*, p.44. 그러나 대부분의 근대학자들은 로스와 의견을 달리하는 것처럼 보인다. 이에 대해서는 제5장에서 논의될 것이다.

1. 광범위한 순회

선교사에 대한 이해를 신약의 사도 바울의 생애를 기초로 하기에 로스는 선교사의 근본적인 사역들 중의 하나로 자신의 논문 "선교사 바울"에서 '순회'를 꼽았다.[169] 같은 논문에서 그는 사도행전 13-21장에 서술된 바울의 순회 여행의 특성들을 다음과 같이 추론한다.

> 바울의 순회 여행은 오늘날 많은 선한 사람들이 추천하는 것과는 천지차이가 있다. 바울은 복음이 알려진 모든 장소들에서는 거저 통과하여 지나갔다. 그러나 복음이 전파되지 아니한 장소들에서는 자신의 생명에 대한 위협으로 쫓겨날 때까지 바울이 핵심적 진리라고 간주했던 것에 관한 지식을 나누어 주기 위해서는 수년간의 수많은 교훈들에 대한 가르침과 설교가 요구되었다. 바울의 이 특징으로부터 얻어지는 교훈은 선교사들과 선교사역에 관심을 가진 모든 이들이 심각하게 생각하여여야 하며, 특별히 바울이 사역했던 어떤 곳보다 훨씬 어려운 곳인 중국에서는 더욱 그렇다.[170]

로스는 '선교사들과 선교사역에 관심을 가진 모든 이들'이 바울의 사역의 발자취들, 특별히 그의 선교 여행으로부터 배울 필요가 있다고 믿었다. 사실, 만주에서 활동하는 최초의 목사 선교사이었기에 로스는 1872년 도착일로부터 그는 광범위한 순회 여행을 했다.[171] 그의 순회 여행에 대한 강조는 그의 저서 *만주에서의 선교방법들*에서 볼 수 있는데, 로스는 자신의 선교방법을 설명함에 있어서 전체 15장 중 첫 번째

---

169) Ross, "Paul the Missionary", *MRW* (Sep., 1891) pp.679-681. 여기서 로스는 선교사가 취해야 할 세 가지 주된 행동으로 '순회자의 form', 'the kind of agent', '설교 스타일'을 지적하고 있는데, 여기서 우리는 첫 번째 것만 집중한다.

170) Ross, "Paul the Missionary", p.680.

171) Ross, *MMM*, p.32.

장을 순회 여행에 할애하고 있다.172) 로스는 순회 여행의 형태를 두 가지로 구분하는데 첫 번째는 활동적인 권서인으로서의 단순한 여행(simple travel with active colportage)이며, 두 번째는 감독(superintending)하는 여행이다.173)

1) 활동적인 권서인으로서의 단순한 여행

활동적인 권서인으로서의 단순한 여행의 목적은 주로 장래 사역과 관련된 땅과 사람을 조사하는 것이다. 이 형태의 여행은 선교사가 언어에 대한 지식을 얻기 전에 선교의 초창기에만 필요한 것이다. 성경을 포함한 기독교 서적들의 활발한 배포가 이 여행에 동반된다. 이 여행을 통하여 선교사는 '장래 사역을 위한 견고한 기초를 놓을 수' 있을 뿐만 아니라 '선교의 장래 발전을 위한 지능적 계획들(intelligent plans)을 형성하기 위한' 정보를 수집할 수 있다. 그러나 로스는 이 형태의 여행은 '선교사역을 수행하는 효과적 내지는 만족한 방법은 아니다.'라는 것을 깨달았다. 특별히 '심지어 기독교 교리에 대한 용어'조차 알지 못하는 중국인들과 같이 복음이 낯선 나라에서는 더욱 그러했다.174) 이리하여 로스는 이 단계 동안은 선교사는 자신이 선포하고 있는 것이 사람들에 의해 충분히 이해되고 있는가에 대해 특별한 신경을 쓸 필요가 있다는 사실에 유념했다. 다른 한편, 선교사역이 확립되고 기독교 교리가 부분적으로라도 알려진 곳(오늘날의 대부분의 선교지는 이 범주에 속한다)에는,

---

172) 자신의 저서 제1장에서 로스는 '중국인의 죄의식'에 대해선 논의하고 있지만, 제1장은 일반적인 의미에서 그의 선교방법에 관한 것은 아니다.

173) Ross, *MMM*, pp.32-45. passim.

174) Ross, op.cit., p.41. 반면에 1888년의 런던선교사대회에서는 로스는 그가 설교할 수 있기 전에는 권서인, 그것도 '극단적으로 열정적인 권서인'의 자격으로 거의 매일 활동하였다고 진술했다. (Report of London Missionary Conference, vol. p.236.)

"이 형태의 여행이, 보다 항구적인 선교사역과 연관되고 그에 종속된 기독교 문서 배포의 형태로 수행된다면 적극 추천할 만하다."라고 로스는 쓰고 있다.175)

2) 순회의 제2단계에서의 감독

첫 번째 형태의 여행의 한계를 설명한 후, 로스는 '다른 형태의 여행'인 감독을 위한 여행을 로스는 추천한다. 이 형태의 여행은 로스의 사역 방법에 있어서 '필수적인 요소'로서 자신의 선교에 보편적으로 채택되었다. 로스는 이 감독을 위한 여행에 대하여 다음과 같이 설명한다.

> 선교사들은 대도시에 센터를 지어 정착한다. 여기서 주사역인 전도, 목회, 교육, 의료 사역을 수행한다. 이 센터를 중심으로 하여 선교사는 수백 마일에 걸쳐 살고 있는 수백만의 사람들을 감독한다. …이 넓은 지역에는 20개 이상의 선교기지들(stations)이 있을 수 있는데, 각 기지에는 다소간의 훈련과 경험을 갖고 있는 토착 전도자들이 있다. 젊은 학생 전도자들이 이 선배 전도자들을 돕는다.176)

이 형태의 전략에서 외국인 선교사의 역할은 분명하다. 그는 중심적 선교기지를 세우며, 토착 전도자들을 채용하여 다양한 외곽 기지들에서 전도와 목회 사역을 하도록 이들을 배치하는 것이다. 선교사 자신은 이 외곽 기지들을 정기적으로 방문한다. 이 방문 기간 동안 그는 토착 전도자들의 임무를 감독한다. 이것의 좋은 사례는 로스와 웹스터가 김청송이 설립한 간도의 기독교 공동체를 반복적으로 방문한 것이다. 선교사의 순회 여행 기간 중의 역할에 대해 로스가 잘 서술하고 있다.

---

175) Ibid.
176) *MMM*, p.42.

선교센터에서 수행되는 모든 전도적, 목회적 사역은 외곽 기지에서는 토착 전도자들에 의해 수행된다. 이 외곽 기지 주위를 선교사는 1년에 수 차례 순회한다. 그 여행은 한 달, 두 달, 심지어 세 달이 걸린다. 선교사 는 전도자를 격려, 자극, 지시, 지도한다. 선교사는 교리문답대상자를 점검 하며, 합당하다고 여겨지는 자들에게 세례를 준다. 이러한 순회 여행을 통 해서 선교사 한 명이 수행하는 일의 양은, 만약 각 외곽 기지마다 한 명 의 선교사가 고정되어 수행한다면 12명이나 24명이 수행해야 할 정도의 에너지와 시간을 필요로 하는 양이다.177)

로스는 담대히 상기 방법이 중국 전역에 복음을 선포하는 '유일한 실 제적인 방법이며 가장 신속한 방법'이라고 진술했다.178) 나아가 로스는 이러한 순회 여행을 통해서만이 선교사는 그의 메시지가 이해되기 전에 사라져 버리는 '날아다니는 방문객'(a flying visitor)이나 '한 회중의 목 회자'가 되지 않을 수 있다고 믿었다.179) 중국과 같은 방대한 나라를 제 한된 숫자의 선교사들이 돌보기 위해서는 선교사는 대도시의 중심적 센 터에 정착을 하고 외곽 기지들을 감독해야만 했다. 로스는 토착 전도자 의 역할과 선교사의 역할을 분명히 구분했다. 선교사가 토착 전도자의 역할을 떠맡아서는 안 되는 것이었다. 로스는 토착 전도자가 선교사보다 훨씬 더 전도를 잘한다는 것을 너무나 잘 알았다.

선교사는 자신이 훈련하고 신임하는 토착 전도자에 의해 도움을 받는– John Knox와 같은 큰 숫자의 회중들의 주교나 감독자이다. 그는 성례집 행은 스스로 수행하고, 책임 있는 토착 전도자들과 공식 직분자(office– bearers)로부터 개종자들의 성품에 대한 모든 가능하고 필요한 정보를 사

---

177) *MMM*, p.43.
178) Ibid.
179) Ibid., p.44.

적으로 수집하는 일을 한다. 다른 모든 사역은 어떠한 외국인보다 보다 그것의 많은 부분 아니 대부분을 효율적으로 할 수 있는 유능한 토착인에 게 위임한다.[180]

로스가 설명한 광범위한 순회 여행의 검토를 통하여 우리는 그의 선 교방법을 공부할 수 있었다. 로스로서는 어떤 선교사라도 최초의 단계는 미전도종족에게 복음의 씨앗을 뿌리는 '활동적인 권서인으로서의 단순한 여행'이었다. 이 방법은 한국에서의 자신의 권서인들의 활동에 분명히 반영되어 있다. 로스는 그러나 선교사의 역할이 여기서 끝나지 않는다는 것을 분명히 했다. 다음 단계는 감독을 위한 순회 여행으로서 여기에 삼 자 원리의 세 가지 특징들이 스스로를 나타냈는데, 자전, 자치, 자급이 토착 전도자들의 사역에 의하여 실현될 수 있었다. 한국으로 되돌려 보 내진 한국인 번역자들—우리가 종종 '권서인들'이라고 언급한—권서인 의 역할(첫 번째 형태의 순회 여행)뿐만 아니라 토착 전도자의 역할(감 독을 위한 순회 여행에 있어서)을 했던 것은 우연의 일치가 아니다.[181]

2. 자 전

"어떻게 하면 사역이 최선으로 가장 신속하게 성취될 수 있을 것인가?"
"중국인 각인에게 복음의 메시지를 가장 신속하고 효과적으로 도달시 킬 수 있는 수단들은 무엇인가?"

---

180) Ibid.
181) Ibid. passim.

로스는 이 질문들을 중국에 있는 모든 선교사들을 위하여 제기했는 바, 선교사에게 있어 적절한 선교방법의 중요성을 과소평가할 수 없다. 로스는 자신의 저서에서 자신의 질문들에 대한 대답을 하면서 "토착 기독교인들은 말씀의 좋은 씨앗을 신속히 뿌리는 데 있어서 비교할 수 없는 최선의 매개자들(agents)"이라고 결론을 내린다.[182] 만주에서 선교를 하는 동안 이것은 로스가 배운 가장 의미심장한 교훈들 중의 하나이다. 실로 그는 중국을 전도하는 데 있어 이 자전 원칙을 고수했다.

따라서 로스로서는, 자전의 원리는 자신의 선교방법 중 가장 중요한 것이었다. 이 관점으로부터 로스는 모든 기독교인을 전도자로 훈련했으며, "토착인들이 스스로 학습한 교리들을 다른 사람들에게 가르치는 것은 그들의 의무이자 특권"이라고 정당하게 믿었다. 그는 "교회에서 세례를 받은 자는 모두 '설교자'로 간주되었다."라고 썼다.[183] 어떤 사람이 자신이 교회로 인도한 사람들의 숫자에 의하여 그 사역에 특별히 은사가 있고 적합하다는 것이 판명되면, 그는 성품에 대한 신중한 조사 후에, 그 사역에 전적으로 헌신할 것을 요청받는다. 이 목적을 위하여, 매개자들의 훈련과 고용이 너무나 강조되었기 때문에 로스는 자급의 원리를 제2차적인 것으로 간주할 수 있었다. 로스는 토착 매개자들의 중요성에 대하여 말하면서 자신의 확신을 다음과 같이 설파했다.

> 서양교회의 의무는 모든 슬픈 마음을 가진 이들에게 복음의 평안을 가져다주기 위해 모든 수단을 이용하고 모든 가용한 매개자를 채용하는 것이다. 서양의 교회가 따로 떼어 놓은 돈의 액수가 자신의 능력의 최대한이라면, 가능한 최대의 이익을 산출하기 위한 방법들 중에서 가능한 최선

---

182) *MMM*, p.102.
183) Ibid., p.91.

의 이용에 투자되는지 감시해야 한다. 그 액수의 일부는 *토착 기독교인들이 지적이고 결실을 맺는 매개자들이 될 수 있도록 훈련하는 데 가장 적*합하고 획득 가능한 최선의 사람들을 파송하는 데 사용되어야 하며, *다른 일부는 토착교회가 이 의무를 아직 감당할 수 없는 동안에는 이 매개자들을 지원하는 일에 사용되어야 한다.*[184)]

서양교회가 선교지를 위하여 할 수 있는 가장 도움이 되는 것은 토착 전도자들을 채용하고 무장하는 올바른 수단을 제공하는 것이라고 로스는 주장했다. 이것은 '서양교회의 의무'일 뿐만 아니라 서양교회가 할 수 있는 유일한 것이다. 로스는 토착 사역자들을 고용함을 통해서 토착교회는 진정으로 자전할 수 있다고 믿었다. 그러나 로스는 선교사역의 초기 단계에서 토착 매개자들을 선택하는 데 있어서의 위험을 알고 있었다. 그는 경험을 통해서 토착 지도자를 임명하는 과정이 위험들로 점철되어 있음을 알았기에 선교사들에게 천천히 신중하게 할 것을 촉구했다.[185)]

1) '보다 건강하고 보다 지속적이고 보다 효율적인 교회'

로스는 최단 기간 내의 수적 성장에 초점을 두는 '온실 성장'의 원리를 인정하지 않았다. 반대로 그는 어리고 무식한 회중들에 대한 교육이 지속되는 교회의 '점진적 진화적 성장'(a gradual evolutionary growth) 원리의 주창자이었다. 지역교회에 대한 로스의 계속적 목적은 보다 건강하고 보다 지속적이고 보다 효율적인 교회였다.

만주 교회의 계속적인 목적은 교회의 모든 소년 소녀들이 자신들의 언어로 적어도 성경을 읽을 수 있게 할 정도의 교육 수단을 제공하는 것이

---

184) *MMM*, pp.105−106. Italic emphasis added.
185) Ibid., p.105.

었다. … 이것에 있어 우리의 바람은, 다른 모든 기독교인의 성장에서와 같이, 크리스천의 성품이 점진적 진화적으로 성장하는 것과 토착교회에 의한 온유한 지도하에 보다 높고 깊은 학문과 지식에 대한 보다 큰 필요를 지적으로 실현하는 것이다. *우리는 비록 속도는 더딜지라도 보다 건강하고 보다 지속적이고 보다 효율적인 성장을 믿기에 온실 성장의 압력을 사용하지 않았다.*186)

이 때문에 로스는 교인들뿐만 아니라 일반 대중의 교육에도 많은 강조를 두었다. 더욱이 그가 중국식 교육제도를 채택함으로써 때때로 논쟁적인 사람으로 판명되었다. 통틀어 로스는 세 종류의 학교제도를 채택했는데 교인들을 위한 훈련학교,187) 크리스천 자녀들을 위한 선교학교,188) 비크리스천 자녀들을 위한 공중학교189)이다. 우리는 제2장에서 어떻게 이 보통교육이 중국 사람들로부터 선입견과 부정적 편견을 제거하는 데 중요했던가를 보았다.190) 그것은 1873 –1875년 동안 Newchwang과 목단에서 복음을 위한 길을 열었다.

보통교육제도를 통하여 로스는 모든 자녀들이 읽고 쓰도록 가르치는 것이 가능했을 뿐만 아니라 그 후에 고등교육을 받은 교인, 특별히 보다 철저히 무장된 스탭, 즉 전도자, 설교자, 목회자들을 양성하는 길을 준비할 수 있었다.191) 기독교가 만주에 퍼져 나감에 따라, 로스는 자전 사역

---

186) *MMM*, pp.155 –156. Italic emphasis added.
187) Ibid., pp.109 –111.
188) Ibid., pp.112 –117.
189) Ibid., pp.144 –155.
190) Ibid., 168. 로스의 표현을 빌자면 "복음의 전파와 수용에 대한 가장 심각한 장애"는 중국인들이 선교사들을 정치적 스파이로 인식하고 있다는 사실이었다.
191) *MMM*, pp.155 –156.

은 중국인들에 의해 되도록 조직했다.[192] 게다가 우리는 로스의 한국인 회심자들이 이 원리에 따라 훈련되었음을 쉽게 상상할 수 있다. 로스는 모든 기독교인을 '설교자'로 만들어야만 했다. 우리는, 마찬가지로 오늘의 교회도 '기독교인=설교자'라는 로스의 원리를 따라야 한다고 주장한다.

3. 자치

로스는 "진정한 종교는 언제나 자발적이며 마음에서 우러나와야 하는 것으로 강압은 현명하지 못함"을 믿었다.[193] 모든 자치의 원리[194]에 있어 로스는 현지 매개자들, 즉 토착 전도자들의 중요성을 강조했다. 로스는 토착교회들 위에 현지 사역자들을 목회자와 장로로 임명하는 것을 주저하지 않았다. 로스는 중국의 관습과 사회적 의례들이 중국인들과 선교사들 간에 사실상 관통할 수 없는 큰 장벽이 된다는 것을 충분히 이해했다. 현지 매개자들은 그 장벽의 내부에 있으면서 중국인의 마음에 동참하는 자였다.[195] 이리하여 로스는 자치의 근거 위에 현지 목회자와 장로들이 '선교사로부터 독립하여 모든 것을 논의하고 결정하도록' 했다.[196] 자치에 대한 로스의 태도는, 부정기적으로 소집되며 목회자와 장

---

192) Ibid., p.97.
193) Ibid., p.132. 로스는 "이것에 반대되는 것은 무엇이든지 종교를 속박과 짐으로 만드는 것"이라고 이해했다.
194) Ibid., p.125f, and pp.141-142. 로스는 자신의 첫 번째 토착인 사역자 리(Lie)가 최초의 토착인 목회자로 임직되었을 때, 그에 관한 관찰을 다음과 같이 기록하고 있다. "만주에서 독립 교회를 세우려고 취한 조치는 토착교회 측에서 보다 더 큰 활동과 보다 더 자급을 하는 기간을 개시하는 것이다." (*MFMC —UPC* for 1897, No.2329.)
195) Ibid., pp.96-97.
196) *MMM*, p.117.

로들도 회원이 제직회의 조직에 잘 나타나 있다. 로스는 이 제직회 내에서 이루어진 논의들의 종류들에 대하여 다음과 같이 서술한다.

> 현지 목회자와 장로들은 선교사로부터 독립하여 모든 것을 논의하고 결정하지만, 선교사는 배석하여 필요하면 조언을 한다. 제직회는 한 달에 두 번 이상 개최된다. 그것은 어떤 주요한 안건이 있으면 부정기적으로 소집된다. 그것은 교회의 재정을 관리할 뿐만 아니라 교회 생활과 관련된 모든 일시적 사안들에 대한 감독을 한다. 목회자와 장로들은 이 회의 회원인데, 이는 집사들이 자신들이 해야 하는 사역에 대한 모든 책임을 감당할 길을 보지 않았기 때문이다.[197]

로스가 현지인들 스스로 자신들의 교회를 치리하도록 노력했다는 것에 의심이 없다. 로스는 "자신이 없어도 회심자들이 잘 지낼 수 있을 것이라고 가르치고 안내하는 일을 소홀히 한다면 큰 범죄가 될 것"이라고 믿었다.[198] 자치는 토착교회에 아주 중요하다고 생각했다. 이리하여 1891년의 장로회 최초의 회합(외국 선교사들만으로 구성되고 영어로 진행된)[199]에서 채택된 최초의 결의들 중 하나는 교회의 자치를 위해 의미심장한 것이었다고 로스는 다음과 같이 설명한다.

> 그러나 최초의 결의들 중 하나는 장로회는 토착교회의 교회법정이 되어야 한다는 것으로서 이는 만주장로교회로 불리게 될 것이다(the Presbytery should be the Church Court of the native Church, which would be called the Presbyterian Church of Manchuria). 그리고 모든 안건들은

---

197) Ibid., p.117.
198) Ibid., p.125.
199) 이 노회가 중요한 이유는 1890년에 아일랜드와 스코틀랜드 선교부가 통합됨으로써 생겨난 유일한 만주교회의 상징이었기 때문이다. 최초의 노회는 1891년 목단에서 설립되었다. (*MMM*, p.124.)

중국어로 처리되어야 한다. 한편은, 모든 외국인 선교사들은 중국인들이 안건 처리에 익숙해질 때까지는 이 장로회의 회원이 됨을 결의했다. 현지 장로들의 숫자가 많지 않은데다 이들이 가능한 한 빨리 안건에 친숙하게 되는 것이 바람직하기 때문에, 모든 장로들이 장로회의 회원이 되었다.[200]

이리하여 그다음 해(1892년)에 최초의 토착 장로회 회의가 있었는데, 이 회의에서는 토착교회와 관련된 모든 안건들이 중국어로 논의되었다.[201] 모든 교회 일들에 대한 행정도 이 장로회로 이관되었는데 현지 장로들의 숫자가 곧 외국인 선교사 숫자보다 많게 되었다. 이때로부터 중국인들은 실제적으로 자신들의 교회를 홀로 치리했다. 이것은 바로 로스가 의도했던 바이었는데, 이는 '중국인들로 하여금 자신들이 옳다고 생각하는 관점에서 자신들의 문제를 결정하는 것이 가장 안전한 방법'이기 때문이라고 그가 생각했기 때문이다.[202]

4. 자 급

우리는 지금까지 로스의 생애와 사역에 대한 연구를 통하여 그는 성경의 근본적인 정책들과 가르침에 충실한 사람이었다는 것에 주목했다. 자급교회에 대한 그의 강조는 여기서부터 발원되었다고 말할 수 있다. 자신의 저서에서 "선교사의 생애의 목표는 무엇인가?"[203]라고 질문하고 답변

---

200) *MMM*, pp.124-125.
201) 1892년에 소집된 최초의 노회는 모든 선교사들뿐만 아니라 모든 토착인 장로들도 회원으로 참석하였다. 그 전 해의 모든 절차들은 영어로 진행되었기 때문에, '토착교회에는 구속력이 없는 것으로' 간주되었다. (*MMM*, p.127.)
202) *MMM*, p.131.
203) *MMM*. p.196f.

하는 가운데 그는 선교사의 야심은 '강한 토착교회를 설립하는 것'이라고 설명했다. 로스는 그러한 교회를 '스스로에게 의존하고 자유롭게 자급하는'(self-reliant, freely self-supporting) 교회, 하나님의 왕국의 도래에 기여하는 교회로 서술했다. 선교사의 야심이 무엇이 되어야 하느냐에 대하여 정의하면서 로스는 자급교회를 설립하는 목적을 잘 예시했다.

그(선교사)의 목표는 무엇인가? 그의 단 하나의 생애의 목표는 잃은 양들을 선한 목자의 품으로 모아들이는 것이다. 그는 어둠에 있는 자들에게는 빛으로, 속박 가운데 있는 자들에게는 해방자로, 죄의 지배로부터 하나님의 왕국으로의 안내자로서 간다. 그의 야심은 강한 교회를 만드는 것이다. 이는 숫자가 많고 성경에 능숙하며 하나님의 모든 지혜로 가르침을 받는 교회[204] ― 스스로에게 의존하고 자유롭게 자급하며 세상을 변화시키는 데 있어 기꺼이 공격적이며, 점진적이나 꾸준히 왕국의 경계들을 확장하는 교회 ― 로서 선을 위해 강력하게 행사하며 온 나라에서 모든 계급의 사람들을 향하여 의를 위하여 역사하게 하는 영향력이다. 그는 가능한 한 신속히 *이 교회가 외국인과 외국의 자원으로부터 독립적으로 행동할 준비가 되고 모든 면에서 이 엄청난 규모의 사역을 감당하기에 적합하게 되는 것*을 보기 위하여 활동하고 살아가는데, 이 사역은 중국과 세상을 위해 너무나 중요하다.[205]

이 진술들은 로스의 선교방법의 일반적 원리를 보여주고 있다. 로스가 단지 자급하는 교회를 개척하는 것뿐만 아니라 하나님의 왕국의 건설을 향하여 세계교회들과 함께 사역하는 자기 의존적 (자립) 중국교회를 설립하고자 시도했음이 명백하다. 그러므로 자급의 원리는 로스의 선교방법의 기저에 있는 핵심 이슈들 중의 하나다. 그가 교회의 독립을 위하여 이 측

---

204) 사도행전 20:27.
205) *MMM*, pp.198-199. Italic emphases added.

면을 옹호했던 것은 '교회 자체의 이익을 위한 것'이었다.[206] 그는 자신의 선교 초기로부터 어떻게 이 자급의 원리를 실천하고자 했는가를 서술한다.

우리는 선교의 시초로부터 복음을 각처에 전파하는 중국인들의 구어적 재능(conversational talents)뿐만 아니라 *먼저 자급하고 그리고 공격적 확장을* 위한 기독교인들의 관대한 헌금을 활성화하고자 노력했다. 우리는 이 목표들이 토착인들이 기금의 모금뿐만 아니라 지출을 자신들의 관리하에 둠으로써 더 잘 달성될 것으로 믿었기에 우리는 분명한 원칙을 세워, 외국 선교부는 외부인들에게 진리를 선포하는 책임을 맡되, *각 기독교 공동체는 자신의 회중적 사역과, 가능하면 자신의 교육적 사역을 위한 모든 비용에 대한 책임을 지지 않으면 안 되는 것으로 하였다.* 완전한 독립을 하기에는 연약함이 너무나 분명한 공동체들은 소액의 무상원조를 받았다. 그러나 회중을 형성한 각 공동체는 독립적이지 않으면 안 된다. 목회자를 청빙하는 데 있어 그들은 외국 자금을 의존해서는 안 되었다.[207]

적극적 전도의 정신과 함께, 로스는 새로 설립된 토착교회에 대해 엄격한 재정적 자급을 주장했던 것으로 보인다.

그럼에도 불구하고 그의 가장 큰 관심은 복음을 전파하는 최선의 길을 용이하게 하는 것이었기에 자급 원리를 가능하게 할 수 있는 매개자들을 찾는 것이 우선이었다. 로스로서는 "어떻게 하면 사역이 최선으로 가장 신속히 성취될 수 있는가?"가 큰 문제였으며, 토착 전도자들을 지원하기 위한 자금이 어디서부터 왔는가는 '단지 부차적인 중요성의 문

---

206) 로스는 자급의 문제를 자신의 저서 중 '교회 재정'의 장에서 다루었다. *MMM*, pp.133−143.
207) Ibid., pp.141−142. Italic emphases added.

제'였다.208) 그는 다음과 같이 이해했다.

그것은, 토착교회가 가능한 한 빨리 공격적 사역을 위한 사람들뿐만 아니라 재정을 공급하는 책임을 감당하는 것을 보는 데 관심이 있는 모든 자의 분명한 의무이다. 토착교회는 자신이 할 수 있는 것은 하지 않으면 안된다. 그러나 토착교회는 자신이 존립하기 전에는 아무것도 할 수 없으며, 존립한 후에는 자신의 능력을 초과하는 것은 할 수 없다.209)

토착교회가 자신의 전도자들을 후원할 수 없는 경우에는 자금의 출처는 '중요하지 않았다.'(insignificant)210) 그는 "그리스도의 교회는 나누어지지 않은 나눌 수 없는 하나"라고 믿었기에 심지어 '외국적'(foreign)과 '토착적'(native)이라는 용어 사용도 배격했다.211) 로스는 이를 분명히 하기 위해 유사한 상황의 바울을 언급했다.

바울은 유대인이었으나 외국인들이 주는 돈을 거절하지 않고 감사함으로 받았다. 중국인들에게 설교하는 토착인들을 지원하기 위하여 외국인의 돈을 사용하는 것이 잘못된 것으로 내가 믿었다면, 나 스스로 그 사역을 위해 외국인의 돈을 받을 수 없었다. 이 원리 위에서, 비기독인 세계의 복음화에 있어서 모국의 기독교인들이 어떤 몫을 가질 것인가? 나에게 있어 압도적으로 중요한 질문은 "어떻게 하면 사역이 최선으로 가장 신속히 성취될 수 있는가?"이다. 그에 비하면, 자금의 출처의 상대적 장점들에 관한 질문은 중요하지 않다. 그리스도의 교회는 외국적이거나 토착적인 것이 아니다.212)

---

208) *MMM*, p.104.
209) Ibid., pp.105 – 106.
210) Ibid., p.105.
211) Ibid.
212) *MMM*, pp.104 – 105.

Ⅴ. 결 론

우리는 이 장에서 두 가지를 확정했다. 첫째는 로스의 선교방법은 삼자 원리의 근본 요소들을 포함하고 있다는 것이며, 둘째는 로스의 선교방법은 한국장로교회의 초기 단계에서 큰 영향력을 행사했다는 것이다.

로스의 선교방법이 삼자 원리의 요소들을 포함하고 있다는 것은 두 곳에서 확정되었다. 첫째는 그의 많은 문헌에서 보이는데 비록 그가 명시적으로 '삼자 원리'라는 용어를 사용하지는 않았으나 로스는 분명히 그것에 기초한 선교방법을 형성하였을 뿐만 아니라 만주의 선교지에서 실천했던 것처럼 보인다. 그의 저서 「만주에서의 선교방법」은 특별히 삼자 원리의 요소들로 점철되어 있다.213) 둘째는 로스의 권서인들에 의해 설립된 최초의 한국교회들의 특징들을 조사하는 가운데 삼자 원리의 세 요소들이 실천된 것을 볼 수 있었다. 이로써 우리는 로스와 함께 살면서 사역한 한국의 번역자들이 그로부터 삼자 원리와 유사한 그의 선교방법을 배웠다고 주장한다. 더욱이 우리는 로스의 선교방법이 삼자 원리의 요소들을 포함하는 것 이상이었음도 확인했다. 우리는 이로써 그것을 중국인들(후에는 한국인들)에게 상황화함으로써 당초의 원리를 개선하였다고 주장하는데, 이에 대해서는 제5장에서 살펴볼 것이다.

로스의 선교방법은 초기 한국장로교회에 적지 않은 흔적을 남겼다. 나아가, 로스 번역본인 한글 번역 성경은 로스의 선교방법을 시행하는 데 있어서 엄청난 도구이었음이 판명되었다. 실로 로스의 번역본은 이수정의

---

213) Ibid., p.201. 로스는 자치(self-govern) 대신에 자기 지도(self-guide), 자전(self-propagate) 대신에 자기 확장(self-extend)라는 용어를 사용했던 것으로 보인다.

번역본보다 많은 점들에서 월등히 우수했다. 최초의 목사 선교사들이 한국에 도착했을 때는 이미 기독교 공동체들이 설립되어 번성하고 있었다. 심지어 외국 선교사들이 한국에 도착한 지 수년 후에도 그들의 정착의 실패와 문화적 장벽 때문에 토착교회는 여전히 로스의 협력자들의 직접 전도로 절대적인 영향을 받았다.

그러나 재경 외국 선교사들이 연합하여 자신들의 선교 노력들을 조정할 선교부를 설립하기로 결정하자, 자신들의 공식적 선교방법으로 네비우스 선교방법을 채택하기로 선택했음을 보았다. 그러므로 우리는 이 결정의 배후에 있는 이유는—완전히 새로운 번역을 시도하고 로스의 번역본을 폐기하기로 하는 것을 포함하여—재경 선교사들이 로스가 비록 간접적이기는 하지만 한국교회에 갖고 있는 압도적인 영향력에 위협을 느꼈기 때문이라고 주장한다. 이리하여 다음 장에서는 우리가 로스의 균형잡힌 선교방법을 다시금 살펴보면서 '네비우스 선교방법'을 함께 비교하여 볼 것이다.

제5장

3자 원리와 초기 한국장로교회

삼자 원리가 초기 한국장로교회에 결정적인 역할을 했다는 것이 확실히 되었다. 로스의 권서인들을 통해서 로스의 선교방법이 초기 한국교회에 깊이 침투되었다. 그리고 로스의 문헌으로부터 그의 선교방법은 삼자원리에 기초하고 있다는 것이 명백함을 앞장에서 확인하였다. 그렇다면 미국 선교사들의 도착 후에, 토착교회들은 삼자 원리와 더불어서 어떻게 발전했는가? 이 질문에 대한 대답으로 우리는 어떻게 일반선교정책(the General Mission Policy)이 공식적인 선교정책이 채택되었던 1893년 전·후로 한국교회에서 삼자 원리가 상황화 되었는가를 검토하고자 한다.

이 장에서 우리는 다음 사항을 논의할 것이다.

- (Ⅰ) 로스와 네비우스의 관계 및 그들 간의 놀라운 유사점들
- (Ⅱ) 선교사들이 네비우스의 방법을 채택하기로 결정한 시점에서의 그들의 상황에 대한 연구를 통하여 검토한 일반선교정책. 이 검토는 일반선교정책의 특징들과 그것과 그 전의 것과의 차이점들에 대한 조사로 이어질 것이다.
- (Ⅲ) 일반선교정책을 공식적 선교방법으로 채택한 이후의 그것의 토착화 과정

Ⅰ. 3자 원리 및 로스와 네비우스의 관계

우리는 제1장에서 헨리 벤과 루푸스 앤더슨 간의 관계와 이 두 사람에 의한 삼자 원리의 놀라운 창안에 대해 논의하였음을 상기한다. 그때, 그 둘 사이의 놀라운 일치 점들을 보았다. 같은 시대에 대서양의 서로 반대편에서 출생한 이 두 사람은 고전적인 토착교회이론인 '삼자 원리'의 정의를 각각 형성한 사람으로 인정되고 있다.

1. 존 로스와 죤 네비우스: '놀라운 일치점들'

놀랍게도, 벤과 앤더슨처럼, 죤 네비우스(1829−1893)와 존 로스(1842−1915)도 '놀라운 일치점들'을 공유한다. 이들은 모두 장로교회 출신으로 중국에서 각 40년간 사역하면서 삼자 원리를 선교현장에서 실행했다. 이 둘은 모두 서울을 한 번씩 방문했고 한국교회에 간접적으로 심대한 영향을 미쳤다. 벤과 앤더슨은 삼자 원리를 공식화는 하였지만 스스로 선교지에 대한 경험은 갖지 않았다. 로스와 네비우스는 그 원리를 자신들의 선교지인 중국에서 실행시키는 방법으로 구체화시켰다.1) 나아가 로스의 협력자들을 통하여 전장 4장에서 확인한대로 이 원리는 한국에 도입될 수 있었다. 한편 미국 선교사들이 한국에서의 공식적 방법으로 선택했던 것은 네비우스의 선교방법이었다.

---

1) 흥미로운 사실은 로스나 네비우스 모두 실제로는 그 원리를 결코 '삼자 원리'라고 부르지 않았다는 것이다.

그렇다면 네비우스와 로스는 어떻게 삼자 원리를 알게 되었는가? 네비우스는 벤과 앤더슨을 모두 개인적으로 만나 직접 배움으로써 삼자 원리를 숙지했다고 알려져 있는 반면,[2] 로스는 이들로부터 직·간접적으로 이 원리를 배웠다는 기록은 없는 것으로 보인다. 그럼에도 불구하고 로스가 심지어 만주에서의 초기 사역 기간에도 삼자 원리를 실행한 것으로 보아 우리는 그가 스코틀랜드의 에딘버러 성경 대학교에서 공부하는 동안 이 원리를 소개받았다고 추론할 수 있다. 어떻든, 이 두 사람은 중국에서 동료 선교사로서 수년간의 우정을 누렸다는 것은 명백하다. 둘 사이에는 상호 존경이 있었다. 더욱이 그들이 '많은 선교의 주제들에 대해 다양하고 철저한 논의들'을 했다는 사실로부터 우리는 쉽게 그들이 단지 자신들의 선교방법들뿐만 아니라 삼자 원리에 대해서도 논의하였을 것으로 추측할 수 있다. 그러한 실례는 다음과 같다. 로스는 네비우스의 선교방법에 대해 논평하면서 The Chinese Recorder에 그의 인물평을 기고했다.

> 나는 만주 남부에 있는 아마도 다른 선교사들보다 그(네비우스)와 가깝게 지낸 것 같다. 많은 선교의 주제들에 대한 장시간의 다양하고 철저한 논의들을 통하여 나는 그를 중국에서 가장 폭넓고 공정하며 예민한 지성인들 중의 하나로 간주하는 것을 배웠다. 나는 그에 대해 오랫동안 대단한 존경과 찬탄의 마음을 갖고 있다.[3]

그 위에 로스는 네비우스 자신이 새롭게 배운 선교방법에 대해 네비우스가 제출한 일련의 논문들에 대해 깊은 관심을 가졌다. 1885년부터 네

---

2) Helen S. Coan Nevius, *The Life of John Livingstone Nevius*, pp.251 – 281. 네비우스는 안식년(1864 – 1868) 동안 삼자 원리에 대한 광범위한 연구를 했으며 창시자인 벤과 앤더슨을 개인적으로 만났다.
3) Ross, "Missionary Methods", *CRMJ*(May 1898), p.247.

비우스는 자신이 안식년 기간(1964-1868)에 배웠던 '새로운 시스템'을 실행한 결과들에 관하여 *Chinese Recorder*에 기고하고 있었다.[4] 안식년 전에는 네비우스는 유급 토착 사역자들을 임명하는 규정을 따랐다. 이 '옛 시스템'하의 최초 10년간은 많은 열매가 없었다. 그러나 그가 벤과 앤더슨으로부터 삼자 원리를 배운 후에는 기존의 선교사역 방법들, 특히 재정 분야에서의 방법을 비판하는 것을 주저하지 않았다.[5]

2. 중국에서의 3자 원리의 '공동 개발'

1887년 9월 로스는 서울로 가는 길에 네비우스를 만나 선교방법들에 대한 긴 논의를 하며 서로의 통찰력을 나누었다. 이것은 이 두 선교사가 토착교회 이론의 원리하에서 서로가 사역한 경험으로부터 배우는 기회였다. 로스의 글을 계속 읽으면 우리는 선교방법의 한 측면에서 두 사람 간에 의견의 차이가 있는 것을 발견할 수 있다.

> 나는 큰 관심과 적잖은 동감을 가지고 그것(the Chinese Recorder)에 나타난 토착 매개인들에 대한 그의 논문들을 읽었다. 그러나 나는 그것이 불완전하다고 느껴, 그 논문들의 외견상의 부정적인 결론들[6]보다 그때나 지금이나 나에게는 보다 더 중요한 것으로 보인 한 측면을 보완하기 위한 의도로―꼭 그렇게 공언할 수는 없지만―한편의 논문을 작성했는데 그

---

4) 이것은 1886년에 책(*Methods of Mission Work*)으로 재인쇄가 되었는데, 이는 다시 1899년에 *PDMC*라는 제목으로 출판되었다. 그리고 이 *PDMC*는 1976년에 재인쇄가 되었다.
5) Nevius, *PDMC*, pp.8-11.
6) 로스가 관심을 가졌던 '부정적인 결론'은 유급 토착인 사역자를 무조건 최소화하고자 하는 네비우스의 극단적인 태도이었다. (See, Nevius, *PDMC*, pp.8-10.)

논문은 Recorder에 실렸다. 그 후의 어느 날, 내가 한국의 수도(서울)로 가는 길에 나는 그의 일정, 특별히 그 당시 그에 의하여 세례를 받은 수 많은 회심자들이 기독교를 접촉하게 된 방법에 관한 모든 사실을 알아보기 위하여 하루 온종일을 기다렸다. 그도 나의 만주에서의 사역 원리들과 활동들에 관한 모든 세부적인 것들, 특히 사역에 있어서 토착 기독교인들을 활용하는 방식을 알기를 원하는 듯이 보였다. 나의 사역에 있어 모든 중요한 사항을 그의 지성적인 안목에 노출하는 것은 쉬운 과제였다. 그가 모든 상황을 파악한 후, "어떤 사람들은 내가 어떤 토착인이 기독교 사역을 하는 데 대해 사례비를 지급하는 것에 절대적으로 반대하는 것으로 생각하지만 이것은 잘못이다. 나는 당신이 묘사하는 그러한 사람들에게 내가 안수할 수 있다면, 그들을 따로 떼어 기독교 사역을 하도록 하고 그것을 함에 있어서 그들을 재정적으로 후원하는 것을 기뻐할 것이다."라고 말했다.[7]

로스처럼 네비우스도 40년간의 선교 기간을 통하여 순회 여행을 계속 하면서 많은 열매들을 거둔 것을 보게 될 것이다. 안식년 후, 네비우스는 '시작부터 독립과 자기 의존의 원리들'을 유지하기 위하여 유급 토착 매개자들과 외국 자금에 대한 의존을 '최소화'하기 위한 모든 노력이 경주되어야 한다고 언제나 주장했다.[8] 반면에 로스는 토착전도자들을 무장하는 데 큰 강조를 두었던바, 이리하여 로스는 토착 매개자들의 임명에 관하여 유연한 태도를 가진 것을 우리는 제4장에서 보았다. 그는 세 가지의 자(自)들 중에서 자전을 가장 중요하게 생각했다. 이것이 두 사람

---

7) 전게서. 로스는 대중의 신념과는 달리, 네비우스가 토착인 사역자들에게 급여를 지급하는 것을 완전히 반대하지는 않았다는 것을 보여주고 있다. 약 11년 후에 있었던 토의들을 적으면서, 로스는 그것의 정확성에 대해서 다음과 같이 반성했다. "지금으로서는 그가 한 말들에 대해 적극적으로 보증을 할 수 없다. 그러나 지금 적힌 말들은 정확히 그의 의미를 표현하고 있다." (Ross, 앞의 책, p.247.)
8) Nevius, *PDMC*, p.8.

사이에 있었던 의견의 차이처럼 보인다. 로스는 선교지에서의 증거를 가지고서 네비우스와의 논의 가운데 유급 토착 사역자들을 자신이 임명하는 것을 정당화할 수 있었다.

보는 눈을 가진 사람 누구에게나 만주는 오늘날 이 입장의 정확성에 대한 가장 명백한 증거이다. 그러한 토착 전도자들을 위하여 필요한 적은 금액의 출처는 예나 지금이나 나에게는 고려할 필요가 없는 하찮은 것이다. 단, 토착인들은 자신의 능력을 따라 복음을 전파하는 것을 돕지 않으면 안 된다. 나는 그때나 지금이나 복음화 사역을 하는 데 있어서 외국교회의 돈은 현지인을 후원하는 데 있어서도 외국인을 후원하는 데 있어서와 마찬가지로 선한 양심을 가지고 사용되어야 한다고 주장하지만, 과거도 그랬고 지금도 토착교회가 목회자를 원하고 구하는 경우에는, 그 교회는 외국돈과 상관없이 전적으로 자신들이 그를 후원해야 한다고 생각한다. 이것을 요약하면, 복음화는 외국교회들에 의하여 모든 형태의 매개자를 통하여 하되, 교회 사역은 토착교회에 의해 행해져야 한다는 것이다.[9]

로스는 신실한 토착 사역자들을 임명하는 데 투자하는 것을 두려워하지 말아야 한다고 믿었다. 그는 "이것이 나의 네비우스에 대한 말의 핵심이었다."라고 계속했다. 로스에 따르면, 네비우스는 "전적으로 동의했으며, 지도자들이 되기에 적합한 그러한 사람들을 찾아서 외국 자금으로 그들을 양심적으로 후원할 수 있기를, 그 결과 그들이 모든 시간을 자유롭게 사역에 사용할 수 있기를 소원하는 마음을 표현했다."[10] 좀 더 정확히 말하면, 네비우스는 자신이 'Old Wang'과 같은 사람들을 만난다면, "즐거이 그들을 기독교 사역에 전담하게 하고 그들을 후원하게 될 것"이라고 논평했다.[11] 이리하여 로스와 네비우스는 논의를 통해서 의견

---

9) Ross, "Missionary Methods", *CRMJ*(May 1898), p.248.
10) Ibid.

의 차이를 해소할 수 있었으며, 그렇게 함으로써 그들은 삼자 원리를 보다 실용적인 이론으로 수정했다. 그럼에도 불구하고 네비우스는 토착교회의 자급적 성격에 관하여는 불가피하게 로스보다 더 강조를 하였고 그 결과로 이 강조점은 후에 한국교회들에서 발견된다.

대체로 로스와 네비우스 덕분에 삼자 원리는 이리하여 중국과 한국의 선교지에 도입되었고 꽃을 피웠다. 서로의 선교방법들을 검토하고 논의하는 가운데 이 두 사람은 '삼자 원리를 공동 개발하여' 자신의 선교지에 채택했다. 이 두 선교사의 선교방법은 압도적인 유사점들을 공유하고 있다는 것이 명백하다. 사실, 그들은 동일한 뿌리의 원리에 기초하고 있기 때문에 사실상 동일하다. 다음 장에서 재한 선교사들이 채택하면서 네비우스의 선교방법에 가해진 변경 사항들에 대해 조사함으로써 두 선교방법들 간의 작은 차이들을 검토할 것이다.

Ⅱ. 네비우스 선교방법과 한국교회

네비우스 선교방법(가끔 '새로운 시스템'으로 불림)은 한국의 선교지에 채택되면서 일련의 변경 과정(changes)을 겪었지만 그 변경이 너무나 미미하여 변혁(transformations)이라고 할 수는 없는바, 이 변경 사항들을 조사하기 위하여 우리는 다음을 검토할 것이다.

---

11) Ross, "Missionary Methods", p.247.

(1) 한국에서 공식적 방법으로 채택되기 전의 네비우스 선교방법

(2) 선교사들에 의해 네비우스 방법이 채택될 당시의 상황

(3) 선교사들이 1893년에 한국의 선교지에 채택한 후의 그 방법의 토착화

(4) 어떻게 네비우스 방법이 실제적인 영역에 적용됨을 통하여 변경되었는가?

1. 한국에서의 적용 전의 네비우스 선교방법

네비우스가 긴 안식년 후에 선교현장에 복귀하면서 설정한 '새로운 시스템'을 확인할 필요가 있다. 한편 '네비우스 선교방법'이라고도 알려진 그것은 그의 1891년도의 저서인 *선교사 교회의 설립과 발전*(The Planting and Development of Missionary Churches)(PDMC)에 잘 설명되어 있다[2]. 이 저서는 1898년 미국과 캐나다의 초교파 해외선교부 단체 컨퍼런스(The Inter-denominational Conference of Foreign Missionary Boards and Societies)(ICFMB&S)의 승인을 얻은 후에 세계적으로 유명하게 되었다.[13] 네비우스 선교방법은 또한 그에 대한 최고의 해석가인 Charles Allen Clark[14]의 사역으로 널리 일반인에게도 알려졌다. 네비

---

12) 이 책에서 네비우스는 '가장 성경적이고 실용적이며 실질적인 선교사역의 방법'을 개발하기를 원했다. (John Nevius, *China and the Chinese*, p.417.)

13) 그 위원회(Board)는 1898년에 시작되었는데, 1898년에 선교지 교회에서의 자급(self-support)에 관한 특별 위원회(a special Committee)를 구성하였다. 이 위원회는 복음화의 일반 사역에 있어서 네비우스의 방법을 시험해 보도록 모든 선교부에 촉구했다. (The Report of ICFMB&S in the United States and Canada for 1898 p.23.)

14) 찰스 클라크는 1902년에 한국에 도착한 이래 근 30년 동안 한국에서 사역했다. 그는 네비우스의 전기를 쓰면서 그의 선교방법에 대한 연구를 하였다. 1929년 시카고 대학교에 제출한 논문은 네비우스의 선교방법에 대한 것이

우스 선교방법은 장로교 선교계에서는 너무나 중요하였기에 한국에서 사역하도록 임명된 신임 선교사들은 네비우스의 저서를 읽고 시험에 합격할 것을 요구받았다.15) 클라크는 네비우스의 방법을 9가지로 요약했다.

1. 선교사의 *광범위한 순회 여행을 통한 개인 전도*
2. *자전*: 각 신자는 다른 사람의 교사이면서 자신보다 나은 사람의 학생이 되어야 하며, 각 개인과 그룹은 '계단식 방법'(layering method)을 통하여 사역 확장을 추구해야 한다.
3. *자치*: 각 그룹은 선출직 무급 지도자의 관리 하에, 순회자들(circuits)은 자신들의 유급 조력자들(helpers)의 관리하에 있으면서 차후에는 목회자들(pastors)에게 복종할 것이다. 순회원들 모임은 차후의 지역적, 전국적 리더십을 위해 사람들을 훈련한다.
4. *자급*: 모든 예배 관련 비용은 신자들이 부담하고, 각 그룹은 설립되자 즉시, 순회 조력자(circuit helper)의 급여를 지급하기 시작해야 하며, 심지어 학교도 보조금을 일부만 받아야 하는데, 그것도 설립 기간 중에 한하며, 어떤 교회의 목사도 외국 자금을 받아서는 안 된다.
5. 각 신자는 자신의 그룹 지도자와 순회 조력자의 지도하에 *체계적인 성경공부*를 해야 하며, 모든 지도자와 조력자는 성경공부반에 등록해야 한다.
6. 성경의 기준에 따라 징계를 엄격하게 시행한다.
7. 다른 단체와 협력하고 연합한다.
8. 소송 기타 유사한 행위에의 불간섭.
9. 사람들의 경제적인 어려움의 문제에 있어서는 가능한 한 일반적인 도움 제공.16)

었다. 1937년에 그 책은 개정되어 *The Nevius Plan for Mission Work: Illustrated in Korea*라는 제목으로 출판되었다. (KCNM, 1930.)
15) *KCNM*, p.24.
16) Clark, *KCNM*, pp.33–34. Italic emphasis added.

처음 네 가지 항목이 로스의 선교방법과 일치한다는 것이 외견상 분명하다. 로스와 같이, 네비우스는 선교의 첫 단계 동안 '광범위한 순회 여행을 통한 선교사의 개인 전도'의 중요성을 강조했다. 그럼에도 불구하고 네비우스 선교방법의 가장 특징적인 항목은 네 번째인 자급이었다고 회자되었다.[17] 네비우스 선교방법이 1891년의 '법과 규정'(Rules and By-Laws)[18]이 되었을 때, 토착교회의 재정적 자급에 대해 크게 강조하는 단계로 나아갔다.[19] 더군다나, 다섯 번째 항목에서 보듯이 '체계적인 성경공부'도 우선순위에 있다. 이리하여 자급의 요소와 체계적인 성경공부에 대한 강조가 초기 한국교회에 적용되었다.[20] 1895년부터 1903년까지 북중국의 선교사였던 Rolland Allen은 네비우스 선교방법인 한국에서 성공한 이유는 자급과 성경공부반 제도에 대한 강조라고 결론을 내렸다.[21]

---

17) Peter Beyerhaus and Henry Lefever, *The Responsible Church and Foreign Mission*, p.27.
18) 1890년에 네비우스가 방문한 후에, 북장로교 선교부의 선교사들은 1891년에 함께 모여 모두 7장 60개 조항으로 된 '법과 규정들'을 제정하였다.
19) See, Clark, *KCNM*, pp.75-82. 최 박사는 논문에서 클라크가 자신의 요약내용에 " "를 넣음으로써 마치 이것들이 네비우스에 의하여 직접 말해진 것처럼 생각되게 하여 '네비우스의 방법의 영향력을 과도하게 강조'하려는 시도를 하였다는 점에서 '치명적인 실수'를 했다고 주장한다. 클라크가 " "를 사용한 것은 실수이지만, 본 연구의 저자는 클라크가 한 것은 네비우스의 말을 해석한 것이었으며, 그것을 달리 표현함으로써 클라크는 네비우스의 방법을 보다 분명하게 할 수 있었다고 주장한다. (Choi, *JRKPC*, pp.302-304.)
20) 1900년에 언더우드는 자신의 선교부의 188개의 불완전하게 조직된 장로교 교회들 가운데 186개가 완전히 자급하는 교회였다고 보고했다. (*Ecumenical Missionary Conference, New York, 1900*, No.2, p.302.
21) Rolland Allen, "Nevius Method in Korea", *World Dominion*, (July 1931), p.257.

한국교회에 대한 영향력에도 불구하고 네비우스는 로스와는 달리 한국의 문화와 지리에는 무지했다.[22] 그는 한국의 문화는 단지 중국문화의 연장이라는 인상을 갖고 있었던 것처럼 보인다.[23] 마찬가지로 네비우스는 자신이 사망한 1893년도까지 자신의 방법이 한국에서 성공을 거둔 것을 알지 못했다. 이해는 그의 방법이 공식적으로 한국 선교에 시행된 해였다.

2. 1893년의 선교사들 및 그들의 상황

제4장에서 우리는 이미 장로교 선교사들이 새로운 선교방법을 채택하기를 주저하지 않았던 이유의 하나에 대해 논의했는데 그것은 선교지 경험의 결여였다. 미국 장로교와 감리교 선교부는 어리고 경험 없는 선교사들을 파송했는데 이들 대부분은 대학교를 졸업한 자들이었다.[24] 도착 후 그들 간에는 곧 상이한 교단 배경과 선교 관점들 때문에 갈등이 생겼다.

---

22) 네비우스가 한국 역사에 대한 지식이 없었다는 것은 부산(제2의 도시)이 일본으로부터 해방되기 전에 250년 동안 일본인들의 수중에 있었다고 이해했었다고 말한 데서 잘 나타난다. (See, Helen S. Nevius, op.cit., 450.) 사실, 부산은 왜구들에 의하여 반복해서 침략을 당하긴 했지만 외국인의 수중에 있은 적은 없었다. 네비우스가 잘못 알고 있는 것에 가장 가까운 사실은 1592년과 1597년에 일본군대가 조선을 침략하기 위해서 부산항에 상륙한 것이었는데, 두 침략 모두 실패했다. 네비우스는 이 역사적 사건에 대해서는 무지하면서도 자신의 이야기를 만들어 낸 것처럼 보인다. 이것은 그가 동북아시아 3국의 역사에 대해서 완전히 무지한 것을 보여주는 것이기도 하다.

23) Helen S. Nevius, op.cit., 447.

24) 제4장에서 언급하였듯이, 한국에 도착한 초기 선교사들의 대부분은 나이가 20대이었다. 예를 들면 알렌(1859-1932)은 1884년에 25세, 1885년에 언더우드(1859-1916)는 26세, 아펜젤러(1858-1902)는 27세, 헤론(1856-1890)은 29세, 스크랜턴(1856-1922)은 29세이었다. 1888년에 게일(1863-1937)은 25세, 1890년에 모펫(1864-1939)은 26세이었다.

이것은 초기 선교사들에게 다양한 문제들에 관하여 협의할 선배 선교사가 선교지에 없었다는 것을 의미하는데 다른 선교정책이나 방법이 없었기 때문에 이들은 일치하여 삼자 원리를 선택했다.25) 여기에서는 그들이 선택한 것이 왜 삼자 원리이었는지 그 이유들을 검토할 것이다.

첫째는, 선교사들 모두 로스의 권서인 겸 전도자들에 의한 선교의 성공을 목도했다. 한국의 신자들은 이미 로스의 협력자들을 통하여 로스의 선교방법의 영향하에 있었던 것이다. 배포된 대부분의 성경은 로스 번역본이었으며 언더우드를 포함한 재한 선교사들 중 일부는 로스에 의해 자신들이 심히 밀려나고 있는 것처럼 느꼈다. 그렇지 않았다면 왜 그들이 서둘러 로스 번역본을 폐기하고26) 자신들이 담당하고 감독하는 완전히 새로운 번역을 하기로 선택했겠는가?27) 토착 전도자들에의 성공은 선교사들의 경험한 초라한 결과와는 엄청난 대조가 되었다. 1890년까지 그들의 직접 전도의 결과로 단지 세 명의 회심자가 있었다.28) 우리는 자신들의 부정적 경험들로 인해 선교사들은 1893년에 네비우스 선교방법을 채택했다고 주장한다.

둘째로, 그 당시의 한국의 상황은 외국인에 의한 전도가 엄격히 금지되어 있었다. 스스로 전도를 위한 순회 여행을 할 수 없었기에 선교사들

---

25) L. H. Underwood, *Underwood of Korea*, p.99, 이만열, *HKBS(1)*, p.226 -229.
26) 우리는 제4장에서 미국인 선교사들이 이 건에 대하여 Bryant나 로스에 의하여 설득당하기를 원하지 않았음을 보았다.
27) 언더우드는 최초의 선교사들 중의 한 명이었기 때문에, 이 영광을 차지하려는데 빨랐다. (See, H. G. Underwood's letter to F. F. Ellinwood, March 8, 1887.)
28) C. A. Clark, *KCNM*, p.276.

은 토착 전도자들을 훈련하고 무장하는 외에 다른 선택을 할 수 없었다. 이 상황은 1899년 5월 1일 한국정부가 종교의 자유를 허락하기로 결정할 때까지 변하지 않았다.[29] 이때까지 미국 선교 단체들은 한국의 비호의적 상황을 알고 있었기에 많은 재정 지원을 삼갔다.[30]

셋째로, 한국의 씨족문화사회로서 마을들이 대가족으로 구성되어 있다는 것을 고려해야 한다. 20세기 중반까지 이 상황이 한국에서 계속되었는바, 심지어 오늘날에도 어떤 시골 지역에는 상황이 동일하다. 대부분의 사람들은 농부로서 한국의 마을에는 강한 두레와 품앗이 정신이 있었다.[31] 이 근친 공동체 문화는 부정적 면과 긍정적 면을 모두 갖고 있다. 예를 들어, 마을 공동체의 어떤 사람이 회심을 하면, 그는 마을 사람들에 의해 축출되고 종종 핍박을 받았다. 그러나 그 마을의 지도자가 기독교인이 되면, 그 마을 주민 전체가 뒤를 이을 가능성이 많다. 게다가 이 공동체의 속박적 성격은 초기의 한국 신자들이 이미 강한 독립 정신(sense of independence)을 소유하고 있었다는 것을 의미했다.[32] 그러므로 한국교회들은 유달리 강한 공동체 정신을 보여주며 성장했다.[33]

---

29) "Religious Liberty in Korea", *The Assembly Herald*, (June 1890), p.330. 1898년 7월에 W. L. Swallon은 한국정부에 의해 '미국인 선교사 교사'로서의 이름을 받고 선교 여행을 할 수 있는 허가를 받은 최초의 선교사가 되었다. 이것은 최초의 선교사인 언더우드와 아펜젤러가 입국한 지 13년 만의 일이었다. (민경배 전게서, 132쪽.)

30) Paik, op.cit., pp.168－169.

31) '두레'와 '품앗이'는 농촌에서의 한국사회에 특징적인 전통이다. 이 전통은 봄과 가을의 영농시기에 가장 일손이 필요한 곳에 상호 부조하기 위하여 마을 공동체의 사람들이 모이는 것을 포함한다. 마을에서의 이 협동 작업의 정신은 일부 농촌 마을에서 여전히 발견된다.

32) 이러한 방법으로 모든 가족들이 구원을 받은 수많은 일화들이 있다. 한국에서 핵가족이 점증함에도 불구하고, 오늘날도 이러한 현상은 일어나고 있다.

33) 우리는 이러한 상황을 제4장의 소래교회와 새문안교회에서 이미 보았다.

마지막으로, 로스의 협력자들의 전도의 결과로 의주 같은 도시들에는 수 많은 중류층의 기독교인들이 생겼다. 이 사람들은 강한 독립 정신을 소유했으며 어떤 면에서는 이미 삼자 원리를 시행하고 있었다.[34]

재한 선교사들은 이러한 배경으로 인해 한국의 선교지에서 네비우스 선교방법을 채택하는 결정은 불가피했다. 삼자 원리는 벤과 앤더슨에 의해 이론화된 반면, 중국에서의 네비우스와 로스의 사역을 통하여 선교지에서 수정되었다. 이제는 네비우스와 로스가 그 선교방법을 한국에서 시행하는 것을 볼 단계가 왔다. 로스가 여러 번 지적했듯이 이것은 '섭리적 사건'이었다.

3. 1893년의 '일반 선교정책'

우리는 1891년의 '법과 규정'이 북장로교의 선교사들만이 참석한 가운데 작성된 것을 상기한다. 더욱이 그 법은 교회의 재정적 독립에 대해 너무 강조함으로 말미암아 포괄적인 것이 못 되었다. 네비우스의 방문이 있은 지 2년 반 후인 1893년 1월에 장로교 치리 형태를 가진 선교부 협의회 회의가 개최되었다. 이 회의에는 북장로교 선교사들뿐만 아니라 1892년에 한국에 도착한 남장로교(미국 장로교회) 선교사들도 참석했다.[35] 한

(H. G. Underwood, "An Object Lesson of Self-Support", *CRMJ*(August 1900), pp.390-391.

34) Ross, CDK, p.241, 이만열 HKC(1), p.143.

35) 1892년 11월 3일, Reynolds와 Davis를 포함하여 남장로교의 7명의 선교사가 한국에 도착했다. 이것은 언더우드가 inter-Seminary Alliance for Foreign Missions에 호소한 결과이었다. (G. T. Brown, *Mission to Korea*, p.22, L. H. Underwood, *Underwood of Korea*, p.110.

국에 거주하는 34명의 장로교 선교사들 중에 27명이 참석했다. 그들은 각 선교기지의 결과들과 경험들을 나누었고 마지막 날에 한국에서의 개신교 선교의 원리들로써 다음과 같은 중요한 정책들을 확정했다.[36]

1. *상류 계급보다는* 근로 *계급*의 회심을 목표로 하는 것이 더 낫다.
2. 어머니들이 미래 세대에 대하여 아주 중요한 영향력을 행사하므로 *여인들의 회심과 기독교 소녀들의 훈련은 특별한 목표*가 되어야 한다.
3. *지방 도시들에 초등학교를 운영함으로써 기독교 교육*에 있어서 많은 것을 성취할 수 있다. 따라서 우리는 남자 학교의 젊은이들을 훈련시켜 이들을 교사로서 파송할 것을 목표로 해야 한다.
4. *교육받은 토착 목회자들에 대한 기대도 동일하게 중요함*으로 계속 주시해야 한다.
5. 하나님의 말씀이 사람들을 회심하게 하므로 가능한 한 빨리 사람들에게 *분명한 성경의 번역본을 제공하기 위한 모든 노력을 경주*하는 것이 가장 중요하다.
6. 모든 문서 사역에서 중국어체가 없는 순수한 한국어를 사용하는 것이 우리의 목표가 되어야 한다.
7. 공격적 교회는 *자급하는 교회*가 되지 않으면 안 됨으로 우리는 회중 가운데 재정적 의존자들의 비율을 축소하고 *자급* 비율과 헌금하는 개인들을 증가시키는 것을 목표로 하지 않으면 안 된다.
8. 한국인 일반 대중은 자신들의 동료들에 의해 그리스도에게로 인도되지 않으면 안 됨으로 우리는 대중에게 설교하기보다는 *소수의 신자들을 전도자들로 철저히 훈련*시켜야 할 것이다.
9. 우리 의사들의 서비스는 환자들의 마음에 가르침과 모범이 깊이 들어갈 수 있는 기회를 줄 수 있도록 병원이나 환자의 집에서 장기간

---

36) 1893년의 연차대회에서 장로교 선교사들은 일반 정책을 형성하기 전에, 자신들의 이전 사역을 철저히 분석하면서 한국에서의 자신들의 경험을 반추해 보았다. (See, C. C. Vinton, "Presbyterian Mission Work in Korea", *MRW* No.16(September 1893), pp.665-669.

의 치료를 받도록 하는 것이 최선의 결과를 가져올 수 있다. 진료소 사역은 상대적으로 유익이 적다.

10. 한 동안의 치료를 받은 시골에서 온 환자들은 그들의 마을을 방문하여 계속 돌보아야 하는데 이는 이들이 경험한 친절한 진료가 전도자들을 위한 문을 넓게 열어줄 가능성이 있기 때문이다.[37]

우리는 상기 선교정책이 네비우스의 선교방법-그리고 로스의 선교방법과도 아주 흡사하다는 것을 분명히 볼 수 있다. 이 정책은 교육을 통한 토착 사역자들을 훈련하는 중요성에 대한 강조(항목 2, 3, 4)뿐만 아니라 성경번역의 중요성(항목 5)을 강조한다. 더욱이, 로스와 같이, 토착 신자들을 전도자로 무장하는 것의 중요성을 인식했다(항목 8). 네비우스의 영향은 항목 3, 4, 5, 7에서 볼 수 있다. 이것은 초기 장로교 선교사들이 자신들의 선교사역의 기본 지도 원리로서 삼자 원리를 수용한 것을 보여준다. 그러므로 "향후 50년 동안 네비우스 방법들은 장로교 선교 사역이 수행될 지도 원리들이 되었다."[38]

4. 네비우스 선교방법의 토착화

네비우스 선교방법을 채택하는 데 있어 재한 선교사들은 한국의 선교지의 특수 조건들을 감안하기 위하여 원래의 방법에 대한 변경을 하는 것을 주저하지 않았다. 모펫은 이러한 토착화를 "한국의 선교부는 엄청

---

37) C. C. Vinton, op.cit., p.671. Italics emphases added.
38) Thompson G. Brown, "Why has Christianity grown faster in Korea than in China?" *Missiology: An International Review 22*, (January 1994), pp.77-88.

난 유익을 얻었다. 비록 이 아이디어들의 발전 과정에서 상이한 환경들을 충족하기 위하여 그 방법들을 채택하는 데 있어 현지의 조건들과 우리의 경험들로 인해 큰 변경을 하게 되었지만."[39]이라고 언급했다.

새로 채택된 정책(일반선교정책)을 검토함에 있어서 변경된 것을 발견하는 것은 어렵지 않다. 이현모 교수[40]는 자신의 논문에서 그 정책의 항목 8을 인용하면서 이는 네비우스 선교방법의 항목 2에 대한 수정판이라고 진술한다. 더하여 이 교수는 항목 6은 한국의 선교지에 대한 자신들의 이해로부터 선교사들이 독창적으로 추가한 것이라고 지적한다. 이것은 선교정책을 "한자를 읽을 수 없는 많은 교육받지 못한 사람들이 있는 한국의 상황에 상황화하려는 그들의 노력이었다." 이 관찰로부터 이 교수는 1893년의 일반선교정책은 "네비우스 방법을 한국적 상황에 상황화한 산물"(the product of the contextualisation of the Nevius Method to the Korean context)이었다고 결론을 내렸다.[41]

나아가, 모펫은 로스가 목단에 있었던 1891년에 그는 그 방법의 토착화 측면을 중국식 교회 건물, 중국인 지도자에 의해 거행된 예배, 선교사의 중국식 생활양식 속에서 발견할 수 있었다고 언급했다.[42] 이로부터 우리는, 비록 모펫 자신은 일반선교정책의 형성에 참여하지 않았지만 그

39) S. A. Moffet, "Evangelistic Work", 1909, p.18.
40) See, Lee Hyun-mo, *A Missiological Appraisal of the Korean Cjurch in Light of Theological Contextualization*(1992), pp.85-86.
41) Ibid., p.86.
42) S. A. Moffet, "Fifty Years of Missionary Life in Korea", *The Fiftieth Anniversary Celebration of the Korean Mission of the Presbyterian Church in the U.S.A.*, pp.38-39: See, the article by Moffet on his 4-day visit to Moukden in 1891. (S. A. Moffet, "Evangelistic Tour in North Korea" *CHA*, (Oct., 1891) p.330.)

형성에 간접적인 영향을 끼쳤으며, 모펫이 목도한 만주교회의 양상들이 한국에서도 감안되었다고 결론을 내릴 수 있다.

요약하면, 일반선교정책은 적절히 수정되어 네비우스 선교방법보다 더 실용적이 되었다. 재한 외국인 선교사들에 의한 이러한 토착화는 토착 전도자들, 즉 로스에 의해 파송된 권서인들의 활동이 이미 있었기에 단지 가능하였다고 논할 수 있다. 언더우드도 네비우스의 선교방법과 관련하여 같은 견해를 표현했다.

> 현재 우리 선교부가 준수하는 시스템은 네비우스 시스템으로 원래 알려진 것과 정확히 같은 것은 아니고, 사역의 필요들로부터 자라났으며, 사역과 함께 발전되었고 대체로 네비우스의 시스템보다 더욱 철저하다.[43]

'사역의 필요들로부터 자라난' 또 하나의 변경은 전도의 대상 계급이 중/상류에서 하류 계급으로 변경된 것이다(항목 1과 2). 이것은 큰 변경으로서 많은 측면에서 혁명적인바, 이 항목들은 네비우스 선교방법들에도 1891년의 규정에도 발견되지 않기에 더욱 그렇다.[44] 비록 한글 번역 성경이 '하층민들에게 우호적'이긴 하였어도 로스조차도 자신의 권서인들을 파송할 때는 중/상류 계급을 대상으로 했던 것이다.

1) 전도의 대상 계급(The Target Classes)

일반선교정책은 선교사들에게 전도를 위해 '상류 계급보다는 근로 계급'의 사람들을 대상으로 하도록 지시하는 것으로 시작한다. 여기서 말

---

43) H. G. Underwood, "Principles of Self-Support in Korea", *KMF*, (June 1908), p.91.
44) 네비우스는 모든 계층을 전도대상으로 추천했다. (See, Nevius, *PDMC*, p.82.)

하는 '근로 계급'으로 구성된 대다수의 한국인은 농부와 상인과 공인들을 포함한다. 이 사람들에 더하여 이 정책은 "여인들의 회심과 기독교 소녀들의 훈련은 특별한 목표가 되어야 한다."(항목 2)는 것을 잊지 않았다. (한국의 문화를 고려할 때) 더욱 혁명적인 것은 '기독교 소녀들의 훈련'을 언급한 것이었다.[45] 회심한 여인들의 1차적 목표는 자연히 그 남편과 자녀들의 회심이었다. 이리하여 이 정책은 가족 단위 속에서의 관계 전도를 용이하게 했다.[46] 한국의 유교 사회에서 일부 보다 보수적인 사람들은 그러한 입장으로 실족했을 수도 있다. 그렇다면 왜 선교사들은 그렇게 논쟁적 주제를 선택했는가? 그 대답은 다양한 그룹의 사람들과의 경험들에 있다. 선교사들은 사람들과의 접촉을 통해서 두 그룹의 사람들, 즉 근로 계급과 여인들이 복음에 적극적으로 반응하는 것을 발견했다. 사회적 지위와 교육의 기회를 박탈당한 이 사람들은 변화에 대해 보다 더 잘 준비되었기 때문이라고 주장될 수 있다. 우리는 이 사람들을 전도 대상으로 삼기로 한 선교사들의 결정은 현명하고 지각 있는 것이었다고 주장할 수 있다. 이러한 수정도 삼자 원리와 완전히 일치하는 것이다.[47] 더욱이 재한 선교사들이 했던 것은 로스의 방법을 채택한 것이라고 우리는 주장할 수 있는데, 이는 네비우스는 전도의 대상 계급으로서 근로 계급과 여인을 명시적으로 삼은 적이 한 번도 없었기 때문이다. 우리는 로스가 성경을 한문이 아닌 한글로 번역함으로써 간접적으

---

45) 그 당시의 한국사회에서는 유교의 사고방식에 따라, 여인들에 대한 교육은 낯선 개념이었다.

46) Lee Hyun-mo, op.cit., p.88.

47) 루푸스 앤더슨은 이상적인 토착교회는 "hopeful converts만으로 구성되어야 하며, 가능한 한 빨리, **일반적으로 소규모의 가난하고 무지한 사람들**에 대한 감독을 즐거운 마음으로 할 수 있도록 훈련되고 그들과 친숙하고 자비로운 마음으로 뒤섞일 수 있는 토착인 목회자를 가져야 한다."라고 말했다. Rufus Anderson, *Foreign Missions: Their Relations and Claims*, pp.98-99., emphases added.

로 하층 계급과 여인들을 대상으로 삼았던 것을 상기한다. 그러므로 선교사들은 로스의 협력자들의 사역을 통해서 이미 시작되었던 것을 문서에 단지 표현한 것이었다.

선교사들에 의한 이러한 대담한 결정의 장·단점들은 무엇들인가?[48] 아래 표에서 보듯이 이 계급들을 대상으로 함으로써 한국에 엄청난 교회 성장이 촉발되었다.

표 4. 한국 전체 장로교회 통계[49]

연 도	비조직 교회[50]	세례받은 성인	성찬 참여자
1890	3	3	100
1892	5	17	127
1894	7	76	236
1896	13	210	530
1898	205	1153	2099
1900	287	1086	3710

사람들 사이에 교회가 인기가 있은 결과로 한국에서 교회는 시민의 권리와 연결되었다. 이것은 새로운 현상으로서 개선을 위한 변화를 의미했다. 그 결과, 한국의 교회는 여인과 근로 계급의 시민의식을 고양하는 데 기여했다.[51] 근대 시민운동과 민주주의의 개념이 모두 이 시기에 한

---

48) 민경배, 전게서 195쪽. 선교의 초기 단계에 있어서 전도의 대상 계급을 올바로 선정하는 것의 중요성은 일본에서의 선교에 의해 잘 예증된다. 선교사들이 엘리트 계급을 대상으로 하기로 한 결정은 그 후 회심자들의 증가세에 크게 악영향을 미쳤으며 오늘날 일본의 신자의 비율은 1% 미만이다. (See, 김재춘, "The Present Situation and Future Prospect of the Korean Church", *Korea Struggles for Christ*, 1966, p.33)
49) Charles A. Clark, op.cit., p.267.
50) 미조직교회는 장로가 선출되지 않은 기독교 공동체를 말한다.
51) 민경배, 전게서, 195−196쪽, See, M. Warren, *Social History and Christian Missions* (1967).

국에서 시작된 것은 놀랄 일이 아니다.52)

이러한 '근로계급' 전도가 지나는 한계점이 있었던 것도 어느 정도 불가피했다. 한국에서 생성된 기독교 공동체가 주로 근로자들과 여인들로 구성됨으로 한국교회는 교육받지 못한 사람들의 천국이라는 지적을 받게 되었다.53) 그 결과, 재능이 있는 신자들은 가족들의 압력으로 인해 교회 지도자가 되지 아니하여 한동안은 한국교회에는 지도자가 부족하였다.54) 그러나 이러한 한계점은 그 당시의 한국교회의 놀라운 성장의 그늘에 가리었다.

그 당시 네비우스의 방법은 '많은 선교부 총재들에 의하여 인가되었으며'55) 그의 저서는 수십 년 동안 많은 신학교에서 선교학 교재로 사용되었다. 그 결과, 네비우스 방법은 그 시기에 다양한 학자들의 주목을 끌었다. 게다가 놀라운 열매들이 한국에서 목도됨에 따라, 네비우스의 방법은 북장로교 선교부에 의해 서부 인도에 1896년에 공식적으로 채택되었다.56)

---

52) R. E. Speer, *Christianity and the Nations*, p.119f.
53) Lee Hyun-mo, op.cit., p.88. 이 교수는 초기 한국교회의 이 약점에 대하여 "일부 기독교인들은 쉽게 강신술(spiritualism)과 기복신앙으로 오도되었는데, 이것은 일부교회들을 분열시키게 만드는 문제이었다."라고 부연하였다.
54) 그 당시 한국교회의 지도자 부족을 야기했던 또 다른 요인이 있었던바, 이에 대해서는 후반에서 다룰 것이다.
55) 1889년 3월 1일자 제3판 서문에서 네비우스는, "초판 인쇄 후 상당 기간 동안, 네비우스의 방법은 다른 선교지들에서도 시험한 결과-특별히 한국에서 가장 많은 열매를 맺어-성공적임이 판명되었으며, 많은 선교부 총재들에 의해 높이 평가(인가)되었다."라고 적었다. Nevius, *PDMC*, p.3.
56) *Report of Fifth Conference of Officers and Representatives of the Foreign Mission Boards and Societies in the United States and Canada*, pp.37-38. Quoted from Ok Sung-duk, op.cit., p.141.

Ⅲ. 3자 원리의 추가 토착화

지금까지 한국에서의 네비우스 선교방법은 삼자 원리가 그 핵심이나, 한국문화에 더 잘 적용하기 위해 상당히 변경된 것이라는 것을 보았다. 사실 삼자 원리는 한국 땅에 시행되기 전에 이미 토착화가 시작되었다. 또한 미국 선교사들은 그 방법에 대한 추가 변경들을 시행하지 않고는 만족할 수 없었다. 특별히 언더우드가 그랬는데, 1890년 네비우스가 한국을 방문한 이후, 그는 네비우스 방법을 한국교회에 채택하는 데 있어서 핵심 인물이었다. 1900년에[57) 언더우드는 초기 한국교회의 자급능력에 관련된 역사에 관한 논문을 The Chinese Recorder에 제출하였다.[58) 그 논문에서 언더우드는 초기 한국교회의 변경된 방법은 원래의 네비우스 선교방법보다 더 큰 '자급'에 강조를 두었다고 주장했다.[59)

(1) 유아적 토착교회에 완전한 조직 교회를 강요하지 않는다.
(2) 예배당 건축은 토착인들의 능력에 따라 계획하고 건축 양식도 일반적으로 사용되는 것으로 한다.
(3) 이방인들에게 복음을 전파하는 책임을 모든 기독교인들에게 부여한

---

57) 한국에서 채택된 삼자 원리의 발전에 대한 조사를 할 수 있기 위하여 논문의 한계를 1874-1893년으로 정하고자 한다. 이렇게 함으로써 한국교회 역사의 과정에 미친 로스의 선교방법의 영향력을 목도할 수도 있을 것이다.
58) H. G. Underwood, "An Object Lesson in Self-Support", *The Chinese Recorder*(August 1900), pp.384-392 & September 1900, pp.446-450. 언더우드는 이 논문을 (구조를 고쳐서) 1900년 4월 21일-5일간 뉴욕에서 개최된 에큐메니칼 선교사대회에도 제출하였다. 언더우드는 다시 이 논문을 Missionary Review of the World에 1900년에 제출했다. (See, *MRW* (June 1900), pp.443-449.)
59) H. G. Underwood, "An Object Lesson in Self-Support", p.386.

다. 우리의 목표는 모든 교인이 활동적인 사역자가 되는 것이다.

(4) 회중들이 보증을 하는 곳에는 어디나 교회가 지원하는 교회 학교를 운영하며, 경우에 따라 담당 선교사나 관리인, 집사, 장로의 감독하에 두는 것이 선교정책이다.

(5) 선교부의 목적은 큰 도시에 고등학교나 대학교를 설치하는 것이다.

(6) 하계 및 동계 훈련과 성경 학급을 이용하여 교회 지도자들을 개발한다.

(7) 토착인들에게 서적과 출판 비용을 지불하도록 촉구한다.

(8) 토착인들에게 모든 의료 비용을 지불하게 한다.[60]

상기로부터 우리는 1900년의 한국교회의 선교방법이 여러 면에서 1893년의 그것과는 상당히 다른 것이라고 주장할 수 있다.[61] 다음 절에서 우리는 그 차이들을 상세히 조사할 것이다.

1. 자급교회

우리는 한국장로교회가 초창기로부터 주로 로스의 권서인들과 전도자들의 영향 때문에 자급을 많이 강조한 것을 상기한다. 더욱이 네비우스 선교방법을 채택함에 있어 재한 미국 선교사들이 원래의 자급 요소에 보다 더 무게를 두기로 선택했다. 언더우드는 설립 후 15년이 된 한국 교회가 자급의 원리 위에 기초하고 있음을 묘사한다.

---

60) Underwood, op.cit, pp.447-449. 상기는 요약이다.
61) 이 수정된 방법이 단지 북장로교 선교부만 채택한 것인지 또는 사실상 모든 장로교 선교부가 채택한 것인지는 확실치 않다.

한국에서 사역한 지 15년 후에 이 시스템을 좇은 장로교회들은 **188개 교회 중 186 교회가 자급하는 것으로**, 세례교인은 삼천 명이 넘으며, 거의 전적으로 자급하며 자신들의 사역을 수행하는 것으로 보고할 수 있었다.[62]

먼저, 주목할 것은 1900년에 '자급하는 토착교회'[63]로 보고된 숫자가 부정확할 가능성이 있다는 것이다. 실은 그 숫자를 '288 교회들 중 286 교회'로 고쳐 읽어야 하리라 본다.[64] 그러나 분명한 것은 제4장에서 발견한 대로, 한국교회는 설립 시로부터 항상 자급교회였다는 것이다. 이 자랑스러운 전통은 계속 살아 1900년에는 신생교회들이 시작부터 자립하는 것이 원칙이 되었다는 것이다. 이것은 특별히 로스의 협력자들의 영향이 가장 컸던 의주와 소래 같은 서북 지방교회에서 그러했다.[65] Shearer 는 한반도 서부와 북부의 교회들의 자급적 성격에 대해 다음과 같이 논평한다.

북부 선교기지 관할의 교회의 성장은 선교사들이 정착하고 어떤 시설들이 설립되기 전에 이루어진 것이다. …예를 들면 '자급'은 크게 성장하는 교회에서는 보다 쉽게 달성될 수 있었다. 그것은 더 쉽고, 실은 따를 수 있는 유일한 타당성 있는 방법이다. 자급은 신생교회로 하여금 가능한 곳

---

62) H. G. Underwood, "A Object Lesson in Self-Support", *MRW*(June 1900), p.449. Italic emphases added.

63) 조직된 장로교회는 적어도 1명의 장로가 선출된 교회를 말한다(이들은 '교회'로 지칭되었다). 집사나 조력자들만 있는 기독교 공동체는 미조직된 교회로서 'chapel'로 지칭되었다. 그리고 공식적인 지도자가 없는 회중으로만 구성되어 있는 공동체는 'group'이라고 지칭되었다.

64) 한국장로교 통계에 따르면, 1899년 5월 기준으로 미조직된 교회(group)의 숫자는 261개이고, 조직된 교회는 2개이었다. (See, R. A. Rodes, ed. *History of the Korea Mission, Presbyterian Church, U.S.A.,* vol.1, 1884-1934, p.546. 이 착오는 언더우드 자신 또는 인쇄 과정에서 발생한 것 같다.)

65) Shearer, *Wildfire*, pp.121-122.

에서는 어디나 자신의 조직을 지원하도록 격려하는 것으로 정의될 수 있
다(Self-support can be defined as the encouragement of a young
Church to support its own organization wherever possible).[66]

그렇게 크게 성장한 교회들로서는 자급 원리를 채택하는 것은 당연했
다는 것이 명백하다.

1) 토착화된 교회 건물들

자급 원리를 채택한 한국장로교회들은 교회 건물을 토착화했다.[67] 이
교회 건물들은 무에서 또는 개조한 기존 건물로부터 건축되었다.[68] 이
관행은 토착 신자들이 자신들의 건축 능력 내에서 교회 건물을 선택해
야 한다는 삼자 원리의 정신과 일치했다.[69] 이 관행은 예배당 건물에
국한되지 않았다. 평양에서는 병원, 학교, 선교사의 주거 건물들도 모두
한국식으로 건축되었다. 장로교회만이 토착문화와 융합을 시도했다는 사
실로부터 판단하건대, 우리는 그것이 토착민들에 의해 잘 수용되었다고
추론할 수 있다.[70]

---

66) Roy Shearer, op.cit., p.122.
67) 한국에서의 최초의 교회라고 널리 믿어지는 소래교회는 총신대학원 양지 캠
   퍼스 관내에 재건축되었다.
68) 반면에 로마천주교는 서울의 한 가운데에 다른 건물들보다 우뚝 선 고딕양
   식으로 대규모의 성당을 건축했다. 마찬가지로 성공회나 감리교회의 예배당
   들도 장로교 예배당들과는 양식이나 디자인에서 달랐다. 장로교 선교부는
   건축비의 일부만 지원했지만, 다른 선교부들은 서양식으로 건축되는 교회
   건물들을 위한 비용을 모두 제공했다. 아이러니한 것은 성공회가 건축한 한
   한국식 교회 건물은—오늘날도 예배를 드리고 있다—선교부 측의 선교정
   책의 결과가 아니라, 오히려 그 당시 선교사들이 한국인 목수들만 구할 수
   있었기 때문이라는 것이다. (See, *The Morning Calm*, Feb., 1900, p.15.)
69) H. G. Underwood, *Call of Korea*, p.110.
70) J. Hunter Wells, "Northern Korea", *The Assembly Herald*(November
   1902), pp.442-443.

2. 자전교회

로스와 네비우스는 모두 "모든 신자는 활동적인 사역자가 되어야 한다."라는 모토를 고수했다는 것은 두말할 필요가 없다. 특별히 네비우스는 "각 사람이 부르심을 받은 그 부르심 그대로 지내라"(고전 7:20)라는 성경의 가르침을 종종 인용하면서 모든 교인은 증인이 되도록 가르침을 받아야 한다고 주장했다. 이리하여 모든 신자가 전도자가 되어야 하기 때문에 네비우스는 유급 토착 전도인을 임명하는 것에 반대했다. 한편, 우리는 제4장에서 로스는 자급보다는 자전에 더 큰 강조점을 둔 것을 보았다. 로스는 종종 토착 전도자들을 무장하고 임명하는 것이 "복음을 중국 전역에 전파할 수 있는 유일한 실제적인 길이며 비교할 바 없는 가장 신속한 길"이라고 주장했다.71) 로스는 선교지에 또 다른 외국인 선교사를 파송하는 것보다 많은 토착 전도자들을 임명하는 것이 더 경제적이라고 주장했다.72)

자전 정신은 전형적인 토착적 패션으로 시행되게 되었다. 세례 신청자는 적어도 한 명의 전도의 열매가 없으면 거부되거나 연기되었다.73)

우리는 다른 사람들을 그리스도에게로 인도하려고 시도한 적이 한 번도 없다고 우리에게 말하는 사람은 남자나 여자나 교인으로 받아들이기를 거부한다. 그 결과, 수많은 교회들로부터 가장 지성적인 기독교인들이 (복음

---

71) Ross, *MMM*, p.43.
72) Ross, *MMM*, p.104. 로스는 "한 명의 외국인 선교사에게 드는 비용은 아마도 30명의 토착인 전도자에게 드는 비용이 될 것이다."라고 말했다.
73) 그 당시는 교회 성장이 왕성하여 회중 수가 매년 배증되었다. C. C. Vinton, "Korea, the Strategic Mission", *The Assembly Herald*(November 1900), p.872.

을 전하기 위해) 다른 장소로 파송될 것이다. 어떤 경우에는 그 비용을 토착인들이 지불하고 어떤 경우에는 스스로 지불한다.[74]

그러나 이 특별한 정책은 단기간의 것이었던 것처럼 보인다. 그것은 교회가 급속하게 성장하는 동안만 작용할 수 있는 것이었다. 그럼에도 불구하고 상기 진술로부터 주목해야 할 것은 한국은 이미 자전과 자급에 대해 동등한 강조를 두는 단계에 있었다는 것이다. 실제로, 자급의 요소는 출판, 의료, 교육을 포함하여 기독교 공동체의 모든 요소에 스며들어 있었다.[75]

더하여 한국장로교회는 교회 안팎에서 자전을 장려했다. 첫째로, 교회 외부에서는 항목 5 – "큰 도시에 고등학교와 대학교를 설립한다."에 따라 교회가 지원하는 교육 사역은 신자와 불신자 모두에게 교육을 제공함으로써 지역교회의 홍보에 기여했다.[76] 선교사들은 한국인들이 유달리 강한 교육열을 갖고 있다는 것을 잘 이해했다.[77] 한편, 광범위한 성경연구반이 교회 안에서 운영되었다. 선교사들은 초기에 전국에 걸쳐, 특별히 겨울의 농한기를 이용하여 성경연구반을 인도했다. 성경연구반은 발전 단계 동안 교회 지도자들의 훈련에 기여했지만 주된 목표는 신자들에게 전도의 중요성을 확인시켜 그들로 나가서 복음을 전파하도록 고무하는 것이었다.

---

74) H. G. Underwood, "An Object Lesson in Self-Support", pp.447-449.
75) 선교사들은 성경을 무료로 배포하는 것을 금지하고 최저가격을 성경 출판 비용의 1/3로 제한하였다. (C. A. Clark, op.cit., p.81.)
76) 그 당시의 사회는 이미 기독교 영향력에 상당히 개방적이었지만, 기독교 학교의 설립은 사람들에게 전도할 기회를 얻는 데 더욱 도움이 되었다.
77) H. G. Underwood, "An Object Lesson in Self-Support", p.448. 이리하여 선교사들은 한국인들로부터 어디에나 학교를 개설해 달라는 요청을 받고 선교센터가 있는 대도시들의 좋은 위치를 선정하기만 하면 되었다.

1) 성경공부반(사경회) 및 '성경 여인들'(the Bible Woman)

선교사들이 공식적으로 한국 땅에 도착하기 전에 한국인들은 자신들의 언어로 된 성경을 가질 수 있었던 것은 엄청난 축복이었다. 더욱이 장로교 선교부가 1893년 하층 계급과 여인들을 전도 대상으로 삼기로 결정함으로써, 기독교는 한국 사회 깊숙이 침투할 수 있었다. 이 상황에서 선교사들은 교인들에게 사경회를 제공함으로써 성경을 연구하도록 장려했다.[78] 비록 처음에는 선교사들이 이 사경회에 교회 지도자들을 훈련하기 위해 선택된 후보자들이 참석하게 할 의도였으나, 일반 교인의 요구에 부응하여 모든 교인들에게 개방해야만 했다. 이것은 모든 신자가 성경을 광범위하게 공부하게 하는 것으로 초기 한국교회가 하나님의 말씀에 기초한 강한 공동체로 성장하는 것을 도왔다. 사람들은 성경에 대하여 더 배우기 위해서뿐만 아니라 다른 교인들과의 교제를 갖기 위해서도 성경공부반에 왔다.[79]

가장 흥미로운 방안들(schemes) 중의 하나는 'Bible Woman'이었는데 논란의 소지는 있으나 가장 효과적으로 상황화된 전도방식이었다. 전통적으로 박해받고 저평가 된 한국의 여인들은—많은 이들이 생애 최초로—여인들을 위한 성경공부반을 통하여 어떤 종류로든 공부를 할 수 있었다. 이 '성경 여인들'은 교회에서 통합적 역할(an integral role)을 수행

---

78) 네비우스 방법에 따라, 성경공부반 운영을 위한 경비를 1900년까지는 선교부가 부담했다. 그러나 1901년부터 성경공부반이 모두에게 개방됨에 따라, 그 비용은 자발적 기부자들에 의하여 충당되었다. (See, Concerning Mission Work in Pyeongyang, Korea", CRMJ(April 1900), p.214.

79) 주간 성경공부반은 오전 9시부터 오후 4시까지 운영되었는데, 프로그램에는 성경읽기, 암송, 찬양, 기도, 성경공부 및 기독교 교리 공부가 포함되었다. (See Mattie S. Tate, "Chunju Women Studying", The Korea Field (May 1902), p.41.)

했는데, 그들 중 많은 이들이 권서인, 전도자, 교사 및 지도자로서뿐만 아니라 여자 선교사들의 조력자로서 봉사했다.[80] 그들은 가족복음화에 절대적이었던데다 그 당시 한국 사회에 깊이 뿌리를 박았던 무당의 영향력을 패배시키는 데에도 특별히 유용했다.[81]

2) 새벽기도회

상기한 성경공부반과 '성경 여인'은 한국에서의 선교방법을 로스나 네비우스의 방법과는 아주 다른 것으로 만든 두 가지 요소였다. 이것은 특별히 성경공부반의 경우에 그러했는데, 이는 로스와 네비우스는 성경공부반에 참석하는 사람들을 조력자들에 한정한 반면에, 한국장로교회는 성경공부반의 참석 범위를 가능한 한 포괄적인 것으로 만들었기 때문이다. 이 성경공부반은 시작되면 1년 내내 개최되는 것으로 거기 참석한 신자들 가운데는—거의 자연스럽게, 찬양하고 기도하고 성경연구를 하기 위해 새벽에 일찍 일어나는 습관을 형성한 사람들이 있었다. 1898년[82]에 소그룹으로 시작되었던 것이 1907년에는 전국적인 운동이 되었으며 오늘날에도 수많은 한국의 교인들은 새벽기도회에 참석한다.

성경공부반(또는 사경회)은 겨울에 대도시들에서 개최되었는데, 성경을 더 알기에 갈급한 수많은 교인들이 자발적으로 이 곳으로 여행하였다. 이 교인들은 이른바 '쌀 기독교인'(Rice Christian)[83]과는 정반대의 교

---

80) Harry R. Rodes, *History of the Korean Mission*: …, pp.217－210.
81) "Bible Women", *The Korea Review*, vol.6(No.4, April 1906), p.142. 민경배 전게서 198쪽에서 인용.
82) 이 사건들에 대한 기사들은 선교사들의 일기에서 발견된다. (C. F. Bernheisel, "Classes in Hwang Hai Province", *The Korea Field* (November 1901), p.2, Mattie S. Tate, op.cit., p.168.)
83) 교회에 사람들이 오는 것은 단지 목숨과 재산의 보호를 위해서라고 주장했기

인들이었다. 한국교회는 초창기부터 자치와 자전 원칙에 깊이 관련되어 있어서 신자들은 가서 전도하기 위하여 기독교 교리와 성경을 배우는 데 열심이었다. 이것이 가능했던 것은 '조력자'가 되기를 희망한 자들이 자신들을 위하여 특별히 준비된 성경공부반에 자비를 들여서 참석했기 때문이었다.[84] 이렇게 시작은 초라했지만 이로부터 교회 지도자들을 훈련하기 위한 성경학교들과 신학훈련원들이 생겨났던 것은 두말할 필요가 없다.[85] 상기 상황은 그 당시 외국의 선교지들 중에는 독특했던 것으로서 그 결과 한국에는 성경 중심의 교회가 설립되었던 것이다.

3) 성경 중심 교회

상기 이유로 인해, 성경 중심성이 한국교회의 초기단계로부터 선교방법의 기저에 형성되게 되었다. 성경에 우선순위를 부여하는 전통이 초기 회심자들에 의해 일반화되었다. 회심한 자는 곧 그의 친구 및 친척들과 성경공부 그룹을 형성했으며, 이 그룹이 회중(교회)으로 커지면 그것은 성경 학급(a Bible class)이 되었다. 이러한 방식의 자전은 한국교회가 기하급수적인 성장을 경험하는 것을 가능하게 했다.[86] 이리하여 상기한

때문에 기독교를 비판하는 사람들이 있었다. (G. Paik, op.cit., pp.155−156, C. E. Sharp, "Motives for Seeking Christ", *KMF* vol.2(August 1906), pp.182−183.)

84) "Bible Study in Korea", *The Church at Home and Abroad,* (September 1898), p.200. 1899년에 조력자들을 위해서 디자인되었고 16일간 운영된 성경공부반에 약 150명이 출석했다. 150명 가운데 80명은 자비부담을 했다. (See, *The Annual Report of the Board of Foreign Mission of the Presbyterian Church in USA*, 1899, p.169.)

85) Harry A. Rodes, "The Chief Interest of Church in America and in the Church in Chosen", *KMF* vol.13(September 1917), p.235.

86) 한국에서 '교회(敎會)'는 가르치고 배우는 사람들의 모임을 뜻한다. 이것은 초기 한국교회의 특징을 잘 반영했다. 흥미 있는 것은, 그러한 단어가 처음 만들어지기 전에는 '교회'는 '교제의 장소'(a place of fellowship, 즉 '交

새벽기도운동과 함께 초기 교회의 성경 학급은 1907년 평양 대부흥의 가장 중요한 요소가 되었다.[87] 한국의 기독교인들은 성경을 읽고 연구하는 데 헌신하는 특징을 가졌다고 말하는 것은 과장이 아니다.[88]

이리하여 한국의 개척 기독교인들은 한국개신교회의 성경적 토대를 놓았다. 한국 신자들이 성경공부에 대한 열정에 대하여 존 로스의 한글성경 번역을 높이 평가하면서 Martha Huntley는 아래와 같이 언급했다.

> 그러나 한국인이 성경번역에 그렇게 전심으로 참여하며, 시작으로부터 토착화된 성경을 가졌던 것은 한국 신자들의 성경에 대한 관계에 있어 다가올 위대한 것들의 약속이었다.[89]

會')를 의미했는데, 지금은 전자와 같은 의미로 사용되고 있다.

87) 1907년은 평양에서 시작된 대부흥이 있던 해이다. 1904년의 웨일즈 부흥, 1904-1906년의 인도 Khassi 부흥과 함께, 20세기 초의 가장 의미 있는 부흥들 중의 하나로 간주되고 있다. 오웬은 한국교회가 성경중심교회의 특징을 가지게 된 것은 1907년 평양부흥 때문이라고 한다. 비록 교회에서의 체계적인 성경공부가 부흥운동의 성공의 관건적 요소이기는 하지만, 한국교회에서는 이러한 요소가 초기부터 있었다. (Donald D. Owen, *Revival Fires in Korea*, pp.34-36.) 평양부흥은 역사적으로는 웨일즈 부흥과 인도 카씨 부흥과 연관이 있다. 한국에서의 선교사이었던 Howard A. Johnson은 웨일즈와 인도에서의 대부흥 소식을 듣고 그 장소들을 방문하기로 결정했다. 한국으로 돌아온 후, 그는 서울에서 다른 선교사들과 집회를 갖고 한국에서의 부흥을 위해 기도하라고 도전했다. 웨일즈 대부흥과 마찬가지로 평양대부흥도 일단의 헌신된 신자들의 열정적인 기도가 먼저 있었다. (이용훈, *한국교회사*, 117-118쪽.)

88) 민경배 교수는 1907년 평양대부흥의 요인들로 선교사들의 지도하에서의 한국인들의 열정적인 기도와 하나님에 대한 그들의 영적 배고픔을 꼽았다. (민경배, 전게서 250-252쪽.)

89) Martha Huntley, *Caring Growing Changing: A History of Protestant Mission in Korea*, p.15.

3. 자치교회

자급 자전하며 성경 중심적인 한국교회는 놀라운 성장을 경험했다. 그렇다면 삼자 원리의 세 번째 원리에 관해서는 어떠한가? 초기 한국장로교회 내에서 자치를 시행하는 데 있어서의 선교사들의 역할에 대해서는 많은 논란이 있어 왔다. 지금까지 우리는 한국에 있던 초기 선교사들은 스스로 직접 전도를 하기보다는 한국인 신자들을 위한 성경공부와 같은 교육 프로그램을 개발하는 데 대부분 관여하고 있었다. 교회는 이러한 체제하에서 기하급수적으로 계속 성장했으나, 이러한 하층 중심의 공동체 구조는 곧 지도자의 부족을 초래한다는 것을 의미했다. 주목할 것은 선교사들이 이것을 부분적으로 의도했다는 것이다. 선교사들은 원리 항목 1 "유아적 토착교회에 대해 완전한 조직교회를 강요하지 않는다."에 따라 토착교회 지도자들을 임명하는 것에 신중하기를 원했다.[90] 그럼에도 불구하고 한국교회가 경험했던 지도자의 부족의 정도는 어떤 선교사도 예상하거나 바랐던 바가 아니었다.

우리는 여기서 왜 한국장로교회에 그러한 심각한 지도자 부족이 있었는가에 대한 두 가지 이유를 논한다. 첫째는 선교사들이 급속한 성장을 단지 예견하지 못했기 때문이다. 그들은 급속한 교회의 증가에 대처할 수가 없었다. 둘째는 특별히 1890년에 네비우스가 방문한 이후에 새로운 토착 지도자들을 선출하는 일에 신중하였다.[91]

---

90) 아마도 이런 원리 때문에 1900년까지 253개 회집모임 중에서 단지 두 교회가 설립되었다.

91) 1893년의 General Mission Policy에서는 토착교회 지도자들의 훈련에 관한 구체적인 언급이 없다. 그러나 언더우드가 위에 언급한 제6항에서는 "하계 및 동계 성경공부 반에서 교회지도자교육을 실시한다"고 하였다.

비록 일부 학자들이 선교사들이 토착교회 지도자들을 선출하는 것을 주저한 동기를 비판함에도 불구하고[92] 그 이유는 네비우스의 충고 때문이었던 것 같다.[93] 네비우스가 그렇게 재한 선교사들이 쉽사리 토착 지도자들을 선출하지 못하도록 한 것을 이해하기 위해서는 그의 선교지인 중국에서 토착 지도자들을 훈련에 대한 그의 과거의 시도들에 대해 연구할 필요가 있다. 1870년에 네비우스는 토착인들을 교회 지도자로 무장하려고 고안된 성경공부 프로그램을 시작했다. 그러나 그 프로그램은 어려움과 실패들로 점철되었다. 1870, 1884, 1889년에 걸친 세 번의 시도는 모두 빈약한 결과로 끝났다.[94] 그리하여 네비우스가 1890년에 한국을 방문하는 길에 그는 자신의 직접 경험을 통해서 토착교회 지도자들은 "성경에서 요구되는 자격요건들을 제재로 구비할 때까지는 임명되어서는 안 된다."는 것을 너무 잘 알고 있었다. 그리하여 그는 대다수의 회중이 후원을 할 때에만 자격을 구비한 후보자가 지도자로 선출되어야

---

92) 한편 일부 학자들은 선교사들이 의도적으로 한국교회 지도자들을 교육시키고 훈련시키지 않았다고 주장한다. 특히 1955년에 예일대학의 박사논문으로 제출한 천성천 박사는 이 같은 극단적인 자세를 취하였다. 그는 초대교회 당시의 토착지도자들은 선교사들의 '꼭두각시 후보자들(puppet candidates)'이라고 표현하였다. (Chun Sung-chun, *Schism and Unity in the Protestant Church of Korea* (Seoul: the Christian Literature Society of Korea, 1979) pp.79f.)

93) 네비우스에 대해서 다른 견해를 갖는 선교사들도 있었다. Reynolds는 교회 지도자들의 교육·훈련에 관해서는 일반 교인의 평균수준을 넘지 않아야 한다고 하였다. 더구나 미국으로 유학을 보내는 것을 금하여야 한다고 주장하기도. (W. D. Reynolds, "The Native Ministry" *The Korean Repository*, (May 1896) pp.200-201).

94) 처음에는 성경반의 참석률은 매우 저조하였다. 1870년에 8명, 1884년 7명, 1889년엔 14명. 마지막 코스에서는 단지 3명의 교회지도자가 훈련하였다. (John L. Nevius, "Historical Review of Missionary Methods", *Records of General Conference of the Protestant Missionaries of China* (Shanghai: American Presbyterian Mission Press, 1890) p.175)

한다는 원리를 옹호했다.[95] 분명한 것은 네비우스의 이 조언이 선교사들에 의하여 문자적으로 해석되었을 뿐만 아니라 한국교회에 엄격하게 적용됨으로 궁극적으로 지도자들의 부족을 초래했다.

이러한 상태에서, 초기 한국교회에는 비공식적 조력자들(informal or unofficial assistants)이 존재하는 특성이 있었다. 이들은 회중에 의하여 선출되지 않았던바, 그 대신에 선교사들에 의하여 임명되거나 어떤 경우에는 자연스럽게 회중으로부터 일어나 지도자가 되었다.[96]

교회의 숫자가 1898년에는 200개가 넘자, 선교사들은 공식적인 훈련학급(성경학교)을 설립하는 것이 아주 중요하다는 것을 깨달았다. 언더우드는 이 훈련기관의 부족이 "(한국교회의) 가장 심각한 문제로서 아직까지 해결되지 않고 있다."라고 진술했다.[97] 이리하여 선교사들은 적극적으로 성경학교를 설립하기 시작했다.

현재로서(1900년) 우리의 목표는 뽑힌 지도자들을 데리고 이 여름과 겨울의 훈련 및 성경공부반을 수단으로 하여 우리 사역에 그들을 우리에게 연합시킴으로써 그들에게 줄 수 있는 실제적인 훈련을 보강하는 것이며, 순회 전도 여행에 우리와 동행하게 하고 교회를 조직하는 일에 우리를 돕게 하며, 믿음이 굳건하며 성경을 알고 자신들 속에 있는 믿음에 대한 이유를 설명할 수 있는 일단의 철저하게 무장된 지도자들을 훈련하는 것이다.[98]

---

95) John Nevius, *PDMC*, pp.62-64. 네비우스는 유급 토착지도자에 대한 경계로 오히려 교회 내에서 자원봉사활동은 적극 격려하였다.
96) 앞서 언급한 '성경 여인들'은 이 같은 회중 가운데서 비공식적 조력자들에 속했다.
97) H. G. Underwood, "An Object-lesson in Self-support", p.448.

이리하여 1901년에 평양의 장로교 선교부는 한국인 사역자들의 훈련을 위하여 최초의 신학교—평양신학교—를 설립했다.[99] 이 신학교의 최초의 졸업생들이 1907년에 졸업했으며 같은 해에 최초의 독노회(the first Independent Presbytery)가 설립되었으며 평양 부흥이 시작되었다.[100]

Ⅳ. 결 론

이 장에서 우리는 로스와 네비우스가 삼자 원리에 기초한 자신들의 선교방법에 관하여 서로 협의하였음을 확인했다. 제1장에서 보았듯이 삼자 원리는 벤과 앤더슨에 의해 공동 창안되었으며(co-authored), 광범위한 순회 여행을 통하여 전도를 했던 귀츨라프와 번즈에 의하여 최초로 중국에서 시행되었고, 네비우스와 로스의 사역에 의하여 중국의 토착 교회에 적용될 수 있었다.

따라서 우리는 로스와 네비우스가 '네비우스방법'이 재한 선교사들에 의하여 공식적 선교방법으로 채택되기 전에 상대방의 선교방법의 발전에 대하여 서로 영향을 주고 받았다고 결론을 내렸다. 나아가 선교사들은

---

98) Ibid., p.449.
99) 이 신학교육은 총신대 신학대학원, 혹은 장로교 신학대학원으로 발전하였으며 2001년에는 뜻 깊은 100주년을 기념하였다.
100) 7명의 첫 졸업생 중에는 서상윤의 동생인 서경조 목사도 포함되었다. 한편 1907년 9월 17일에 한국의 첫 노회(the first Korean Presbytery)는 4개의 미국장로교연합회로부터 독자적인 노회로 인정을 받았다.

네비우스 선교방법이 1893년의 일반선교정책으로 한국교회에 채택하기 전에 이미 로스의 전도팀들에 의해 토착화하였음을 보았다. 특별한 의미가 있었던 것은 전도 대상을 한국사회의 근로 계급과 여인들로 하기로 한 결정으로 이는 복음이 한국사회의 중심에 큰 영향을 주도록 도왔다. 네비우스는 전도의 대상 계급을 설정한 적이 없었기에 우리는 재한 선교사들이 근로 계급과 여인들을 전도의 대상으로 삼기로 한 결정은 로스의 사역의 영향이라고 주장했다. 다음으로 선교방법이 더 상황화하여 보다 토착화됨에 따라, 한국 기독교 회중들이 자연히 성경 중심 회중으로 발전했다는 것을 살펴보았다. 그러나 선교사들은 한국교회의 초기 단계에 자치를 실천하지는 않은 것을 보았는데 이는 주로 네비우스에 의한 경고와 선교사들이 교회의 급속한 성장을 예견하지 못했기 때문이었다.

그럼에도 불구하도 우리는 선교사들이 그러한 상황을 보조 지도자들(assistant leaders)들을 임명하는 방법으로 대처했다고 결론지었다. 이 장은 지도자의 부족에 대한 보다 항구적인 해결책은 1901년에 평양에 최초의 한국장로교신학교를 설립하는 데 있었다는 것으로 끝났다. 여기서 우리는 한국장로교회가 인정한 선교방법은 토착교회의 독립에 원래의 삼자 원리에서 보다 더 많은 강조를 준 어떤 것이었다고 결론을 내린다.

결론적 함의들

이미 있던 것이 후에 다시 있겠고, 이미 한 일을 후에 다시 할지라.
해 아래는 새것이 없나니, 무엇을 가리켜 이르기를 보라 이것이 새것이
라 할 것이 있으랴? 우리 전 세대에도 이미 있었느니라. (전 1:9–10)

I. 결 론

"예수가 없었다면 바울이 없으며, 바울이 없었다면 세계적인 기독교는
없었다."라고 유대인 학자 Rabbi J. Klausner는 자신의 저서 *예수로부
터 바울까지(From Jesus to Paul)*의 결론에서 주장했다.[1] 기독교의 세
계화에 대한 바울의 공적에 대해 의문을 제기하는 자가 별로 없지만 왜
사람들이 바울을 그런 식으로 서술하는가? 그 이유가 무엇이든 간에 상
기 진술은 초기 기독교에 있어서 바울의 역할의 절대성을 분명히 강조
하고 있다. 로스를 바울에 비교하는 것이 결코 본 연구의 의도는 아니지

---

1) Klausner, *From Jesus to Paul*, trans. W. Stinespring, p.590. 본인은 그
   의 논문(책) 중에서 인용문에 관심을 갖도록 한 최종상 교수(Daniel Chae)에게
   감사한다.

만 우리는 로스가 초기 한국교회에 대해, 특별히 한국인 기독교 공동체를 '삼자 원리'에 의한 토착교회로 형성하는 데 있어 직·간접적으로 실로 심대한 영향력을 행사했다는 것을 보았다. 우리는 만주에서의 로스의 사역2)이 초기 한국교회에 그러한 영향력을 행사했던 이유가 그가 한국인들에 향한 선교적 열정뿐만 아니라 분명한 선교방법을 가졌기 때문이라고 결론을 내렸다. 로스는 선교방법의 중요성을 알고 있었으며 언제나 바울과 그의 사역모범을 좇아가고자 열망했다.3) 결국, 로스는 "우리는 사도들의 진정한 후계자들이다."라고 외쳤다.4)

우리는 **제1장에서** 삼자 원리의 창안과 발전에 기여했던 많은 '사도들의 후계자들'이 있었음을 보았다. 벤과 앤더슨이 각각 독립적으로 이 원리를 창안한 것은 놀라운 일치이다. 특별히 이들 중 아무도 직접적인 선교 현장경험이 없었다는 점에서 주목할 만하다. 그러나 삼자 원리의 시행이 언제나 성공을 거둔 것은 아니다. 아프리카 시에라리온에서 자치교회의 실패는 선교지와 관련된 선교방법에 대한 빈약한 이해의 결과였다. 1장에서 우리는 삼자 원리의 개념은 퀴츨라프와 번즈의 개척적 선교사역을 통하여 수많은 변경과 토착화를 거쳤음을 주목했다. 마지막으로 우리는 네비우스와 로스를 통하여 삼자 원리가 중국의 선교지에 적합한 모습으로 성장될 수 있었다는 것을 보았다.

---

2) 로스는 만주에서 사역하는 39년 동안, 한국을 1997년 9월에 한 번, 스코틀랜드는 안식년에 3번 방문했다.
3) 로스는 사도행전 13-27장에 기술된 바울의 선교사역과 원리에 대해 연구하여 자신이 배운 바를 3개의 영역으로 분류했다. (1) 대리인(agent)의 종류, (2) 순회의 형식(form), (3) 설교의 스타일. 이리하여 그는 바울의 모범들을 따르려고 시도하였을 뿐만 아니라, 다른 사람들도 동일하게 하도록 지시하고 있다. (John Ross, "Paul the Missionary", *MRW* (September 1891), pp.677-681.)
4) Ross, *MMM*, p.44.

제2장에서는 스코틀랜드에서의 로스의 삶에 대해서 살펴보았다. 그가 어떻게 중국 만주로 가기로 선택했는지, 만주의 당시 상황과 로스의 초기 선교에 대해서, 그리고 만주에 사역하는 동안 성취한 로스의 학자적 업적들에 대해서 논의했다. 이 장에서 의미심장한 관찰한 것들 중 첫째는 선교사가 되겠다고 그가 결정한 후에 스코틀랜드 선교부는 로스를 중국에 가도록 강요하지 않았다는 것이다. 선교부는 로스가 중국으로 떠날 준비가 될 때까지 인내로써 기다렸다. 둘째는 만주 장로교회의 형성에 있어서의 로스의 주도적인 역할이 검토되었다. 로스의 초교파적 노력의 결과, 아일랜드 장로교 선교부와 스코틀란드 연합장로교회 선교부가 연합하여 '만주장로교회'를 형성하기로 선택한 것을 보았다. 로스가 만주에 하나의 토착교회를 형성하는 데 역할을 한 것이 의미가 있는 이유는 그것이 삼자 원리의 정신과 일치하기 때문이다. 마지막으로 우리는 그의 평생 동안의 선교지의 언어와 문화 그리고 역사에 대한 연구를 살펴보았다. 선교현장의 토착문화에 대해 더 배우려는 그의 태도는 자신의 토착화 노력과 일치하는 것이었다.

제3장은 한국인 성경 번역자들에 대한 로스의 사역의 많은 측면들을 다루었는바, 첫째로 우리는 토마스 선교사가 이전에 한국에서 사역한 것을 듣고서는 로스가 고려문을 처음 방문하여 한국인을 만나는 기회를 가졌다는 것을 보았다. 둘째로 로스는 한국인에 대해 연민을 느끼고 즉시로 한국의 문화와 역사에 대한 리서치를 시작한 것을 보았다. 로스는 한국의 사회 정치적 상황에 대한 지식이 있었기에 대원군 정부와 그와 관련된 '고립정책이 곧 무너질 것'을 올바로 예견했다.[5] 셋째로 우리는 한국인들과 함께 성경을 번역하려는 로스의 동기를 발견했다. 그의 의도

---

5) Ross, "Manchurian Mission", *UPMR*(October 1880), p.333.

는 그들의 도움을 받아 번역 과정을 촉진하는 것뿐만 아니라 그들을 미래의 선교를 위해 훈련하고 무장하기 원한 것이었다. 이것은 그들의 세례일자를 연기하는 데 있어서뿐만 아니라 세례를 주기 전에 저들의 고향에 보내어 부모형제의 허락을 받도록 하는 데서 분명히 확인하게 되었다. 마지막으로 로스가 성경을 한글로 번역하기로 결정한 것이 의미심장한 것임을 보았다. 로스는 사실상 한국의 여인들뿐만 아니라 중·하층 계급을 대상으로 하였던 것이다. 이것 역시 로스의 한국 사회에 대한 이해의 정도를 잘 보여주는 것이었다. 더욱이 로스의 번역본은 일본에서의 이 수정과 달리 'God'를 신(神)이 아닌 '하나님'으로 번역했는데, 이 또한 로스의 한국문화에 대한 탁월한 이해를 보여주는 것이다.

"로스가 없었다면, 한국인 전도자들은 없었을 것이며, 한국인 전도자들이 없었다면, 한국교회는 없었을 것이다." 실로, 초기 한국 기독교인들의 전도적 노력들을 과소 평가할 수 없다. **제4장에서는** 그들의 역할이 단순한 권서인의 역할을 훨씬 초과했다는 것을 보았다. 반면에 비슷한 시기에 한국의 동남부에 로스 번역본을 배포하기 위해 NBSS에 의하여 파송된 일본인 권서인들은 별다른 성과를 경험하지 못했음을 발견했다. 이로 인해 삼자 원리에 따른 토착 전도자들의 자전하는 전도방법의 중요성이 현실적으로 판명되었다.

흥미로운 발견을 로스와 동역했던 한국인 전도자들은 고향으로 돌아가 복음을 전파하는 것을 자원했다는 것이다. 로스 번역본을 배포하기 위하여 귀향했던 자들은 가는 곳마다, 즉 의주, 간도, 소래, 서울의 네 곳에서 초기 한국 기독교 공동체를 설립했다. 각 공동체는 완전히 삼자 원리를 구현하고 있는 토착교회의 특성들을 이미 갖고 있었음이 발견했다.

공동체들의 자급적 성격은 외부의 원조 없이 교회 건물들을 건축한 데서 분명히 드러났다. 회심자들이 먼저 자기 가족들에게로 가서 전도했기 때문에 공동체들은 처음부터 자전적이었다. 자치적 측면도 공동체들이 토착인들에 의해 설립되었기 때문에 당연했다. 이리하여 로스의 선교방법은 삼자 원리에 기초하였다는 것이 논증되었다.

마지막으로 제5장에서 우리는 네비우스의 선교방법을 검토하고 그 또한 삼자 원리에 기초하였다는 것을 확인했다. 우리는 네비우스와 로스 간의 관계를 살펴보고 네비우스와 로스는 자신들의 선교방법들에 관하여 서로 협의하였음을 확인했다. 삼자 원리는 벤과 앤더슨에 의해 공동 개발되었으며, 네비우스와 로스는 그 원리를 중국의 토착교회에 적용했다. 이 장에서 한국은 모든 농촌 부락의 토착문화가 (우리가 '품앗이'라고 불렀던) 자기 충족적(self-sufficient)이었기에 삼자 원리를 시행하는 것이 특별히 유리한 상황에 있었음도 보았다.

한편, 한국에 도착한 외국 선교사들은 대다수가 훈련을 받지 않았으며 분명한 어떤 선교정책도 사전에 없었다. 우리는 이 선교사들이 어떻게 적응하고 협력하느라 분투했는가를 보았다. 최초의 공식 선교사들이 한국에 도착하여 어렵게 10년을 보낸 후인 1893년에 그들은 통일된 선교정책을 채택하기로 선택했다. 보다 중요한 것은 재한 선교사들이 공식적으로 '네비우스 선교방법'을 채택하였음에도 불구하고 하층 계급을 전도 대상으로 삼으며 성경공부를 강조한 것은 모두 한국교회에는 이미 로스의 선교방법의 영향이 네비우스의 선교방법의 그것보다 훨씬 더 큰 것을 지적한다는 것이다. 후에 재한 선교사들이 자신들의 선교방법을 발전시키고 더욱 토착화함에 따라, 불가피하게 기존의 한국 기독교 공동체들

속에서 이미 진행되고 있었던 것들의 영향을 받았는바, 이 공동체들은 한때 로스와 동역했던 한국 전도자들에 의해 설립된 것들이다.

이 모든 것을 종합적으로 살펴볼 때 초창기 한국의 장로교회의 형성사에는 존 로스의 선교방법론―균형잡힌 자립선교의 원리와 그 영향력이 지대하였음을 확인하게 된다. 이는 지금까지 한국교회의 놀라운 성장과 발전을 논할 때 '네비우스 방법론'때문이었다는 학계의 정설을 완곡하게 (?) 거부하는 것이기도 하다. 좀더 정확하게 표현한다면 우리는 'Not Nevius, but ROSS'라고 해야 하지 않을지….

II. 한국교회의 자립선교―한국교회의
선교발전을 위한 제안

서론에서 보았듯이 한국교회는 현재 해외선교에 대한 대단한 열의와 열정을 갖고 있는 것처럼 보인다. 그렇지만 선교사 숫자가 2만 명(2008년 초 현재는 약 2만 명)에 육박함에도 불구하고 한국교회 선교계는 여전히 구체적인 선교정책을 갖고 있지 않다. 강승삼 교수가 잘 지적하였듯이 아직도 한국교회는 '정책이 있는 건강한 선교'(healthy mission with policy)로 발전하는 가운데 있는 것으로 말할 수 있다.[6]

---

6) 강승삼, *21세기 선교 길라잡이*, 16쪽.

보다 염려스러운 것은, 한국교회가 자기만족에 빠져 세계선교와 관련한 서구선교의 풍부한 경험으로부터 즐겨 배우기를 원하지 않는 것이다. **필자는 한국교회 선교의 당면한 문제들을 해결하는 한 가지 방법은 "역사로부터 배우는 것"이라고 주장한다. 역사(歷史)는 과거의 사건과 인물들에 대한 단순한 기록이 아니라 현재의 상황과 문제들에 대한 해결책을 발견하려는 시도 속에서 조사·연구되어야 한다.** 다른 말로 하면, 한국교회 선교의 당면한 문제에 대한 대답은 초기 한국교회 역사의 연구를 통해서 발견될 수 있다는 것이다. 로스는 다음 언급을 통해서 한국교회의 현재 상황을 거의 예견했던 것 같다.

> 우리는 그러므로 우리의 장래를 위한 행동을 안내받기 위하여 교회의 과거의 경험으로부터의 교훈들을 경청하지 않으면 안 된다. …이 사역에 있어서 가능한 한 최선의 일꾼들이 되기 위하여 회심자들을 잘 교육함으로써 그들이 신자를 격려하고 불신자를 전도할 수 있게 하여야 한다. 그리고 이 회심자들을 제대로 교육하기 위하여, 이들을 강하고 건강하며 적극적인 형태의 기독교의 설립을 위해 적합한 도구들로 만들기 위하여 우리는 과거와 현재 하나님께서 사람을 다루신 역사로부터 끊임없이 배우게 된다.[7]

개인적 경험을 통해 로스는 과거로부터 배워 그 교훈들을 현재에 적용하는 것의 중요성을 깨달았다. 시행착오에 의해 전진하기보다는 로스는 스코틀랜드 선교역사로부터 배웠음이 틀림없다. 그는 만주에서의 선교의 기초를 그가 역사에서부터 배운 것에 주목한다. 이것이 아마도 만

---

7) Ross, 'The Chinese Missionary Problem', *MRW*(December 1880), pp.904－905. 현재의 한국교회가 로스의 조언에 따라 과거로부터 배우고 있다는 단순한 사실이, 로스가 종종 언급했던 그러한 '섭리적 사건들'의 하나인 것처럼 보인다.

주에서의 개척 선교사로서 로스가 대부분의 다른 선교사들과 같은 실수들을 하지 않은 이유일 것이다. 그러므로 과거로부터 배우는 것의 중요성을 확증하였으므로 다음의 7가지를 한국교회 앞에 겸손히 제안한다.

첫째, 한국교회 선교는 로스가 잘 논평하였듯이 선교는 '양이 아니라 질'이라는 것을 인식할 필요가 있다.

이리하여 역사는 교회가 자신이 갖고 있는 최대한의 기능과 최대한의 지혜와 최대한의 경건을 요구하는 선교사역을 평범하거나 열등한 대표자들이 하는 것에 만족하고 있으면, 교회의 가장 신성한 의무를 회피하는 것임을 선언한다. '양이 아닌 질'이 작고한 Norman McLeod가 자신의 인도 선교경험으로부터 얻은 결론이었다. 이 결론은 성경과 역사와 상식에 의하여 정당화된다.8)

선교사가 되기를 원하는 모든 선교사 후보자는 선교지에 파송하기 전에 그에 대한 적절한 훈련을 포함하는 적당한 여과 제도(an adequate screening system)가 반드시 필요하다. 오늘의 한국교회는 할 수 있는 대로 많은 선교사들을 보내는 양에 초점을 두고 있는 것처럼 보인다. 더욱이 로스의 표현을 사용하면, 오늘의 한국교회는 "바울과 같은 사람들은 신학이나 다른 학문의 교수로 만들고 있으며, 바나바와 같은 사람들을 인기 있는 교회의 목회자로 부르고 있다."9)

둘째, 선교사 후보자들의 훈련과 무장에 대한 보다 큰 강조가 있어야 한다.10) 다시 로스는 전도자들에 대한 적절한 훈련의 중요성을 강조했

---

8) Ibid.
9) Ibid.

다. 로스는 "회심자들을 잘 교육함으로써 그들이 신자를 격려하고 불신자를 설득할 수 있게 하여야 한다."라고 주장했다. 우리는 로스와 매킨타이어가 한국인 회심자들의 세례를 연기하는 것을 주저하지 않았음을 상기한다. 이리하여 로스는 최초의 한국인 전도자들과 권서인들에 대한 철저한 무장과 훈련의 과정을 놓치지 않았다. 나아가 재한 외국인 선교사들도 이 정신을 이어받아 전도를 통하여 다른 사람들을 그리스도에게로 인도했던 자들에게만 세례를 주기로 결정했다. 대조적으로 오늘날의 대부분의 한국에서의 선교훈련 과정은 적절한 것처럼 보이지 않는다.11) 이같은 선교사 훈련은 고품질의 선교사를 배출하는 여과 과정과 연계하여 실시되어야 한다. 이것은 더 나아가서 선교사에 대한 사회적 이미지를 제고하는 데 기여하여 궁극적으로 선교사가 되는 것을 큰 특권으로 여기게 할 것이다.

셋째, 선교지의 문화와 역사에 대한 보다 광범위한 리서치를 할 필요가 있다. 이것은 선교지에 있는 선교사 자신들뿐만 아니라 선교사 파송 단체들에도 적용된다. 현재(2008년)로서는 KRIM에 따르면 한국에는 4개의 선교 리서치 기관들이 있는데, 선교사 파송단체가 136개(2004년 말 현재는 165개)이고, 선교사 파송 국가가 168개국인 점을 고려하면

---

10) 저자는 1996년에 영국 아버딘 대학교의 석사학위논문을 위하여 서울 강서구 목동에 소재하는 GMTC(한국선교훈련원)을 평가했다. GMTC는 2 / 3 세계의 교회들 가운데 선교사 훈련의 모델로 간주되고 있다. 필자는 이 논문에서 최고의 선교사훈련센터들 중의 하나임에도 불구하고, 보다 많은 선교지 경험을 가진 훈련요원의 추가와 영적 전투의 각성에 대한 무장을 포함하여 몇 가지 영역에서 개선될 수 있다고 결론을 내렸다. (Peter Ahn-ho Bae, *A Korean Training Model for a Co-operative Cross-cultural Missionary Effort-An Evaluation of the GMTC*, Mth Dissertation, Aberdeen University, 1966.)

11) Ibid., pp.3-7.

태부족하다.12) 로스는, 그러나 그의 바쁜 일정 가운데도 선교지에 도착한 지 3년 안에 *만주어 입문서*와 *한국어 입문서*를 편찬했다. 나아가 그는 토착 역사와 문화에 대한 더 깊은 이해를 위한 연구를 쉬지 않고 이 주제에 관한 수권의 책을 더 저술했다.

선교사들은 로스의 모본을 따를 필요가 있다. 그는 미래의 선교사들의 유익을 위하여 저서, 논문, 서신의 형태로 자신의 선교지 경험들을 기록하는 습관을 갖고 있었다. 우리는 그가 입문서들을 저술한 이유가 신임 선교사들의 토착어 습득을 도우려는 것이었음을 상기한다. 저서와 보고서들을 통하여 직접 경험을 전달해 줌을 통해서 만 선교사들은 과거의 실수를 회피할 수 있으며, 더 중요한 것은, 선교방법이 더욱 토착화됨에 따라 발전이 있게 된다는 것이다. 로스가 특별히 경탄했던 사도 바울이 이 점을 가장 잘 보여준다. 그가 사망한 지 근 2천 년이 지났지만, 바울의 사역은 오늘도 여전히 그의 선교서신들을 통해서 계속되고 있다.13)

넷째로, 토착 기독교 사역자들을 임명하는 데 있어서 사려 깊은 결정(an intelligent decision)의 필요가 있다. 제4장에서 네비우스가 엄격한 자급 정신을 고수하여 유급 토착 매개자들을 고용하는 것을 자제하는

---

12) 기독신문, 2001년 6월 6일자, 15면. 저자는 1990–1993년에 선교연구소의 상임연구원(executive researcher)으로서 사역한 적이 있다. 그 연구소는 총회(합동)에서 운영하는 총신대학교 내에 소재하고 있다.

13) 신약에 포함된 바울의 13개 서신들(히브리서 포함 사실상, 바울이 13개 서신을 다 썼다는 것은 신약학계에서 받아들이지 않지만)은 모두 바울선교사기 선교지에 있는 교회 혹은 사람들에게 보내진 것이었다. 최종상 교수는 그의 논문에서 "바울의 이방인들에 대한 사도로서의 자기 인식, 특히 '율법과는 상관없이 얻어지는 이방인 구원의 정통성(legitimacy)을 신학적으로 확인하고 방어하는' 자신의 소명이 자신으로 하여금 로마서와 갈라디아서를 쓰게 했다고 주장한다." (Daniel S. Chae, *Paul as Apostle to the Gentiles: His Apostolic Self-Awareness and its Influence on the Soteriological Argument in Romans*, p.307.)

것을 보았다. 오늘의 선교의 대부분은 이와는 반대로 돈에 의한 프로젝트 위주의(money-driven or project oriented) 선교인 것처럼 보인다. 선교사들은 토착인들을 훈련하고 무장하기보다는 'Rice Christians'을 양성하고 있다. 그러므로 토착 기독교인들을 다루는 데 있어, 언제나 토착교회에 자급을 장려하여야 하며 여기에서도 균형이 잘 잡힌 전략의 필요가 있다.

다섯째, 오늘의 선교사들은 토착 전도자들의 무장의 중요성을 확실히 인식해야 한다. 본 연구를 통하여 직접 전도에 관한 한, 토착 전도자들이 외국 전도자들(선교사들)에 비해 수많은 장점들을 갖고 있는 것을 보았다. 로스 자신이 "한 명의 외국인 선교사에게 소요되는 비용은 아마도 30명의 토착 전도자의 비용에 해당할 것이다."라고 말함으로써 자전 정신의 중요성을 강조했다.[14] 토착 전도자들을 훈련하는 과정은 프로젝트 위주의 접근방법이 보장하는 즉각적인 결과들은 제공하지 못할 것이나 장기적으로는 전자가 풍성한 결과를 낸다는 것을 경험은 보여주고 있다. 이리하여 교회 역사뿐만 아니라 성경도 토착 사역자들과 전도자들을 훈련하는 것이 가장 안전하고 효율적이며 효과적인 선교방법임을 교훈하고 있다. 이 점에서, 선교사와 파송단체는 프로젝트 위주의 자세에서 오는 '건물 콤플렉스'(edifice complex)를 버리고 그 대신 그 가운데 진정한 전도가 수행되는 시간 틀(the time frame within which true evangelism is carried out)을 고평가하면서 씨 뿌리는 자의 인내하는 마음을 가져야 한다. 특히, 한국교회는 1997년의 급작스런 경제적 슬럼프로 수많은 고액의 선교 프로젝트들을 중단했을 때, '옛날 방식'으로 선교하는 것을 성찰하지 않으면 안 되었었다.[15]

---

14) Ross, *MMM*, p.104.

여섯째, 교회 선교의 궁극적 목표는 선교지에 진정으로 독립한 교회를 설립하는 것이어야 하는바, 이 경우 선교사는 리더십을 안전하게 현지 교회의 리더에게 이양할 수 있다. 이 리더십 이양이 성공적이기 위해서는 선교사들이 초기 단계부터 토착 기독교인들에게 자치의 정신을 적극적으로 장려할 필요가 있다. 이것은 예를 들어 토착교회의 대표를 선출하는 등 교회를 운영하는 데 있어, 선교사들과 토착인들 간에 파트너십의 형태 속에서 될 수 있다. 아울러서 선교가 효과적이 되기 위해서는 선교지의 문화, 역사, 언어에 관하여 정통할 필요가 있다.

일곱째, 한국교회는 지금까지 세계선교의 명령적 필요(imperative needs)에 너무 많은 강조를 해 옴으로써 신중하게 계획된 선교를 감당하는 것은 소홀히 했다. 우리는 스코틀랜드 선교부가 인내하면서 로스가 중국을 향해 출발할 준비가 될 때가지 인내로 기다렸던 것을 상기한다. 대조적으로 현재의 일부 한국교회들은 자신들의 미리 설정한 선교 목표들을 성취하기 위해 선교사 후보자들에게 조급하게 선교지로 출발하도록 압력을 가하는 것처럼 보인다.[16] 한국에는 아직 통일된 선교정책이 없다는 것은 놀랄 일이 아니다. 한국의 각 선교사와 각 선교부는 상이한 선교정책과 선교방법을 갖고 있다. 선교지들의 다양성을 감안할 때, 이것이 그렇게 나쁜 것은 아니나, 선교를 수행하는 방법들에 대한 근본적인 합의가 필요하다. 상기에 제안된 요소들과 토착화의 실행이 신중하게 고려될

---

15) 1997년 말의 경제적 위기—통상 한국인들은 'IMF 위기'라고 알려진—는, 1998년과 1999년에 많은 한국인 선교사들이 자금의 부족으로 선교지에서 철수해야만 했던 것을 의미했다. 강승삼은 이 IMF 위기를 '한국교회 선교의 리트머스지'라고 부르면서, 한국교회 선교의 현재의 과장된 성격을 진단하는 역할을 했다고 말했다. (강승삼, 전게서 257-259쪽.)
16) 이태웅, *한국교회 해외선교: 원리와 실제*(1997), 15-28쪽.

필요가 있다. 왜냐하면 본 연구를 통하여 토착화되지 않는다면, 어떤 선교방법도 효과적이 될 수 없다는 것을 보았기 때문이다.

Ⅲ. 추가 연구를 위한 제언

저자가 느끼는 추가 연구 분야로는 다음의 것들이 있다. 첫째는, 로버트 토마스(1839-1866)와 존 로스와 모두 함께 관련된 알렉산더 윌리엄슨(1829-1890)의 생애와 사역에 관한 연구의 필요성이다. 그 당시 윌리엄슨은 극동 아시아 선교에 있어서 의미심장한 인물로서 NBSS 대표자로서의 역할을 통해 중국, 한국, 일본에서의 선교에 큰 영향력을 가졌다. 그는 토마스로 하여금 한국 선교에 관심을 가지게 자극하였을 뿐만 아니라 로스에게 한국을 소개하고 고려문을 방문해야 한다고 동기를 부여한 최초의 사람이기도 했다. 로스를 만났을 당시에 윌리엄슨이 만주로부터 한국을 선교할 수 있는 가능성을 이미 알고 있었는가에 대해서는 논란이 되고 있다.17) 이것은 우리로 하여금 어떻게 윌리엄슨이 한국에 대한 선교에 관심을 갖게 되었는가를 질문하게 한다. 그의 선교방법을 형성한 배후에는 어떤 요소들이 있었는가? 이 베테랑 선교전략가에 대한 최근의 연구가 빈약한 점을 감안할 때, 윌리엄슨에 대한 보다 광범위한 연구의 반드시 필요가 있다.

---

17) See, *HKC(1)*, pp.134-137.

둘째, 성경적 교훈과 관련된 삼자 원리의 개념에 대한 추가 연구가 필요하다. 삼자 원리는 2·3 세계의 대부분에 침투했던 19세기 제국주의로 인해 빛을 보지 못했다. 그래서 여전히 부정적 평가를 받고 있다. 그러나 그것은 '아기를 목욕물과 함께 버려버린 것'처럼 보인다. 삼자 원리에 대한 오해와 무지를 최소화하기 위해 이에 대한 종합적(역사적, 이론적, 선교학적) 검토가 필요하다.

셋째, 우리는 로스의 많은 저술에서 사도적 선교방법이 아주 강조되었던 것을 기억한다. 바울의 선교방법에 대한 추후의 연구는 위에서 언급한 삼자 원리와 상황화의 연구와 함께 바울의 '사도적 선교방법'이 편입될 수 있을 것이다.

BIBLIOGRAPHY

A. Primary Sources

Anderson, Rufus, *Foreign Missions: Their Relations and Claims*, Ch. VII, "Principles and Methods", 1861, pp.98−99.

Anderson, Rufus, *Memorial Volume of the First Fifty years of the American Board of commissioners for Foreign Missions*, (Boston: The Board, 1861).

Appenzeller's letter to Dr. Gilman, Aug. 9, 1887.

Baird, W. M., "Union of Presbyterian Missions in Korea", *MRW* vol.6 (July, 1895).

Bernheisel, C. F., "Classes in Whang Hai Province", *The Korea Field* (November 1901),

Broomhall, M., ed., *The Chinese Empire, A General and Missionary Survey*, (London: Morgan & Scott, 1838).

Brown, Arthur J., *The Way and How of Foreign Missions*, (N. Y.: Young People's Missionary Movement of the Untied States and Canada, 1908).

Bryant's letter to W. M. Ritson. Apr. 7, 1893.

Bryant's letter to Wm. Wright, Apr. 25, 1891.

Bryant's letter to Wm. Wright, Jul. 3, 1890.

Bryant's letter to Wm. Wright, Jun. 12, 1889.

Burns, Islay, *Memoir of the Rev. Wm. C. Burns, MA: missionary to*

China from the English Presbyterian Church, (London: James Nisbet & Co., 1873).

CHA, "Bible Study in Korea", *CHA*, (September 1898) p.200.

CRMJ, "Concerning Mission Work in Pyeong yang, Korea", *CRMJ*, (April 1900), p.214).

Dyer's letter to Wm. Wright, Sep. 25, 1882.

Ellinwood, F. F., "Rev. John L. Nevius, D. D.", *The Church at Home and Abroad*, (February 1894).

Gützlaff, K. F, A., *Journal of Three Voyages along the Coast of China, in 1831, 1832 & 1833, with Notices of Siam, Corea, and the Loo −Choo Islands.* (London: Freiderick Westley & A. H. Danis, 1834).

L., J. M. "The First Missionary to Manchuria William C. Burns: A Sketch,"(*MRUFC*, Dec.), p.353.

Lee, Soo−chung, "Rijutei to the Christians of America, Greeting", *MRW*, no.7 (March, 1884), p.146.

Letter to Bryant on 14th October 1890. (*ECO −BFBS*, vol.4, p.904).

Loomis, Henry, "Corea open to the Gospel", *MRW* no.6 (November, 1883), pp.417−18.

Loomis' letter to Dr. Gilman, Jun 11, 1883.

Loomis' letter to Dr. Gilman, May 30, 1883.

M'Laren, Duncan Mrs., *The Story of our Manchuria Mission* (Edinburgh: United Presbyterian Church,1896).

Mac Gill's letter to John Ross, 5th October, 1882 (National Library of Scotland Manuscript Collection, no.7659, pp.88−90).

Mac Gillivray, D., "The Centenary of W. C. Burns," (*CRMJ,* March, 1916).

Mac Intyre, John, "Baptism at Moukden, Haichung and Seaport", *UPMR* (Jan, 1880), p.15.

Mac Intyre, John, "Baptisms at Moukden, Haichung, and Seaport," *UPMR*, (January 1880) p.15.

Mac Intyre, John, "Corea", *UPMR* (Apr., 1, 1881), p.85.

Mac Intyre, John, "North China—New chwang", *UPMR* (Jul., 1, 1881) p.270.

Mac Intyre's letter to W. J. Slowan, July 11, 1881.

Mateer, C. W., *A Review of "Method of Mission Work"*, (Shanghai: Presbyterian Mission Press, 1900).

Moffett, S. A., "Evangelistic Tour in the North Korea", *CHA* (Oct., 1891), p.330.

Moffett, S. A., "Fifty Years of Missionary Life in Korea", *The Fiftieth Anniversary Celebration of the Korean Mission of the Presbyterian Church in the U.S.A.,* (Seoul: YMCA Press, 1934), pp.38—39.

Moffett, Samuel Austin, A letter to the Board of Mission of the Presbyterian Church U.S.A., 27 June 1898.

Nevius, *China and the Chinese* (New York: Harper & Bros., 1872).

Nevius, Helen S. Coan, *The Life of John Livingston Nevius* (New York: Fleming H. Revell Co., 1895).

Nevius, John L., "Historical Review of Missionary Methods", *Records of General Conference of the Protestant Missionaries of China,* (Shanghai: Amercian Presbyterian Mission Press, 1890) p.175.

Nevius, John L., "Mission Work in Central Shantung", (*CRMJ*, Sep., O ct., 1881), pp.357—58.

Nevius, John L., "Principles and Methods Applicable to Station Work", (*CRMJ,* Nov. 1885), p.423.

Nevius, John L., *China and the Chinese,* (Philadelphia: Presbyterian Board of Publication, 1882).

Nevius, John, *Sewen Taou Che Kwei* (Manual for native Evangelists),

(Shanghai: 1862).

Nevius, John, *Shin Taou Tsung Lun*(Compendium of Theology), (Shanghai: 1864).

Nevius, John, *Sxe Seen Peen Mew* (Errors of Ancestral Worship), (Ningpo: 1859).

Nevius, John, *T'ien Loo Che Nan* (Guide to Heaven), (Ningpo: 1857).

Nevius, *The Planting and Development of Missionary Churches*, (New York: the Foreign Mission Library of the Presbyterian Board, 1899).

R. Arthington's letter to Wm. Wright, Sep. 21, 1882, from Ross's letter to R. Arthington, Feb. 17, 1882. (*MRUPC* for 1877, p.355).

Reid, Gillet, "The Rev. John L. Nevius, D.D.", *(MRW*, May, 1894).

Report of Ecumenical Missionary Conference, New York, 1900, vol.II (New York: American Tract Society, 1900), pp. 301−305).

Report of the Fifth Conference of Officers and Representatives of the Foreign Missions Board and Societies in the United States and Canada, (New York: Foreign Mission Library, 1897).

Reynolds, W. D., "The Native Ministry", *The Korean Repository,* (May 1896), pp.200−201.

Rhodes, H. A., "The Chief Interest of the Church in America in the Church in Chosen", *KMF*, vol.13 (September 1917), p.235.

Rhodes, H. A., ed. *History of the Korea Mission, Presbyterian Church, U.S.A.*, vol.1,1884−1934 (Seoul: The Presbyterian Church of Korea Department of Education, 1934).

Rhodes, H. A., *History of the Korean Mission: Presbyterian Church U.S.A. 1884−1934* (Seoul: Chosen Mission Presbyterian Church U.S.A., 1934), pp.217−210.

Ridel, Felix Clair, *Dictionnaire Coreen−Francais*, (Yokohama: Yokohama publishing,1880).

Robson, C., "The Korean Mission of the Presbyterian Church (North) of the United States of America." *UPMR* (Oct., 1, 1892), p.345.

Ross, "Corean Converts", *MRW* no.8, (May 1885), p.208.

Ross, "Corean Converts", *MRW*, (Dec.,1891), pp.208−209.

Ross, "Corean New Testament." *CRMJ*, 14, 1885, pp.491−97.

Ross, "Corean New Testament", *CRMJ*, (November 1883), p.491.

Ross, "Corean Version of the New Testament" (*MRUPC*, February 1881), p.37.

Ross, "Corean, the Hermit Nation" *MRW* (November 1883) p.420.

Ross, "John MacIntyre's Work", *UPMR*, (Jun. 1, 1883), p.220.

Ross, "Manchuria", *UPMR* (Feb. 1, 1882), p.33.

Ross, "Manchurian Mission", *UPMR* (Oct.1, 1880) p.333.

Ross, "Missionary Methods", *CRMJ*, (May 1898), p.247.

Ross, "New Chang," (*UPMR,* July1, 1873), p.572.

Ross, "Paul the Missionary", *MRW* (September 1891), pp.677−81.

Ross, "The Chinese Missionary Problem", *MRW* (December, 1890), p.907.

Ross, "The Christian Dawn in Corea", *MRW* (April, 1890), p.241.

Ross, "The Corean work," *UPMR* (July 1882), pp.244−45.

Ross, "The Gods of Korea", *The Gospel in All Lands*, (Aug., 1888), p.370.

Ross, "The Protestant Mission Forcesin China", *MRW*, (1876), 3.

Ross, "Visit to the Corean Gate," *CRMJ*, (Nov. Dec. 1875), pp.471−472.

Ross, "Visit to the Corean Gate." *CRMJ*, 5, (1874), pp347−54.

Ross, *Corean Primer: Being Lessons in Corean on All Ordinary Subjects, Trans literated on the Principles of the Mandarin Primer* (Shanghai: American Presbyterian Mission Press, 1877).

Ross, *History of Corea, Ancient and Modern, with Description of Manners, Customs, Language, and Geography.* (Paisley: J. & R. Parlane, 1879).

Ross, *Korean Speech, with Grammar and Vocabulary* (Shanghai: Kelly & Walsh, 1882).

Ross, *Mandarin Primer: Being Easy lessons for Beginners, Transliterated According to the European Mode of Using Roman Letters* (Shanghai: American Presbyterian Mission Press, 1876).

Ross, *Mission Methodsin Manchuria,* (Edinburgh: Oliphant, Anderson & Ferrier, 1903).

Ross, *Old Wang, the First Chinese Evangelistin Manchuria: A Sketch of His Life and Work, with a Chapter upon Native Agency in Chinese Missions* (London: The Religious Tract Society, 1889).

Ross, *Report of Commission I: Carrying the Gospel to All the Non-Christian World,* (Edinburgh: Oliphant, Anderson & Ferrier, 1910).

Ross, *Report of the Centenary Conference on the Protestant Missions of the World: held in London 1888,* 2vols., (London: James Nisbet & Co., 1888).

Ross, *The Boxersin Manchuria* (Shanghai: North China Herald, 1901).

Ross, *The Manchus: or, the Reigning Dynasty of China: Their Rise and Progress* (Paisley: J. & R. Parlane, 1880).

Ross, *The Origin of the Chinese People* (Edinburgh: Oliphant, Anderson & Ferrier, 1916).

Ross, *The Original Religion of China* (Edinburgh: Oliphant, Anderson & Ferrier, 1909).

Ross' letter to Wright, March 8, 1883.

Ross' letter to Wright, October 11, 1882.

Ross' letter to Wright, September 29, 1883; *HKBS*(1), pp.61−62.

Ross's letter of 9th October 1882, *ECI−BFBS*, vol.17, p.178.

Ross's letter to Wright, June, 11, 1883.

Ross's letter to Wright, Mar. 8, 1885.

Ross's letter to Wright, March 24, 1882.

Seo, Kyeong−jo, "The faith and evangelism activities of Seo Kyeong−jo's and the History of Song−chon (Sorai) Church" (title translated), *Shinhak−ji−nam*, vol.7−4, (Oct., 1925), p.92).

Seo, Kyung−jo, "Seo kyung−jo's faith and endemism and the History of Song−chon Church", *Shin −hakJi −nam*, vol.7−4, (Oct., 1925), p.88.

Seo, Sang−yun, "Suh Sunseng Sang−yun−eui Kyungyok" (The History of Mr. Seo Sang−yun), *The Christ Newspaper*, Sep., 19, 1901.).

Tate, Mattie S., "Chunju Women Studying", *The Korea Field* (May 1902) p.41.

The Annual Report of the Board of Foreign Mission of the Presbyterian Church in the U.S.A., 1899.

The Korea Review, "Bible Women", *The Korea Review*, vol.6 (no.4, April 1906).

The Minutes of the General Assembly of the Presbyterian Church in Korea for 1913.

Thompson, "A Visit to Corea", *Quarterly Record of the NBSS*, (June 1885), pp.806−08.

Thompson's letter to the NBSS, August 3, 1883.

Thomson, "Japan: Two Native Evangelists−Corea Visited", *UPMR* (May 1884), pp.157−58.

Underwood, "Principles of Self−Support in Korea," *KMF* vol.4 (June 1908) p.91.

Underwood, *First Church in Korea, The Church at Home and*

Abroad, vol.3 (Feb 1888).

Underwood, H. G., "An Object Lesson in Self—Support", *The Chinese Recorder*, (August 1900), pp.384—92 & September 1900, pp.446—50.

Underwood, H. G., "An Object Lesson of Self—Support", *CRMJ*, (August, 1900) pp.390—91.

Underwood, H. G., "Principles of self—support in Korea", *KMF* (June, 1908), p.91.

Underwood, H. G., "The today from Korea", *MRW* 16(Nov 1893) p.815.

Underwood, H. G., "The Today from Korea", *MRW* 16 (November 1893), p.816.

Underwood, Horace G., "Interesting Letter", *MRW* no.12 (April 1889) p.289.

Underwood, Horace G., "The Check in Korea", *MRW* no.12 (June 1889), pp.456—57.

Underwood, Horace G., *The Call of Korea*, (New York: Fleming H. Revell Co, 1908).

Underwood, Lillias H., *Underwood of Korea*, (N. Y.: Fleming H. Revel Co., 1918).

Underwood's letter to Dr. Ellinwood, Jul., 9, 1886.

Underwood's letter to F. F. Ellinwood, March 8, 1887.

UPMR, "Translation and Printing Work", *UPMR* (February 1882), p.34.

Vinton, C. C., "Korea the Strategic Mission", *The Assembly Herald*, (November 1900), p.872.

Webster, James, "A Bright Light in Northern Korea", *The Foreign Missionary*, (Sep., 1886), p.152.

Webster, James, "The Maker of Manchurian Mission: An Appreciation of the late Rev. John Ross D. D", *The Missionary Record of the United and Free Church*, vol.15 (1915), p.395−96.

Webster, James, "The Maker of the Manchurian Mission: An Appreciation of the late Rev. John Ross, D. D.", *(MRW,* 1915).

Webster, James, "The People: Knowledge of the Gospel Numerous baptisms", *MRW* 8 (November 1885), pp.497−98.

Wells, J. Hunter, "Northern Korea", *The Assembly Herald*, (November 1902), pp.442−43.

Williamson, Alexander "The Claims of China on the Attention of Christian Men". (*MRUPC* for 1872), pp.17−28.

Williamson, *Journeys in North China, Manchuria, and Eastern Mongolia with Some Account of Corea*, 2−vols, (London: smith, Elder & co., 1870).

B. Background Literature

1. Books and Unpublished Theses

Allen, Horace N., *Things Korean* (N. Y.: Fleming H. Revell, 1908).

Allen, Roland, *Missionary Methods: St. Paul's or Ours?*, (Grand Rapids: Eerdmans, 1962, fifth printing, 1969).

Allen, Roland, *The Spontane ous Expansion of the Church and the Causes which hinderit*, (London: World Dominion Press, 1927, 2nd ed. 1949).

Anderson, J. N. D., (ed.) *The World's Religions*, (London: Inter−varsity Fellowship, 1950, 3rd. ed. 1955).

Bae, Peter Ahn—ho, *A Korean Training Model for a Co—operative Cross—cultural Missionary Effort—an Evaluation of the GMTC*, (Mth dissertation, Aberdeen University, 1996.)

Baird, Richard H., *William M. Baird of Korea: A profile*, (Oakland: Richard H. Baird, 1968).

Beaver, R. Pierce, *To Advance the Gospel, Selections from the Writings of Rufus Anderson*, (Grand Rapids: Eerdmans, 1967).

Bebbington, D. W., *Evangelical is min Modern Britain: A History from the 1730s to the 1980s* (London: Unwin Hyman, 1989).

Beyerhaus, Peter and Lefever, Henry, *The Responsible Church and the Foreign Mission*(Grand Rapids: Eerdmans Publishing Co., 1964), p.27.

Blair, Herbert E., *Christian Steward ship in Korea*, (Seoul: CLSK, 1938).

Blair, William N., *Gold In Korea,* (Toeka: H. M. Ive sand Sons Inc., 1946).

Borg, Walter R. & Gall, Meredith D., *Educational Research: An Introduction*, (New York: Longman, 1989).

Bradley, Ian, *Columba: Pilgrim and Penitent 597—1997*, (Glasgow: Wild Goose Publications, 1996).

Broomhall, M., (ed.) *The Chinese Empire: A Generaland Missionary Survey*, (London: Morgan & Scott, 1907).

Broomhall, M., *The Bible in China, The China In land Mission*, London, (San Francisco: Chinese Material Center Inc., 1934, repr. 1977).

Brown, A.J., *The Foreign Missionary*, (New York: Fleming H. Revell, 1907).

Brown, G. T., *A History of the Korea Mission, PCUS*, (Th. D dissertation, Union The ological Seminary in Virginia, 1963).

Brown, G. Thompson, *Mission to Korea*, (Board of World Missions, Presbyterian Church U.S.A. 1962).

Burns, Islay, *Memoir of the Rev. Wm. C. Burns, MA: Missionary to China from the English Presbyterian Church,* (London: James Nisbet & Co., 1873).

Cha, Je—myung, *Chosun—Jesukyo—Jangnohoe—Saki* (The History of Chosun Presbyterian Church, *HCPC*) (Kyeongsung: General Assembly of Chosun—Jesukyo—Jangnohoe, 1928).

Chirgwin, A. M., *The Biblein World Evangelism*, (London: SCM, 1954).

Choi, Jeoung—man, *Historical Development of the Indigenisation in the Korean Protestant Church: With Special Reference to Bible Translation* (D. Miss., diss., Fuller The ological Seminary, 1985).

Choi, Sung—il, *John Ross (1842—1915) and the Korean Protestant Church*: *The First Korean Bible and Its relation to the Protestant Origins in Korea* (Ph. D. Diss., University of Edinburgh, 1992).

Chun Sung C., *Schism and Unity in the protestant Churches of Korea*, (Seoul: CLSK, 1979).

Chun, Sung C., *Schism and Unity in the Protestant Churches of Korea* (Seoul: the Christian literature Society of Korea, 1979).

Chun, Taik—bu, *Hanguk Kyohoe Baljunsa* (The Development of the Korean Church) (Seoul: The Christian Literature Press,1987).

Chung Chong—wha and Hoare J.E., (ed.), *Celebration of the Centenary of Korean—British Diplomatic Relations,* (Seoul: The Korean—British Society, 1984).

Churchill, J., *A Collection of Voyages and Travels*, Vol.IV. "An Account of the Ship wreck of d Dutch Vessel on the Coast of the Isle of Que 1 part", Together with the Description of the Kingdom of Corea translated out of French, (London: 1732).

Clark, Allen D., *A History of the Church in Korea*, (Seoul: CLSK, 1971).

Clark, Charles A., *Religions of Old Korea*, (Seoul: CLSK, 1961).

Clark, Charles A., *The Korean Church and the Nevius Methods*, (New York: Fleming H. Revell, 1930).

Clark, Charles Allen, *Korean Church and Nevius Methods of Korea* (New York: Fleming H. Revell, 1928).

Clark, Charles Allen, *The Nevius Plan for Mission Work, Illustrated in Korea* (Seoul: Christian Literature Society, 1937).

Clark, Charles Allen, *The Report of the Fiftieth anniversary Celebration of Korean Mission of the Presbyterian Church the U.S.A., June 30—July3, 1934* (Seoul).

Clement, Paul, *The Boxer Rebellion: A Political and Diplomatic Review* (New York: Fleming H. Revell Com., 1915).

Dallet, Ch, *Historiredel' Eglisede Coree*, 2vols, (Paris: 1874).

Daniel J. S. Chae, *Paulas Apostle to the Gentiles: His Apostolic Self —Awareness and its In fluence on the Soteriological Argument in Romans*, (Cumbria: Paternoster Press, 1997).

Donaldson, Gordon, Scotland: *Church and Nation through 16 Centruies*, (London: SCM, 1960).

Drane, John W., *Paul Libertine or Legalist?: A Study in the Theology of the Major Pauline Epistles*, (London: SPCK, 1975).

Drane, John W.., *Introducing the New Testament*, (San Francisco: Harper & Row Publishers, 1986).

Drummond A.L. & Bulloch J., *The Church in Late Victorian Scotland 1874—1900,* (Edinburgh: The Saint Andrew Press, 1978).

Drummond A.L. & Bulloch J., *The Church in Victorian Scotland 1843—1874*, (Edinburgh: The Saint Andrew Press, 1975).

Far Eastern Office of Division of Foreign Missions, *Documents of the Three—Self Movement*(New York: National Council of Churches of Christin the U.S.A., 1963).

Fenwick, M. C., *The Church of Christin Corea*, (New York: George H. Doran Co., 1911).

Foster, R. S., *The Sierra Leone Church*, (London, 1961), pp.23—45.

Fulton, Austin, *Through Earthquake Wind & Fire: Church & Mission in Manchuria 1867—1950,* (Edinburgh: The Saint Andrew Press, 1967).

G. T. Brown, *Mission to Korea*, (Board of World Missions Presbyterian Church US, 1962).

Gale, James S., *A History of the Korean People*, (Seoul: CLSK, 1927), reprint, by Royal Asiatic Society Korea Branch.

Gale, James S., *Korea in Transition*, (N. Y.: Laymen's Missionary Movement, 1908).

Gale, James S., *Korea in Transition, Board of Foreign Missions, Presbyterian Church in the U.S.A.*, (New York: Laymen's Missionary Movement, 1909).

Gale, James S., *Korean Sketches*, (Edinburgh: Oliphant, Anderson & Ferrier, 1898).

Glover, R. H. and Kane, J. H., *The Progress of World—wide Missions*, (New York: 1960).

Goh, Moo—song, *Western and Asian Portrayals of Robert Jeremiah Thomas (1839—1866: Pioneer Protestant Missionary to Korea, A Historical Study of an East—West Encounter Through His Mission*, (Ph D thesis, the University of Birming ham,1995).

Grayson, James H., *Early Buddhism and Christianity in Korea: A Study in the implantation of religion*, (Nether lands: Leiden, 1985).

Grayson, James H., *John Ross: Korea's First Missionary* (title translated in to Korean by writer), (Tae—gu: Kyae—myoung University publishing, 1982).

Grayson, James H., *Korea: A religious History*, (Oxford: Clarendon Press, 1989).

Griffis, W. E., *Corea, The Hermit Nation*, (New York: Charles Scribner's Sons, 1897).

Griffis, W. E., *Corean: The Hermit Nation*, (London: W. H. Allen & Co., 1882).

Gützlaff, Carl Friedrich August, *Journal of Three Voyages Along with the Coast of China, in 1831, 1832 & 1833, with Notices of Siam, Corea, and the Loo—Choo Islands*, (London: Frederick Westley & A. H. Dan is, 1834).

Han, Woo—keun, *Hankook—sa* (The History of Korea) (Seoul: Eulyoo Publishing Co., 1970).

Harris, John, *The Great Commission, or The Christian Church Constituted and Charged to Convey the Gospel to the World* (London: 1842).

Howse, E. M., *Saints in Politics*(London: George Allen and Unwin, 1973 repr.).

Hulbert, Hormer B., *The Passing of Korea*, (New York: Doubled day Press, 1906), reprinted(Seoul: Yosnei Univ. Press, 1969).

Hunt, Ever ett N., *Protestant Pioneers in Korea*, (Mary knoll: Or bis Books, 1980).

Huntley, Martha, *Caring Growing Changing: A History of the*

Protestant Mission in Korea(N. Y.: Friendship Press, 1984).

Jeal, Tim, *Living stone*, (London: Book Club As sociates, 1973).

Jun, Taik－poo, *Hankook－kyohoi－baljunsa*(Development of Korean Church), (Seoul: Daehan－kidokkyo Publishing,1993).

Kang, Sung－sam, *21 Segi Sun－gyo Gila－jabi*(The Guide to 21st century Korean Church Mission) (Seoul: Word of Life, 1998).

KBS, *Daehan－Sungseo－Kongho is a*(The History of Korean Bible Society, *HKBS*), vol.1－2, (Seoul: Korean Bible Society, 1993).

Kim Kwnag－soo, *Hankook－kidokkyo－in muls a*(Historical Figures in Korean Church) (Seoul: Kidok－kyomunsa, 1981).

Kim, Dae－in, *The Hidden History of Korean Church－the Appearance of the Indigenous Church,* (title trans lated by writer)(Seoul: Handul Publishing, 1995).

Kim, Hwal－young, *From Asia To Asia: A Study on Mission History of the Presbyterian Church(1876－1992)* (Manila: The Philippine Mission of the Presbyterian Churchin Korea,1994).

Kim, Joseph Chang－mun and Chung, John Jae－sun, ed., *Catholic Korea, Yesterday and Today*(Seoul: Catholic Korea Publishing, 1964).

Kim, Kwang－soo, *Hanguk Kidogkyo Inmulsa; Biographies of Great Meninthe History of the Korean Church,*(Seoul: Christian Literature Press, 1974)3rded. 1981.

Kim, Kwang－soo, *Hankook－kidokyo－jeonle－sa*(The History of Introduction of Christianity in Korea), (Seoul: Kidok－ kyomunsa, 1984).

Kim, Yang－sun, *Han－kuk－ki－dok－kyo－sa－yon－ku(The Study of Korean Church History),* (Seoul: ki－dok－kyo－mun－sa, 1971).

Klausner, Joseph, *From Jesus to Paul*, trans. W. Stine spring(New York: Menorah, [1939, 1943]reprinted 1979).

Kuhn, Thomas S., *The Structure of Scientific Revolutions*(Chicago: University of Chicago Press, 1962).

Kwak, Ahn—ryun, ed., *Chosun—Yasokyo—Jangrohoi—Sajeonwhijip*(The Dictionary of Korean Presbyterian Church), (Seoul: Chosun Yasokyo Press, 1918).

Latourette, K. S., *A History of the Expansion of Christianity*, vol.Ⅵ, (New York: 1937—45).

Lee, David Tae—woong, *Hankook Kyohoieui Haewoi—sunkyo*(Korean Churchand Overseas Mission: Princip leand Practice), (Seoul: JOY Publishing co, 1997).

Lee, Hyun—mo, *A Missiological Appraisal of the Korean Churchin Light of The ological Contextualisation*, (Ph. Diss., Southwestern Baptist Theologian Seminary, 1992).

Lee, Jin—ho, *Served the Orient, Gützlaff*, (Seoul: Korean Methodist History Society, 1988).

Lee, Ki—baik, *A New History of Korea*, (Seoul: Il—jo—gak, 1984).

Lee, Ki—baik, *A New History of Korea*, trns, by Edward W. Wagner with Ed ward J. Shultz, (Seoul: I lchokag publishing, (1st ed. 1984), 1991).

Lee, Man—yol, *HKBS(I)*, (Seoul: Sung—in Publishing, 1993).

Lee, Yong—hun, *The History of Korean Church*, (Seoul: Koncoldia—sa, 1978).

Leedy, Paul D., *Practical Research: Planning and Design*, (New York: Macmillan, 1993.).

Liao, David, *The Three—Self*(D. Miss. Thesis, Fuller School of World Mission, 1979).

Lutz, Jessie G., *Christian Missions in China: Evangelists of What? Problems in Asian Civilizations*, (Boston: D. C. Heath and Company, 1965).

Mackenzie, Alexander R., *Church and Missions in Manchuria—A survey of a strategic field*, (London: World Dominion Press, 1928).

McGavran, Donald, *Understanding Church Growth*, (Grand Rapids: Eerdmans, 1978.) (1sted. 1970).

McKerrow, John, *History of the Foreign Mission of the Secession and United Presbyterian Church,* (Edinburgh: Andrew Elliot, 1867).

McLaren, Duncan, *The Story of Our Manchuria Mission*, (Edinburgh: Offices of United Presbyterian Church, 1896).

Neill, Stephen C., *A History of Christian Missions*, (London: Harmonds worth Penguin, 1964).

Neill, Stephen C., *The Unfinished Task*, (London: Edinburgh Ho., 1957).

Neill, Stephen, rev. by Owen Chadwick, *A History of Christian Missions*, (New York: Penguin Book, 1986).

Nevius, Helen S. Coan, *Our Life in China*, (N. Y.: Robert Carter and Brothers, 1869).

Nevius, Helen S. Coan, *The Life of John Livingston Nevius,* (N. Y.: Fleming H.Revell, 1895).

Niebuhr, Reinhold, *The Structure of Nations and Empires*(New York: Charles Scribner's Sons, 1959).

O'Neill, F. W. S., *The Quest for God in China*(London: George Allen and Unwin, 1925)

Oh, Yun—tae, *Hangookkidok—kyosa*, (the History of Korean Church), vol.4, pp.19—22.

Owen, Donald D., *Revival Fires in Korea*(Kansas City: Nazarene Publishing House, 1977).

Paik, L. George, *The History of Protestant Missions in Korea 1832 – 1910*, (PhD. dissertation for Yale University). (Pyeng Yang: Union Christian College Press, 1929).

Park, Jong−koo, *An Analytical Study of Contemporary Movement of the World Mission of the Korean Church and a Projection to AD2000: with an illustration of the mission right−way campaign of the inter−mission international.* (D. Miss, Western Conservative Baptist Seminary, 1994).

Park, Yong−kyu, *Korean Presbyterianism and biblical authority: The Role of Scripture in the shaping of Korean Presbyterianism, 1918−1953*, (Ph. D., dissertation, Trinity Evangelical Divinity School, Deer field, Illino is, 1991).

Pye Lucian W., Asian Power and Politics: The Cultural Dimensions of Authority (Cambridge Massachusetts: The Belknap press of Harvard University Press, 1985).

Rhie, Deok−joo, *A Study on the Formation of the Indigenous Church in Korea, 1903−1907*, (Seoul: The Institute of Korean Church History Studies, 2000).

Rhie, Deok−joo, *ChogiHan−guk Kidokkyosa Yon−gu*(A Study on the Early Christian History in Korea), (Seoul: The Institute for Korean Church History, 1995).

Rhodes, H. A. & Campbell, Arch, eds., *History of the Korean Missions from the Presbyterian Church, U.S.A., vol.1., 1884−1934*, (Seoul: Chosen Mission of PCUSA, 1935).

Rhodes, H. A., *History of Korean Missions from the Presbyterian Church, in U.S.A. Vol.2, 1935−1959*, (N. Y.: Commission on

Ecumenical, Minis try Relations, UPCUSA, 1964).

Richard Rutt, *A Biography of James Scrath Galeanda New Editions of his History of the Korean People*, (Seoul: 1962)

Sae−mun−an Church Seventy−year History, (Seoul: Saemunan Church, 1958).

Schlyster, H., *Karl Gützlaffals Missinar in China*, (Copenhagen: Lund, 1946).

Shearer, Roy E. *Wild fire: Church Growth in Korea*(Grand Rapids: Eerdmans, 1966).

Shenk, Wilbert R., ed., *Bibliography of Henry Venn's Printed Writings with Index*(Scottdale, Pa.: Herald Press, 1975), vol.80.

Shenk, Wilbert R., *Henry Venn−Missionary Statesman*, (Maryknoll: Orbis Books, 1983).

Shin, Sung−jong, *Paul's Missionary Methods and the Korean Church*, (Ph. D. Diss, Temple University, 1974).

Soltau, T. S., *Missions at the Crossroads*, (Grand Rapids: Eerdmans Baker Book House, 1954).

Speer, Robert E., *Missionary Principles and Practices*, (N. Y.: F. H. Revell Co., 1902), Reprinted in 1914.

Speer, Robert E., *Studies of Missionary Leadership*. (Philadelphia: Westminster Press, 1914)

Speer, Robert. E., *Christianity and the Nations*, (New York: Fleming H. Revell, 1910).

Steer, Roger, *J. Hudson Taylor, a Man in Christ*, (OMF, 1990).

The Institute of Korean Church History Studies, *HKC(I)* (Seoul: The Christian Literature Press, 1989).

Thompson, A. C., *Discourse Commemorative of Rev. Rufus Anderson, D. D., LL. D.*(Boston: ABC FM, 1880).

Underwood, Horace G., *The Call of Korea*, (N. Y.: Revell, 1904).

Verkuyl, J., *Contemporary Missiology: An introduction*, (Grand Rapids: Eerdmans. 1978).

Villiers, Alan, *Captain Cook, the Seaman's Seaman: A Study of the Great Discoverer*(1967, reprinted 1978).

Warren, Max, ed., *To Apply the Gospel: A Selection from the Writings of Henry Venn*, (Grand Rapids: Eerdmans, 1971).

Warren, Max, *Social History and Christian Missions*, (London: S. C. M. Press, 1967).

Warren, Max, *The Missionary Movement from Britain in Modern History*, (London: SCM Press, 1965).

Yates, T. E., *Venn and Victorian Bishops Abroad—Them is sionary policies of Henry Venn and their repercussions up on the Anglican Episcopate of the colonial period 1841—1872*, (SPCK: London, 1978).

Yu, Hong—yol, *Hanguk Cheonju Kyohoesa*(The History of Catholic Churchin Korea) vol.2 (Seoul: Catholic publishing, 1975).

Yu, Hong—yol, *Hanguk Cheonju Kyohoesa*(The History of Catholic Church in Korea), vol.1, (Seoul: Catholic Printing, 1984).

2. Articles

Adams, J. E., "The Korean Christian Church", *MRW* no.27, (May 1904), p.338.

Allen, Roland, "The Nevius Method in Korea", *World Dominion*, (July 1931), p.257.

Athyal, Saphir P., "Toward and Asian Christian Theology", (*Asian Christian Theology: Emerging Themes*, ed. D. J. Elwood, (Philadelphia: Westminster Press, 1980)) pp.67—80.

Avision, O. R., "In Memorian Dr Horace N. Allen", *KMF*, Vol.29., (1933), p.103f.

Brown, Thompson G., "Why has Christianity grown faster in Korea than in China?" *Missiology: An International Review22* (January 1994): pp.77−88.

Campbell, Archibald, "Evangelism in Korea", *Japan Christian Quarterly20* (October 1954) p.283.

Chao, Samuel H., "John L. Nevius and the Conceptualisation of the Gospel in the 19ᵗʰCentury China: A Case Study," (*AJT*, 1988).

Cho, Dong−jin, "The Fall of the Western Church and Dawn of Mission from Two−Third World", *The Trend of Evangelical Missiology*, ed., Kim Eui−whan(Seoul: Word of Life, 1990).

Choi, Sang−woo, "The development of Hangul and the Roman Catholics in Korea:" *An Investigation in to the History of Roman Catholics in Korea.* pp.414−15.

Chong−jong, "Chong−jong Sillok", *Chosun WangchoSillok*, vol.46 (Seoul: Kuksa Pyonchan Wiwonhoe, 1957), p.3.

Coen, Roscoe C., "The Korean Church and Nevius Methods", (*The Korea Mission Field,* vol.27, 1931), p.52.

Dwight, H. O., "Bible Distribution", *The Encyclopaedia of Mission*, (London: Funk & Wagnallo Co., 1904) pp.83−84.

Gale, James S., "The Fate of the General Sherman", (*The Korean Repository*, July, 1895), pp.252−54.

Grayson, James H., "The Legacy of John Ross", (*IBMR,* vol.23, no.4, October 1999), pp.167−68.

Grayson, James H., "The Manchurian Connection: the Life and Work of the Rev. Dr. John Ross", ed. Chung Chong−wha and J. E. Hoare, *Korean Observer: A Quarterly Journal*, 15, no.3(Seoul:

The Korean—BritishSociety, 1984), p.63

Huh, Woong, "Development of the Korean Language", *The Korean Language*, ed. by The Korean National Commission for UNESCO, (Seoul: Sisayeong—o—sa, 1986) pp.4—22.

Hunt, Jr., Everett N., "John Livingston Nevius: Pioneer of Three—Self Principles in Asia", Gerald H. Anderson, eds. *Mission Legacies*, (Maryknoll: Orbis Books, 1995).

Hunt, Jr., Everett N., "The Legacy of John Livingston Nevius", (*IBMR*, vol.15, no.3, July 1991), p.122.

James, Orr, "The Gospel in Corea: Notes of an Address by the Rev. John Ross", *MRUPC* for 1890, p.186.

Kim, Chae—choon, "The Present Situation and Future Prospect of the Korean Church", *Korea Struggles for Christ*, (1966), p.33.

Kim, Yang—sun, "Ross Version and Korean Protestantism", *Paiksan—hakbo*, no.3(Seoul: Paiksan—hakhoi, 1967), p.413.

Kim, Yang—sun, "The Early Publication of Korean Christianity" (Korean translated), *The Essays in Memory of Dr. KimSung—sik*, (Seoul: Korea University Press, 1968), p.587.

Kim, yong—duk, "Yi Chosun", *Korea: Its Land, People, and Culture of All Ages*(Seoul: Hak—won—sa Publishing, 1960), pp.67—70.

Lee, Kwang—lin, "Lee Soo—chung: his life and work", *Hankook—gewhasa—yonkoo*(The Study of Korean Modern History), (Seoul: Ilchogak, 1969).

Lee, Man—yol, "Lee Soo—chung: his Conversion and Bible Translation", *Hankook—kidokkyo—munwha—wundongsa*(The History of Korean Christian Culture), (Seoul: Dae—han Christian Publishing, 1987).

Lee, Man—yon, "Several Questions on Seo Sang—yon's life and ministry", *The Study of Korean Church History*, no.19, (1988).

Lutz, Jessie G. and Lutz, R. Ray, "Karl Gützlaff's Approach to Indigenisation: The Chinese Union," Daniel H. Bays ed., *Christianity in China*, Stanford: Stanford University Press, 1996, pp.269−91.

M. N. Trollope, "An Old Map and Its Story," *The Korean Magazine*, vol.2, no.9(September 1918), pp.386−96.

McKerrow, Duncan, "John, in Manchuria", *FCSM* for 1900, pp.2−4.

Moffett, Samuel A., "Early Days in Pyongyang," (*KMF*, vol.21, no.3 March 1925), p.54.

Moon, Steve Sang−cheol, "Missionary Attrition in Korea: Opinion of Agency Executives", *Too Valuable to Lose*: *Exploring the Case and Cures of Missionary Attrition*, ed. William D. Taylor(Pasadena, CA: William Carey Library, 1997).

Neill, Stephen, "The History of Missions: An Academic Discipline", *The Mission of the Church and the Propagation of the Faith*, ed. C. J. Cuming, (Cambridge: Cambridge University Press, 1970).

Oh, Yun−tai, "Lee Soo−chung", *Hankook −kidokkyosa*(The History of Korean Church), vol.4. (Seoul: He−sun Publishing, 1983).

Ok, Sung−duk, "Early Mission Policy in Korean Presbyterian Church (1884−1903)",*Han −kuk −gi −dok −kyo −whayok −sa*(The History of Christianity in Korea), vol.Ⅸ,(Seoul: The Institute for Korean Church History, 1998).

Pierson, Arthur T., "John Livingston Nevius, the Modern Apostle of China,"(*MRW*, Dec., 1895).

Reynolds, W. D., "Early Bible Translation", *KMF*, vol.26, no.9, Sept. 1930, p.187−88.

Reynolds, W. D., "Fifty Years of Bible Translation and Revision", *KMF* vol.31. (June 1936), p.116.

Reynolds, W. D., "Translation of the Scriptures into Korean," *The Korea Review*, vol.6 (May 1906), p.172.

Rhie, Deok—joo, "Paik: On his life and work several errors or questions", *The Study of Korean Church History* vol.19 (1988, 4, 5), pp.29—33.

Robson, Charles, "The Korean Mission of the Presbyterian Church (North) of the United States of America", *UPMR*, (October 1892), pp.343—46.

Sharp, C. E., "Motives for Seeking Christ", *KMF*, vol.2(August 1906), pp.182—83.

Shearer, Roy E., "The evangelistic missionary's role in church growth in Korea", *International Review of Mission* 54(October 1965), p.462.

Shenk, Wilbert R., "Henry Venn 1796—1873, Champion of Indigenous Church Principles," Gerald H. Anderson, eds. *Mission Legacies,* (New York: Maryknoll Orbis Books, 1995), pp.541—42.

Shenk, Wilbert R., "Rufus Anderson and Henry Venn: A Special Relationship?" (*IBMS*, vol.5, no.4 Oct, 1981), p168.

Shenk, Wilbert R., "The Origins and Evolution of the Three—Selfs in Relation to China", (*IBMR,* vol.14, No.1, January 1990), pp.28—35.

Verstraelen—Gilhuis, G. M., "The History of the Missionary Movement from the Perspective of the Third World", *Missiology: An Ecumenical Introduction*, ed. F. J. Verstraelen, A. Camps, L. A. Hoedemaker, M. R. Spindler. (Grand Rapids: Eerdmans, 1995).

Vinton, C. C., "Presbyterian Mission Work in Korea", (*MRW*, vol.9, no.6, Sep., 1893), p.671.

3. Other

"Pioneers: The Rev. John Ross, Manchuria", *Life & Work*, (Edinburgh: The Record of the Church of Scotland, 1934), p.76.

American Board of Commissioners Archives, Houghton Library, Harvard Univ., Cambridge, Mass., file 2.1, vol.31, pp.236−39.

Annual Report of the British and Foreign Bible Society.

Annual Report of the London Missionary Society.

Annual Report of the National Bible Society of Scotland.

Barrett, D. B., ed., *The World Christian Encyclopaedia*, (Oxford: 1982).

Beaver, R. Pierce, *Dr. Anderson's Farewell Letter to the Missionaries, July5, 1866*(Boston: printed by the ABCFM for strictly privateuse, 1866). *The Theory of Missions to the Heathen, A Sermon at the Ordination of Mr. Edward Webb, as a Missionary to the He a then, Ware, Mass.,* Oct. 23, 1845. Boston: Crocker & Brewster, 1845. Reprinted as *The Office and Work of the Missionary to the Heathen*, ABCFM Missionary Tract No.1 [c.1846].

British and Foreign Bible Society Editorial Correspondence.

Burns, William, trans. trans., *Cheon ⁻ro ⁻yeok ⁻jeon*("Pilgrim's Progress") (Pecking, 1864).

Burns, William, trans., *Jeong ⁻do ⁻kye ⁻mong*("Peep of Day") (Pecking, 1864).

Chinese Recorder and Missionary Journal.

Chosun Wangjo Sillok (Veritable Records of Chosun dynasty), vol.4, Bks. No.113 (Seoul: Kuksa Pyonchan Whiwonhoe, 1955), p.703

Correspondence of British and Foreign Bible Society.

Draper, Edythe ed., *The Almanac of the Christian World 1991 ⁻1992*,

(Wheaton, Ill: Tyndale House Publishers, 1992).

Ecumenical Missionary Conference, New York, 1900(New York: American Tract Society, 1900) no.2.

Iain Fraser's letter to Peter Bae, 24th September 2001.

Iain Fraser's letter to Peter Bae, 26th September 2001.

Johnstone, Patrick and Mandryk, Jason, *Operation World: 21st Century Edition*(Cumbria: Paternoster Lifestyle, Sixth Edition, 2001).

KRIM, *2000 −2001 Korea Mission Handbooks*, CD−ROM.

Min −joong Practical Usage Korean Dictionary, (Seoul: Min−joong Seo−rim, 1998).

Missionary Schools, ABCFM Missionary Tract No.10, n.d.

Missionary Schools, Boston: 1838; repr. From *The Biblical Repository.*

Quarterly Record of the NBSS, Oct. 1879.

Records of the General Conference of the Protestant Missionaries of China, held in Shanghai, May 7−20, 1890, (Shanghai: American Presbyterian Mission Press, 1890).

The Morning Calm, Feb., 1900.

The New Encyclopaedia Britannica, vol.2, (15th edition,1992).

The Report of Interdenominational Conference of Foreign Missionary Boards and Societies in the United States and Canada for 1898(New York, 1898).

Treat, S. B., *Outline of Missionary Policy*(Boston: The Board, 1856) Missionary Tract No.15.

Western Committee Minutes Book of the NBSS, No.7.

에필로그

지난 수년간 영국에서 고민하며 써 왔던 논문을 이제야 한글로 번역해서 책으로 출판하게 되니 정말 감회가 깊다. 이렇게 한글로 책을 내는 일은 번역만 하면 쉽게 되는 줄 알았으나… 쓰는 일만큼 만만치 않음을 경험했다.

'조국교회 선교발전'을 생각하면서 쓴 논문(책)이라… 할 수만 있으면, 많은 사람들이 읽고 공감하여 그야말로 0.1%라도 선교발전에 기여하길 소원하였다. 그런데 2002년 선교지로 떠나기 전에 영어판을 소량으로 출판해서 중요도서관에 기증을 하였는데, 안식년에 와서 그 책을 확인해 보았더니 단 한 사람도 대출받아 사용한 흔적이 없는 것을 보고 충격(?)을 받았다.

이렇게 도서관에서 잠자게 하는 책을 위해서 그간 긴 수고를 하였는가?

그래서 할 수만 있으면 한국 교회사나 선교계에 관심이 있는 독자들이 쉽게 접근할 수 있게 낯익은 출판사를 몇 군데 노크하기도 하였다. 그러나 최종적으로 이 책은 학문적인 책이기에 엄정한 논문의 틀을 그대로 유지한 채, 한국교회사와 선교계의 독자들을 생각하기로 하였다.

한글로 번역하는 일에 수고한 GMTC의 친구 정규채 선교사께 감사하며, 이 책을 출판하는 작업에 세심하게 애써주신 한국학술정보㈜ 출판사업무의 한세진 편집팀장께, 그리고 기도로 격려하신 여러분들께 깊이 감사를 드린다.

본 논문을 주님의 은혜로 끝낸 후(애버딘대학에 논문심사를 앞두고) 필자는 '감사의 인사'의 제일 첫 문장은 다음의 성경말씀을 눈물로 적었다.

"나의 나 된 것은 하나님의 은혜로 된 것이니, 내게 주신 그의 은혜가 헛되지 아니하여" (고전 15:10 상반 절)

'주여 이 책 『한국교회와 자립선교』를 읽으며 공부하는 모든 분들에게 지혜와 총명의 신을 열 배나 더 넘치게 부어 주옵소서!' (단1:20). 할렐루야!

· 저자 ·

배안호

•약 력•

대구 공업고등학교 졸업
한국방송통신대학 졸업
동국대학교 법정대학 졸업(B.A)
총신대학교 신학대학원 졸업(M.Div. eqv.)
총신대학교 대학원 졸업(Th.M)
영국, 애버딘 대학교 대학원(M.th., Ph.D)

한국전기통신공사 국제부 근무(KIT)
극동건설㈜ 외자부 근무
총신대학교 부설 선교연구소(기획실장)
JOY 선교회 이사 역임
영국, 애버딘한인교회 담임
연희교회(모교회) 파송선교사(GMS파송)
동부 아프리카, 탄자니아 선교사(칼빈신학교 교장, 교수사역)

•주요논저•

「연구논문」
'한국교회의 선교현황과 바람직한 선교구조'(Th.M)
'GMTC 선교훈련원의 커리의 분석·평가'(M.th)
'삼자원리와 존 로스의 선교방법-한국초기장로교(1874~1893)
 형성사를 중심으로'(Ph.D)

『역서 및 저서』
지상명령에 순종하는 교회(딘 위브랫쳐/배안호/죠이선교회/1995)
한국교회와 자립선교

외 다수

이메일: peterbae@hotmail.com
핸드폰: 010-5875-5711

한국교회와 자립선교

• 초판 인쇄   2008년 6월 10일
• 초판 발행   2008년 6월 10일

• 지 은 이   배안호
• 펴 낸 이   채종준
• 펴 낸 곳   한국학술정보㈜
             경기도 파주시 교하읍 문발리 513-5
             파주출판문화정보산업단지
             전화 031) 908-3181(대표) · 팩스 031) 908-3189
             홈페이지 http://www.kstudy.com
             e-mail(출판사업부) publish@kstudy.com
• 등   록   제일산-115호(2000. 6. 19)
• 가   격   15,000원

ISBN   978-89-534-9581-4 93230 (Paper Book)
          978-89-534-9582-1 98230 (e-Book)